长江师范学院武陵山片区绿色发展协同创新中心
长江师范学院武陵山区特色资源开发与利用研究中心资助

INDUSTRIAL
FULING DISTRICT RESEARCH

工业涪陵研究

何侍昌　郭立珍　洪业应　刘君◎著

中国经济出版社
CHINA ECONOMIC PUBLISHING HOUSE
·北 京·

图书在版编目（CIP）数据

工业涪陵研究 / 何侍昌等著. --北京：中国经济出版社，2022.7（2022.11 重印）

ISBN 978-7-5136-6924-5

Ⅰ. ①工… Ⅱ. ①何… Ⅲ. ①工业发展-研究-涪陵区 Ⅳ. ①F427.719.3

中国版本图书馆 CIP 数据核字（2022）第 077250 号

策划编辑 姜 静
责任编辑 郑 潇
责任印制 马小宾
封面设计 任燕飞工作室

出版发行 中国经济出版社
印 刷 者 北京九州迅驰传媒文化有限公司
经 销 者 各地新华书店
开 本 710mm×1000mm 1/16
印 张 23
字 数 380 千字
版 次 2022 年 7 月第 1 版
印 次 2022 年 11 月第 2 次
定 价 98.00 元
广告经营许可证 京西工商广字第 8179 号

中国经济出版社 **网址** www.economyph.com **社址** 北京市东城区安定门外大街 58 号 **邮编** 100011
本版图书如存在印装质量问题，请与本社销售中心联系调换（联系电话：010-57512564）

序

涪陵[①]处于神秘奇幻的北纬30度区域、长江与乌江交汇处、三峡库区腹地、重庆市主城区东部、成渝双城经济圈与长江经济带接合部，受天地之恩泽，汲两江之灵气，承人文之精华，勤劳睿智的涪陵人创造了灿烂的物质文明、精神文明和生态文明。

早在新石器时期，涪陵人就能够制作精致的石锄、石斧、石网坠用于农耕和渔猎。战国时期，涪陵人则能够制造错金编钟（乐器）及其他青铜器、陶器、漆器、玉器等，可见涪陵文化开发之早和手工业之发达。秦时巴清夫人以矿冶致富，“名显天下”，是我国有史可考的第一位女实业家。唐宋时期，涪陵的麸金、文刀、獠布、蜡已驰名天下，进贡朝廷。清光绪时期，邱寿安创制榨菜，后来跻身“世界三大名腌菜”之首，至今仍是涪陵的一张名片和一大支柱产业。

抗日战争时期，涪陵人以土锅炉、自制蒸馏器等为基础设备，以桐油、松脂等为主要原料，生产代汽油等机用油料，打破了日寇的封锁，为支援“抗战”作出了重要贡献。

中华人民共和国成立后，涪陵工业得到了前所未有的发展，到1989年，工业产值达到8.92亿元，是1949年0.09亿元的103.52倍。但是，由于底子薄等诸多因素制约，涪陵工业仍然量小质弱，三次产业结构为26.4∶37.7∶35.9，工业对地区生产总值增长的贡献率为31.2%，拉动当年地区生产总值增长4.4个百分点，属于典型的农业区。

---

① 关于涪陵的行政区划变动：中华人民共和国成立前曾有枳邑、枳县、涪陵县、涪陵郡、涪州等设置；中华人民共和国成立后至1983年9月8日为四川省涪陵专（地）区涪陵县；1983年9月9日至1996年3月前为四川省涪陵地区涪陵市（县级市）；1996年3月至1997年6月为四川省涪陵市（地级市）；1997年6月至1998年6月为重庆市涪陵市（地级市）；1998年6月至今为重庆市涪陵区。参见曾超著《“涪陵”沿革研究》（中国书籍出版社，2021年）。

1993 年，涪陵区委、区政府解放思想，抓住机遇，大力实施“工业强区战略”和“重点企业战略”，涪陵工业实现了一次大跨越。到 2007 年，工业总产值达到 270.00 亿元，是 1989 年的 30.27 倍。三次产业结构为 8.9：51.2：39.9。工业对地区生产总值的贡献率 50.2%，较 1989 年提高 19 个百分点。工业对地区生产总值的拉动力 9.2 个百分点，较 1989 年提高 4.8 个百分点。被全国新闻媒体称为“涪陵现象”。

2008 年，涪陵区委、区政府总结“涪陵现象”并结合新的发展机遇，提出了区域经济发展新战略——“工业涪陵”战略。“工业涪陵”战略的实质是要在发展壮大涪陵工业的同时，用现代工业理念推进农业、服务业及整个区域经济社会发展，实现区域经济社会形态的转变，即由农业区转变为工业区、工业优势突出的大城市。“工业涪陵”战略是一个很有创意、很有特色、很有高度和统领性的区域经济社会发展战略，较其他地区的工业、工业化的提法，最大的创新就是从工业社会的全貌看问题，相当于站在山顶看问题。不仅能够看到工业及工业化的发展，而且能够看到工业引领其他产业乃至整个经济社会发展的全貌。因此，其站位的高度和统领性更强，实际指导意义更大，实施效果更好。经过全区人民的奋力拼搏，从 2015 年开始，涪陵工业化的各项指标相继达到工业化后期的要求。到 2020 年，涪陵工业产值达到 1786.30 亿元。三次产业结构为 6.8：55.4：37.8。工业对地区生产总值增长的贡献率 61.8%，拉动地区生产总值增长 2.7 个百分点。

2019 年，涪陵工业化各项指标全部达到工业化后期要求，开始向后工业化阶段迈进。这就是说，2019 年涪陵已基本实现了由涪陵工业向“工业涪陵”的转变，开启了工业涪陵高质量发展的新征程。

在此期间“工业涪陵”频频出现在全国新闻媒体上，成为涪陵的又一张亮丽名片。但是，新闻媒体的报道也无法呈现“工业涪陵”发展的全貌。加之涪陵又面临长江上游重要生态屏障区，国家级现代农业示范区及成渝地区双城经济圈、重庆融入长江经济带发展的重要节点，重庆主城都市区与渝东北三峡库区城镇群和渝东南武陵山区城镇群的重要支点等新定位，这就需要对“工业涪陵”战略进行全面、系统、深入的科学研究，以提高对“工业涪陵”战略的认识和执行，再创佳绩。

基于此，重庆市涪陵区人民政府委托时任区社科联党组书记、主席何侍昌组织课题组，经过3年的全面调查、深入研究、反复推敲、数易其稿，最终完成了“工业涪陵研究”重大委托课题任务，即将由中国经济出版社出版发行。

作为长期在涪陵从事经济学教育和研究的我，有幸被聘为“工业涪陵研究”课题指导专家，参与研究全过程并审读了最终研究成果《工业涪陵研究》，感受颇多，特向读者作肯定性推荐。

第一，《工业涪陵研究》是涪陵工业经济研究的首创著作。涪陵工业虽然历史悠久、亮点纷呈，近年来又实现了由涪陵工业向“工业涪陵”的转变，但至今还没有一部全面系统研究涪陵工业经济的专著。《工业涪陵研究》专设一章考察梳理了涪陵工业发展史，依据涪陵考古发掘成果、史志及其他历史与现实的文献资料和实际调查资料，总结概括了涪陵工业发展的特点、经验及启迪。在阐述“工业涪陵”战略的相关章节中，又对涪陵工业的产业结构、工业企业、工业文化、农业产业化与城市化、工业绩效、工业发展等进行了深入研究。因此，《工业涪陵研究》是第一部全面、系统、深入研究涪陵工业经济的著作，是全面、系统认识和研究涪陵工业经济的工具书。

第二，《工业涪陵研究》是研究“工业涪陵”的权威专著。如果《工业涪陵研究》仅停留于涪陵工业经济研究，那就偏了题，没有完成涪陵区人民政府委托的研究任务。首次提出“工业涪陵”的是时任中共重庆市涪陵区委书记张鸣，他强调：“涪陵工业的提法只说到了涪陵有工业，哪个区县没有工业？这个提法没有表达工业在区域经济中的地位和作用。而工业涪陵的提法就大不一样，工业涪陵表达了工业在涪陵经济发展中举足轻重、起着最大的支柱和支撑作用。”就是要“建设工业优势突出的大城市”。这就是说，“涪陵工业”讲的是工业产业经济问题，是相对于农业、服务业等产业而言的；“工业涪陵”讲的是区域经济社会形态问题，是相对于农业社会、农业区而言的。当然，二者也有联系，那就是：工业涪陵是涪陵工业化的必然结果。“工业涪陵”正是从涪陵工业化及其结果的角度，即从工业社会、工业区、工业大城市的角度提出的区域经济社会发展战略，其内容当然要比涪陵工业经济宽厚得多。《工业涪陵研究》紧扣“工业涪陵”主题，全面、深入、准确地阐释了“工业涪陵”的内涵。在核心内涵上明确了以下几点：一是要树立工业是兴区之基、强区之本、富区之源的理念，坚持工业兴区、工业强区、工业富区战略。二是要通过“工业涪陵”战略的实施实现涪陵工业向“工业涪陵”转变，即由农业区向工业区转变、向工业优势突出的大城市转变，进而实现“工业涪陵”，即涪陵这个工业区、工业大城市的高质量发展。三是要做大做强涪陵工业，提升工业经济在区域经济中的地位和作用，将涪陵建设成为重庆市的新兴工业基地。四是要以现代工业发展理念指导、推动其他产业和整个区域经济社会发展。特别是要以现代工业发展理念推动农业产业化和城市化的发展。

在明确以上核心内涵的基础上，还设专章研究了“工业涪陵”的产业优化、企业发展、文化建设及农业产业化与城市化。这样就使得“工业涪陵”的内容充实、丰满了起来。再通过建立科学的评价指标体系，导入实际数据进行统计分析，得出科学结论，这就纠正了现行社会评价的随意性及其偏颇，为领导决策奠定了坚实的科学基础。最后，对“工业涪陵”的高质量发展和保障机制进行了深入研究，提出了一些具有针对性、前瞻性和可操作性的对策建议，已经得到涪陵区委、区政府的高度重视和采纳。因此，《工业涪陵研究》是一部研究“工业涪陵”的权威性专著。

第三，《工业涪陵研究》是对区域发展战略研究的创新著作。当然，这既不是对作者自己提出的区域发展新战略的研究，也不是对决策者刚提出的新发展战略的研究，而是对决策者已经提出并实施了 10 多年的卓有成效的重大战略的研究。该书首先从历史经验、政策依据、理论基础、现实条件等方面研究论证了“工业涪陵”战略的必要性和可行性，以解决战略正确和战略自信问题。再对战略内涵从质、量及其统一方面进行明确界定，以解决战略精准性问题。再分章展开分析，以解决战略丰满性问题。再构建科学的评价指标体系对战略实效进行统计分析，以解决评价的可靠性问题。最后对工业涪陵高质量发展进行研究，以解决前瞻性问题。不难看出，该书遵循了辩证唯物主义与历史唯物主义的方法论，运用区域经济学、区域发展战略学等学科的专业理论和方法，通过对大规模的调查所获得的海量材料进行去伪存真、由此及彼、由表及里的深入研究，实现了理论与实践、历史与现实、质与量、面与点的统一。无论在区域经济发展战略研究内容的完整性、系统性、深刻性、实用性方面，还是在战略研究的方法论和方法方面，都具有创新示范意义。因此，《工业涪陵研究》也是一部完整、系统、创新性的区域发展战略研究著作。

由于“工业涪陵”研究对象的独特性，涉及学科的多样性、研究资料的分散性，这就增加了实际调查、把握主题、深度拓展、服务发展等方面的研究难度，《工业涪陵研究》专著虽然已经取得了难能可贵的成功，但也并非十全十美，还有一些不尽如人意的地方。但是，作为涪陵工业经济研究的首创性著作、“工业涪陵”研究的权威性专著、区域发展战略研究的创新性著作，无论是对区域经济社会的实际工作者来说，还是对理论研究者而言，都是一部难得的佳作，相信大家都能从中获得不少收获或启迪。

①

2021 年 12 月 7 日

---

① 李乾德（1946—），男，四川武胜人，西南财经大学政治经济学专业毕业，中共重庆市涪陵区委党校经济学教授，重庆市涪陵区科技拔尖人才、资深专家、优秀智库专家。研究方向为经济学，发表论文 100 多篇，出版著作 10 多部，完成市、区社科规划项目和重大决策咨询项目 10 多项并获奖多项。

目录

第一章 导 论

第一节 研究背景及意义

一、研究背景

工业是采取自然资源，制造生产资料、生活资料，或对各种原材料进行加工的生产事业。工业是社会分工发展的产物，经过了手工业、机器大工业、现代工业几个阶段。在古代，手工业只是农业的副业，经过了漫长的发展过程，直到18世纪英国的工业革命产生了机器大工业，工业才真正从农业中分离出来成为一个独立的生产部门。

在工业化进程中，人类社会也开启了一扇新的大门——工业社会。工业社会不仅开创了用机器制造机器使工业内部生产技术和生产组织发生了空前的变化，而且开始用机器装备工业和社会其他部门，从而改变了整个社会经济发展的面貌，还引发了社会关系和社会生活的重大变革。

在中国工业文明发展史上，位于万里长江与千里乌江交汇处的涪陵也有不少闪光点。但是，涪陵工业的真正大发展还是20世纪90年代以后的事。

1993年，涪陵党委、政府解放思想、抓住机遇，提出了“工业强区战略”和“重点企业战略”，使涪陵工业发展跨出了一大步，被全国新闻媒体称为“涪陵现象”。

2008年，涪陵区委、区政府总结“涪陵现象”并结合新的发展机遇，提出了区域经济发展新战略——“工业涪陵”① 战略。工业涪陵战略的实质是做大做强涪陵工业，加快工业化发展进程，推动区域经济发展形态的转型升级，即由农业区向工业区或工业优势突出的大城市转变。

① “工业涪陵”属于重庆市涪陵区人民政府的专用术语，理论上应该添加引号，但为了行文方便、简洁，后文根据实际情况决定是否添加引号。

工业涪陵战略较其他地区的工业、工业化的提法好在于能够从工业社会的全貌看问题，相当于站在山顶看问题。不仅能够看到工业及工业化的发展，而且能够看到工业引领其他产业乃至整个经济社会的发展。因此，其高度和统领性更强，实际指导意义更大，实施效果更好。到 2019 年，涪陵工业化的各项指标已达到工业化后期的指标要求，开始向后工业化阶段迈进。在此期间，“工业涪陵”频频出现在全国的新闻媒体上。但是，新闻媒体的报道也存在把握不准、评价有误等问题。加之，涪陵面临长江上游重要生态屏障区、国家级现代农业示范区、成渝地区双城经济圈、重庆融入长江经济带发展的重要节点，以及重庆主城都市区与渝东北三峡库区城镇群和渝东南武陵山区城镇群的重要支点等新定位，这就需要对工业涪陵战略进行全面、系统、深入的历史审视和科学研究，以达到准确把握、深化拓展、前瞻指导的目的。

二、研究意义

工业涪陵研究的重大意义可从学术价值和应用价值两个维度来凝练和阐释。

（一）学术价值

由于工业涪陵战略是站在工业社会的角度来研究部署涪陵的工业及整个经济社会发展的战略，遵循这个思路的《工业涪陵研究》，也就在区域经济社会发展理论研究领域，突破单纯研究区域工业经济发展的局限，开辟了一条立足于工业社会来全面研究区域工业经济发展及工业引领农业产业化和城市化发展的新思维、新观点、新理论道路。

（二）应用价值

对工业涪陵战略创新性、统领性的阐发和核心内涵的梳理，能够引导人们加深对这个战略的认识，进而提高执行力。对工业涪陵战略内容、产业优化、企业发展、文化建设等方面的研究，进一步填充了工业涪陵战略的“骨肉”，能为深入实施该战略提供更具可操作性的政策借鉴。对工业化引领农业产业化和城市化的研究，可以为区域农业产业化和城市化发展提供一种新思路。所提出的保障机制能为进一步完善工业涪陵战略提供制度设计方面的参考，也有助于工业涪陵建设政策的进一步健全、完善。

第二节 “工业涪陵”概念的界定

关于工业涪陵与涪陵工业两个概念间的关系，二者既有相关性，也有一定的差异性。

一、工业涪陵的内涵

“工业涪陵”就是依托涪陵、白涛、清溪三大工业园区（现涪陵新区、临港经济区、白涛工业区）建设，注重集群化、规模化发展，做大主导产业链，融通上下供应链，延伸相关产业链，做强衍生创新链，提升产品价值链；突出工业涪陵优势和特色，打造食品医药、装备制造、信息技术、清洁能源、新材料等产业集聚区；实现持续发展，把涪陵建成工业大城市；坚持把工业作为立区之本、视工业为涪陵经济的命脉，走工业兴区立区强区之路，进一步提高工业对地区生产总值增长的贡献率，使工业成为经济发展、财政收入、社会民生改善的有力支撑和重要来源；坚持用现代工业的理念和工业发展的成功经验指导农业等其他产业的升级，促进整体经济的良性发展；不断提升涪陵工业的知名度和影响力，使工业成为涪陵的城市名片；坚持走新型工业化发展道路，加大工业投入，加快企业培育，加速产业发展，形成门类齐全、轻重工业协调发展的工业体系，把涪陵建设成为重庆市的新兴工业基地。

二、工业涪陵与涪陵工业的关系

“工业涪陵”与涪陵工业既相互区别又相互联系。“工业涪陵”是建立在涪陵工业大发展及优势、特色等基础之上的，工业是“工业涪陵”的主导产业、支柱产业。“工业涪陵”与涪陵工业二者还有一定的区别，涪陵工业讲的是产业经济问题，是相对于农业、服务业等产业而言的。“工业涪陵”讲的区域经济社会性质，即工业区、工业社会问题，是相对于农业区、农业社会而言的，包括工业化、城市化、农业产业化等内容。工业涪陵战略的实施过程就是工业化的过程，目标就是实现工业化，变农业区为工业区。“工业涪陵”实效的评估及其指标体系应借鉴和参考对工业化的评估及指标体系。涪陵工业是否转变为“工业涪陵”，要看涪陵工业化的各项指标是否已达到工业化后期的指标要求。

第三节 文献综述

关于工业涪陵的研究可以从 3 个维度展开：其一是关于涪陵城市发展的研究；其二是关于工业城市发展的研究；其三是关于涪陵工业的研究。

一、关于涪陵城市发展的研究

关于涪陵城市发展的研究主要包括涪陵城市发展目标、城市规划和城市管理 3 个方面。

其一是关于涪陵城市发展目标方面的研究。代表性成果有：重庆市涪陵区人大课题组（2006）提出把涪陵建设成为“重庆市中部工业优势突出的大中心城市和循环经济示范区”的总体战略定位及“两基地一枢纽两中心”的功能定位①；倪春华（2017）利用 SWOT 分析法分析了涪陵城市发展新区的主要优势因素、弱势因素、机遇因素和威胁因素②；李和平等（2018）以涪陵为例总结了目前判断城市发展方向的基本方法，以及影响城市发展方向的引导因素和限制因素③；2018 年，重庆市批复了《重庆市涪陵区城乡总体规划（2015—2035 年）》，将涪陵区定位于长江上游重要生态屏障区，成渝城市群重要节点，重庆市融入长江经济带发展的重要节点，国家级现代农业示范区，长江上游知名人文风景旅游目的地，山清水秀的绿色家园，而涪陵城市中心区是重庆区域性中心城市④；2019 年，中共重庆市委在涪陵区调研时提

---

① 重庆市涪陵区人大课题组．重庆市涪陵区经济发展创新思维［J］. 科学咨询·教育科研，2006（15）：4-5.

② 倪春华．涪陵建设重庆城市发展新区开放创新高地 SWOT 分析［J］. 现代商贸工业，2017（34）：15-17.

③ 李和平，张栩晨．多因素影响下的西南山地城市空间发展方向分析——以重庆涪陵区为例［C］//共享与品质——2018 中国城市规划年会论文集（17 山地城乡规划）. 杭州：中国城市规划学会，2018：101-113.

④ 重庆市人民政府关于重庆市涪陵区城乡总体规划（2015—2035 年）的批复［EB/OL］.（2018-12-03）［2020-12-13］. http：//chongqing. chinatax. gov. cn/cqtax/zcwj/zxwj/201908/t20190820_ 294290. html.

出，涪陵是主城区都市圈发展的重要支撑，是“一圈”连接“两群”的重要节点[①]；2020 年，重庆市人民政府工作报告提出，要着力构建“一区两群”协调发展格局，涪陵应被纳入重庆主城都市区[②]。

其二是关于涪陵城市规划方面的研究。代表性成果有：刘康中、袁世文（2003）提出，涪陵应把李渡建设成为涪陵城市副中心[③]；洪业应（2015）提出，涪陵要突出地域特色，科学规划产业布局，促进产业集群发展，从而推进产城融合发展[④]；徐军（2016）提出，涪陵应大力发展职业教育，做大职业教育规模，促进校企深度合作，为涪陵工业发展提供人才保障和智力支撑[⑤]；郑圣峰（2017）在城乡统筹视角下提出涪陵城乡空间协同发展的途径[⑥]；金刚等（2017）以涪陵为例分析了重庆大都市边缘区的典型发展特征及主要问题，并从空间格局、优势强化、功能互动、城乡统筹 4 个方面提出了大都市边缘区城市未来的发展策略[⑦]；李俊（2018）分析了涪陵城区道路交通污染的原因，提出了相应的对策[⑧]；金鑫等（2018）挖掘涪陵历史文化，探究了涪陵城市精神的缘起及传承[⑨]；洪业应（2020）以涪陵区 2005—2018 年城市可持续发展能力相关数据为基础，运用主成分分析法，从经济、社会、生态环境 3 个维度构建了涪陵区城市可持续发展能力评价指标体系，其研究结果表明，涪陵区城市可持续发展能力总体上呈上升趋势，提出强化产业支撑、优化措施空间布局、提升基本公共服务水平、推动新型城市建设等建议[⑩]。

其三是关于涪陵城市管理方面的研究。代表性成果有：张李娟（2015）

---

① 杨帆，张珺．陈敏尔唐良智在涪陵区调研并指导第二批主题教育时强调 坚持从全局谋划一域以一域服务全局 更加积极主动推动“一圈两群”发展［EB/OL］．(2019-10-10)［2020-12-13］．http：//cq. cqnews. net/html/2019-10/10/content_ 50691115. html.

② 张燕．重庆构建“新版图”：突出“一区两群”协调发展［EB/OL］．(2020-01-15)［2020-12-13］．https：//www. chinanews. com/gn/2020/01-15/9060797. shtml.

③ 刘康中，袁世文．突出发展主题建设涪陵城市副中心［J］．重庆行政，2003 (4)：85-87.

④ 洪业应．推进涪陵产城融合发展的思考［J］．北京农业职业学院学报，2015 (2)：72-77.

⑤ 徐军．大力发展职业教育 推动涪陵城市发展新区建设［J］．重庆工贸职业技术学院学报，2016 (3)：9-13.

⑥ 郑圣峰．城乡统筹视角下的山地城乡空间协同发展论［D］．重庆：重庆大学，2017.

⑦ 金刚，林韬，陈彩媛，等．重庆大都市边缘区发展战略探讨——以重庆市涪陵区为例［J］．建设科技，2017 (5)：52-56.

⑧ 李俊．三峡库区城市道路交通污染防控的规划干预策略研究［D］．重庆：重庆大学，2018.

⑨ 金鑫，张正武．新时代下涪陵城市精神传承探究［J］．文化学刊，2018 (1)：83-85.

⑩ 洪业应．关于涪陵区城市可持续发展能力评价与提升路径分析［J］．台湾农业探索，2020 (2)：16-21.

提出涪陵城市发展需要引入精细化的管理模式，调动社会资源参与城市管理①；谭少华、徐俪毓（2015）提出，可以通过产业空间集聚引导涪陵城市边缘区的发展②。

二、关于工业城市发展的研究

关于工业城市发展的研究包括工业城市发展动力、工业城市转型发展、工业城市高质量发展3个方面。

其一是关于工业城市发展动力研究。代表性成果有：吴军（2019）对文化场景营造在工业城市发展中的动力培育进行了探讨，认为其作用机制在于对文化创意人员的吸引力差异，也依赖于政府、企业、社会组织和公众之间的平衡③；杨爱军（2020）对宝鸡市工业发展动力进行了思考，提出补齐县域短板和打造区域性中心城市的思路④；王丽英（2020）提出通过发展工业旅游实现保护和开发工业遗产、整合工业资源、彰显工业文化的魅力、提升工业企业综合效益的目标⑤；李晓峰（2020）提出，应通过经济发展战略实现实体经济发展，以释放城市活力⑥。

其二是关于工业城市转型发展研究。主要成果有：孙欢乐（2019）指出，徐州市将城市转型、产业转型和生态转型结合在一起，走出了一条老工业基地转型振兴发展的道路⑦。梁永峰、谭雯（2019）指出，铜川市通过规划布局、政策牵引、产业植入和项目带动加快形成产业新型化、集群化发展态势⑧。徐天铁（2019）提出，可以通过如下措施助推老工业城市转型发展：坚持产业升级，夯实转型发展基础；坚持创新驱动，增强转型发展

---

① 张李娟．城市精细化管理的路径探索——以重庆市涪陵区为例［J］．太原城市职业技术学院学报，2015（11）：26-27.

② 谭少华，徐俪毓．基于环境约束条件下的产业空间集聚引导城市边缘区发展策略探讨——以重庆涪陵蔺枝坝片区为例［J］．小城镇建设，2015（3）：82-87.

③ 吴军．文化场景营造与城市发展动力培育研究——基于北京三个案例的比较分析［J］．中国文化产业评论，2019（1）：305-323.

④ 杨爱军．新时代宝鸡追赶超越的几点思考［J］．宝鸡社会科学，2020（3）：19-20.

⑤ 王丽英．工业旅游：城市发展新引擎［N］．太原日报，2020-09-22（7）.

⑥ 李晓峰．加快实体经济发展助推城市活力建设［N］．鞍山日报，2020-01-09（4）.

⑦ 孙欢乐．徐州转型发展的成功实践与经验启示研究［J］．淮海文汇，2019（6）：9-14.

⑧ 梁永峰，谭雯．铜川市老工业城市转型发展的实践与启示［J］．西部大开发，2019（11）：80-83.

动力；坚持绿色路径，突破转型发展“瓶颈”[①]。申红艳（2020）介绍了日本北九州、英国曼彻斯特、美国匹兹堡和底特律等老工业城市转型发展的经验[②]。

其三是关于工业城市高质量发展研究。代表性成果有：湖北黄石市市长董卫民（2018）认为，可以通过使产品迈向中高端和提升产业价值链，进而实现传统产业改造升级，并可通过推进要素市场建设、降低企业成本、优化营商环境深化供给侧结构性改革[③]；程显扬等（2020）研究了 20 个产业转型升级示范区后发现，通过改造传统产业、发展新兴产业、绿色发展、园区建设、产业集聚、优化营商环境、融入国家战略、加强区域协作等建设成效和典型经验可以推动国家产业转型升级示范区高质量发展[④]。

三、关于涪陵工业的研究

关于涪陵工业的研究主要包括涪陵工业转型、工业发展、新兴工业 3 个方面。

其一是涪陵工业转型研究。代表性成果有：沈晓钟（2012）提出，加快新型工业化是转变经济发展方式的重点方向[⑤]；彭道伦、倪春华（2013）提出，涪陵经济升级有赖于工业转型升级[⑥]；李乾德（2013）提出，涪陵工业升级是涪陵发展的要求，要强企业、调结构、育集群、重创新、创品牌、推融合、扩开放、优服务[⑦]。

其二是关于涪陵工业发展研究。代表性成果有：向伯殳（1989）较早分行业研究了涪陵民国时期至 1988 年的工业发展状况[⑧]；鲁锡海、严卫东

① 徐天铁．以新旧动能转换助推老工业城市转型发展研究——以淄博市为例［J］．新西部，2019（30）：56-57.

② 申红艳．国外老工业城市产业转型的经验借鉴［J］．宏观经济管理，2020（1）：85-90.

③ 探求高质量发展之路——专访全国人大代表、黄石市市长董卫民［J］．新理财（政府理财），2018（Z1）：52-53.

④ 程显扬，刘钒，李天娇．产业转型升级示范区高质量发展的大数据分析［J］．宏观经济管理，2020（3）：47-53.

⑤ 沈晓钟．转型升级求突破 质量并举上台阶 努力把涪陵建设成为全市重要的工业基地［J］．重庆行政（公共论坛），2012（4）：9.

⑥ 彭道伦，倪春华．重庆市涪陵区工业经济转型升级的对策研究［J］．经济研究导刊，2013（33）：243-245.

⑦ 李乾德．打造涪陵工业升级版的思考［J］．重庆工贸职业技术学院学报，2013（3）：5-11.

⑧ 向伯殳．涪陵经济概况［M］．重庆：重庆出版社，1989：26-71.

（1993）进一步提出，涪陵有一定工业基础和城市经济实力，应当将其建设为现代化的工业城市①；李乾德、姚茂春（2005）则较为完整地论证了涪陵如何步入新型工业化的道路问题，提出了原则和路径②；何侍昌（2008）对库区生态化工产业进行了研究，提出要整合长寿、涪陵、万州三大化工园区资源，实现化工产业的生态发展和集群发展③；陈力（2012）通过调研发现，涪陵三大工业园区存在产业链短且散、集群度不高、资源总体匮乏、环境约束趋紧等问题，因此要加强改革创新和科技发展④；传红（2014）提出，涪陵工业重点发展战略在于做大规模、做优产业、做精品牌、做强企业⑤；洪业应（2016）以涪陵区为例运用统计分析方法探讨了涪陵工业结构与经济增长之间的关系，结果表明，工业结构与经济增长之间存在单向的因果关系，重化工业产值对涪陵经济增长贡献很大⑥。

其三是关于涪陵新兴工业研究。代表性成果有：彭道伦（2012）提出，涪陵要抓住发展机遇把培育战略性新兴产业作为转变经济发展方式的重要支撑点，实现经济跨越式发展⑦；洪业应（2014）提出，要通过优化空间布局、发展大企业、促进产业集群、加大整治力度等，推进涪陵新型工业化发展⑧；洪业应（2019）分析了涪陵战略性新兴产业在实践中的困境，即产业扶持政策力度不够、新兴产业规模偏小、研发投入较低、产业集聚水平不高，为此要强化创新驱动战略、加大投入力度、加快园区建设、优化创新环境⑨。

---

① 鲁锡海，严卫东．跨世纪工程与三峡地区经济发展——理论探讨及决策建议［M］．成都：四川人民出版社，1993：154.

② 李乾德，姚茂春．全面建设小康涪陵初探［M］．北京：中国文史出版社，2005：45-69.

③ 何侍昌．三峡库区生态化工产业集群的培育及其发展［J］．重庆社会科学，2008（6）：80-84.

④ 陈力．对涪陵区三大工业园区建设情况的调查研究［J］．世纪桥，2012（17）：131-133.

⑤ 传红．涪陵工业重点发展战略研究［J］．科学咨询（科技·管理），2014（9）：9-12.

⑥ 洪业应．涪陵区工业结构与经济增长关系的实证研究［J］．北京农业职业学院学报，2016（1）：56-60.

⑦ 彭道伦．重庆市涪陵区以战略性新兴产业促进经济发展方式转变的对策探析［J］．理论与改革，2012（3）：73-75.

⑧ 洪业应．深入推进新型工业化，实现涪陵集约型跨越式发展［J］．湖北函授大学学报，2014（10）55-56+59.

⑨ 洪业应．战略性新兴产业发展中的实践困境及路径选择——以涪陵区为例［J］．太原城市职业技术学院学报，2019（2）：28-30.

四、对研究现状的评价

现有研究主要关注涪陵城市发展、工业转型、工业发展、新兴工业等问题，这些研究以现状研究、对策研究、政策解读为主，个别研究关注了模式建构。总体来看，现有研究存在如下不足：其一是研究缺乏系统性，多是就事论事、就政策论政策，因此这类研究具有时效性，随着社会发展极容易失去价值。其二是研究了涪陵工业，但欠缺对工业涪陵的研究。其三是对涪陵工业的研究关注的维度主要在工业转型、发展战略、新兴工业，缺乏对工业产业的经济分析，也没有分析工业文化，并且研究成果较少。

第四节 研究思路

本研究紧紧围绕“战略命题→战略内容→战略评价→战略保障”这一路径展开。

首先，对工业涪陵战略命题进行研究。从政策依据、理论基础、现实基础等角度提出工业涪陵战略命题，然后解析工业涪陵的战略体系。

其次，对工业涪陵战略内容进行研究。从产业优化、企业发展、文化建设、农业产业化和城市化 4 个维度深入考察、论证工业涪陵战略的具体内容。

再次，对工业涪陵战略评价进行研究。按照工业化和工业高质量发展相关要求构建评价指标模型，从工业涪陵的实效评估和高质量发展两个维度对工业涪陵战略实施进行量化评价研究。

最后，对工业涪陵战略保障进行研究。通过梳理工业涪陵的政策、组织、人才、科技、资金等保障措施，客观评价工业涪陵的保障实效，提出优化工业涪陵的保障机制。

从逻辑上讲，上述 4 个方面的研究主题是递进的、相互依托的。由战略提出（战略命题）产生了对战略内容加以设计的需要，有了战略内容，究竟做的质量如何就带来了战略评价问题；结合战略内容及评价发现问题，才能提出接地气的工业涪陵战略保障。具体研究思路如图 1-1 所示。

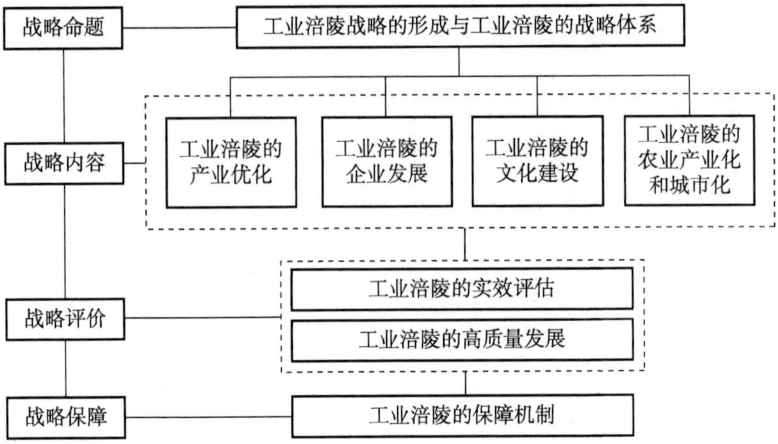

图 1-1　工业涪陵研究技术路线

由图 1-1 可以看出，本研究的思路具有强烈的政策含义和战略前瞻性。工业涪陵本身既是涪陵发展的一种政策性设计，也是一种战略布局，本成果研究对于指引涪陵未来工业以至整个区域经济社会发展具有“定海神针”作用，反映出历任涪陵区委、区政府对涪陵发展道路的一脉相传和系统性思考。中国已进入高质量发展的新时代，涪陵在产业方面走什么样的道路是一个牵动政府、企业、从业者神经的重要问题，是抛弃原有的工业优势全面转向第三产业或第一产业，还是对工业加以变革使其能够适应新时代高质量发展的需求从而赢得新生，以工业发展推动第三产业、第一产业的关联性发展，实现产业协同发展目标？在考究了许多与涪陵具有相似发展轨迹的地区后，涪陵最终选择了后者，也选择了一条产业转型升级和再造之路。这项战略性决策毫无疑问对涪陵经济社会发展产生了深远影响。本研究对涪陵区委、区政府提出的工业涪陵战略进行了深度解读和内容细化，同时对该战略所处的阶段进行了科学评判，进而提出了优化性的保障建议。从逻辑自然发展线索看，首先应有工业涪陵战略的命题。在提出该命题后，需要对命题内涵加以系统思考和不断凝练，从而使该命题能够立于一个科学、理性和战略的根基之上。在本研究中，围绕涪陵工业转变为工业涪陵，即农业区转变为工业区这条主线，在重点研究涪陵工业和工业化的同时，还研究了农业产业化和城市化问题。在工业和工业化方面，主要从产业优化的角度建构起工业涪陵战略内容。进而，作为产业优化的支撑，企业发展也就浮出水面，成为战略推演的一个组成部分。只有大力发展工业企业，才能实现工业优化目标，毕竟企业是产业的微观细胞，工业优化离不开工业企业的有力支持。在工业和工业企业发展的过程中无疑会形成一系列相关的文化，即工业文化。工业文化是工业和工业企业发展中形成的先进文化，涪陵历史上形成的优秀工业文化传统是引导和进一步激发工业涪陵向高质量发展的内在支撑和精神动力。为充分发挥工业涪陵文化对工业涪陵高质量发展的驱动作用，有必要对工业涪陵文化进行深入探究，对实施工业涪陵战略过程中形成的优秀文化进行系统梳理、归纳和凝练。在实施工业涪陵战略后，涪陵的工业经济得到进一步发展，当前推动工业涪陵向高质量发展是必然选择，这就需要对工业涪陵战略的实效和质量进行科学评价，以审视和评估现有工业发展战略能否满足高质量发展的需要，是否需要对现行政策进行调整，并基于战略评价对工业涪陵的政策进行优化调整。

第五节　研究方法

本成果综合运用理论研究与实践研究相结合、定性分析与定量分析相结合、文献分析与调研分析相结合、实证分析与案例分析相结合等研究方法，对工业涪陵的历史经验、政策依据、理论基础、现实条件、战略内涵、战略实效、战略保障等进行系统研究。

一、理论研究与实践研究相结合

本研究运用了区域经济学、产业经济学、政策分析、文化产业等相关理论对工业涪陵战略的核心内容进行分析，但是这些分析的落脚点仍然是将其转化为合理化对策，促进工业涪陵战略的完善和高质量发展。在工业涪陵战略形成和内容建构部分，侧重于用理论指导实践，以形成工业涪陵研究体系；在工业涪陵产业优化和企业发展部分，则通过对现实的总结、提炼和分析提出问题，进而寻找解决问题的方案，由实践向理论探寻；在工业涪陵的文化建设部分，将理论与实践融为一体，既有在现实基础上的高度提炼，又将理论层层铺展，用实践检验理论，以理论为实践引路；在工业涪陵的高质量发展部分，利用评价理论对过去工业涪陵战略实践结果进行评价，以明确未来高质量发展通道；在最后的政策设计中，既立足于过去的政策，又引入现实关照和对所发现问题的理性回应，使政策设计建构于过去的基础之上，建构于现实的需要之上，提高政策的契合度。

二、定性分析与定量分析相结合

本研究各组成部分都包括一部分前置性研究，这些前置性研究需要将定性与定量相结合，既提供理论支撑及其对具体内容的解读，又提供经验分析以获得具体化感受。前置性研究是研究规范性的重要体现，同时构成对后续研究的有力支撑。在本研究中，课题组对研究方案、研究内容、研发方法进行了多次研讨，明确了在不同研究内容中的前置性研究，力图使各个部分的研究都能建构起坚实的基础，确保研究内容符合理论预期和现实发展的逻辑推演。

三、文献分析与调研分析相结合

本研究在涪陵区委办、人大办、政府办、政协办、发展改革委、财政局、经济信息委、科技局、生态环境局、文化旅游委、农业农村委、卫生健康委、物流办、国资委、科技局、市场监管局、社科联、科协、区委党史研究室（区地方志办）、区委党校等区级部门，能源集团、川东电力、中石油涪陵公司、中石化涪陵公司、中石化涪陵页岩气公司、涪陵燃气、华晨鑫源、华峰集团、万达薄板、建峰集团、涪陵卷烟厂、华兰生物、三爱海陵、华通电脑、葵花药业集团、美心翼申、泽胜集团、南涪铝精密制造、仓兴达科技、天原化工、科宝电缆、万丰奥威铝轮、涪陵烟草等重点工业企业，涪陵新城区、涪陵综保区、涪陵国家现代农业产业园，涪陵新城区、白涛工业园区、临港经济区、清溪工业园区等单位提供的文献资料基础上，课题组多次到重点企业进行实地调研，还召开了多次专题研讨会，获取了大量一手资料。

四、实证分析与案例分析相结合

案例分析是社会科学研究中的一种重要研究方法。采用案例的优势在于：案例构成理论的证据或推演的基础；由多个典型案例的加总可以拓展为一般性结论，使案例具有普适性；案例分析也是实证主义的一种方法，使研究具有可证性。本研究在实证分析的基础上穿插了大量涪陵工业、工业企业、工业文化等典型案例，通过案例分析验证研究提出观点，并在案例分析基础上进一步提炼观点，提升政策的针对性、有效性和前瞻性。

第六节 研究框架

本研究围绕“战略命题→战略内容→战略评价→战略保障”思路，除导论外分 10 个部分展开。

第一，涪陵工业发展的历史。从古代、近代和现代考察涪陵工业发展的历史进程，着重对中华人民共和国成立以来涪陵工业的发展进行更为细致的剖析。中华人民共和国成立以来，涪陵工业发展的历史特征包括：国家战略发挥加速功能、工业结构逐渐优化升级、工业园区化发展、重点企业发挥带动作用、工业发展环境不断优化。

第二，工业涪陵战略的形成。结合西部大开发战略、中共中央“314”总体部署、三峡工程移民迁建政策等历史背景分析工业涪陵战略的政策依据；从区域经济学、新型工业化、产业集聚、循环经济、产业转移等领域提出工业涪陵战略的理论基础；依据有利于工业发展的营商环境初步形成、现代化经济体系初步形成、企业技术改革和创新已见成效等现实，剖析工业涪陵战略的发展条件；回顾工业涪陵战略决策过程，指出工业涪陵战略在加快区域性中心城市建设、加快新兴工业城市建设、改善涪陵民生质量等方面的重大意义；但存在经济总量偏小、工业结构亟待优化、思想解放不到位、发展环境不够宽松、自主创新能力亟待提升等影响工业涪陵建设的制约因素。

第三，工业涪陵战略的内容。讨论工业涪陵战略表述，从指导思想、蓝图、定位、保障等方面构建工业涪陵战略体系；工业涪陵战略的总体目标是上规模、上水平、上质量、上效益；工业涪陵战略具体目标从产业发展、园区发展和企业发展展开；战略定位包括总体定位和具体定位，总体定位建成重庆重要现代制造业基地、重庆区域发展的东部增长极、重庆主导产业的紧密协作配套基地，具体定位可进一步细化为产业、园区和企业定位；战略布局包括总体布局和具体布局，总体布局是形成产业和市场互补的良好格局，具体布局包括产业布局和园区布局。

第四，工业涪陵的产业优化。分析工业涪陵产业发展的现状，总结其特点，特点包括企业数量和规模不断扩大、支柱产业优势显著、新兴产业迅猛发展、工业园区特色凸显、工业集群效应明显、工业产品产量总体增长、工业产品结构逐步优化、龙头企业支撑有力、工业品牌建设突出、创新能力持续提升、经济效益不断向好、招商引资成果明显、开放水平不断提高。工业涪陵产业发展中的问题是传统产业转型升级压力大、新兴产业亟待加快培育。工业涪陵产业优化的总体思路是对传统产业进行改造、升级和转型，使其结构由低端向高端转变；具体思路：对新兴产业进行优化，选择、培育和发展新兴产业。工业涪陵产业优化的路径是强化政策引领，通过园区产业化、集群化发展，进而实现产业的优化，通过做大做强企业和“两化”融合实现产业的高质量发展。工业涪陵的产业优化的措施是抓技术创新、提升产业灵魂；抓平台建设、强化产业支撑；抓人才培育、集聚发展人才，以数字经济赋予产业动能；抓产品品牌、维护企业生命；抓对外开放、增强开放引领；抓招商引资、优化营商环境；抓绿色发展、强化发展后劲。

第五，工业涪陵的企业发展。以规模以上工业企业为中心，对涪陵工业企业结构的变化趋势进行系统考察；将涪陵重点工业企业分战略性新兴企业、高技术企业、传统企业三类，探究涪陵重点工业企业的发展情况，涪陵重点工业企业发展呈现利润不断增长、结构不断优化、研发能力不断增强、绿色发展不断推进等特点，以及智能化发展、生态化发展、融合化发展、品牌化发展态势。

第六，工业涪陵的文化建设。工业涪陵文化是在实施工业涪陵战略过程中形成的一种独特的区域经济文化，由物质文化、制度文化、精神文化三部分构成。工业涪陵精神文化是工业涪陵文化的核心，“与时俱进、工行天下”核心理念在工业涪陵文化建设中发挥着塑魂作用，包括“敢为人先”的创新创业理念、“企无小事”的服务理念、“抢抓机遇”的发展理念、“精益求精”的敬业理念、“诚实守信”的信用理念、“海纳百川”的开放包容理念、“业定乾坤”的工业主导理念。新时期，挖掘弘扬工业涪陵文化非常必要、非常迫切；挖掘弘扬工业涪陵文化应坚持传承创新、协同推进社会主义文化方向、贯彻新发展理念和社会主义核心价值观等原则，挖掘弘扬工业涪陵文化核心理念、夯实工业涪陵文化发展基础、加大工业涪陵文化建设政策支持、加快涪陵工业文化产业发展、完善工业涪陵文化传播机制。

第七，工业涪陵的农业产业化与城市化。对工业涪陵理念进行分析，认为其特征是具有时代特性、以产业为主体、坚持科技一体化发展；提出要以工业涪陵引导农业产业化和城市化，具体分为工业涪陵理念引导、工业涪陵方式引导和工业涪陵经验引导。

第八，工业涪陵的实效评估。讨论工业涪陵实效评估的内涵，以可比性、系统性、可操作性和动态性为原则构建工业涪陵评价指标体系，该体系包括工业化阶段（进程）、产业结构、科技含量、工业经济效益、资源环境、人力资源、信息化水平。以此进行测度的结果表明：从“量”上看，2012 年涪陵达到工业涪陵的产值要求；从“质”上看，2015 年涪陵达到工业涪陵的质量要求，由农业区向工业区转变。采用层次分析法对工业涪陵工业化发展水平进行综合评价，构建工业涪陵发展水平评价综合指数，分析工业涪陵的驱动因素。

第九，工业涪陵的高质量发展。在经济高质量发展和工业高质量发展的基础上，阐明工业涪陵高质量发展内涵；从创新、协调、绿色、开放、共享等新发展理念来构建工业涪陵高质量发展指标体系，该指标体系由 24 个二级代表性指标构成；通过测算分析工业涪陵高质量发展所面临的重大机遇和独特优势，揭示工业涪陵高质量发展所面临的结构、配套、创新、布局、环境等困难；最后提出推动工业涪陵高质量发展建议。

第十，工业涪陵的保障机制。从坚持对外开放政策、加大招商引资力度，坚持工业强区政策、持续实施重点企业发展战略，坚持依法治理政策、持续优化营商环境，坚持转型升级政策、积极推进新型工业化等提出优化工业涪陵的保障体系；从加强组织领导、建立互动机制、形成工作合力、与时俱进提出工业涪陵的组织保障措施；从工业涪陵人才培养质量、加大工业涪陵引进人才力度、完善工业涪陵人才公共政策体系、强化人才个性化服务保障等角度提出工业涪陵人才保障措施；从提升企业科技创新能力、促进产学研用一体化发展、优化科技创新环境、促进科技转型升级提出工业涪陵技术保障措施；从金融支持、财政扶持、税费优化、深化资金保障改革等角度提出工业涪陵资金保障措施。

第七节 成果的创新与不足

一、成果的创新之处

本研究成果的创新之处集中在研究视角和内容、研究方法、研究观点 3

个方面。

（一）研究视角和内容创新

1. 研究视角创新

本成果的创新性在于将区域经济发展战略与经济发展理论紧密对接。首先，在立足点上，突破了仅站在工业、工业化的起点上谈工业、工业化问题，而是站在了工业化的结果——工业区、工业社会的高度来研究区域工业、工业化问题。其次，在主线上，突破了就工业、工业化谈工业、工业化问题，而是紧紧围绕涪陵工业转变为工业涪陵，即农业区转变为工业区这条主线来研究区域工业、工业化及农业产业化和城市化问题。再次，在内容上，突破了单纯研究区域某一产业的发展问题，而是既研究了工业经济发展问题，又探讨了农业产业化和城市化等经济社会发展问题。最后，在工业经济发展问题上，突破了单纯研究工业物质生产领域问题，而是既研究了工业物质生产领域的问题，又分析了工业文化生产领域的问题。

2. 研究内容创新

本成果对“工业涪陵”战略的提出和实施进行了比较系统的研究。首先，论证了实施“工业涪陵”战略的必要性和可行性，解决了战略正确和战略自信问题。其次，对战略内涵从质、量及其质、量相统一方面进行明确界定，解决了工业涪陵战略的精准性问题。最后，构建的科学评价指标体系对实施工业涪陵战略的成效和工业涪陵高质量发展状况进行了量化分析，研究内容不仅深刻而且具有前瞻性。

（二）研究方法创新

本成果综合运用区域经济学、产业经济学、政策分析、评价方法等，采用理论研究与实践研究相结合、定性分析与定量分析相结合、文献分析与调研分析相结合、实证分析与案例分析相结合等研究方法，既发挥了不同学科理论和研究方法在应用中的优势，又使每项研究的方法既具体又适用。在研究方法的运用方面，本成果尤其重视对结果的考量及由此延伸出的政策含义、政策借鉴。

（三）研究观点创新

本成果还提出了一系列新观点，如提出“工业涪陵”战略是建立在对传统工业发展战略进行反思基础上的一种区域经济发展战略，其战略形成与发展大致可以分为 4 个时期：2008—2012 年为战略的基本成形期，2013—2015 年为战略的建成期，2016—2020 年为优化期，2020 年以来为工业涪陵的高质量发展期。

二、成果的不足之处

本研究成果的不足之处集中在 3 个方面。

其一是部分章节对资料的提炼不够深入。虽然这些章节收集了一些资料，但对资料背后的机理、原因和政策等分析较为薄弱，因此为本研究中有待继续完善之处。

其二是部分研究观点抽象不够凝练。一些研究章节虽然提出了明确的观点，但其观点对事物发展的规律及特征把握不够精准，因而使研究观点对所分析内容的关照度不够强健，未来的研究中需要进一步提升观察力和分析力。

其三是部分资料与主题的契合度不高。由于本研究参与者多，不同参与者水平层次存在差异，且在收集资料过程中对资料的选择和站位不同，导致进入分析的部分资料与所论证主题的联系不够强劲或无法充分佐证该部分内容。

第二章　涪陵工业发展的历史

工业涪陵是涪陵工业发展进程中的一个新阶段，要深入研究工业涪陵，首先要搞清楚涪陵工业发展的历史、特点和经验。

第一节　涪陵工业发展的历史进程

涪陵工业发展的历史既是国家通过经济变革驱动区域经济发展的一个缩影，也是地方政府立足自身优势等贯彻落实国家发展战略，成功使传统农业区转变为现代工业区的一个缩影。

一、古代涪陵工业的发展状况

在漫长的原始社会、奴隶社会和封建社会时期，涪陵社会经济长期以农业为主，但手工业得到一定的发展。据考古发掘资料，距今四五千年前，在涪陵境内的长江和乌江两岸已有人类活动。如在义和镇河嘴、蔺市镇东场口等处都发现了新石器晚期遗址，出土了大量石锄、石斧、石网坠等文物①，表明新石器晚期涪陵手工业已经产生。夏、商和西周时，涪陵境内的濮人已具备开采丹砂的技术。秦汉时期，涪陵矿业取得了较大的发展，盛产炼丹用的朱砂。据《史记・货殖列传》记载："巴寡妇清，其先得丹穴，而擅其利数世，家亦不訾。"可见，当时丹砂业已经堪称涪陵工业的名片。汉时，涪陵境内已有砖、瓦、石灰的烧制，尤其是青砖的烧制技术在东汉时已达到较高的水平。西晋末年，巴人东下荆湘，南方僚人进入枳地，带来了养蚕等技术，促进了涪陵纺织业的发展。北周时，"铜柱滩东，有锦绣洲，巴土盛以此州人

① 四川省涪陵市志编纂委员会．涪陵市志［M］．成都：四川人民出版社，1995：3.

能织锦罽，故以名之”[①]。唐宋时期，涪陵手工业得到较大的发展，如涪州的蒟酱在唐代就被列为贡品，涪州城东关池（在今清溪镇境）产的铁刀也曾被列为贡品[②]。

明清时期，涪陵手工业发展达到了一个新高度。在矿业方面，明代湖广移民入涪，落业垦荒，开采盐、铁、煤等矿产资源。在食品方面，明代梓里方坪产贡茶，清代百花露酒甚著名。在纺织方面，明代以后，涪陵乡村植木棉，妇女夜事纺织，至清康熙年间（1662—1722 年）以后愈盛；清代，湖北棉花大量输入，花行将棉花分售各地农户纺纱。在建材方面，清乾隆四十九年（1784 年），涪陵清溪乡有高升堂营记窑厂，烧制缸、坛、钵等日用品。在化工方面，清代涪陵境内有土油漆（以桐油加密陀僧或漆熬制）生产[③]。在印刷方面，清代的雕版、木活字印刷兴盛。在煤炭方面，清代，涪陵境内已开办有新庙石合场宝华煤窑和天台场老荒田等小煤窑[④]。此外，木船制造，中药加工，木、竹、藤、棕制品等在涪陵均有较长的生产历史。

总之，在古代，涪陵的工业主要集中于纺织、冶铁等行业，但多为简单的手工作坊。

二、近代涪陵工业的发展状况

在涪陵，资本主义性质的近代工业始于清末民初，集中于榨菜、能源、食品、化工、建材、纺织与制革等行业。

（一）抗日战争爆发前的涪陵工业

榨菜产业优势凸显。民国时期，涪陵榨菜得到重大发展，成为涪陵的一大产业。1898 年，涪陵人邱寿安试制榨菜成功，1919 年涪陵榨菜厂发展至 50 多家，产量达 1.5 万多担，产品远销湖北宜昌、汉口、上海、北京、天津、辽宁、福建和广东等地，远及南洋各国。1926 年出版的《中华民国省区全志·秦陇羌蜀四省区志》载：“涪陵县……其为特产者，以榨菜为最著。近年上海、汉口等处均设有公司经理，每年售出价值十万元（银元）以上。”20 世纪 20 年代涪陵县已成立由加工、运销商组成的“菜帮”，该“菜帮”于

---

① 四川省涪陵市志编纂委员会．涪陵市志［M］．成都：四川人民出版社，1995：3.

② 四川省涪陵市志编纂委员会．涪陵市志［M］．成都：四川人民出版社，1995：3-4.

③④ 四川省涪陵市志编纂委员会．涪陵市志［M］．成都：四川人民出版社，1995：4.

1931年改为"涪陵县菜业公会"，有会员212家。1935年，涪陵榨菜产量达到12万坛（4500吨）[①]。

能源工业萌生。1935年，涪陵县有小煤窑26个，矿区总面积240.27万平方米，主要分布在大义、梓里、白涛、悦来、珍溪等地，年产原煤2000多吨。涪陵的火电工业始于20世纪20年代；水电工业始于20世纪40年代。1924年，重庆人秦震翔购进微型直流发电机一台，用于放映无声电影，有时也供特殊照明。1929年，钟表修理业主刘元楷牵头创办烨明电灯公司，以24马力油机带10千瓦英国产葛纳牌发电机，供500盏电灯照明[②]。

以面粉为主的食品工业兴起。1925年，涪陵利泉秾面粉厂在袁家溪利用水力磨粉，后有新丰、果丰等水磨面粉厂相继开办。1933年，涪陵县有面粉厂6家，年加工面粉1200吨。此外，糕点等食品加工业得到一定的发展，如1920年涪陵县城已有大小糕点、糖果作坊30多家。1931年开始用烤灶箱制作西式糕点。1932年，涪陵县大小斋铺增至90家[③]。

此外，建材、纺织、制革等工业也得到一定的发展。建材方面，1932年涪陵县有砖、瓦业50户，主要设备有窑子、木桶、瓦刀等，年产砖、瓦550窑[④]。纺织业方面，民国初年，涪陵县劝业所开办小棉纺织厂，产品有布匹、毛巾和棉袜等。1920年以后，用洋纱织宽布的机房逐渐兴起。1924年，长寿人向锡林在城内开办锡林纺织厂，年产棉布1500匹；1932年，涪陵县有小织布厂（机房）300多家，年产土窄布、土宽布、花布、斜纹布等约15万匹。制革业方面，1915年，涪陵人彭沧若在白衣庵设立振业皮革厂，1932年该年产量3600件[⑤]。

（二）抗日战争爆发后的涪陵工业

1937年，抗日战争全面爆发，涪陵传统手工业有较大的发展，以机器操作为主要标志的近代工业兴起。榨菜加工业方面，抗日战争开始后销路受到一定的影响，但扩大了后方内销市场，雄风复振，1940年加工厂达到671家，产销1.1万吨。1945年，抗日战争胜利后，涪陵榨菜销路转旺，榨菜加工企

---

① 四川省涪陵市志编纂委员会．涪陵市志［M］．成都：四川人民出版社，1995：711-712.
② 四川省涪陵市志编纂委员会．涪陵市志［M］．成都：四川人民出版社，1995：465-467.
③ 四川省涪陵市志编纂委员会．涪陵市志［M］．成都：四川人民出版社，1995：478-485.
④ 四川省涪陵市志编纂委员会．涪陵市志［M］．成都：四川人民出版社，1995：493-494.
⑤ 四川省涪陵市志编纂委员会．涪陵市志［M］．成都：四川人民出版社，1995：498-503.

业纷纷涌现，1948 年涪陵榨菜企业达到 500 多家，生产榨菜 1.05 万吨①。

能源工业获得一定发展。1937 年，全面“抗战”开始，受战争的影响，工业、轮船用煤和生活用煤量增大，促进了小煤窑的发展，到 1949 年涪陵县仍在生产的小煤窑 9 个，年产原煤 4295 吨。1939 年，涪陵兴记电灯股份有限公司扩建涪陵电厂，新装 150 马力蒸汽机，由其带动 100 千瓦发电机。1942 年，涪陵县人杨宏孚等在百汇场东面碧溪河上的奚家角开办利通水力机器面粉厂，该厂以木轮水车为动力，白天打米磨粉，晚上发电，供厂内和百汇场上数盏电灯照明，后来源盛水力机器面粉厂和袁家溪面厂也安装了发电设备。到 1949 年，以上 3 家水力发电装机共 36 千瓦②。

食品工业得到一定发展。机器碾米磨面在抗日战争时期出现，涪陵城有礼豫米厂，面粉厂有利泉秾、源盛、果丰、利通 4 家，日产面粉 20 吨。同时，传统水磨磨面、手摇机制挂面等小作坊也有较大发展。腌腊制品加工业也兴起于这一时期，当时广东、江苏、浙江工商业者在涪陵城开设腌腊制品作坊 10 多家，主要生产广式香肠、广式腊肉、金钱肉、关刀肉、肉松等，其中以广式香肠为主，年产量近 50 吨，产品多销往重庆。榨菜业的发展带动了榨菜酱油和陶瓷制品的发展，榨菜厂商将腌菜盐水熬制成榨菜酱油（俗称菜酱油），其味鲜美独特，大多为酱园经销。1945 年，涪陵县酱园发展到 17 家。抗日战争时期，涪陵县监狱工场内设卷烟科，以金堂烟叶等为原料，生产“杀敌牌”“金钟牌”卷烟，日产 10 多条③。

炼油业兴起。1938 年日寇封锁长江，汽车、轮船、机器所需汽油等进口物资运不进来，于是土法炼油业应运而生。1940—1944 年，涪陵县境内先后开办了中亚工业公司、中国植物油料厂和大华、兴华、天生（一厂、二厂）、华府、运中、更生炼油厂，以及国民政府军政部第二炼油厂。炼油业的兴旺不仅解决了涪陵市场桐油的销路问题（炼油业购买桐油约占销售总量的 60%），而且增加了抗日战争物资的供应。

纺织与制革产业发展较为迅速。“抗战”刺激了涪陵纺织与制革产业的发展，1949 年，全县有私营织布厂 44 家、小型机房 1419 个，年产棉布达到 229.6 万米，皮革制品厂、店发展到 62 家④。

---

① 四川省涪陵市志编纂委员会．涪陵市志［M］．成都：四川人民出版社，1995：712.
② 四川省涪陵市志编纂委员会．涪陵市志［M］．成都：四川人民出版社，1995：465-467.
③ 四川省涪陵市志编纂委员会．涪陵市志［M］．成都：四川人民出版社，1995：478-485.
④ 四川省涪陵市志编纂委员会．涪陵市志［M］．成都：四川人民出版社，1995：498-503.

这一时期涪陵工业受战争和时局影响较大，是在曲折中发展的。1949 年，涪陵有工业、手工业 4518 家，工业总产值 862 万元。其中，从业人员在 100 人以上的有食品、纺织、缝纫、竹木器制造、印刷、化工、建材、金属制品、皮革及其制品 9 个行业，生产工业、手工业产品 400 多种①。总体来说，这一时期涪陵工业发展水平低、规模小、资金短缺、设备简单，以个体作坊为主，绝大多数仍采用手工操作，受通货膨胀等因素的影响，经营困难。

三、中华人民共和国成立以来涪陵工业的状况

中华人民共和国成立以来，涪陵开启了现代工业的新篇章，工业规模由小到大、综合实力由弱到强，工业总产值从 1949 年的 862 万元②增至 2020 年的 1786.30 亿元③。

（一）改革开放前涪陵工业的状况

这一时期主要分为 1957 年前的较大发展和“三线建设”的推动两个阶段。

1. 1957 年前涪陵工业的发展

这一阶段是涪陵工业战后恢复和进行社会主义改造的时期。中华人民共和国成立后，涪陵成为专区驻地，为尽快恢复和发展生产，政府对关系国计民生的企业发放贷款，畅通购销渠道，大力扶持企业发展生产。到 1952 年，涪陵工业总产值达到 2173 万元④。主要工业产品中，发电量达到 5 万千瓦 · 时，原煤 3721 吨，砖 196 万块，松香 19 吨，棉布 153 万米，肥皂 27 吨，饮料酒 415 吨，榨菜 5914 吨⑤。从 1953 年起，涪陵县开始调整生产关系，对私营经济进行社会主义改造，开展公私合营，到 1955 年底，共 25 家企业实行合营，39 家私营企业转为国营或合营企业。

大力发展公有制经济。1951 年，涪陵地区公安局在珍溪永义乡开办涪陵

---

① 四川省涪陵市志编纂委员会 . 涪陵市志［M］. 成都：四川人民出版社，1995：458-463.

② 四川省涪陵市志编纂委员会 . 涪陵市志［M］. 成都：四川人民出版社，1995：453.

③ 重庆市涪陵区统计局，国家统计局涪陵调查队，重庆市涪陵区统计学会 . 涪陵统计年鉴（2021）［A］. 2021：157.

④ 四川省涪陵市志编纂委员会 . 涪陵市志［M］. 成都：四川人民出版社，1995：453.（注：本部分涪陵县数据未包括当时涪陵地区的地级数据）

⑤ 四川省涪陵市志编纂委员会 . 涪陵市志［M］. 成都：四川人民出版社，1995：455.（注：本部分涪陵县数据未包括当时涪陵地区的地级数据）

县合义煤厂，成为第一家县属地方国营煤矿。1953—1956年，涪陵先后建立了煤炭、食品、药材、茶叶、针棉织、文化用品等国营企业，国营、集体工业逐渐上升并居于主导地位。1955年，涪陵县国营、集体工业产值分别占当年涪陵县工业总产值的46.5%和13.4%①。

总之，这一时期涪陵现代工业得到了较大发展。到1957年，涪陵县有工业企业172家，其中国营企业15家、手工业企业157家，工业总产值达到3407万元，比1949年增长3倍，其中产值较大的有食品、化工、纺织、森工、机械5个行业②。

2. “三线建设”时期涪陵形成现代企业集群

“三线建设”带动涪陵现代工业的发展。从20世纪60年代中期至20世纪70年代初期，按照国家“三线建设”战略布局，大批北方和东部沿海地区企业内迁涪陵，有核工业部、兵器工业部、船舶工业部、机械工业部所属的816厂、川东造船厂、海陵厂等企业迁至涪陵，使涪陵在较短时间内形成了企业集群，整体上提升了工业经济的实力。

党的十一届三中全会后，工业生产形势好转，工业经济恢复，尤其是能源产业得到较快发展。在煤炭方面，李子林煤矿复产，石龙坡煤厂建成投产，20世纪70年代大力发展社队小煤窑，致韩皂角、酒店、开平八岩、大柏鹰嘴岩、菜场等小煤厂相继建成投产。在电力方面，火电企业涪陵电厂几经改造扩建，1978年装机容量达到7750千瓦。20世纪70年代涪陵县水电建设发展较快，1971—1977年，容量在10千瓦以上的电站开工28座、竣工24座，其中100千瓦以上的有10座。能源产业的快速发展为工业的发展创造了有利条件③，有力促进了工业的发展。到1978年，涪陵县有工业企业473家，其中国营企业70家、集体所有制企业403家，工业总产值达到14095万元，比1957年增长3.1倍，其中产值占比较大的有机械、食品、纺织、化工、造纸5个行业④。

（二）改革开放以来涪陵工业的发展

1. 20世纪80年代涪陵工业的发展

这一时期是涪陵国有企业体制改革探索和乡镇企业大发展时期。1978年

---

① 四川省涪陵市志编纂委员会．涪陵市志［M］．成都：四川人民出版社，1995：456.
② 四川省涪陵市志编纂委员会．涪陵市志［M］．成都：四川人民出版社，1995：460-461.
③ 四川省涪陵市志编纂委员会．涪陵市志［M］．成都：四川人民出版社，1995：456-457.
④ 四川省涪陵市志编纂委员会．涪陵市志［M］．成都：四川人民出版社，1995：456-461.

以后，涪陵新增国有企业不多，重点在整顿、改革和管理上。其一是通过整顿加快了国有企业改革步伐。针对过去经济管理体制上权力过于集中和“吃大锅饭”的弊端，按照中央部署，大力推行经济体制改革。放权让利，扩大企业自主权，搞活企业经济；试行厂长（经理）负责制，改善经营管理，加强经济核算，使企业经营机制由生产型逐渐向生产经营型转变。同时，政府还大力支持、鼓励企业推广和引进新技术、开发新产品，并促进企业、地区之间的经济联合。其二是实行承包经营责任制，推动企业改革。1986 年开始，县级涪陵市试行经济承包、租赁经营责任制，即企业与主管部门签订承包合同（合同期一般为 3 年），分年度考核。企业在内部分解承包指标，把生产任务落实到各科室、班组，奖勤罚懒，拉开分配档次。到 1987 年底，涪陵市内 64 家（占总数的 95.5%）国有企业均转为承包和租赁经营。其三是实行“三项制度”改革，推动企业发展。1988 年，涪陵市对国有企业实行人事、劳动、工资 3 项制度改革（时称“破三铁”），干部实行招聘制，工人实行合同制，打破干部、工人界限，工人可以竞聘干部岗位，干部落聘可以当工人。在工资制度改革上，国家对企业工资发放进行总量控制，企业内部分配由企业自己确定①。

乡镇企业得到快速发展。1978 年后，乘改革开放的春风，属集体所有制的乡镇工业、城市街道工业发展较快，属个体私营办的工业企业开始不断成长。20 世纪 80 年代初，涪陵乡镇工业主要以食品工业为主，到 1992 年末，已建成乡镇工业企业 2.9 万家，乡镇企业工业总产值达到 4.8 亿元，占县级涪陵市工业总产值的 50%，与国有企业并列成为涪陵工业经济的两大支柱②。

经过改革发展，“六五”期间（1981—1985 年）涪陵市工业总产值年均递增 18.8%，成为 1952 年以来连续增长最快、最稳定的时期。到 1985 年已形成以榨菜加工为主的食品工业，以内燃机配件和民用船舶制造为主的机械工业，以氮、磷肥生产为主的化工工业，以麻纺、缫丝为主的纺织工业，以水电为主的能源工业。到 1988 年，县级涪陵市有独立核算企业 470 家，工业总产值达到 74983 万元，比 1978 年增长 4.3 倍。以食品、机械、轻纺、化工、造纸、建材等为骨干行业，兼有能源、冶金、缝纫、皮革、造船等的地方工业体系基本形成③。

---

① 中国人民政治协商会议重庆市涪陵区委员会. 脊梁：涪陵工业发展回顾 [A]. 2018：585-587.

② 中国人民政治协商会议重庆市涪陵区委员会. 脊梁：涪陵工业发展回顾 [A]. 2018：284.

③ 中国人民政治协商会议重庆市涪陵区委员会. 脊梁：涪陵工业发展回顾 [A]. 2018：625-626.

2. 20 世纪 90 年代至 21 世纪初涪陵工业大发展

20 世纪 90 年代至 21 世纪初是涪陵工业持续、健康、快速发展，工业经济主导地位得到确立的时期。1992 年，邓小平同志南方谈话后，涪陵抓住这一历史机遇，立足实际，开始实施“抓大放小、扶优扶强”的国有企业重点发展战略，选择涪陵卷烟厂、太极集团、涪陵建陶等 11 家国有企业实施“过亿超千”目标，在资金投入、项目安排、资源配置、财税政策、领导精力等方面重点倾斜，到 1995 年底该战略初期目标实现，有 11 家企业达到“过亿超千”标准①。

“九五”期间（1996—2000 年），涪陵在“过亿超千”目标实现的基础上实施“5135”工程，即到 2000 年发展一批销售收入超过 5 亿元、税利超过 1 亿元，以及销售额超过 3 亿元、税利超过 5000 万元的重点企业，并使重点企业增至 19 家，到 1997 年末该工程已取得显著成效，19 家重点企业上缴税金 8.6 亿元，占独立核算工业企业上缴税金总数的 82%，占涪陵市财政收入的 2/3②。

这一时期，涪陵还抓住了“三峡移民”工矿企业迁建等政策机遇，实施国有企业抓重点和名牌战略、重点企业发展战略等举措，成功培育出涪陵烟厂、涪陵制药厂、涪陵建陶厂、建峰化肥厂、川东造船厂、三爱海陵、涪陵乌江榨菜公司、娃哈哈公司、涪陵铝厂、涪陵金帝集团等一批重点骨干企业，卷烟、医药、建材、化工、食品、机械等一批骨干产业，创造出“九个一”的拳头产品，它们被誉为涪陵工业的“九朵金花”，即“一包烟”（以“宏声”和“龙凤呈祥”为代表的系列优质烟产品）、“一盒药”（“山水”牌急支糖浆、藿香正气液等中成药系列）、“一瓶水”（娃哈哈纯净水、饮料系列）、“一碟菜”（以“乌江”牌榨菜为代表的涪陵榨菜系列）、“一块砖”（“金鹤”牌彩釉地砖产品系列）、“一袋肥”（“建峰”牌复合肥、尿素肥系列）、“一匹布”（苎麻、丝绸产品系列）、“一个件”（汽车、摩托车配件）、“一锭铝”（铝锭、铝材）。

1998 年 6 月涪陵区成立后，企业重点发展战略得到进一步贯彻实施，并将抓重点企业从国有企业扩展到私营企业。1998 年 8 月 12 日，涪陵区召开全区私营工业企业厂长（经理）座谈会，确定支持 10 家重点私营企业发展，像

① 中国人民政治协商会议重庆市涪陵区委员会．脊梁：涪陵工业发展回顾［A］. 2018：596-597.

② 中国人民政治协商会议重庆市涪陵区委员会．脊梁：涪陵工业发展回顾［A］. 2018：591-592.

抓国有重点工业企业一样给予扶持。到 2000 年，重点私营企业增至 11 家，即浙江金义涪陵公司、新盛罐头食品公司、通威饲料公司、浙江飞渡泉凌啤酒公司、桥福特实业公司，辣妹子集团公司、巴王工业集团公司、涪陵夹江宏发陶瓷厂、江苏富利（涪陵）公司、涪陵摩托车有限公司、德丰食品公司。2003 年，涪陵重点私营企业增至 12 家，实现工业总产值 5 亿元，利税 3110 万元。

为加快涪陵工业化的发展进程，“十五”期间（2001—2005 年）涪陵继续坚持实施重点发展战略，实施“三个一”工程，即到 2005 年销售收入、实现利润分别突破 100 亿元、10 亿元，培植 10 个国家级名牌产品。该工程实施后，一批重点企业发展成为涪陵工业的中坚力量。如涪陵卷烟厂、太极集团、涪陵建陶、涪陵化工、娃哈哈涪陵公司、三爱海陵、建峰化工总厂、东升铝业 8 家企业相继跻身“重庆工业 50 强”和重庆 66 家重点增长型企业。涪陵建陶、太极集团、三爱海陵和长江水运 4 家企业股票成功上市①。2005 年，涪陵区 14 家重点工业企业完成工业总产值 102. 9 亿元，全区工业总产值达到 145. 11 亿元，比“九五”时期翻了一番，基本形成以烟草加工、医药、食品化工、机械、建材等行业为主的比较完整的工业体系②。

这一时期，涪陵工业发展抓重点工业企业带动区域经济的发展经验被国家有关部委和新闻单位誉为“涪陵现象”，《人民日报》、新华社等媒体采写的《重点企业活涪陵》《抓重点企业，搞活涪陵经济》等在全国引起轰动③。

3. 2008 年工业涪陵战略提出以来工业的发展

自 20 世纪 90 年代初，涪陵实施“工业立区”重点发展战略以来，涪陵一直坚持把抓工业作为工作的重中之重，催生出一批具有竞争力、带动力的骨干企业，形成了比较完整的工业体系，为提升工业经济在涪陵产业布局中的地位奠定了坚实基础。为推动工业经济的进一步发展，2008 年，涪陵区印发的《中共重庆市涪陵区委关于贯彻市委〈关于进一步扩大开放的决定〉的意见》（涪区委发〔2008〕27 号）明确提出了“工业涪陵”战略。该战略实施后，涪陵区工业经济增速获得大幅度提升。2010 年，涪陵区工业总产值达到 650 亿元，年均增速高达 33%，连续 5 年跻身重庆市“工业十强区县”和

① 中国人民政治协商会议重庆市涪陵区委员会．脊梁：涪陵工业发展回顾［A］. 2018：592.

② 中国人民政治协商会议重庆市涪陵区委员会．脊梁：涪陵工业发展回顾［A］. 2018：620-621.

③ 中国人民政治协商会议重庆市涪陵区委员会．脊梁：涪陵工业发展回顾［A］. 2018：625-626.

“工业投资十强区县”，综合排名从第五位上升至第三位。涪陵区重点工业企业与预备队企业增至 35 家，其中重点工业企业 19 家，建峰化工、涪陵榨菜成功上市，涪陵区上市公司总数增至 9 家①。“十二五”期间（2011—2015 年），涪陵大力实施“326”工业发展战略和“十百千万”工业强基工程，加快建设千亿元级园区，着力培育百亿元级企业，新型工业化取得显著成效。2015 年，涪陵区工业总产值达到 1480.49 亿元，比 2010 年年均增长 17.9%，增加 830.49 亿元，占重庆市的 6%，总量在重庆市各区县排位由第五位上升至第四位②。

“十三五”期间，涪陵区深入贯彻落实新发展理念，坚持走新型工业化道路，全面加快产业转型升级步伐，大力实施以大数据智能化为引领的创新驱动发展战略，积极推进工业经济高质量发展。其一是主动融入“一带一路”倡议和长江经济带发展战略，努力建设重庆重要现代制造业基地。其二是实施“一区两园三基地”工业发展新布局。“一区”即国家级涪陵页岩气示范区；“两园”即涪陵工业园区（A 区：李渡工业园区；B 区：龙桥工业园区）、白涛工业园区（A 区：白涛化工园区；B 区：清溪再生有色金属特色产业园区）；“三基地”即马武、珍溪、龙潭 3 个小企业创业基地。着力优化配置资源要素，完善功能设施配套和公共服务体系，增强“一区两园三基地”集聚作用，促进工业集中集约发展。集聚发展“6+6”产业，加快化工化纤、材料、装备制造、能源、食品、医药六大传统支柱产业结构调整，将页岩气、新一代信息技术、新能源智能汽车及高端装备制造、生物医药及生命健康、MDI 上下游及化工新材料、节能环保 6 个产业培育成为配套体系完善、技术储备完备、服务体系完整、市场运用广泛、具备较强核心竞争力的新兴产业集群。其三是大力实施以大数据智能化为引领的创新驱动战略，推动企业实施智能化改造，建设智能工厂、数字化车间和数字化生产线。上述措施的贯彻实施使涪陵工业发展再次大提速，2019 年涪陵区工业增加值居重庆市第一位③。

---

① 王玉梅. 从“涪陵工业”到“工业涪陵”的跨越［C］//中国人民政治协商会议重庆市涪陵区委员会. 脊梁：涪陵工业发展回顾. 2018：600-607.

② 沈晓钟. 转型升级求突破　质量并举上台阶　努力把涪陵建设成为全市重要的工业基地［J］. 重庆行政（公共论坛），2012（4）：9.

③ 郑波，瞿长福，冉瑞城，等.［推动高质量调研行］工业涪陵的高质量答卷［N］. 经济日报，2019-12-24（1）.

第二节　涪陵工业发展的历史特征

回顾涪陵工业发展的历史进程，尤其是自中华人民共和国成立以来涪陵工业发展历程的深入考察，可以看出涪陵工业规模如何由小到大、综合实力如何由弱到强，这一变化过程呈现如下特征。

一、国家战略加速发展

国家战略对区域经济发展具有加速作用，涪陵善于抓住国家战略机遇发展自己，涪陵工业发展的几次重要提速都得益于国家政策的调整，如改革开放政策、“三峡移民”工矿企业迁建政策、西部大开发战略等。

改革开放前发展相对缓慢。中华人民共和国成立之初，涪陵是一个传统的农业地区，工业经济不发达，工业总产值仅 862 万元。经过恢复和社会主义改造，涪陵工业得到恢复和发展，1957 年涪陵县工业总产值达到 3407 万元，比中华人民共和国成立之初增长 3 倍[①]。因历史原因，1962 年涪陵县工业总产值降到 1852 万元。其后，涪陵新建了一批以“新”字头为代表的骨干企业，涪陵地方工业开始起步。同时，海陵厂、川东造船厂、化油器厂、内燃机配件厂等“三线建设”企业从上海等地迁至涪陵建厂，促进了涪陵工业的发展。1978 年改革开放以后，涪陵对国有企业体制进行改革，大力发展乡镇企业，涪陵县工业经济发展速度加快。

邓小平南方谈话后，涪陵确立了重点企业发展战略和“工业立区”战略，又抓住了“三峡移民”工矿企业迁建、西部大开发战略等国家政策机遇，使工业经济发展不断提速。2005 年，涪陵区工业总产值达到 173.12 亿元。

2008 年，涪陵区为更好利用政策优势，提出并开始实施“工业涪陵”战略，之后工业发展再次提速。特别是 2016 年以来，涪陵区委、区政府通过实施以大数据智能化为引领的创新驱动发展等战略，涪陵工业经济的转型升级成效显著。由图 2-1 就能看出 2008 年以来涪陵区工业发展速度的大幅度提升状况。

---

① 四川省涪陵市志编纂委员会．涪陵市志［M］．成都：四川人民出版社，1995：453.

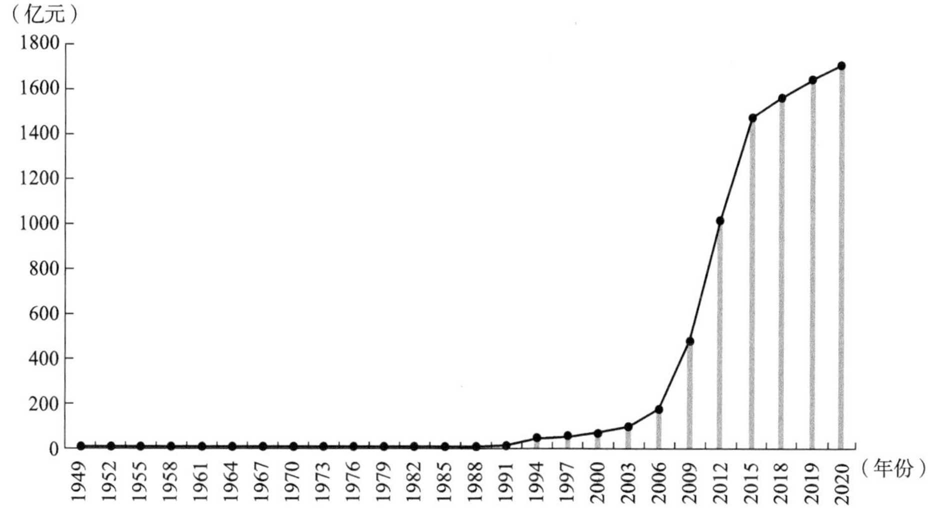

图 2-1　中华人民共和国成立后涪陵工业总产值趋势

说明：根据《涪陵市志》和《涪陵统计年鉴（2021）》整理。

二、结构优化提升发展

涪陵工业发展不仅注重“量”的增长，而且十分注重结构的优化。每次大的结构优化都提升了涪陵工业“质”的发展。

中华人民共和国成立初期，涪陵依托丰富的农副产品资源，大力发展轻工业，轻工业主要分布在粮食加工、榨菜等行业。通过开展社会主义改造和公私合营，涪陵工业得到了恢复和发展，到 1957 年，涪陵工业中所占比重较大的有食品、化工、纺织、森工、机械 5 个行业。1960 年后，涪陵先后投资建成了新华机械厂、新力农机厂、新光纸厂、新锦绸厂、新兴陶器厂、新丰化肥厂、新源化工厂等以“新”字头为代表的一批小型工业企业，电力、机械、建材、化工、纺织等行业得到较大发展。

“三线建设”时期，大批北方和东部沿海地区企业迁涪在一定程度上优化了涪陵工业的结构。如海陵内燃机配件厂、化油器厂、川东造船厂、816 厂等内迁涪陵，促进了涪陵机械、造船、化工等工业的发展。

改革开放以后，涪陵推行经济体制改革，探索国有企业体制改革，同时大力发展乡镇企业，积极推动企业调整结构，推动企业转型升级，逐步形成了以榨菜为龙头的食品工业，以内燃机配件为主的机械工业，以化肥、化工产品为主的化工工业，以民用船舶为主的造船工业，以水泥及其制品为主的建材工业，以麻纺、丝织为主的纺织工业，以水电为主的能源工业七大骨干行业，形成以烟草加工、医药、食品化工、机械、建材等行业（产品）为骨干的比较完整的工业体系。

进入21世纪后，涪陵区抓住“三峡移民”工矿企业迁建等政策机遇进行产业结构的调整和升级。截至2005年底，形成以中成药生产为主的医药工业，以优质榨菜、卷烟为主的食品工业，以磷肥、氮肥生产为主的化工工业，以汽车、摩托车零部件为主的机械工业，以苎麻纺织和丝绸深加工为主的纺织工业，以电解铝、铝材生产为主的有色金属工业，以新型材料和装饰材料为主的建材工业。“十三五”期间，推进企业技术改造，调整产品结构，提高企业质量和效益；培育发展战略性新兴产业，坚持走新型工业化道路，大力培育发展页岩气、新一代信息技术、新能源汽车及智能汽车、生物医药及生命健康、MDI下游及化工新材料、节能环保六大战略性新兴产业，产业结构进一步优化。2018年按照国家统计制度规定的战略性新兴产业口径统计，涪陵区战略性新兴产业所属工业企业45家，实现工业产值341.55亿元，同比增长26.4%，其产值占涪陵区规模以上工业产值的22.6%。

总之，中华人民共和国成立初期涪陵的工业结构以初级加工为主，“三线建设”时期机械、化工、造船等工业得到发展，1993年实施重点企业发展战略后工业结构得到初步优化，重庆直辖时已基本形成以烟草加工、医药、食品化工、机械、建材等行业（产品）为主的工业体系，进入21世纪后借助西部大开发战略等政策机遇产业结构进一步优化，“十三五”期间涪陵传统优势产业转型升级和培育发展战略性新兴产业取得显著成效。截至2020年底，新材料、清洁能源、消费品、装备制造、生物医药、电子信息六大主导产业基本形成，有规模以上工业企业273家、10亿元级企业30家，100亿元级企业4家、国家级高新技术企业82家。涪陵高新区获批省（市）级高新区，并努力创建国家级高新区。白涛园区获批省（市）级合成材料（聚酰胺与聚氨酯）产业示范基地。涪陵工业企业结构、组织结构、产品结构、技术结构、布局结构更加科学合理。

三、工业园区优化发展

工业园区具有便于集中进行土地开发和基础设施建设、环境污染治理，便于公共服务和管理等诸多优势，建设工业园区是涪陵促进工业发展的重要抓手，也是培育产业发展集群的重要载体。涪陵建设工业园区起步早、力度大、成效好。

涪陵工业园区建设始于1992年设立桥南经济技术开发区，主要以医药、建材、食品为主导，2004年因国家清理整顿开发区被撤销。1998年涪陵设李渡私营经济示范区，2002年改为李渡工业园区。“十一五”时期（2006—2010年），涪陵大力实施“大园区、大产业、大企业、大投入、大品牌”战略，集中建设李渡、白涛、龙桥三大工业园区。“十二五”时期（2010—2015年），涪陵大力实施“326”工业发展战略，其中“3”即三大工业园区。该战略的实施使工业园区在工业集群化发展方面的作用进一步彰显。2015年“三园四地”园区规模以上工业总产值跨越千亿元大关，实现1088.16亿元，占规模以上工业企业[①]总产值的76.0%[②]。“十三五”时期（2016—2020年），涪陵实施“四园齐进”（李渡工业园区、白涛工业园区、龙桥工业园区、清溪工业园区）战略，工业园区对涪陵工业经济的支撑作用进一步增强。到2019年，涪陵工业园区规模工业集中度突破90%，工业园区已成为涪陵工业发展的主引擎。

四、重点企业带动发展

20世纪90年代初，涪陵实施重点企业发展战略，最初战略扶持的主要对象是国有企业，数年后该战略扩展到民营企业。通过实施重点企业发展战略，涪陵形成了以涪陵卷烟厂为首的13家重点骨干企业，其中涪陵卷烟厂、太极集团、涪陵陶瓷股份公司、涪陵化工总公司等7家企业进入“重庆市50强”行列，涪陵建陶于1997年在深圳证券交易所成功上市，这是涪陵和三峡库区第一家上市企业。1998年，涪陵区成立后继续实施重点企业发展战略，培育了一批龙头企业，这些企业在涪陵工业经济发展中发挥了重要作用。如2016年产值10亿元以上的企业达到32家，工业总产值1169.38亿元、占规模以上企业总产值的71.7%[③]。到2019年，涪陵区页岩气勘探公司等18家企业跻身市级“重点工业企业100强”名单。总之，涪陵通过抓重点企业发展战略，使重点企业、龙头企业在涪陵经济发展中的带动作用不断增强。

---

① 规模以上工业企业：2011年前指主营业务收入在500万元及以上的工业企业法人单位，从2011年起统计标准发生改变，即由主营业务收入500万元提高到2000万元。

② 涪陵年鉴编辑部．涪陵年鉴（2016）［A］．2016：180.

③ 重庆市涪陵区地方志办公室．涪陵年鉴（2017）［M］．成都：电子科技大学出版社，2017：90.

五、环境优化聚力发展

环境是工业发展的基础，是工业企业生存和发展的土壤。涪陵因势利导，抢抓机遇，千方百计为工业发展创造条件、营造环境，吸引了大量区外、境外优质生产力聚集涪陵，发展涪陵。

其一是开展国有企业改革。改革开放以后，涪陵开始试行以经济合同方式管理企业。1980 年上半年，涪陵农机厂试行经济责任制；1984 年，涪陵容器设备厂率先推行厂长承包经营责任制，实行“五自”（产品自定、资金自筹、职工自招、工资自定、盈亏自负）。1985 年 3 月后，涪陵全面推行厂长责任制，并进一步落实各种形式的生产责任制及其他相关管理的目标责任制。截至 1993 年底，先后实行了两轮企业承包经营责任制。1993 年 11 月后，按照逐步取消计划经济管理、建立社会主义市场经济体制的要求，转换企业经营机制，建立现代企业制度。1998 年 11 月，涪陵区提出加快国企改革和发展步伐的意见，重点实施“六个一批”（扶优扶强壮大一批、兼并合并调整一批、扩大开放嫁接一批、产权转让退出一批、“死而后生”关闭一批、“三改一管”提高一批）改革思路，国企改革进入整体创新、内部经营机制重建阶段。截至 2007 年底，涪陵区基本完成了国企改革。

其二是实施工业发展抓重点战略。1993 年初，涪陵选择涪陵烟厂、太极集团、涪陵建陶等 11 家国有工业企业实施“过亿超千”目标（到 1995 年末产值超过 1 亿元、利税超过 1000 万元）。1996 年，在“过亿超千”目标实现的基础上提出“5135”工程。为实施该工程，涪陵制定了 28 条优惠政策，建立了主要领导分工联系重点企业制度，出台了《涪陵市工业企业管理规范》（涪经贸发〔1996〕167 号）、《奖励有突出贡献的企业厂长（经理）试行办法》（涪陵市人民政府令第 2 号）等。1998 年涪陵区成立后，支持 10 家重点私营企业发展，像抓国有重点工业企业一样对重点私营企业进行扶持。截至 2000 年底，重点私营企业增至 11 家，2003 年增至 12 家。

其三是重视工业发展要素资源的配置和基础设施的建设。涪陵是工业发展要素资源短缺的区域，同时受地理环境条件的制约，工业发展基础设施建设成本高。历届党委和政府为克服这一短板，把支持工业发展放在绝对优先的位置来统筹考虑，将有限的水、电、气等要素资源最大限度地向工业倾斜，大力支持工业发展。在基础设施建设方面，超前考虑工业的布局和发展，多渠道筹集资金，加大对工业的投入，为工业发展创造了良好的条件。通过艰苦努力，目前涪陵工业发展要素保障能力大为增强，电力、天然气均拥有互联互通的国家和地方管网，工业综合价格为重庆市最低，基础设施建设也持续完善。

第三节　涪陵工业发展的经验

通过对涪陵工业发展历程的考察，尤其是对中华人民共和国成立以来工业发展历程的考察，可以用“八个坚持”来概括涪陵工业取得巨大成就的经验。

一、坚持工业立区强区富区战略

20 世纪 90 年代以来，涪陵坚持“工业立区、工业强区、工业富区”发展理念，工业优势地位不断巩固，工业综合实力不断增强。新时期，涪陵区贯彻落实重庆“两地”“两高”发展目标，推动经济高质量发展，继续依托工业优势，继续实施工业立区强区富区战略，以工业的高质量发展撬动全区经济的高质量发展。

二、坚持实施重点企业带动战略

从 20 世纪 90 年代起，涪陵坚持抓重点企业带动战略，先后实施“过亿超千”工程、“5135”战略、“三个一”工程、“项目年”活动、“326”发展战略等，使重点企业带动作用不断增强。新时期，涪陵区推动经济高质量发展，仍须继续实施重点企业带动战略，精选一批创新能力强、发展基础好、发展潜力大的战略性新兴企业进行培育和扶持，通过重点企业的高质量发展来引领、带动涪陵区工业高质量发展。

三、坚持抢抓重大历史机遇

20 世纪 60 年代、90 年代，涪陵区抢抓“三线建设”、三峡工程建设等发展机遇，转变发展理念，工业实力快速提升。如在“三峡移民”搬迁中，涪陵利用三峡移民中的对口支援机遇，培育了涪陵卷烟厂、涪陵娃哈哈集团等大批重点企业。当前，涪陵区又抓住国家全面推进“一带一路”、长江经济带建设发展和成渝地区双城经济圈建设的历史机遇，加大“工业涪陵”补链壮群力度，加快建设国家级高新区、国家级现代农业产业园、国家级合成材料产业示范基地，着力打造先进制造业高地、科技创新和产业创新高地、开放合作高地，推动工业涪陵高质量发展。

四、坚持以开放促改革、促发展战略

1987 年，涪陵市被国务院批准为对外开放城市，1988 年，国务院三峡办与涪陵联办三峡涪陵联合大理石厂，这是涪陵首个对外联合企业。邓小平南方谈话强调改革开放要“思想更解放一点，胆子更大一点，步子更快一点”后，涪陵放开手脚，实施了“以大开放促大发展”的战略。1998 年涪陵区成立后，坚持“以开放促改革、以开放促移民、以开放促发展”方针，加大对内对外开放和招商引资力度。制定扶持政策，规范招商引资工作运行机制，健全招商引资工作保障机制，有力提升了招商引资水平和成效。近年来，涪陵先后获批国家综合保税区、国家现代农业产业示范区、省级高新技术开放区、重庆市科技研发集聚示范区，全方位开放格局逐渐形成。

五、坚持实施创新驱动发展战略

党的十八大以来，涪陵实施以大数据智能化为引领的创新驱动发展战略，推动涪陵工业高质量发展。通过推进龙头企业与高校和科研机构合作，切实提升产业技术创新能力。推动互联网和信息技术向各领域深度融合渗透，实施“互联网+”战略，加快发展互联网工业、互联网农业、互联网金融、智慧教育、数字医疗、虚拟物流、智慧城市、智能交通等一批新业态，积极发展产业链垂直整合、流程外包等新模式。

六、坚持质量强区强企战略

涪陵工业化发展过程中一直坚持实施质量强企战略。1996 年涪陵市制定《涪陵市工业企业管理规范》（涪经贸发〔1996〕167 号），严格企业重点部位和关键时段的质量检查和监测。1997 年全面贯彻落实国务院《质量振兴纲要（1996—2010 年）》（国发〔1996〕51 号），开始实施名牌战略。2004 年涪陵区出台《关于开展质量兴区活动的意见》（涪委发〔2004〕35 号），开始对重大质量进步实行重奖。之后，涪陵一直坚持质量强区强企发展方针不动摇，不断健全完善相关政策和管理制度。新时代，涪陵区经济高质量发展，涪陵工业高质量发展，仍须坚持实施质量强企强区战略，通过提高质量管理能力，提升产品质量，完善质量管理机制，夯实质量发展基础，优化质量发展环境，推动经济的高质量发展。

七、坚持不断优化营商环境战略

自 1993 年起，涪陵开始推行领导联系重点企业制度、重点企业例会制度、“直通车”制度，切实服务企业，帮助企业解决困难。1998 年以来，涪陵区委、区政府始终坚持“企业无小事”的服务理念，不断优化营商环境。涪陵是工业经济资源短缺的区域，为补齐这一发展短板，涪陵一直坚持把资源配置最大限度地向工业倾斜。涪陵持续优化行政审批制度，持续推进行政服务标准化建设，提高行政审批即时办理率，以取得提质增效、利企利民效果。推动涪陵区工业高质量发展仍须进一步深化“放管服”改革，深入推进国家和重庆市深化要素价格、投融资、财税、金融等重点领域的体制改革，进一步优化营商环境。

八、坚持培塑工业文化战略

十年企业靠管理，百年企业靠文化。涪陵地势不平、交通不便，人均耕地少、资源匮乏，工业发展基础薄弱，但重视工业文化建设，积极培育工业发展软实力。涪陵卷烟厂在发展中形成了“不甘人后、‘争名夺利’”的涪烟文化，太极集团形成了“忠诚、团结、努力、责任”的太极文化。在工业文化建设的基础上，“团结求实、文明诚信、艰苦创业、不甘人后”成为涪陵文化的核心要义。涪陵推动经济高质量发展过程中不仅要继承好、发扬好在工业化发展中形成的优秀工业文化，而且要进一步加强工业文化建设。

第四节　涪陵工业发展中的“九朵金花”

以史为鉴，可以知兴替。回望涪陵工业的发展历程，虽然取得了很大成绩，但也存在不足。这一点我们可以从涪陵工业曾经的骄傲——“九朵金花”

的发展兴衰中窥见一二。

一、涪陵“九朵金花”的发展概况

20世纪90年代，涪陵实施重点企业发展战略，选择一批企业进行重点培育，打造出涪陵卷烟厂、太极集团、涪陵建陶、娃哈哈涪陵公司、涪陵化工、涪陵榨菜集团、三爱海陵、金帝集团、东升铝业9家品牌企业，被称为“九朵金花”。进入21世纪以来，“九朵金花”发展道路各不相同，喜忧参半。绝大部分“金花”企业在市场经济的浪潮中争当弄潮儿，积极转型升级，提高产品竞争力，勇于开拓市场，做大做强企业规模，拉动了涪陵工业经济持续、快速、健康发展，成为工业涪陵发展的中坚力量。

涪陵卷烟厂扎根涪陵发展，重点打造“天子”系列品牌香烟，特别是2015年实施“退城入园”整体技改搬迁以来，加大科技、创新投入，升级生产设备、提升管理水平、改善生产环境、广泛应用环保高新技术，为企业带来了新的机遇，2020年产量达到40万箱，产值69亿元。

太极集团由一个作坊式企业发展成西部制药行业龙头，成为“中国企业500强”之一，拥有“太极集团”“西南药业”“桐君阁”3家上市公司。高度重视品牌建设，太极是首批中国驰名商标。建立“两处两院一所五中心”研发体系，推行产地种植、产地收购、产新收购，从根本上保证药材质量。引进国际先进生产设备，建立严格的质量管理体系，为产品提供了可靠的质量保障。建立市场质量问题快速反应机制，提高消费者的满意度。

娃哈哈涪陵公司自1994年落户以来，立即投入大量资金用于产品结构调整和技术改造，引进国外先进生产线，推行全员、全过程、全面质量管理，多次跻身“重庆工业企业50强”。

涪陵化工是由一个地方小化肥厂逐渐发展壮大为化肥生产能力达到150万吨的国家重点磷复肥骨干企业，生产规模居国内磷肥生产企业前十。2018年工业总产值约23亿元，利税7559万元。2019年底，由于长江经济带生态保护的需要，涪陵化工全面关停南岸浦老厂区，整体技改搬迁至白涛工业园区，2021年底建成投产。自此这家拥有53年历史、曾为地方经济发展作出重要贡献的老企业有了新的开始。

21世纪以来，涪陵榨菜集团不惜重金引进国外先进设备，进行大规模技术改造、大规模提档升级，开创了榨菜产业走工业化道路的先河，实现了从传统手工作坊向现代工业发展的飞跃，涪陵榨菜集团很快占据了行业中遥遥领先的地位，并于2010年在深圳中小企业板上市，成为重庆市首家农产品上市企业。

三爱海陵的前身是涪陵海陵公司，主要从事气门、轴瓦、活塞环等内燃机配件的生产和销售，曾一度深陷发展困境。1997年，四川三爱工业股份有限公司和四川海陵实业股份有限公司整体合并为三爱海陵股份有限公司，三爱海陵推行严格的质量保证体系和先进的企业管理制度，产品依靠过硬的质量迅速赢得市场，建立坚实的品牌。目前，三爱海陵已成为中国乃至世界产销规模最大、市场占有率最高的汽车发动机进排气门产品制造商，产品品质享誉国内外。

东升铝业是三峡库区淹没企业——原涪陵钢铁厂迁建替代企业，在最初缺乏技术、原料和资金的情况下，仍积极淘汰落后生产工艺，大力进行技术改造，积极开展QC小组活动等，主要经济指标在重庆市电解铝工业企业中排名前列，其品牌深受客户信赖，与长安汽车等客户保持着密切合作。

与此同时，涪陵的一些“金花”企业由于没有跟上技术创新步伐，产品竞争力不强，在激烈的市场竞争中没有站稳脚跟，逐渐被市场淘汰。如涪陵建陶曾是国内最大的建筑陶瓷生产基地之一，是三峡库区首家上市公司，但进入21世纪后，由于行业产能过剩、历史包袱过重等，企业经营陷入困境，于2007年宣布破产。金帝集团曾是国内规模最大的苎麻纺织企业之一，产品远销欧美、韩国、西亚等地，后因苎麻产品市场萎缩等原因于2009年破产。

二、涪陵“九朵金花”兴衰的原因分析

“九朵金花”的发展之路是涪陵工业历史发展的一个缩影。特别是涪陵建陶、金帝集团等的凋零，既是市场经济的竞争机制和优胜劣汰的必然结果，又反映了涪陵工业发展的短板和不足。总体来看，涪陵工业处于平稳较快发展阶段，仍属于欠发达地区、仍处在欠发达阶段，一些不足和短板值得我们认真思考和总结。

其一是产业结构不够优。传统产业占比仍然较高，新兴产业发展不足，战略性新兴规模以上工业增加值比重不高。尤其是在经济持续下行的背景下，受产能过剩等影响，涪陵区以中低端产品为主的化工、水利、有色金属、船舶等行业普遍亏损。

其二是与重庆市主导产业融合衔接不够。涪陵工业相对自成体系，受重庆市主导产业辐射拉动作用较弱，与重庆市工业经济融入度小、衔接性不足，市级层面布局涪陵的大项目少，工业发展基本上靠自力更生。

其三是产业集中度不高。涪陵规模以上工业企业 90% 以上集中在涪陵、白涛两大工业园区和临港经济区，但区内协作配套不够，产业链条较短，难以发挥关联带动作用，没有形成产业集群的集群效应。

其四是企业核心竞争力不强。涪陵规模以上工业企业量不足，还普遍存在内生动力不足、自主创新能力不强、产品技术含量不高、知名品牌和专利产品不多等问题，这些企业普遍缺乏核心竞争力。

其五是发展后劲不足。重庆市各区（县）竞争日益激烈，江津、璧山、永川、合川等发展势头强劲，涪陵工业整体实力在主城区都市区中的领先优势逐渐缩小，同时招商引资工作受多种因素影响进展放缓。近年来，涪陵大项目引进落地不多，缺乏新的增长点。

其六是要素制约严重。受地理条件限制和日益严格的土地管控政策影响，加之过去长时间粗放式发展，涪陵土地集约化利用不够，目前各工业园区剩余可开发用地不多，土地保障存在困难。涪陵工业企业主要沿长江、乌江布局，随着长江经济带环境保护的要求越来越严，环保对涪陵工业发展的“紧箍咒”效应日益显现。另外，融资成本高、劳动力短缺、天然气等能源短缺因素也严重影响了企业的发展。

第三章 工业涪陵战略的形成

工业涪陵战略的形成，既有涪陵工业发展的历史条件和现实基础，又有政策和理论依据。

第一节　工业涪陵战略的政策依据

工业涪陵战略是涪陵区委、区政府紧抓国家实施的西部大开发战略、中央“314”总体部署、三峡工程移民迁建政策等重大战略带来的历史机遇，依据重庆市实施的国家内陆开放高地、区域性中心城市、“1 小时经济圈”等发展战略制定的。

一、西部大开发战略

西部地区自然资源丰富，地域广袤，市场潜力巨大，但受自然、历史等多种因素的影响，发展水平相对落后于东部沿海地区。为加快西部地区的发展，1999 年国家作出实施西部大开发战略的决定。该战略的提出为西部地区实现跨越式发展带来了前所未有的机遇。工业涪陵战略就是涪陵区委、区政府总结和贯彻落实西部大开发战略成效而提出的。

（一）西部大开发战略的提出

国家对中西部地区的开发（又称发展援助）由来已久。自 1949 年中华人民共和国成立至 1999 年西部大开发战略的提出，根据国家对中西部地区实施援助政策的强弱程度可分为 3 个时期：第一个时期为改革开放前 30 年。这一时期是国家对中西部地区援助力度最强的时期，主要体现在重点工程的“西进”与大规模的“三线建设”上。第二个时期为 1978—1995 年。这一时期国家对西部地区的援助力度相对减弱。1978 年底，邓小平同志在对过去政策反思的基础上提出，国家应在政策上“允许一部分地区、一部分企业、一部分工人农民，由于辛勤努力成绩大而收入多一些，生活先好起来”“在西北、西南和其他一些地区，那里的生产和群众生活还很困难，国家应当从各个方面给予帮助，特别要从物质上给予有力的支持”①。在“六五”计划（1981—1985年）时期，国家对以往在区域经济发展政策上存在的“重内地轻沿海”倾向进行调整，提出要“积极利用沿海地区的现有基础，充分发挥其特长，带动内地经济进一步发展”②。在“六五”计划（1981—1985年）和“七五”计划（1986—1990年）时期，国家把一大批重点建设项目布局在沿海地区，对中西部地区的援助力度相对减弱。第三个时期为1993—1999年。这一时期国家又逐渐加强了对中西部地区的援助力度。20世纪80年代沿海地区经济得到了快速发展，东、西部地区经济发展间的差距进一步拉大。1995年，中西部地区的经济发展与沿海地区、全国平均水平相对差距分别达到58.26%、29.42%③。为缩小区域经济发展间的差距，推动区域经济协调发展，于1995年9月通过的《中共中央关于制定国民经济和社会发展“九五”计划和二〇一五年远景目标的建议》提出，把“坚持区域经济协调发展，逐步缩小地区发展差距”作为今后15年中国经济和社会发展必须贯彻的一条重要方针④。为加快中西部地区的开发，1997年3月14日第八届全国人民代表大会第五次会议，通过了成立重庆直辖市的议案。设立重庆直辖市是“国家为加快中西部地区经济和社会发展采取的一项重要举措”⑤。

改革开放和现代化建设全面展开后，邓小平同志就开始思考、谋划如何实现全国经济协调发展问题，他在1988年、1992年先后两次提出了“两个大局”构想，一个大局是东部沿海地区加快对外开放，使之较快地先发展起来，中西部地区要顾这个大局；另一个大局是当发展到一定时期，沿海地区出更多力量来帮助内地发展，这也是个大局，那时沿海地区也要服从这个大局⑥。

在邓小平同志“两个大局”构想的基础上，江泽民同志依据新情况提出了实施西部大开发战略。1997年江泽民同志在党的十五届四中全会上指出：

---

① 陈耀．西部开发大战略与新思路［M］．北京：中共中央党校出版社，2000：4-5.

② 陈耀．西部开发大战略与新思路［M］．北京：中共中央党校出版社，2000：5.

③④ 陈耀．西部开发大战略与新思路［M］．北京：中共中央党校出版社，2000：9.

⑤ 李贵鲜．关于提请审议设立重庆直辖市的议案的说明——1997年3月6日在第八届全国人民代表大会第五次会议上［J］．人大工作通讯，1997（Z1）：47-48.

⑥ 蔡敏勇，王杰，吕本富．领导干部新经济全书：第4卷［M］．北京：华龄出版社，2000：2748.

“实施西部大开发和加快小城镇建设都是关系我国经济和社会发展的重大战略问题，应该将其提上议事日程。”1999 年 6 月 9 日，江泽民同志在中央扶贫开发会议上再次提出：“现在，加快中西部地区发展步伐的条件已经具备，时机已经成熟。”① 1999 年 6 月 17 日，江泽民同志在西安举行的西北五省区国有企业改革和发展座谈会上指出，我们正处于世纪之交，应向全党和全国人民明确提出，不失时机地加快中西部地区的发展，特别是抓紧研究“西部地区大开发”②，这是中国最高决策者第一次公开提出西部大开发战略。

（二）涪陵区贯彻落实西部大开发战略

国家在作出实施西部大开发战略决定后，相关的发展规划、支持政策陆续出台。2000 年 10 月 26 日，国务院发布的《关于实施西部大开发若干政策措施的通知》（国发〔2000〕33 号）明确提出实施西部大开发的重点任务为：“加快基础设施建设；加强生态环境保护和建设；巩固农业基础地位，调整工业结构，发展特色旅游业；发展科技教育和文化卫生事业”，并对增加资金投入、改善投资环境、扩大对外对内开放、吸引人才和发展科技教育等支持政策进行安排③。2001 年 3 月，国务院批准的《中华人民共和国国民经济和社会发展第十个五年计划纲要》第八章就是专为实施西部大开发战略、促进地区协调发展设立的，该章对实施西部大开发战略的重点任务、支持政策、措施等进行了非常具体的规定，提出“增加对西部地区的财政转移支付和建设资金投入，并在对外开放、税收、土地、资源、人才等方面采取优惠政策”，还提出“要打破行政分割，重塑市场经济条件下的新型地区经济关系。改变追求经济门类齐全的做法，发挥比较优势，发展有市场竞争优势的产业和产品，防止结构趋同。通过区域规划和政策，引导和调动地方的积极性，形成各具特色的区域经济”④。为进一步推进实施西部大开发战略，2007 年国务院又通过了《西部大开发“十一五”规划》，在该规划的批复文件中指出“西部地区要进一步解放思想，转换观念，加快改革开放步伐，突出体制机制创新，切实转变经济增长方式”“要进一步落实和完善西部大开发政策，加大政

---

① 蔡敏勇，王杰，吕本富．领导干部新经济全书：第 4 卷［M］．北京：华龄出版社，2000：2749.

② 陈耀．西部开发大战略与新思路［M］．北京：中共中央党校出版社，2000：12.

③ 国务院关于实施西部大开发若干政策措施的通知［R］．中华人民共和国国务院公报，2001（1）：18-22.

④ 全国人大财政经济委员会办公室，国家发展和改革委员会发展规划司．建国以来国民经济和社会发展五年计划重要文件汇编［M］．北京：中国民主法制出版社，2007：130-131.

策扶持和财政转移支付力度”①。

重庆市地处西部大开发的重要战略支点位置，不仅拥有西部地区唯一的内河口岸，而且具有承东启西的区位、科技、产业、教育等优势。国家设立重庆直辖市的战略目标之一就是希望“充分发挥重庆市作为特大经济中心城市的作用，带动川东地区以至西南地区和长江上游地区的经济、社会发展”②。重庆市为贯彻实施西部大开发战略，相继出台了《重庆市实施西部大开发若干政策措施》（渝委发〔2001〕26号）等一系列支持政策，鼓励企业科技创新，对积极进行技术创新的企业实施税收减免政策，“企业研究开发新产品、新技术、新工艺所发生的费用据实列支。其费用增长幅度在10%以上（含10%）的企业，可再按实际发生额的50%抵扣应税所得额”③。之后，重庆市不断完善支持西部大开发战略实施的相关政策，如2006年1月在重庆市第二届人民代表大会第四次全会上批准的《重庆市国民经济和社会发展第十一个五年规划纲要》中提出，在西部大开发战略进入基础设施建设和特色产业发展并重的新阶段，要调整发展思路，把转变经济增长方式作为实现可持续发展的基本途径、把提高自主创新能力作为调整产业结构的中心环节、把深化改革扩大开放作为发展的根本动力。为推动重庆市各区县转变经济增长方式，决定实施六大政策，其中一大政策为“立足优化产业结构与布局推动发展”，要“把结构调整作为经济发展的主线，加快发展现代农业，推动工业技术进步和产业产品升级”④。

上述政策是涪陵调整经济发展战略的指挥棒。涪陵利用西部大开发战略带来的上述政策机遇，大力推进国有、集体工业企业体制改革，加大调整工业企业的产业结构和所有制结构，支持和培育非公有工业企业的发展，扶持新产品的开发，还实施名牌战略和重点发展战略，如“九五”计划期间在原先实施的“5135”工业发展战略的基础上又实施了“三个一”工程，通过上述改革举措，涪陵工业经济实现了跨越式发展。1992年全区工业总产值为13.21亿元，2001年达到74.76亿元，是1992年的5.66倍。2006年末全区

---

① 国务院关于西部大开发“十一五”规划的批复［EB/OL］. www.gov.cn/gongbao/content/2007/content_549035.htm.

② 李贵鲜．关于提请审议设立重庆直辖市的议案的说明——1997年3月6日在第八届全国人民代表大会第五次会议上［Z］. 人大工作通讯，1997（Z1）：47-48.

③ 陕西省西部开发领导小组办公室．西部大开发政策［M］. 西安：陕西人民出版社，2002：106.

④ 重庆市人民政府关于实施重庆市国民经济和社会发展第十一个五年规划纲要的意见［R］. 重庆市人民政府公报，2006（7）：9-11.

工业总产值达到210亿元，首次超过200亿元，是2001年的2.8倍。

尽管涪陵区工业经济获得了巨大成就，但在发展中仍存在一些不足，如工业支撑单一、科技发展水平较低、科技研发投入长期不足、自主创新能力较弱等，这与实施西部大开发要实现的转变经济增长方式、优化产业结构的要求还有较大差距。为全面贯彻落实国家、重庆市推进西部大开发战略的政策，涪陵区需要在总结经济社会的经验和不足的基础上对经济社会发展战略进行进一步的调整和优化。

二、中央“314”总体部署

为推进西部大开发战略，2007年，胡锦涛对重庆市作出了“314”总体部署。工业涪陵就是涪陵区委、区政府依据和贯彻落实总体部署而提出的。

（一）中央“314”总体部署的内涵

中央“314”总体部署是2007年3月全国“两会”期间胡锦涛在参加重庆代表团审议时提出的。“3”指为重庆确立了三大发展定位：努力把重庆加快建成西部地区的重要增长极、长江上游地区的经济中心、城乡统筹发展的直辖市。“1”指确定了一大发展目标：在西部地区率先实现全面建设小康社会目标。“4”指四大发展任务：加大以工促农、以城带乡力度，扎实推进社会主义新农村建设；切实转变经济增长方式，加快老工业基地调整改革步伐；着力解决好民生问题，积极构建社会主义和谐社会；全面加强城市建设，提高城市管理水平。

为落实“314”总体部署，中央针对重庆市集大城市、大农村、大库区、大山区和民族地区于一体，城乡二元结构矛盾突出，老工业基地改造振兴任务繁重，统筹城乡发展任重道远的状况，2007年6月7日批准了重庆市设立全国统筹城乡综合配套改革试验区的申请。在国家发展和改革委员会下发的《国家发展改革委关于批准重庆市和成都市设立全国统筹城乡综合配套改革试验区的通知》（发改经体〔2007〕1248号）中指出：“全面推进各个领域的体制改革，并在重点领域和关键环节率先突破，大胆创新，尽快形成统筹城乡发展的体制机制，促进两市城乡经济社会协调发展。”① 可见，国家通过重庆设立全国统筹城乡综合配套改革试验区的申请不仅进一步提升了重庆的知名

① 国家发展改革委关于批准重庆市和成都市设立全国统筹城乡综合配套改革试验区的通知[EB/OL]. http://guoqing.china.com.cn/zwxx/2011-10/10/content_23588555.htm.

度、影响力，而且为加快重庆经济社会发展提供了新的机遇。

（二）涪陵区贯彻落实中央“314”总体部署

在“314”总体部署中，强调重庆市在改革中要加大以工促农力度，“加快老工业基地调整改革步伐”。涪陵区委、区政府作出的实施工业涪陵战略决定的重要依据就是中央“314”总体部署。

为贯彻落实“314”总体部署，2009 年 1 月 26 日，国务院发布了专门为重庆量身定制的《国务院关于推进重庆市统筹城乡改革和发展的若干意见》（国发〔2009〕3 号文件，以下简称 3 号文件）。3 号文件中明确了加快重庆发展的五大战略，即实施“一圈两翼”开发战略、实施扩大内陆开放战略、实施产业优化升级战略、实施科教兴渝支撑战略、实施资源环境保障战略。还要求重庆“加快老工业基地改造，大力发展现代服务业”，发挥产业门类齐全、专业人才集聚优势；充分发挥现有工业基础优势，培育发展新兴产业，着力构建特色优势产业集群；促进科技进步和自主创新，加强产业技术升级、新兴产业培育、节能减排、资源利用保护等方面关键技术的研发和技术标准的研制；增强“一圈”的辐射带动作用①。

为深入贯彻落实中央“314”总体部署，涪陵区需要充分发挥工业的比较优势，因为实施工业涪陵战略不仅能无缝对接重庆工业发展的五大战略（“一圈两翼”开发、扩大内陆开放、产业优化升级、科技兴渝支撑、资源环境保障）、五大保障（基础设施、土地、资源能源、资金和政策保障）、六大产业（发展壮大汽车摩托车、装备制造、石油天然气化工、材料工业、电子信息、能源工业）、6 项措施（加快国有企业改革和非公有制经济发展，加快推进产业结构优化升级，积极发展生产性服务业，促进科技进步和自主创新，增强“一圈”的辐射带动作用，大力推进节能减排和城乡污染综合治理）等重要内容，而且与国家和重庆支持库区产业发展的特别政策目标相一致，也与 3 号文件的内容相吻合。

总之，涪陵区委、区政府提出工业涪陵战略不仅是贯彻落实中央“314”总体部署、3 号文件等政策的需要，而且是在新的形势下发挥区域比较优势、针对经济发展战略作出的高瞻远瞩的谋划。

---

① 国务院关于推进重庆市统筹城乡改革和发展的若干意见［EB/OL］. http：//www.gov.cn/zwgk/2009-02/05/content_ 1222355.htm.

三、三峡工程移民迁建政策

（一）三峡工程移民迁建政策的实施

三峡工程移民迁建工作始于1992年，完成于2009年。为实现三峡库区百万人口移民、原有工矿企业的顺利搬迁，推动库区经济的稳步发展，自1992年起国家相继出台了一系列支持政策。如1992年国务院办公厅发布的《关于开展对三峡工程库区移民工作对口支援的通知》（国办发〔1992〕14号）。为鼓励和调动需要迁建的工矿企业进行技术改造、调整产品结构的积极性，国家还出台了减税、免息等优惠政策，如对于“对口支援国有、集体、民营企业兼并亏损的国有、集体搬迁工矿企业，在落实还款计划的前提下，以搬迁企业1998年底贷款余额为限，经商债权银行同意，免除以前的全部欠息，并在今后3~5年的还款期内继续免收利息”，对因工矿企业破产或关闭而使地方财政减少的收入，“由财政、税务等部门核定数额后，按照中央和地方共同负担的原则，由中央财政采取转移支付办法予以适当补助，时限4年”①。为给三峡工程项目移民迁建工作提供法律保障，1993年国务院颁发了《长江三峡工程建设移民条例》（中华人民共和国国务院令第126号），该条例于2001年又进行了修订。1993年《长江三峡工程建设移民条例》第五章“扶持措施”中规定了若干支持三峡库区经济发展的优惠政策，如对三峡库区优先安排基本农田及水利专项资金，实施对口支援三峡库区移民政策，对专门为安置农村移民开发的土地和新办的企业依法减免农业税、农业特产税、企业所得税等。2001年修订的《长江三峡工程建设移民条例》中又进一步提出，对于需要迁建的工矿企业不能原样进行搬迁，要求“有关地方人民政府应当根据国家产业政策，结合技术改造，对需要搬迁的工矿企业进行统筹安排和结构调整。对产品质量好、有市场的企业，可以通过对口支援，与名优企业合作、合资，把企业的搬迁与企业的重组结合起来；技术落后、浪费资源、产品质量低劣、污染严重的企业，应当依法实行兼并、破产或关闭”②。此后，国家还出台了相关优惠政策措施，如2006年国务院颁布《关于完善大中型水利工程移民后期扶持政策的意见》（国发〔2006〕17号）等。

---

① 陶景良．长江三峡工程100问［M］．北京：中国三峡出版社，2002：144-145.

② 长江三峡工程建设移民条例［M］．北京：中国法制出版社，2001：6.

（二）涪陵区贯彻落实三峡工程移民迁建政策

三峡工程移民迁建政策为涪陵调整和优化产业结构、加快区域经济发展带来了重大发展契机。20 世纪 80 年代，涪陵工业虽得到了一定程度的发展，但总体而言，工业企业规模普遍较小、设备陈旧、技术水平较低、市场竞争力较弱。为加快涪陵工业发展，涪陵市委、市政府紧紧抓住国家关于三峡工程移民迁建的支持政策，调整发展思路，实施工业经济重点发展战略，加大调整和优化产业结构步伐，积极推动需要迁建的工矿企业进行技术改造、改组，在调整过程中关闭和淘汰了一批技术落后、污染严重、市场前景不好的传统产业企业，如乡镇企业中的“五小工业”[①] 等，同时大力扶持技术含量高的新兴工业企业的发展，一批技术含量大、附加值高和污染排放可控的新兴产业在移民迁建中逐渐发展起来。涪陵还利用三峡移民迁建对口支援政策，加大招商引资的力度，1994—1998 年，浙江省有 12 家企业在涪陵落户，累计完成产值 4.3 亿元，创利税 7608 万元。到 2007 年，涪陵先后与 7 个省（市）、13 个国家部委、25 个重庆市级单位建立“对口支援”友好合作关系，累计实施对口支援项目 111 项，组建对口支援企业 45 家。同时，依托区外知名企业和名牌产品优势，调整工业产品的结构，对现有工业企业进行嫁接改造，以提高其科技含量和附加值，在推动涪陵工矿业技术发展水平提升的过程中发挥了重要作用。

随着三峡工程移民迁建工程接近尾声，为解决库区经济发展水平偏低、工业基础薄弱、产业空虚、移民就业难等问题，国家于 2004—2009 年在三峡工程建设基金中，每年安排 5 亿元建立三峡库区产业发展基金，从 2006 年起该基金增加到每年 10 亿元。

重庆成为直辖市后，为确保三峡库区移民能够安稳致富，先后出台了一系列政策支持库区工矿企业结构调整，如《重庆市三峡库区淹没工矿企业迁建管理办法》（渝府发〔2000〕88 号）、《重庆市三峡库区国有淹没工矿企业破产关闭实施办法》（渝办〔2000〕153 号）等。“十一五”期间，重庆市把解决三峡库区产业空虚问题作为要攻坚的重点任务之一。

涪陵是三峡库区的主要城市之一，国家支持三峡库区产业化发展，继续鼓励东部对口支援库区经济建设，为涪陵区工业结构的优化升级提供了良机。

---

① “五小工业”：指浪费资源、技术落后、质量低劣、污染严重的小煤矿、小炼油、小水泥、小玻璃、小火电等企业。

因此，工业涪陵战略的提出不仅是对过去抢抓三峡工程移民迁建政策机遇获得大发展经验的总结，而且是贯彻落实、用好三峡工程移民迁建后期优化政策的需要。

四、重庆市实施国家内陆开放高地战略

（一）重庆市实施国家内陆开放高地战略的提出

内陆开放高地指以统一大市场为基础，通过持续推动对内对外开放，不断深化国际分工与合作，开放型经济发展水平比较高，综合竞争力处于国内领先水平的地处内陆的中心城市或区域。重庆市建设国家内陆开放高地战略是在 2008 年 7 月 21 日中国共产党重庆市第三届委员会第三次全体会议上提出的。

重庆市要建设成为西部地区的重要增长极、长江上游地区的经济中心，就必须进一步扩大对外开放，以开放促发展。2008 年 7 月 21 日，重庆市第三届委员会第三次全体会议通过的《中共重庆市委关于进一步扩大开放的决定》指出，进一步扩大开放，加快建设内陆开放型经济高地，是推进重庆又好又快发展的必由之路，是当前和今后一个时期重庆改革发展的重要任务；还指出，经济全球化深入发展、国内外产业加速转移，给重庆同时带来机遇与挑战，“要以科学发展观为指导，以思想解放为先导，坚持以开放促改革促发展，走内陆开放型经济发展道路”。还提出了扩大开放的目标，即通过实施“引进来”“走出去”战略，努力建设开放型制造业高地，特别强调“坚持把区县作为对外开放的主战场”①。

（二）涪陵区贯彻实施重庆市实施国家内陆开放高地战略

重庆市提出实施国家内陆开放高地战略，为涪陵区用好国际国内两个市场、两种资源带来了新的发展机遇。为落实重庆市提出的“坚持把区县作为对外开放的主战场”②发展方针，在 2008 年 9 月 11 日涪陵区印发的《中共重庆市涪陵区委关于贯彻市委〈关于进一步扩大开放的决定〉的意见》（涪区委发〔2008〕27 号）中提出涪陵扩大开放的战略定位：“把涪陵建成重庆对

①② 《中共重庆市委关于进一步扩大开放的决定》的决议［EB/OL］. http：//cpc. people. com. cn/GB/64093/64387/7557470. html.

外开放的门户前沿。”① 涪陵区要实现上述战略目标，就需要进一步强化工业经济在改革开放中的战略支撑作用，就要紧紧围绕重庆市实施建设国家内陆开放高地战略的相关支持政策、抓住新一轮产业梯度转移机遇，以承接产业转移为中心，推动工业结构优化，围绕重点产业、特色产业、新兴产业招商引资，拉长产业链条，形成重庆市具有比较优势的工业发展高地。上述目标不仅符合涪陵区的实际，而且是可行的。

涪陵在实施对内对外开放方面已积累了一定经验。自1987年涪陵被批准为对外开放城市后，就开始利用国际国内两种资源、两个市场加快经济发展的积极探索。1992年，涪陵地、市党政作出扩大开放决定，引进外资外商入涪办企业，截至1993年底，先后有美国、澳大利亚、马来西亚等国家及中国香港特区和中国台湾地区与涪陵制药厂等8家企业合资。为吸引更多的外资入涪兴业，1994年涪陵市出台的《关于进一步鼓励外商来涪投资合作的若干规定》（涪府〔1994〕153号）中明确规定，在土地使用、税收、金融、移民开发、人才等方面提供若干优惠政策。涪陵区成立后，坚持以开放促改革、以开放促移民、以开放促发展的方针，不断优化投资环境，不断加大对内对外开放和扩大招商引资的力度。如2003年涪陵区印发的《重庆市涪陵区招商引资奖励实施细则》（涪府发〔2003〕70号）指出，到2005年涪陵区“三资企业”进出口总额达到1.3亿美元，占涪陵全区外贸进出口的64.8%。

五、重庆市实施区域性中心城市发展战略

（一）重庆市区域性中心城市发展战略的提出

区域性中心城市是工业化和城市化发展到一定阶段的产物，在区域性的金融、管理、文化和交通等区域经济发展中都发挥着中心和枢纽作用。我国城市化发展的经验表明：建设区域性中心城市有利于区域经济的协调发展，“珠三角”“长三角”城市群都是以区域性中心城市为纽带，进而带动整个区域经济发展和繁荣的。如果重庆市区域性中心城市不大、不强，那么会影响整个区域的经济增长和城镇化发展进程。区域性中心城市发展战略是在中共重庆市委二届三次全委会上提出的。

① 中共重庆市涪陵区委关于贯彻市委《关于进一步扩大开放的决定》的意见［R］. 中共重庆市涪陵区委，2008.

涪陵地处三峡库区腹部，靠重庆、临长江、扼乌江，自唐代起就为州治所在地，在未划给重庆市前就是渝东南地区的政治、经济、文化中心，重庆成为直辖市后其区域政治、经济、文化中心地位进一步凸显。2003 年 6 月 26 日，重庆市委二届三次全委会上指出：大城市和区域性中心城市担负着承接主城、辐射周边的特殊功能，要建设大城市或区域性中心城市，把涪陵等 6 个城市建设成为区域性中心城市，“拱卫主城，联动传递，充分发挥连接大城市和中小城市的纽带作用，并担当起区域性中心城市的辐射带动功能”①。此后，重庆市委、市政府不断完善区域性中心城市发展战略的实施方案，如《重庆市国民经济和社会发展第十一个五年规划纲要》对区域性中心城市建设进行了具体安排，如规定“通过建设用地、生产力布局、产业结构调整、财政资金等方面政策倾斜和管理权下放，努力把万州、涪陵、江津、合川、永川、黔江建设成为大城市或区域性中心城市”②。重庆市委作出把包括涪陵在内的 6 个城市建成区域性中心城市的决定，不仅是推动重庆城乡经济一体化、全面建设小康社会的需要，而且是打好“库区牌”“直辖牌”及建成长江上游经济中心的需要。

（二）涪陵区贯彻实施重庆市区域性中心城市发展战略

从城市理论上讲，我国城市可分为 5 个层级，即特大城市、大城市、中等城市、小城市、小城镇。这 5 个层次既可逐级带动，由大到小；又可支撑发展，由小到大。重庆市要发展成为西部地区的重要增长极、长江上游地区的经济中心，客观上需要像涪陵区这样的城市发挥带动作用，担当起拱卫主城的更大责任和使命。涪陵区已经具备了发展成为区域性中心城市的较好基础。2005 年，涪陵区常住人口达到 101.32 万人。其中，城镇人口 49.64 万人，城镇化率 48.99%；GDP 居重庆市第六位，第二产业增加值居重庆市第四位，财政收入居重庆市第八位。从城市发展阶段看，涪陵也已经进入由中等城市向大城市跨越的新阶段，这为涪陵实现区域性中心城市建设目标奠定了坚实基础。

涪陵区要实现重庆市提出的建成区域性中心城市的建设目标，就必须重新审视发展的内外部环境，重新谋划和布局发展的战略，调整优化发展的思

---

① 阿建平．做好三篇文章协调发展六大城市［J］．新重庆，2004（5）：28.

② 重庆市人民政府关于实施重庆市国民经济和社会发展第十一个五年规划纲要的意见［R］．重庆市人民政府公报，2006（7）：9-11.

路。就当时涪陵区的经济社会发展情况看，用好工业比较优势，推动工业转型升级是获得大发展、实现建成区域性中心城市目标的最佳路径。毕竟自 20 世纪 90 年代初期以来，工业已发展成为支撑涪陵区经济增长的主导力量。由表 3-1 可以清楚看出，工业对涪陵区经济发展的贡献率不断提升，从工业增加值在 GDP 中的占比不断提高可以反映出这一发展趋势。1949 年涪陵工业增加值在 GDP 中的占比为 7.49%，1978 年增长到 24.03%，之后缓慢增长，至 1990 年达到 27.50%。1993 年实施“工业立区强区富区”战略后，工业发展速度加快，工业对 GDP 的贡献率不断提高。1997 年工业增加值在 GDP 中的占比提高到 46.64%，2004 年提高到 47.86%，2007 年增至 49.61%。

表 3-1 重要年份工业增加值在 GDP 中的占比情况

年份	生产总值（万元）	工业增加值（万元）	工业增加值在 GDP 中的占比（%）
1949	3833	287	7.49
1950	4237	325	7.67
1978	17895	4301	24.03
1990	116047	31914	27.50
1997	678643	316510	46.64
2004	1432885	685719	47.86
2005	1639046	786513	47.99
2006	1847998	947427	51.27
2007	2254735	1118485	49.61

资料来源：《涪陵统计年鉴（2021）》。

总之，涪陵区要贯彻实施重庆市区域性中心城市发展战略，就需要进一步发挥工业比较优势，通过工业化发展带动城市化和农业产业化的发展，进而加快区域性中心城市的建设进程。

六、重庆“1 小时经济圈”战略

（一）重庆“1 小时经济圈”战略的提出

“1 小时经济圈”，又称为“1 小时都市圈”或“1 小时生活圈”，它是以主城为核心，在 1 小时通勤时间可到达的范围内形成的具有明显集聚效应、具备竞争优势的区域。自 20 世纪 90 年代起，“1 小时经济圈”概念开始在全国流行。京津唐、长三角、珠三角三大都市圈的建设表明：圈内城市根据各自优势产业形成产业链，推行资源共享，避免重复建设，有利于区域经济的统筹发展、协调发展，有助于非中心城市增强对中心城市的认同感、归属感，进而带动中心城市做大做强。

“1小时经济圈”战略是在2006年1月重庆市二届人大四次会议上批准的《重庆市国民经济和社会发展第十一个五年规划纲要》中提出的。它指出：“着力解决主城特大城市缺乏大中城市传接配合的问题，打造城市群，构建合理的城镇体系。争取用10~15年时间，围绕主城特大城市，在大约一小时通勤半径范围内，逐步构建以主城特大城市为核心，若干大中城市为支撑的重庆大都市区。”① 提出重庆“1小时经济圈”战略的主要目的是解决重庆市面临的城乡二元结构矛盾，城市对农村带动效应不强、对农村腹地和周边地区的资源整合能力较弱的问题，即解决“大城市带不动大农村”的突出矛盾。为打造以主城区为核心的城市群，重庆还提出了“一圈两翼”发展战略。“一圈”即以重庆主城为核心的“1小时经济圈”，是重点培育的经济增长点。“两翼”，即以万州为中心的三峡库区及渝东北、以黔江为中心的渝东南两大区域。

为推动“1小时经济圈”建设，2007年4月28日重庆市委、市政府在永川召开了“1小时经济圈”专题会议，这次会议对“1小时经济圈”建设进行了全面部署。市委、市政府赋予“1小时经济圈”两大使命：其一是要发展成为打造西部地区重要增长极的核心区域、构建长江上游地区经济中心的主要载体、建设城乡统筹发展直辖市的战略平台；其二是要率先实现城乡统筹发展，并尽快赶上东部地区的平均发展水平，在全市发展大格局中发挥“领头领跑”的作用。会上还提出了“1小时经济圈”的四大建设任务：其一是构建结构合理、竞争力强的现代产业体系；其二是构建功能完善、集聚辐射力强的现代城市群；其三是构建枢纽型、网络化基础设施体系；其四是提升社会事业发展和基本公共服务水平②。

（二）涪陵区贯彻实施重庆“1小时经济圈”战略

涪陵位于重庆市中部，距主城区100千米，距江北国际机场80千米，是

---

① 重庆市人民政府关于实施重庆市国民经济和社会发展第十一个五年规划纲要的意见［R］. 重庆市人民政府公报，2006.

② 重庆市委市政府对1小时经济圈建设作出全面部署［N］. 重庆日报，2007-04-29（1）.

重庆“1小时经济圈”的重要组成部分。重庆市实施“1小时经济圈”战略有利于涪陵区的政治、经济、文化等进一步发展：首先涪陵区拥有较低的劳动力成本，2005年涪陵区在职职工的平均工资1.41万元，居全市第16位。其次房地产开发、建设成本相对较低，只有重庆主城区的1/3～1/2。此外，涪陵区历史文化底蕴厚重，森林覆盖率高，立体气候明显，是人居、休闲、避暑、度假的好选择。随着交通网络建设的进一步完善，将吸引主城及其他地区的企业家来涪投资兴业。同时，重庆市实施“1小时经济圈”战略赋予了涪陵区新的发展定位——新型工业经济的主要承载者、现代服务业经济的主要承担者。重庆建设“1小时经济圈”的重要着力点包括：其一是着力构建大型产业基地和产业集群，强化产业支撑作用；其二是着力构建以主城为核心的城市群，强化集聚辐射功能。重庆“1小时经济圈”战略要求涪陵区打造出一批大型产业基地和产业集群，发挥产业支撑作用。虽然工业是涪陵区的优势产业，但产业结构、科技发展水平等与新型工业经济的主要承载者建设目标仍然存在相当大的差距。因此，涪陵区贯彻实施重庆“1小时经济圈”战略，就需要立足本区经济社会发展的实际，重新谋划和调整产业布局、经济社会发展战略。

第二节　工业涪陵战略的理论基础

工业涪陵战略的提出也是涪陵区委、区政府立足区域经济、新型工业化、产业集聚、循环经济等经济发展理论，结合全区经济社会发展的实际，运用和依据上述经济发展理论对经济发展战略进行的调整和优化。

一、区域经济理论

（一）区域经济理论概述

关于“区域”一词的内涵，迄今为止学术界未有明确的、得到广泛认同的界定。在国内得到不少学者认同的观点为，区域是根据一定的目的和原则划定的地球表面上的一定范围的空间，该空间具有相对完整的结构，是能独立发挥功能的有机整体，其中结构、功能、规模、边界等是区域构成的基本要素[①]。就中国而言，按照面积和规模的大小，区域大体可分为6个层级，即地带级、大区级、省区级、市级、县级、乡镇级。

所谓区域经济，有广义和狭义之分。广义上的区域经济是一个国家或地区的某一地域的经济活动，包括由多个国家组成的经济共同体或经济圈。狭义上的区域经济是地区经济，用于表示某个国家内部的某个行政区或几个行政区的地区经济。

自中华人民共和国成立以来，我国在区域经济发展战略模式方面经历了从均衡发展模式到非均衡发展模式再到统筹发展模式的变化调整过程。中华人民共和国成立初期，为改变中国生产力和工业布局聚集于沿海地区的严重不均衡格局，1956年社会主义“三大改造”[②] 基本完成后，以毛泽东同志为核心的党的第一代领导集体就提出了通过利用和发展沿海工业促进内地工业发展的区域经济均衡发展战略。因此，改革开放前30年，我国采取的是区域经济均衡发展战略。这一战略的实施大大加快了中西部地区工业化的发展进程，对改变区域经济发展严重不平衡布局起到了积极作用，但在发展中也出现了资源配置效率低、增长方式粗放等一系列问题。党的十一届三中全会后，党中央在区域经济战略模式上进行了调整，实施向东部沿海地区倾斜的非均衡发展模式。这一战略的实施使东部沿海地区的经济实现了高速增长，但也带来了东部地区与中西部地区经济发展间的差距不断拉大的问题。为促进区域经济的协调发展，自20世纪90年代初，党中央就开始酝酿对区域经济发展模式进行调整优化。在2003年党的十六届三中全会审议通过的《中共中央关于完善社会主义市场经济体制若干问题的决定》中提出统筹区域平衡的新型区域经济发展模式，该模式强调在区域经济非均衡发展的同时，采取积极的方法和措施对经济发展中出现的新的不均衡现象进行调控，以推动区域经济协调发展、可持续发展[③]。

（二）区域经济理论对涪陵区的指导意义

区域经济理论是涪陵调整产业结构和优化战略布局的基本理论依据。国

---

① 唐丽君．区域经济发展研究［M］．成都：电子科技大学出版社，2016：1.

② 指中华人民共和国成立后，由中国共产党领导的对农业、手工业和资本主义工商业的社会主义改造。

③ 中共中央关于完善社会主义市场经济体制若干问题的决定［EB/OL］．http：//www.gov.cn/test/2008-08/13/content_ 1071062.htm.

内外区域经济发展的实践表明：各地区要根据社会需求和所处的经济发展环境的变化及时调整发展思路和产业布局。涪陵区委、区政府在进行经济发展战略调整的过程中自然要考虑本区经济社会发展的实际情况，自然要立足自身的区位、产业等特点和优势。

改革开放以来，在党中央的正确领导下，全国各地区纷纷立足自身资源禀赋优势，寻找、探索适合本地区的经济发展模式，有些地区也因此获得了跨越式发展，形成了独特的区域经济发展模式，如温州模式、苏南模式等。自中华人民共和国成立至21世纪初，我国区域经济发展取得了举世瞩目的成就，可将发展的基本经验概况为3个方面：其一是要充分发挥各地区的比较优势。各地区在制定经济发展战略时，应根据自己在资源、区位等方面的比较优势，在国家产业政策的宏观指导下，选择适合本区域实际的重点发展产业、特色产业，尽量避免产业结构的趋同。其二是要形成具有区域特色的主导产业。主导产业指在经济发展过程中在国民经济中居主导地位的产业部门。其三是实施产业结构优化升级战略，各地区要根据社会环境的变化及时调整和优化产业结构和产业布局。

涪陵区是重庆“1小时经济圈”的大卫星城市、中部地区的中心城市，20世纪90年代后期，涪陵工业比较优势在重庆各区县中已经非常明显。自1999年起，涪陵区工业总产值在重庆市所有区县工业增加值中一直保持在第三位或第四位，由表3-2可以看出，涪陵已成为重庆市工业发展的重要支撑。2002—2008年涪陵区连续7年入选重庆市“十强工业区县”。

表3-2　1999—2007年涪陵区GDP和工业在重庆市的排名情况

年份	GDP		工业增加值	
	数值（亿元）	排名	数值（亿元）	排名
1999	63.85	6	26.46	3
2000	69.32	6	29.01	4
2004	112.92	6	49.85	4
2005	135.08	5	58.67	4
2006	153.87	5	72.00	3
2007	192.27	4	92.73	4

说明：本表GDP总量和工业增加值为第二次全国经济普查修订前的数据。

资料来源：《重庆统计年鉴（2008）》。

总之，在区域经济理论指导下，21 世纪初涪陵工业对经济发展的引擎作用日益增强，该理论也是涪陵在新的经济社会发展形势下调整经济社会发展战略的重要依据。

二、新型工业化发展理论

（一）新型工业化的内涵

工业化是一个长期的工业部门、产业结构等不断发展变化的过程。在工业化发展过程中，工业部门尤其是制造业所占的比重持续上升。工业化的发展为社会创造了巨大物质财富，使社会生产力得到极大提升，但也带来了环境污染等一系列社会问题。自 20 世纪 70 年代起，很多国家开始反思所走的工业化道路，经济学家也纷纷反思经济发展理论。一些发展中国家基于新的发展经济学理论进行了改革探索，开始尝试选择新的工业化发展道路，我国也在积极探索新的工业化发展道路。尽管各个国家在工业发展的战略目标、战略重点等方面有所不同，但在工业发展战略方面都做了相似的调整，这集中体现在 4 个方面：其一是调整发展战略。各国从实际出发，选择具有自身特色的工业化发展战略。其二是调整发展方向。把工业化视为改善人的工作条件和提高人的生活水平的工具，更加强调工农业的协调发展。其三是调整发展方法。各国纷纷增加科技研发的投入，改进和提升工业发展技术，积极推动工业质量和效益的提升。其四是调整发展目标。经济增长的目标不再片面强调满足人的物质生活需要，而是强调在满足物质生活需要的同时满足精神生活需要、社会生活需要①。

中华人民共和国成立以来，我国工业化发展道路先后经历 3 次战略选择：20 世纪 50 年代选择以单一公有制为基础的优先发展重工业道路，80 年代选择以改革开放为基础的外延型全面发展道路，21 世纪以来选择以社会主义市场经济为基础的新型工业化发展道路。受历史原因、所处社会环境等影响，从“一五”计划至改革开放前夕，我国工业化发展路径主要选择的是模仿原“苏联模式”，工业经济虽然取得了巨大成就，但也形成了不少社会问题，如对外开放程度低、环境污染严重等。20 世纪 80 年代以改革开放为基础的外延型全面发展道路已经开始注意到环境污染等问题，但并未能解决好由传统工

① 陈文君．西部城市新型工业化道路探求［M］．成都：电子科技大学出版社，2008：37-38.

业化发展带来的突出社会问题。在“九五”计划中，中央提出“两个根本性转变”，即经济体制从传统的计划经济体制向社会主义市场经济体制转变，经济增长方式从粗放型向集约型转变①，但粗放型经济增长方式并未得到根本性转变。

鉴于传统工业化道路带来的诸多社会问题，党和国家领导人深刻认识到：应加快科技进步和先进科技成果的推广和应用，要把经济发展建立在科技进步的基础上，提高科学技术在经济增长中的贡献率；要注重产品质量，适应市场需求的变化，优化资源配置，降低生产成本；要大力提高能源、原材料的利用效率，倡导有利于节约能源、资源和保护生态环境的生产方式。2002年党的十六大报告明确提出：“走新型工业化道路，大力实施科教兴国战略和可持续发展战略。”②根据党的十六大报告，可概括出新型工业化的3个基本特征：其一是强调工业化与信息化的相互促进，坚持以信息化带动工业化，以工业化促进信息化；其二是推进产业结构优化升级，形成以高新技术产业为先导、基础产业和制造业为支撑、服务业全面发展的产业格局；其三是注重发挥科学技术作为第一生产力的重要作用，注重依靠科技进步和提高劳动者素质改善经济增长质量和效益③。

（二）新型工业化理论对涪陵区的指导意义

学习和运用新型工业化理论对经济发展战略进行调整是涪陵区在新形势下实现跨越式发展的必然选择。走新型工业化道路是党和国家领导人借鉴国内外工业化发展的经验和教训，根据国内外发展环境的变化作出的重大战略决策。为贯彻落实党的十六大提出的走新型工业化道路，重庆市在《重庆市国民经济和社会发展第十一个五年规划纲要》中提出，要“坚持走新型工业化道路，以信息化带动工业化”④。2007年12月，重庆市召开的全市经济工作会议和2008年1月召开的重庆市三届人大一次会议都强调要加快特色新型工业化的建设进程。

工业是涪陵的兴区之源、立区之本、强区之基。随着工业经济的发展壮大，涪陵走新型工业化道路是必然选择。加快新型工业化建设不仅是落实国家和重庆市走新型工业化道路政策的需要，而且是实现涪陵区自身可持续发

① 江苏省教育厅．邓小平理论概论［M］．南京：河海大学出版社，2002：112.

②③ 暨南大学党委宣传部组织部．党的十六大学习资料［G］．内部资料，2002：21.

④ 重庆市人民政府关于实施重庆市国民经济和社会发展第十一个五年规划纲要的意见［R］．重庆市人民政府公报，2006（7）：9-11.

展的最佳选择。首先，涪陵具备了走新型工业化道路的较好基础。涪陵区利用三峡工程移民迁建政策使工业结构显著优化，为走新型工业化之路奠定了坚实基础。2005 年涪陵区拟定新型工业化 61 个产业发展重大项目，当年实施了 23 个。其次，涪陵的地理区位和产业结构决定了其必须走新型工业化道路。在涪陵区的工业产业结构中，高能耗企业较多，大多数工业企业属于资源加工型企业，而涪陵区本身又属于资源贫乏区，煤炭资源匮乏，电力、天然气供应紧张；工业生产技术水平相对落后，能源使用效率较低，“三废”排放量较大，而这又与其地处三峡库区腹部生态环境脆弱和敏感相关。同时，2008 年全球金融危机爆发，给涪陵区项目建设、招商引资和产业发展等带来了严峻的挑战。但是，也为推进工业结构的调整升级、技术创新、承接转移、延伸产业链等带来了新的发展机遇。最后，深入推进新型工业化进程是提升涪陵工业整体竞争力的战略选择。

三、产业集聚理论

（一）产业集聚理论概述

产业集聚指一个地区长期在某一个产业占据优势，且优势产业不断发展壮大，还发展成为该地区国民经济发展的重要支撑，区域经济增长与产业发展相互促进，形成以产业集聚为特征的经济区域。

19 世纪末就有学者开始关注产业集聚现象，马歇尔在 1890 年针对产业集聚这一经济现象提出了两个重要概念，即内部经济和外部经济。马歇尔之后，产业集聚理论有了较大程度的发展，出现了许多流派，比较有影响力的有区位经济学家阿尔弗雷德·韦伯提出的区位集聚论、迈克尔·波特提出的企业竞争优势理论等。德国经济学家、近代工业区位论的奠基人阿尔弗雷德·韦伯在 1909 年出版的《工业区位论》中较为系统地分析了工业区位理论，在分析影响工业区位的经济因素中引入了“集聚因子”。集聚因子指当实施工业生产活动的主体准备在某些特定的地理空间范围内固定下来，伴随着集聚过程所产生的分工细化、环境污染、人口膨胀及城镇化发展等因素。他还提出，因工业生产企业集聚水平的高低不同，其生产制造成本、劳动力雇佣成本及货物运输费用有显著区别①。迈克尔·波特在《竞争优势》中提出了企业竞

---

① 张座铭．中部地区产业集聚形成机制及效应综合评价研究［M］．武汉：中国地质大学出版社，2017：25-26.

争优势理论，他认为可以将一般企业视为由管理、设计、采购、生产、销售、交货等一系列创造价值的活动构成的链式集合体，以一个主导产业为核心的特定领域内的大量企业、机构及其他关联产业形成空间上的集聚，并由此带来强大的竞争优势。相同或相似企业集聚在一起，按照产业价值链的发展模式构成利益共同体，这种共同体被称为集聚区；集聚区最初是基于土地、区位等自然资源要素形成的低层次的要素集群，之后逐步发展为以不同类型劳动力聚集为特点的较高层次的产业集聚组织。产业集聚化发展使不同企业、不同部门、不同领域聚在一起，它们因资源整合、优势互补、人才流动的目标任务构成了分工明确、科学开放、知识转移的协同组织①。

国内外产业集聚区发展具有 3 个显著特征：其一是轴辐式产业结构。在产业集聚区形成一个核心产业，核心产业的产品主要向区域外销售，这是决定区域经济发展的主要力量。在核心产业周围形成一大批辅助产业，从而形成以核心产业为主的产业结构。其二是区域经济发展速度快，竞争力强。在较短的时间内，某一特定产业占据竞争优势地位。其三是区域系统性特征明显，集聚区内围绕核心产业形成生产、销售和服务一条龙的产业体系，企业间既相互依赖又相互竞争，从而形成一个复杂的技术和社会网络②。

工业园区是产业集聚的重要形式，是能够有效推进产业集群、形成产业集聚效应的工业发展模式，在第二次世界大战后引起了很多国家的重视，多个国家制定了关于工业区的开发政策，建立了多种类型的特殊经济区域，如出口加工区、免税区、自由贸易区、工业园区、科学园等，它们虽名称各异，但实际上是各种形式的工业园区。世界上出现较早的工业园区主要有英国的曼彻斯特工业中心和美国的斯坦福工业园。此后，工业园区在欧美等发达国家迅速发展起来，其中以美国的高科技园区（如硅谷、128 公路）最为著名。

1978 年底，蛇口工业园区成立，这标志着工业园区在我国建设的开始。20 世纪 80 年代初，中央作出了设立 4 个经济特区和 14 个沿海开放城市的重大决定，这标志着工业园区开始成为中国的政策工具。与此同时，我国有关专家提出借鉴美国硅谷经验，创办工业园区。1988 年，我国第一家科技园区——北京新技术产业开发实验室成立；同年，科技园区成为国家火炬计划的重要组成部分，从而开启了中国高新技术产业开发区的发展进程。20 世纪

① 张座铭．中部地区产业集聚形成机制及效应综合评价研究［M］．武汉：中国地质大学出版社，2017：30-31.

② 刘斌．产业集聚竞争优势的经济分析［M］．北京：中国发展出版社，2004：5.

80年代，我国工业园区主要为国家级的经济技术开发区，受时代条件的限制，这些园区基础设施薄弱、发展条件较差，发展比较缓慢。1992年邓小平南方谈话后，在新一轮对外开放和引进外资高潮的带动下，我国工业园区获得了快速发展，到2006年底，经国务院批准的国家级工业园区达到222个，各省级人民政府批准的工业园区达到1346个①。

（二）产业集聚理论对涪陵区的指导意义

学习和运用产业集聚理论对经济发展战略进行调整不仅是涪陵落实国家和重庆市政策的需要，而且是实现自身跨越式发展的需要。涪陵为突破企业“小”“单”“散”“弱”发展的局限，自1992年起就开始了建设工业园区的探索，在推动工业集聚化发展方面积累了一定经验。1992年8月，涪陵成立了桥南经济技术开发区，大力招商引资，太极集团涪陵制药厂、涪陵柴油机厂、娃哈哈涪陵公司、宏声纸箱、大华陶瓷股份公司等企业及重大项目相继在园区内兴建和扩建。2001年，该园区已初步形成了以医药、建材、机械、食品为主的工业体系。1997年涪陵建立了蒿枝坝工业园区，1998年该园区被重庆市人民政府命名为乡镇企业示范区。2006年12月，涪陵建立了白涛工业园区，该园区是重庆市市级特色园区。

产业集聚化发展是重庆经济发展的重要方向。重庆市在《重庆市国民经济和社会发展第十一个五年规划纲要》中明确提出：“重点发展汽车摩托车、装备制造、资源加工、高技术产业，促进企业规模化、集团化”，依托产业园区发展产业集群，加快园区基础设施建设；“明确园区的主导产业，通过土地使用、项目审批、税费和融资支持等政策引导”，以龙头企业带动产业链的发展，以主导产业带动配套产业的集聚；“把园区开发与培育产业集群紧密结合起来，努力形成核心企业、配套企业、生产性服务企业紧密链接，相互支撑发展的园区经济集群效应”。② 为推动特色工业园区建设，在重庆市出台的《关于重庆市特色工业园区产业定位实施意见》（渝府发〔2008〕101号）中提出关于产业集群化发展的具体实施方针，即“立足各工业园区资源特征、产业基础和比较优势，以龙头企业和重大项目为依托，以产业集聚和产业链延伸为重点，加快汽车摩托车、装备制造、石油天然气化工、电子信息、材

① 颜芳芳．大城市工业园区发展问题研究［M］．天津：天津大学出版社，2017：21.

② 重庆市人民政府关于实施重庆市国民经济和社会发展第十一个五年规划纲要的意见［R］．重庆市人民政府公报，2006.

料工业五大支柱产业，以及能源、轻纺两大重点产业发展，促进形成一批产业集聚度高、特色突出鲜明、规模效益显著的产业集群”①。

涪陵区立足多年工业园区的探索和实践经验，紧紧围绕重庆市加快产业集聚化发展带来的政策机遇，加快工业园区建设，使工业园区的实力不断增强，尤其是几个重点园区在经济增长中发挥了关键作用。但是涪陵工业园区建设中还存在配套设施不完备、产业链条不完整等问题，从而影响了产业集聚化发展的质量和效益。“工业涪陵”战略的提出不仅是涪陵区适应重庆推动产业集聚化发展的需要，而且是提升自身产业集聚影响力和带动力的需要。

四、循环经济理论

（一）循环经济理论概述

工业经济是全球经济发展的重要基础，传统工业化发展模式在为人类创造巨大物质财富的同时，也带来了资源枯竭、环境污染等一系列重大社会问题，人们往往把上述问题错误地归咎于工业经济的发展。实际上，若能将工业经济发展方式由传统模式转化为循环模式，就能有效地解决工业发展与生态环境间日益突出的矛盾。传统工业经济与循环经济的根本区别在于：传统工业经济的发展路线为资源消费—产品—排放与废弃，是一条单循环路线，物质财富的增长与资源消耗、废物排放的增长是成正比的，工业化越发展对生态环境造成的负面影响就越大；循环经济的发展路线为资源消费—产品—排放与废弃—回收利用—再生资源，是一个闭合循环路线，资源能循环利用。

循环经济发展理论是20世纪90年代以来发达国家在实行可持续发展战略过程中逐渐形成的，是以资源的高效、循环利用为目标，以减量化、再利用、资源化为原则，按照自然生态系统的物质循环和能量流动方式运行的经济发展理论。循环经济思想的萌芽可追溯到20世纪60年代，当时人类活动对环境的破坏已达到相当严重的程度，环保先驱开始关注环境问题。美国著名经济学家K. 波尔丁提出的“宇宙飞船理论”被视为循环经济理论的早期代表。波尔丁受宇宙飞船的启发，对地球经济的发展进行反思后提出：宇宙飞

---

① 重庆市人民政府关于印发重庆市特色工业园区产业定位实施意见的通知［R］. 重庆市人民政府公报，2008.

船是一个孤立无援、与世隔绝的独立系统，靠不断消耗自身资源存在，最终将因资源耗尽而毁灭，唯一能延长其寿命的方法就是实现船内的资源循环。他提出地球经济系统就如同一艘宇宙飞船，只有对资源循环利用才能长存，如果不合理开发利用资源并继续破坏环境终将会使地球走向毁灭[①]。1972 年罗马俱乐部发表一份题为“增长的极限”的报告，向世界发出了“如果在世界人口、工业化、污染、粮食生产和资源消耗方面按现在的趋势继续下去，这个星球上的增长极限会在不远的将来发生”[②] 的警告。此后，生态环境作为制约经济增长的关键因素日益受到人们的重视。20 世纪 80 年代以来，人口日益膨胀、资源消耗过度、环境污染加剧、自然灾害频发，迫使人们不得不重新审视对待自然环境的态度，越来越多的人意识到地球资源并非取之不尽、用之不竭的，认识到发展循环经济的必要性和紧迫性。

自 20 世纪 80 年代中国学者关注循环经济以来，相关研究不断深入，实践活动不断开展。中国政府和越来越多的企业意识到可通过技术改造最大限度地把工业“三废”减少在生产过程中。1992 年里约热内卢会议之后的两个月，中国向全世界公布了《中国环境与发展十大对策》，宣告中国将实施可持续发展战略。1998 年中国学习德国的循环经济理论，确立了“3R”原则，即坚持减量化原则（Reduce），要求用较少的原料和能源投入实现既定的生产目的或消费目的，要从经济活动的源头节约资源和减少污染；坚持再使用原则（Reuse），要求制造产品和包装容器能以初始形式被反复使用；坚持再循环原则（Recycle），要求生产出来的物品在完成其使用功能后能重新变成可以利用的资源，而不是不可恢复的垃圾[③]。

1999 年，我国从可持续发展的角度对循环经济发展模式进行了整合；2002 年，从新兴工业化的视角强调加快发展循环经济的重要意义。2002 年 10 月，国家颁布了《中华人民共和国清洁生产促进法》（中华人民共和国主席令第 72 号），并于 2003 年 1 月 1 日开始实施，该法吸收了循环经济理论。2003 年，我国还将循环经济理论纳入科学发展观，确立了物质减量化发展战略；2004 年，提出从不同的空间规模——城市、区域、国家层面开展循环经济试点工作。从此，循环经济在中国得到快速发展。

---

① 高岚，田明华，吴成．环境经济学［M］. 北京：中国林业出版社，2007：252.
② 赵涛，徐风君．循环经济概论［M］. 天津：天津大学出版社，2008：8.
③ 单胜道．循环经济学［M］. 北京：研究出版社，2005：65.

（二）循环经济理论对涪陵区的指导意义

循环经济理论是指导涪陵调整和优化发展战略的基本理论之一。涪陵区地处长江和乌江的交汇处，三峡库区腹地，对长江中下游地区尤其是三峡库区的生态安全承担着不可替代的责任和使命。20 世纪 90 年代以来，涪陵就开始积极探索如何使工业经济发展和生态环境保护相协调。涪陵在探索节能减排、发展生态经济和循环经济方面积累了一定的经验。如通过鼓励发展环保型企业，对不符合国家产业政策的企业依法关停并转，大力推进企业在生产、建设、流通和消费的各领域节约资源；积极推进清洁生产，依法加强对污染物排放超标的企业及使用有害、有毒材料的企业实施清洁生产审核，不断强化工业污染源的监控力度；广泛开展资源节约宣传工作，采取支持循环经济发展的财税政策。2007 年前后，涪陵区循环经济发展已初见成效，主要体现在以下 3 个方面：

其一是万元 GDP 能耗逐渐下降。万元 GDP 能耗指一个地区在报告内（如一个季度、一年）创造 1 万元所耗费的综合能源消费量。2005 年，涪陵区万元 GDP 能耗为 1.83 吨标准煤/万元，2008 年降到 1.61 吨标准煤/万元。与 2005 年相比，2008 年万元 GDP 能耗降低了 0.22 吨标准煤/万元，即下降 12.02%。

其二是万元 GDP 电耗有所下降。万元 GDP 电耗指万元国内生产总值的耗电量。涪陵区 2005 年万元 GDP 电耗为 1387.24 千瓦·时/万元，2008 年降到 1136.81 千瓦·时/万元，即与 2005 年相比 2008 年万元 GDP 电耗下降了 250.41 千瓦·时/万元，降低 18.05%。

其三是单位工业增加值能耗显著下降。涪陵区工业能耗降低还体现在单位工业增加值能耗下降方面。涪陵区单位工业增加值能耗 2005 年为 3.0 吨标准煤/万元，2008 年降到 1.54 吨标准煤/万元，即 3 年降低 1.47 吨标准煤/万元，下降 49%。

2005 年 10 月，国家发展和改革委员会、国家环保总局等 6 个部门联合选择了涉及 10 个省资源型和资源匮乏型城市的 7 个重点行业的 43 家企业，开展第一批循环经济试点，目的是探索循环经济的发展模式，12 月正式下发了《关于组织开展循环经济试点（第一批）工作的通知》（发改环资〔2005〕2199 号），启动国家循环经济试点工作，重庆市三峡库区入选我国第一批循环经济试点城市（建设区域）。重庆市“十一五”规划中明确提出：要坚持开发与节约并重、节约优先的方针，按照减量化、再利用、资源化原则，大力发展循环经济①。同时，重庆市作为国家开展循环经济的首批试点城市，在立法和管理体制等方面进行了探索，先后制定了《重庆市循环经济发展条例》《重庆市资源综合利用条例》《重庆市清洁生产审核暂行办法》《重庆市“十一五”循环经济发展规划》等。重庆循环经济试点城市的获批为涪陵区经济发展带来了机遇，但也带来了巨大挑战，要求涪陵区委、区政府在发展中必须坚持循环经济原则，坚持资源开发与节约并重，这也是涪陵区提出“工业涪陵”战略的时代背景。

五、产业转移理论

（一）产业转移理论概述

产业转移是“在市场经济条件作用下，发达地区为促进区域内产业结构调整升级，基于生产要素、产品需求、比较优势的变化，在新的利益增长点的刺激下，通过跨区域投资的方式，将区域内不适应当前社会发展阶段的产业或企业的研发、生产、销售中的某几个环节甚至企业总部转移到其他区域，从而实现产业在空间上转移与产业结构优化调整的一种经济现象”②。按照地理空间范围划分，产业转移可分为国际产业转移和国内产业转移。国际产业转移指通过国际投资、国际贸易等方式实现某些产业从一个国家或地区转移到其他国家或地区。国内产业转移指某些产业在一个国家内部从一个地区转移到另一个地区。

多年来，各国学者在研究和解释产业转移现象的过程中形成了若干重要理论，其代表性理论主要有成本上升论、生命周期理论、梯度转移理论等。

成本上升论是由美国经济学家威廉·阿瑟·刘易斯提出的，他发现第二次世界大战后发达国家向发展中国家转移劳动密集型产业，而发展中国家生产出劳动密集型产品后又将其出口到发达国家，他认为产生这种现象的主要原因是发达国家为降低生产成本，将一些不再具有比较优势的劳动密集型产

① 重庆市人民政府关于实施重庆市国民经济和社会发展第十一个五年规划纲要的意见［R］. 重庆市人民政府公报，2006（7）：9-11.

② 刘珂. 承接产业转移与推进产业集群升级——以中部地区为例［M］. 北京：中国经济出版社，2017：1.

业转移到发展中国家①。刘易斯的上述观点有其合理性，但也有其不完善之处，如不能解释技术密集型产业转移问题。

生命周期理论是雷蒙德·弗农于1966年在《产品生命周期中的国际投资与国际贸易》中提出的，他认为产品和生物一样是有生命周期的，要经历创新期、成长期、成熟期、标准化期与衰亡期5个发展阶段。不同技术水平的国家产品所经历的各阶段的时间长短是不一样的，正因为这种时差使不同国家在技术上存在差距，从而使同一种产品在不同国家的市场上存在竞争力的差异，进而引发国际贸易、国际投资等的变化②。弗农的观点能解释被动的产业转移行为，但无法解释主动的产业转移行为。

梯度转移理论指因要素禀赋、技术水平、产业基础等不同，各国家或地区在经济与产业发展水平上存在阶梯差距，这种差距即梯度。该理论认为每个国家或地区均存在一定的经济梯度，新技术、新方法、新产品、新行业等多源于高梯度地区，而处于成熟阶段后期或衰退阶段的产业往往位于低梯度地区；每当一种新技术、新产品、新产业出现后，往往会随着时间的推移从高梯度地区转移到低梯度地区。梯度转移理论还认为，发达地区应加快发展新兴产业或新技术，然后向较发达地区及欠发达地区转移进而带动整体经济的发展③。

（二）产业转移理论对涪陵区决策的指导意义

产业转移理论是指导涪陵工业经济实现跨越式发展的重要理论依据。涪陵区产业结构尽管自20世纪90年代以来得到一定程度的调整和优化，科技发展水平也得到一定程度的提高，但从生产技术、自主创新能力等方面看，与主城区相比，尤其是同江浙地区相比，仍存在不小的发展差距。2007年，美国次贷危机爆发后，国际和国内产业尤其是沿海地区产业向中国中西部地区转移的步伐加快，这为涪陵区承接产业转移提供了机遇。东部沿海地区集中了我国众多的技术、资金和人才资源，但其经过多年的高速增长，先发优势、政策优势效应趋弱，加之受土地、资源、劳动力成本上升等因素的影响，传统的经济增长方式难以为继，这些地区与国际市场联系密切，受金融危机的冲击大，不少出口导向型企业在危机的冲击下倒闭。东部沿海地区企业为

---

① 刘珂．承接产业转移与推进产业集群升级——以中部地区为例［M］．北京：中国经济出版社，2017：2.

② 唐海燕，毕玉江．国际贸易学［M］．上海：立信会计出版社，2011：126.

③ 刘珂．承接产业转移与推进产业集群升级——以中部地区为例［M］．北京：中国经济出版社，2017：9.

寻求较低的生产成本，为了应对国际金融危机的冲击，加速向中西部地区进行产业转移。涪陵产业发展水平虽与东部沿海地区存在差距，但已建立了较完备的工业体系，具备了承接产业转移的基本条件，还具有区位、生产要素等优势，对东部沿海地区产业转移具有一定的吸引力。“工业涪陵”战略的提出成为涪陵区运用产业转移理论，为抓住国际和国内产业转移的契机，推动产业结构优化升级，加快产业集聚和工业园区发展的战略选择。

六、企业再创业理论

（一）企业再创业理论概述

20 世纪 80 年代后期，随着“知识经济”“网络经济”“虚拟经济”等新型经济形态的发展，在全球范围内引发了创业、企业再创业的浪潮。关于企业再创业的内涵有两种较有代表性的观点：其一是认为企业再创业是企业新一轮的创业活动，企业在完成了前一周期的任务后，站在新的起点发起向更高目标的再一次冲击①。其二是认为企业再创业的实质是“企业发展的不断阶跃，进而持续发展的过程”②。课题组比较认可后一种观点。

新经济形态的兴起和发展带来新的经济运行规则和发展规律，20 世纪 80 年代后期至 90 年代，实业界为实现可持续发展采取了一系列改革举措，以适应新的经济运行规则和新的发展规律。实业界推进的主要改革举措体现在以下 3 个方面：

其一是进行企业重组。企业重组主要指变革企业的业务结构、财务结构等，不少企业重组还包括缩小或扩大企业的发展规模等。

其二是企业纷纷进行业务流程再造。20 世纪 80 年代末至 90 年代初，福特汽车、IBM 等一批世界知名企业为提升组织效率纷纷对经营方式进行了大幅度的变革。1993 年，迈克·哈默博士和詹姆斯·钱皮出版的《再造公司》引发了管理学界和工商实业界的高度关注，并引发了一场大范围的理论探讨和企业改造浪潮。我国的海尔等著名企业均在 20 世纪 90 年代开始对企业关键流程进行再造。

其三是企业组织转型的普及。组织发展是从低层次向高层次发展的过程。

---

① 詹先明．高职院校创业教育与指导［M］．合肥：合肥工业大学出版社，2009：307.

② 芮明杰．突破增长的极限：企业再创业的理论与策略［M］．北京：经济管理出版社，2004：前言．

随着新的经济形态、管理方式等的不断涌现，企业组织形态由低级向高级转型升级是必然趋势，各地企业为求生存、求发展，积极推动企业组织结构的转型升级。上述企业进行的重组、组织结构的转型等变革，从本质上看就是企业“再创业”①。

激发企业改造、重组等变革的因素多种多样，在不同情况下应采取不同的再创业行为。企业再创业行为大致可分为 3 种类型：其一是需求衰退下的企业再创业；其二是技术衰退下的企业再创业；其三是比较优势衰退下的企业再创业②。

（二）企业再创业理论对涪陵区的指导意义

创业和企业再创业理论是指导涪陵区实现第一次成功创业和进行第二次创业的重要理论依据。

从广义上讲，自中华人民共和国成立以来，涪陵始终处于创业时期，改革开放以来涪陵进入新的创业期，但涪陵获得大发展是 20 世纪 90 年代以来的事情，因此，为便于分析问题，现将 20 世纪 80 年代末以前称为涪陵的前创业期，20 世纪 90 年代初至 21 世纪初称为涪陵的第一次创业期。1993 年，涪陵区委、区政府在邓小平同志提出的抓住机遇、发展自己的关键是发展经济思想的指导下，借鉴国内外兴起的创业浪潮经验，认真分析研判三峡工程上马后对涪陵区经济发展的促进作用，积极推动重点企业进行体制创新、技术创新，如对重点国有企业进行股份制改革、改造、重组，或引进、合作、嫁接，改革企业经营管理机制和管理方式。通过创新创业，涪陵区一批传统企业实现了凤凰涅槃，迅速发展壮大。2001 年，涪陵卷烟厂、建峰化工、太极集团、涪陵建陶、涪陵化工、三爰海陵、娃哈哈涪陵公司、东升铝业 8 家企业先后进入“重庆市 50 强”企业。通过第一次创业，涪陵生产力发展水平、综合实力、人民生活水平等都上了几个大台阶，为再创业奠定了良好基础。

2008 年全球金融危机爆发后，涪陵区出现了如何跟上国内外经济快速发展的新情况。在新形势下，涪陵区要想获得可持续发展，只有继续发挥创新创业精神，积极推动第二次创业，鼓励企业再创业。在第二次创业中，涪陵区吸取“前创业期”和第一次创业期的经验和教训，以解放思想和开拓创新

① 芮明杰．突破增长的极限：企业再创业的理论与策略［M］．北京：经济管理出版社，2004：33.

② 芮明杰．突破增长的极限：企业再创业的理论与策略［M］．北京：经济管理出版社，2004：35.

求发展；不断完善发展机制，优化营商环境，重视人文精神培育，增强发展软实力，调整产业布局和发展战略。

此外，涪陵区委、区政府在提出工业涪陵战略的过程中，除了考虑上述经济发展理论，还考虑了大推进等理论。

第三节　工业涪陵战略的发展条件

涪陵自改革开放后尤其是20世纪90年代以来，历届党委、政府紧紧抓住政策机遇，学习和运用先进经济发展理论，逐渐探索出一条发挥工业比较优势、推动区域经济发展之路，不仅使工业经济实力大幅度跃升，而且使营商环境、基础设施等获得改善或提升，为调整经济发展战略、产业发展布局奠定了坚实基础。

一、工业发展环境不断优化

20世纪90年代以来，涪陵历届党委、政府都比较重视营商环境的改善工作，涪陵政务环境、市场环境、法治环境不断优化，相对优越的营商环境不仅是“涪陵现象”出现的重要因素，而且是推动其工业经济再上新台阶的重要保障。

（一）政务环境持续改善优化

涪陵历届党委、政府都比较重视创新管理机制，改善政务环境，提升服务效能，相对优越的政务环境成为吸引内外资入涪兴业的重要因素，也是涪陵工业发展的重要驱动力之一。为实施“工业立区强区富区”等发展战略，涪陵历届党委、政府不断创新工作制度，如20世纪90年代就建立起领导联系重点企业制度，直接帮助企业解决自身难以解决的矛盾和困难；建立重点企业例会制度，及时收集企业反映的共同问题并及时修改、完善相关政策。又如对进入重点企业战略的企业全程服务、滚动管理，其中“全程服务”提出了“重点企业无小事”的服务理念和检验标准，在由计划经济向市场经济转换过程中较好地处理了政府与企业的关系；“滚动管理”在促进企业间良性竞争，推动企业改制改造、做大做强中发挥了重要作用，太极集团、涪陵卷烟厂、建峰化工、涪陵化工、涪陵电力等企业都是在重点企业战略促进下发展起来的。为推动创新创业、不断优化发展环境，2003 年涪陵区先后印发了《关于深入开展综合整治发展环境工作的通知》（涪区委发〔2003〕22 号）和《关于继续开展综合整治发展环境工作的通知》（涪府办发〔2003〕86 号），2018 年涪陵区又印发了《涪陵区树立企业无小事理念优化营商环境“三百”行动方案》（涪陵委办〔2018〕49 号），持续开展发展环境整治工作。

（二）质量管理体制不断健全

质量是企业生存之本，要提高企业的竞争力必须从重视质量开始。涪陵在推动工业经济发展过程中，一直坚持增加数量和提高质量并重的理念，不仅重视质量文化宣传教育工作，而且重视质量管理制度建设，管理体制机制不断健全。自 20 世纪 80 年代起，涪陵市人民政府就开始推动企业加强质量学习和质量管理，涪陵企业的质量标准、产品质量显著提高。1991 年涪陵开展了“质量、品种效益年”活动，1996 年涪陵市制定《涪陵市工业企业管理规范》（涪经贸发〔1996〕167 号），严格对企业重点部位和关键时段的质量检查和监测，到 2002 年涪陵区已有 21 家企业获 ISO 9000 质量体系认证。

在推动企业加强质量管理的同时，实施质量强企战略。1997 年贯彻落实国务院《质量振兴纲要（1996—2010 年）》（国发〔1996〕51 号），实施名牌战略，对企业分类指导。2004 年涪陵区出台《关于开展质量兴区活动的意见》（涪区委发〔2004〕35 号），对重大质量进步进行重奖。涪陵历届党委、政府一直坚持质量强区和强企的发展方针，使涪陵区企业的产品质量不断提升。到 2007 年，涪陵区产量质量抽查合格率达到 88.30%，比 2004 年提高 5.8 个百分点。

（三）市场经济体制改革不断深化

涪陵历届党委、政府积极推动市场经济体制改革，在对国有企业进行改制改造升级的同时，大力发展非公有制经济，使工业经济的所有制结构不断优化。1993 年 11 月后，涪陵市委、市政府在贯彻执行中共十四届三中全会通过的《中共中央关于建立社会主义市场经济体制若干问题的决定》中提出，全面推行社会主义市场经济体制改革，建立“产权清晰、权责明确、政企分开、管理科学”的现代企业制度。1998 年，涪陵区全面贯彻落实党的十五届中央全会精神，加快全区国企改革和发展步伐，采取“抓大放小、有进有退、要素流动、结构调整、制度创新、强化管理、增强实力”的发展方针，重点实施“六个一批”（扶优扶强壮大、兼并合并调整、扩大开放嫁接、产权转让退出、“死而后生”关闭、“三改一管”提高）改革措施。1999 年 9 月后，涪陵区贯彻落实中共十五届四中全会《关于国有企业改革和发展若干问题的决定》精神，国有企业改革坚持以公有制为主体，多种所有制共同发展、公平竞争的方针，使工业所有制结构进一步优化，非公有制经济得到较快发展。非公有制经济是推动社会主义市场经济发展的重要力量，现代化经济体系的重要主体。涪陵区非公有制经济增加值 2007 年占全区生产总值的 51.60%，2008 年非公有制经济占全区生产总值的 53.00%。由表 3-3 可以清晰看出涪陵区经济体制改革的成效显著，非公有制经济获得较快发展，经济所有制结构不断优化的发展趋势。非公有制经济增加值 1992 年仅有 2.35 亿元，2007 年增加到 120.86 亿元，2008 年达到 134.34 亿元，与 1992 年相比，2008 年涪陵非公有制经济增加值增加约 132 亿元。

表 3-3　1992—2008 年涪陵所有制构成情况

年份	地区生产总值（亿元）	公有制经济增加值（亿元）	非公有制经济增加值（亿元）
1992	15.45	13.11	2.35
1995	38.01	31.36	6.65
1997	55.67	44.48	11.19
2007	234.23	113.37	120.86
2008	253.48	119.14	134.34

说明：本表数据为经济普查调整前数据。
资料来源：《涪陵统计年鉴（2009）》。

二、现代化经济体系初步形成

（一）产业结构调整成效显现

改革开放后，涪陵产业结构调整步伐呈现不断加快趋势，且结构调整成效显著，其中一、二、三次产业的增加值占全区 GDP 的比例发生显著变化，产业结构得到显著优化。由表 3-4 可以看出涪陵区产业结构的优化过程。在涪陵区国民经济发展中，1949 年一、二、三次产业的增加值在 GDP 中的结构比为 74.02∶7.85∶18.13，第一产业居主导地位。1978 年涪陵一、二、三次产业增加值在 GDP 中的结构比为 55.64∶26.31∶18.05。与 1949 年相比，1978 年第一产业的占比有所下降，第二产业占比有一定提升。与 1978 年相比，1990 年第二产业的增加值在全区 GDP 中占比显著增加，1990 年，涪陵

一、二、三次产业增加值在 GDP 中的结构比为 25.81∶34.77∶39.41，第二产业的占比虽超过了第一产业，但仍低于第三产业。1995 年涪陵一、二、三次产业增加值在 GDP 中的结构比为 19.96∶41.12∶38.92，第二产业的占比超过第三产业。之后第二产业的占比稳步提升，2007 年涪陵一、二、三次产业增加值在 GDP 中的结构比为 11.86∶54.16∶33.98，2008 年涪陵一、二、三次产业增加值在 GDP 中的结构比为 9.84∶58.57∶31.59。也就是说，2007 年、2008 年连续两年第二产业增加值在全区 GDP 中的占比都超过 50%。总之，重庆直辖后涪陵区产业结构调整效果显著，第二产业在涪陵经济发展中的优势越来越突出。

表 3-4　1949—2008 年涪陵三次产业增加值在 GDP 中占比比较情况

年份	第一产业占比（%）	第二产业占比（%）	第三产业占比（%）
1949	74.02	7.85	18.13
1978	55.64	26.31	18.05
1985	36.00	29.16	34.84
1990	25.81	34.77	39.41
1993	18.45	37.66	43.88
1994	20.37	37.64	42.00
1995	19.96	41.12	38.92
1996	17.31	45.54	37.14
1997	16.31	46.26	37.43
2005	11.43	51.20	37.37
2007	11.86	54.16	33.98
2008	9.84	58.57	31.59

资料来源：《涪陵统计年鉴（2009）》。

（二）工业经济成为主导产业

涪陵区依托自身资源条件和区位优势实施“工业立区”发展战略。自 20 世纪 90 代中期起，工业经济比较优势日益凸显，工业对国民经济增长的贡献率不断提高。

首先体现在工业企业总产值规模不断扩大、实力不断增强方面。就工业企业总产值而言，1998 年涪陵区工业企业总产值为 52.65 亿元，2004 年涪陵区工业企业总产值比 1998 年增加 85.92 亿元，增长 163%。2007 年涪陵区工业企业总产值跃升至275.00亿元，与1998年相比增加约222亿元，增长4.2倍。

由图3-1可以清晰看出，自涪陵区成立后，利用三峡库区移民、西部大开发等政策优势，采取向工业倾斜发展战略，使全区工业企业总产值快速增长。特别是2003年后增长速度尤快。

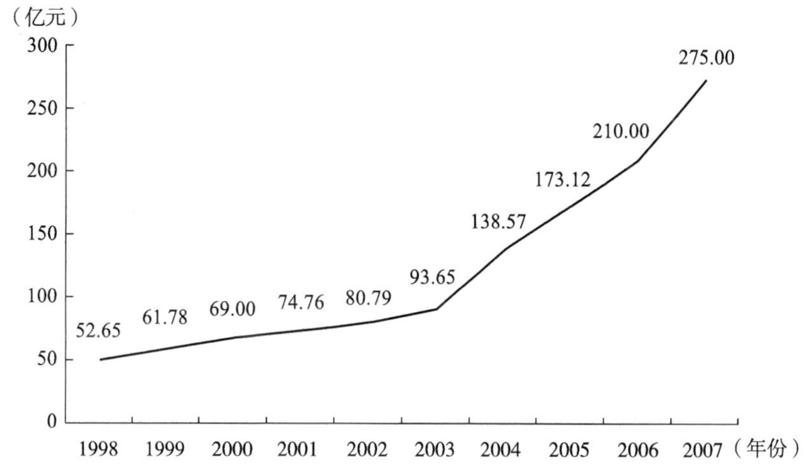

图3-1　1998—2007年涪陵区工业企业总产值变化趋势

说明：根据《涪陵统计年鉴（2008）》整理和计算。

进入21世纪后，工业总产值对涪陵区生产总值的贡献率进一步提升，工业经济的主导地位逐渐确立。2008年，涪陵工业增加值142.31亿元，与1949年相比工业增加值增长4625.8倍；与1997年相比工业增加值增长3.5倍，远高于同期的第一产业和第三产业生产总值增加额和增长倍数。

（三）规模以上工业企业带动作用彰显

1. 规模以上工业企业综合实力增强

自1993年后涪陵工业企业规模化发展进程不断加快，主要体现在规模以上工业企业单位数量不断增加、影响力提升、综合效益显著提高等方面。

第一，规模以上工业企业数量增加。20世纪90年代初，涪陵企业的基本特征可概括为“小”“单”“散”“弱”4个字。“小”，即企业规模小，企业户均固定资产值在200万元左右。“单”即产品结构单一。“弱”，即企业技术力量弱、地方经济实力弱。具体表现为：其一是企业新产品开发能力和技术创新能力比较弱。其二是发展动力偏弱，资本多元化和社会化程度偏低。“散”主要指投入分散，传统产业占比仍然偏高；布局分散，全市工业产业功能分区仍显模糊；各区县产业“小而全”，缺乏区域特色。涪陵市委、市政府抓住三峡工程上马的机遇，积极推动重点国有企业股份制改革、改造，使工业经济规模化发展。1993 年，涪陵制定了工业发展的“过亿超千”目标，到 1995 年底有 11 家企业达到“过亿超千”目标。1996 年，涪陵把重点企业发展战略提升为“5135”工程，培育了太极集团、涪陵化工等一批“重庆工业 50 强”企业。“十五”期间，涪陵区实施“三个一”工程，到 2005 年末全区 14 家重点工业企业完成工业总产值 102. 9 亿元。2007 年，涪陵区实施“项目推进年”，进一步加快了涪陵区工业企业规模化发展。2005 年规模以上工业企业 101 家，2007 年增加到 155 家，2008 年达到 217 家，与 2005 年相比，2008 年规模以上工业企业增加 116 家，增长 114. 85%，这说明涪陵区工业企业“小”“单”“散”“弱”发展格局得到很大程度的改观。

第二，规模以上工业企业在工业经济发展中贡献提升。1998 年涪陵区规模以上工业企业总产值达到 47 亿元，2004 年增加到 106 亿元，与 1998 年相比增加 59 亿元，增长 125. 53%。2007 年涪陵区规模以上工业企业总产值高达 205 亿元，是 1998 年的 4. 36 倍。

由图 3-2 可以清晰看出，规模以上工业企业增加值曲线呈上升趋势，且速度不断加快。进一步看，该曲线与全部工业增加值的曲线几乎重合，这说明规模以上工业企业在工业经济中贡献大，占比高。1998—2007 年，涪陵规模以上工业企业增加值在全部工业增加值的占比均在 80%以上，有个别年份超过 90%。

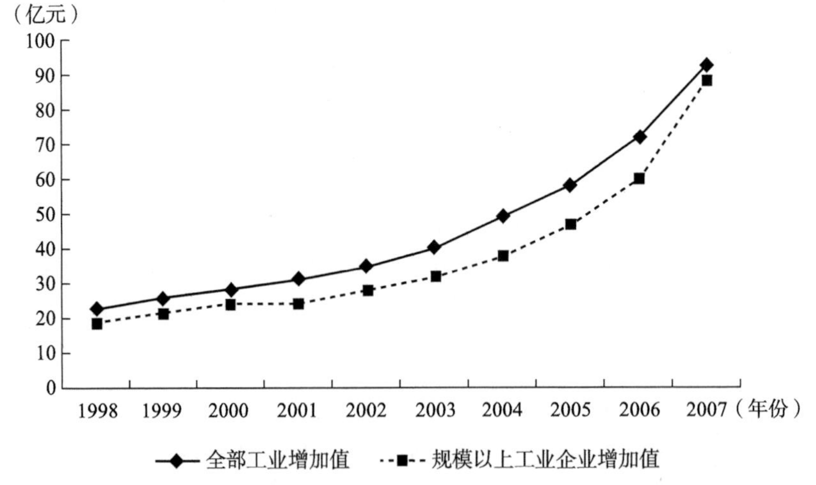

图 3-2　1998—2007 年涪陵区全部工业增加值和规模以上工业企业增加值变化趋势

说明：根据《涪陵统计年鉴（2009)》整理和计算。

2. 规模以上工业企业竞争力提升

自20世纪90年代中期起，涪陵区工业企业不仅数量增加、规模扩大，而且竞争力显著提升，对经济发展的带动力增强，这具体表现在以下3个方面：

其一是利税能力显著提升。利税总额是企业产品销售税金及附加、应交增值税、管理费用中税金和利润总额之和，是将企业（集团）的利润和税金总和进行观察的一个指标，反映了工业企业在一定时期内的全部纯收入。2005年涪陵区规模以上工业企业的利税总额186765万元，到2008年增加到325399万元，3年间增加138634万元，增长74.23%。

其二是盈利能力明显提高。工业企业的利润总额，主要由销售利润和营业外净收支（营业外支出抵减利润）两部分构成，是衡量企业经营业绩的一项重要经济指标。2005年规模以上工业企业利润额58992万元，2008年增加到121821万元，3年间增加62829万元，增长106.50%。规模以上工业企业利税额的增长和企业利润额的增加都反映出企业盈利能力得到显著提升。

其三是企业管理水平得到提升。企业管理水平得到显著提升主要体现在工业经济效益综合指数的不断提高上。工业经济效益综合指数是反映工业经济效益变动的总指标，是把报告期某项经济效益指标（如工业产品销售率、工业资金利税率、流动资金周转次数）的实际值与该指标的全国标准值进行比较，以求得各指标的动态指数，然后再将这些指数值按照所赋予的权数加权平均所得，是反映企业盈利能力和管理水平的核心指标。涪陵区规模以上工业企业的经济效益综合指数呈现不断上升趋势，工业经济效益综合指数2005年165.8%，2008年增长到234.4%，3年增长68.6%，这在一定程度上反映出规模以上工业企业管理水平得到显著提升。

（四）重点企业龙头作用凸显

涪陵区经多年实施重点企业发展战略，成功地培育出一批具有一定影响力的龙头工业企业。2001年，涪陵卷烟厂、太极集团、建峰化工、涪陵建陶、涪陵化工、娃哈哈涪陵公司、三爱海陵、东升铝业8家企业先后进入“重庆市50强”企业。2005年新创国家级名牌产品3个，新增中国驰名商标2个。重点企业的龙头带动作用主要体现在以下3个方面：

其一是上缴的利税额显著增加。涪陵重点工业企业的综合效益不断增加，对涪陵经济社会的带动能力不断提升。2005年涪陵重点工业企业利税总额

179214万元，2008年增加到296415万元，3年增加117201万元，增长65.40%。

其二是盈利能力明显提高。利润总额由2005年59760万元增加到2008年111161万元，3年增加51401万元，增长86.01%，这在一定程度上反映了企业盈利能力提升的发展趋势。

其三是企业管理水平得到提升。重点工业企业的经济效益综合指数2005年195.9%，2008年增长到287.3%，3年增长91.4%，这在一定程度上反映了企业质量管理水平的提高。

（五）一批企业品牌形象彰显

品牌是一个企业的信誉、无形资产、知识产权，也是一座城市或一个地区经济实力的象征。历届涪陵党委、政府对企业品牌的培育都非常重视。涪陵不断健全品牌培育机制，积极引导、鼓励有实力、有潜力的企业开展争创重庆名牌、国家级名牌活动；协助企业培育、创造名牌，不断优化实施名牌带动战略的社会环境，推动企业不断提高产品质量；对获得国家级名牌产品、市级名牌产品的企业予以奖励。此外，涪陵质监局等部门对企业在质量管理方面进行指导和帮扶，帮助企业进行技术改造升级，配置先进的检测设备，推动企业提高产品标准和质量。总之，经过多年努力，涪陵已经培育出一批在重庆市乃至全国都有一定影响力的品牌企业。2007年，全区有国家级品牌19个（含自创品牌12个、引进品牌7个）；当年实施技术创新项目47项；实现新产品产值52亿元，较上年增长35.5%；实现销售收入47.9亿元、利税10.3亿元。

三、企业技术改革和创新卓有成效

（一）技术改革和创新体系基本形成

在1987—1993年的两轮承包经营中，涪陵将技术改造、技术革新列入目标考核指标体系。为推动企业技术改革，1993年，涪陵市制定《关于大力推动科技进步，加速发展涪陵经济的决定》（涪市委发〔1993〕38号），对深化科技体制改革、调动科技人员积极性、增加科技投入、加强科技工作领导、推动企业科技进步等作了具体规定。为激励企业创新，2000年涪陵区印发《科教兴涪创新工程总体方案》（涪府发〔2000〕272号），明确规定创新工程实施时间为6年；同年，涪陵区又制定《重点技术改造项目奖励办法》（涪府发〔2000〕225号），鼓励企业加大投资力度，加快技术改造，促进产业结构和产品结构调整。之后，历届党委、政府都非常重视推动企业进行技术改革和创新工作。

涪陵还非常重视企业技术管理制度的构建工作。1991年成立技术进步领导小组，制定3年产品结构调整方案，采取多种办法支持企业技术创新、调整产品结构。1996年制定《涪陵市工业企业管理规范》（涪经贸发〔1996〕167号），同年4月起实施《奖励有突出贡献的企业厂长（经理）试行办法》（涪陵市人民政府令第2号）。1998年、2000年涪陵区先后两次修订工业企业管理规范文件，把技术进步、技术改造、新产品开发纳入考核内容。

（二）技术改革和创新成效显著

多年来，涪陵区着力抓企业技术改革和创新工作，积极推动技术供给、创新生态、科技平台多管齐下。由涪陵科委牵头，加大科技资金的扶持力度，搭建了一批公共技术平台。由涪陵区政府办牵头，不断加大对企业品牌创建、标准化认证的支持力度。由涪陵区经信委牵头，激励企业开发新产品，进行技术改革和创新，引导企业建立创新机构，推进产学研用协同创新体系建设，科技进步成效明显。1997年完成新产品开发项目66项；2003年实施新产品开发项目34项，其中通过市级鉴定2项，当年实现新产品产值、利税、利润和创节汇分别为55亿元、2.5亿元、1.44亿元和1008万美元。2005年实施重庆市重点技术创新指导计划11项，企业信息化指导性计划4项；实施重庆市重点项目13项，实现新产品产值33.7亿元；通过市级鉴定新产品3个，区级5个。创新平台成效显著。涪陵区境内的高新技术产品开发从1985年的药业开始到2000年，已发展到信息制造、变压设备、装饰材料、麻纺等5个行业。2007年，涪陵区有8个企业技术创新平台，14家重点企业均建立起企业技术研发中心，其中国家级1个、市级5个，有博士后流动站1个、民营科技机构31个。

涪陵区在抓技术管理方面积累了丰富经验，为推动创新驱动战略奠定了基础，其重要经验有：其一是大力推进横向联合，使企（行）业实现优势互补，提高生产力；大力引进、吸收、消化国际国内先进设备与技术，走内引外联之路。其二是指导企业储备创新项目，提高自主创新能力。其三是指导企业建立激励机制，奖励在推进技术进步中有功的人员。其四是营造尊重知识、尊重人才的发展环境，建立公平、公正、公开、竞争、择优的选人用人机制，建立后备人才库。其五是推动企业信息化建设。搭建信息服务平台，实现全区资源共享，指导企业引进先进设备，提高企业装备水平。

此外，有利于工业经济发展的基础设施、城市环境等已经初步形成。20世纪90年代初，涪陵在交通、通信、城市基础设施建设、市容市貌等硬环境方面极为落后，通过10多年的建设，2007年已建成较为完善的水、电、气、网络设施，水、电、气供应充足，“铁、公、水”基础设施建设得到快速发展，从而极大改善了涪陵区交通基础薄弱状况。

第四节　工业涪陵战略的正式提出

自20世纪90年代初起，涪陵确立“大开放促改革、促大发展”的发展思路和“工业立区”“重点企业发展”等战略，历届党委、政府始终坚持把抓工业作为工作的重中之重，这不仅使有利于工业经济发展的软环境、硬环境得到显著改善，而且催生出一批具有竞争力、带动力的骨干企业，还形成了一批龙头企业和品牌企业，在推动企业进行技术改革和创新方面也积累了较为丰富的经验，从而为提升工业经济在产业布局中的地位奠定了坚实基础。加之，美国次贷危机爆发后，国内国际产业加速向中国中西部地区转移，使涪陵区调整经济发展战略的时机成熟。因此，2008年涪陵区印发《中共重庆市涪陵区委关于贯彻市委〈关于进一步扩大开放的决定〉的意见》（涪区委发〔2008〕27号）明确提出了“工业涪陵”战略。

一、工业涪陵战略的提出

2008年8月31日，时任区委书记张鸣在中共重庆市涪陵区三届三次全委会议上所作《以扩大开放为第一动力努力把涪陵建成全市对外开放的门户前沿》的报告中第一次提出了“工业涪陵”战略。他指出，苦练内功首先要“增强产业配套能力，着力打造‘工业涪陵’”，并提出“建设工业优势突出的大城市，是本届党委、政府的任期目标”。2008年涪陵区印发《中共重庆市涪陵区委关于贯彻市委〈关于进一步扩大开放的决定〉的意见》（涪区委发〔2008〕27号），明确了涪陵区对外开放的总体要求、战略定位和战略目标。其中，在战略目标中提出了“工业涪陵”战略。工业涪陵战略的建设目标：乘着西部大开发、统筹城乡改革发展和三峡库区后续扶持东风，以扩大开放为第一动力，以新型工业化为载体，坚定不移地实施“大开放、大园区、大产业、大企业、大投入、大品牌”战略①，进一步优化产业布局，拉长产业链条，发展产业集群，转变发展方式，不断增强工业经济的整体活力和竞争力，努力把涪陵区打造成重庆市重要的新兴工业基地和工业优势突出的大城市。

二、工业涪陵战略提出的重大意义

工业涪陵战略是涪陵区委、区政府经过多年的谋划和探索后提出的，得到了全区上下的大力支持。该战略的实施对涪陵经济社会发展产生了重大历史影响。

（一）有利于加快区域性中心城市建设

工业化与城市化是相互促进、互为动力的，一方面工业化是城市化的动力，另一方面城市化反过来促进工业化的发展。21 世纪初，我国已进入城市化进程加快时期，城市化率平均每年提高 1 个百分点。借鉴诺瑟姆的“慢—快—慢”的城市化三阶段论和其他国家城市化发展的经验，如果政策实施得当，涪陵区城市化率在达到 70%前保持每年 1%的增长速度是有可能实现的。但从经济社会快速发展状况看，较低的城市化水平已成为涪陵区经济增长的重要制约因素。涪陵区要成为重庆的一个重要区域性中心城市，就必须充分发挥比较优势，借鉴国内区域经济发展的先进经验。涪陵区工业化已进入中期阶段和加速发展时期，依靠传统工业化发展方式提高增长速度难以为继，推动转型升级势在必行。实施工业涪陵战略能为区域性中心城市建设提供经济等保障。例如，可以建设特色工业园区平台，打造产业集聚、集约发展空间和对外开放的中心载体；发展城市生产性服务业，为生产过程提供金融、信息、研发、物流、商务及教育培训等服务产品。工业涪陵战略的实施能加快区域中心城市的建设进程。

（二）有利于加快新兴工业城市建设

工业涪陵战略的实施有利于加快涪陵区新兴工业城市建设。工业化由传

---

① 中共重庆市涪陵区委关于贯彻市委《关于进一步扩大开放的决定》的意见［R］. 中共重庆市涪陵区委，2008.

统向新型升级是国家的基本发展方针。中央“314”总体部署特别强调重庆要加快新型工业化建设，要“加快老工业基地调整改革步伐”。涪陵区工业优势比较突出，工业在全市及三峡库区占有重要地位。因此，重庆市委、市政府对涪陵区的定位是重庆市中部区域性中心城市、三峡库区具有山水园林特色的新兴工业城市。工业涪陵战略的实施不仅关系到涪陵区工业经济的持续健康发展，而且关系到其新兴工业城市建设目标的实现。实施工业涪陵战略必然加快新型工业化发展进程，加快以信息化带动工业化、以工业化促进信息化建设；有利于信息化、科技进步和创新的发展，有助于探索以工促农、工农互动的发展路径；有助于构建以新型工业为支撑的现代产业体系，提高资源利用效率和环境承载能力。总之，实施工业涪陵战略能为加快新兴工业城市建设奠定坚实基础。

（三）有利于改善涪陵区民生质量

工业经济是涪陵经济的重要支撑，实施工业涪陵战略有利于涪陵区民生的改善。中华人民共和国成立以来，涪陵的产业结构不断优化，工业经济逐渐发展成为推动经济增长、改善民生的主导力量。工业企业上缴的税收是涪陵区财政的重要收入来源，随着工业经济的发展壮大，社会财力也日益增强。财政总收入从1952年0.79亿元增加到2008年42.81亿元，2008年是1952年财政总收入的54.19倍。其中，地方财政收入从1993年1.44亿元到2006年8.24亿元，2008年达到23.54亿元。中华人民共和国成立之初，涪陵人均GDP只有55.3元，1978年增加到190元，1997年达到5139元，2003年增至11277元，2007年突破2万元大关。收入的增加为涪陵区改善民生打下了经济基础。因此，实施工业涪陵战略有利于涪陵区民生质量的改善。

第五节　工业涪陵战略的制约因素

涪陵区工业经济发展尽管取得了一系列成绩，积累了一定经验，但必须看到工业涪陵战略的实施还面临着一些制约因素。

一、经济总量偏小

重庆成为直辖市以来，主城区因为区位优势而发展迅猛，涪陵因不再是一个独立的地级市而失去了过去的影响力。尽管涪陵区一直非常努力发展经济，但与主城区相比，无论在经济总量、发展速度、经济结构，还是发展后劲方面，都存在较大差距。涪陵区 GDP 总量多年位居重庆市 40 个区（县）的前六名，但与前三名之间的差距一直比较大，然而后面的“追兵”与涪陵区之间的差距不仅在缩小，甚至有超越之势。如 2005 年，涪陵区 GDP 总量虽居全市第六位，但不到居第一位的九龙坡区的 50%；与居第二位的渝中区相比少了 105.6 亿元；与居于涪陵区稍后的万州、江津相比分别只多了 1.63 亿元、1.78 亿元。2007 年涪陵区 GDP 在重庆市虽居第五位，但与居第一位、第二位的九龙坡区、渝中区相比差距依然很大，但与排名第六位的万州区相比，差距则呈缩小趋势。2008 年一直落后于涪陵区的万州区的 GDP 总量一度超过了涪陵区。

涪陵区经济总量偏小影响到工业的投资、融资等。2008 年涪陵规模以上工业企业产值仅分别相当于九龙坡区、渝北区的 45.7%、47.9%，产值增速排在全市第十五位；与浙江等国家东部沿海地区相比差距更大。

二、工业结构亟待优化

工业涪陵战略目标的实现应以产业结构的调整升级为主线，推动工业技术进步和产业产品升级，优化工业布局，升级工业结构，但因历史等原因，涪陵区工业发展结构存在诸多不合理之处。

（一）产业结构层次偏低

涪陵区自成立以来，虽然工业结构得到了一定程度的优化，但传统产业占比高、新兴产业占比低的格局并未得到根本性改变。涪陵区境内现代工业主要是在中华人民共和国成立后才逐渐发展起来的，1985 年形成了以榨菜加工为主的食品工业，内燃机配件和民用船舶制造为主的机械工业，氮、磷肥生产为主的化工工业，以麻纺、缫丝为主的纺织工业，以水电为主的能源工业。1995 年前后，涪陵市通过深化国有企业改革，实施工业经济“三重”（重点行业、企业、产品）战略，并抓住国家支持三峡移民工矿企业迁建进行产业升级和结构调整的机遇，培育了一批技术含量高、附加值高和污染排放可控的新兴产业。到 2005 年末，初步形成了以中成药生产为主的医药工业，以优质榨菜、卷烟为主的食品工业，以磷肥、氮肥生产为主的化工工业，以汽车、摩托车零部件为主的机械工业，以苎麻纺织和丝绸深加工为主的纺织工业，以电解铝、铝材生产为主的有色金属工业，以新型材料和装饰材料为主的建材工业，但这些产业仍多属传统产业。

总体来看，涪陵区工业结构层次偏低。榨菜等行业在涪陵区工业企业中占相当大的比例；企业发展“小而全”，专业分工水平不高。在高精尖产品的技术水平、产品性能等方面整体与世界领先水平存在较大差距，许多核心技术和产品严重依赖进口。

（二）产品档次偏低

从产品价值链看，产品档次偏低，高技术、高附加值产品少。“八五”期间（1991—1995 年），涪陵开始实施国有工业发展抓重点和名牌战略，争创名牌产品，到 2000 年末，涪陵重点企业创造了“九个一”的拳头产品。产品结构的调整使产业化层次得到了一定程度的提升，但总体看，规模以上企业生产的产品基本为附加值较低的产品，深加工产品较少，高科技产品偏少。

进入 21 世纪，新产品档次虽有所提升，但增长缓慢，在工业企业产值中占比较低。如 2007 年涪陵全区把支柱产业分为 15 类，即农副食品加工、饮料制造、烟草制品、纺织、化学原料及化学制品制造、医药制造、水泥制造、建筑陶瓷制品制造、有色金属冶炼及延压加工、交通运输设备制造、电器机械及器材制造、通信设备和计算机及其他电子设备、电力和热力的生产和供应、燃气生产和供应、水的生产和供应，但当年工业销售产值在 10 亿元以上的（依数据大小为序）有化学原料及化学制品制造、农副食品加工、烟草制品、交通运输设备制造、医药制造、电力和热力的生产和供应 6 类，这些产品基本为传统产品。对于新兴产业，如通信设备、计算机及其他电子设备产业，2004 年涪陵区只有 2 家。新兴产业占比较低，发展不均衡，集中在生物医药、信息技术和新材料产业。这与涪陵区建设重要现代制造业基地的目标不匹配，也影响了涪陵工业发展质量和效益的进一步提升。

此外，企业组织结构、产品结构和技术结构也有不尽合理之处。如在全区工业结构中，轻重工业比例不协调，重工业比重过大，这种结构不利于涪陵农村剩余劳动力的转移，也不利于第三产业和城镇化发展。

三、企业自主创新能力亟待提升

增强自主创新能力是新型工业化发展的基点和调整优化产业结构、转变自主方式的中心环节，是推动工业经济实力提升的必由之路。熊彼特最先系统地提出了创新概念，创新指企业家对生产要素所做的新的组合，若是竞争对手无法迅速察觉新的竞争趋势，创新的最先发明者可能因此改写彼此的竞争态势。工业创新主要体现在科学研究与试验发展（R&D）投入和新产品开发等方面，可用企业科技经费支出占 GDP 的比重（以下简称 R&D 投入比重）反映一个国家或地区的工业创新能力。涪陵区产业大多属传统产业，企业自主开发、自主创新能力较弱。2008 年，涪陵区大中型工业企业研发经费占销售收入的比重约为 0.92%，而重庆市“十一五”发展纲要中明确提出，科学研究与试验发展经费支出占国内生产总值比重要增长到 2%，涪陵区与这一目标有较大差距，与沿海发达地区相比差距更大。新产品产值率也是衡量一个国家或地区工业创新能力的重要指标，2008 年全区规模以上工业企业新产品产值率为 23.26%，比重庆新产品产值率（29%）低了 5.74 个百分点。

此外，企业品牌建设不足、适应产业发展需要的高技能型人才不足、用地条件差、建设成本高、经济外向度偏低、节能减排压力大等“瓶颈”制约仍然客观存在。

第四章 工业涪陵战略的内容

“工业涪陵”战略并非是在专门会议、专门文件中提出来的，也未形成专门的决议，而是散见于涪陵区的多种会议、文件、决议、规划、计划等公文中。但提出后产生了很大影响，不仅成为指导涪陵经济社会发展的一项重大发展战略，而且得到切实贯彻落实、调整优化，因此有必要对其进行系统的梳理和全面归纳。

第一节　战略思路

涪陵工业有着悠久的历史，早在先秦时期即以丹砂、食盐的开采开发闻名于世，特别是“三线建设”时期更是奠定了涪陵现代工业的基础。20 世纪 90 年代创造了工业发展的“涪陵现象”。不过，总体而言以 1992 年为界，此前主体为“农业涪陵”，此后开始建设“工业涪陵”，2008 年正式提出“工业涪陵”战略，2012 年在“量”上完成由涪陵工业向“工业涪陵”的转变，2015 年在“质”上完成向“工业涪陵”的转变，2020 年后“工业涪陵”向高质量、高水平、高创新发展。

一、“工业涪陵”战略的权威表述

关于“工业涪陵”战略，最先提出这一概念的是时任涪陵区委书记张鸣。2008 年 8 月 31 日，区委书记张鸣在中共重庆市涪陵区三届三次全委会上第一次提出了“工业涪陵”战略，指出“苦练内功”就要“增强产业配套能力，着力打造‘工业涪陵’”。后来他又强调：“涪陵工业的提法只说到了涪陵有工业，哪个区县没有工业？这个提法没有表达工业在区域经济中的地位和作用。而工业涪陵的提法就大不一样了，工业涪陵表达了工业在涪陵经济发展中举足轻重、起着最大的支柱和支撑作用。”2008 年涪陵区印发的《中共重庆市涪陵区委关于贯彻市委〈关于进一步扩大开放的决定〉的意见》（涪区委发〔2008〕27号）中明确提出，要“着力打造‘工业涪陵’。始终把工业作为立区之本、强区之路，加大工业投入，加快企业培育，加速产业发展，形成门类齐全、轻重工业协调的工业体系，使涪陵成为重庆市的新兴工业基地，力争到2011年累计完成工业投入400亿元以上，实现工业年产值800亿元以上。发挥工业现有产业优势，加快企业自主创新步伐，提高自主创新能力，坚持资源开发与节约并重，大力发展循环经济，深入实施精品名牌战略，鼓励、引导企业争创更多的国家级名牌，以‘涪陵创造’提升‘涪陵制造’，走出一条科技含量高、经济效益好、资源消耗低、环境污染少、人力资源得到充分利用的新型工业化道路。坚持走内涵与外延并重的发展道路，通过内涵扩大再生产夯实基础、挖掘潜力，通过外延扩大再生产做大增量、做强总量，进一步通过工业对GDP增长的贡献率，使涪陵工业成为经济发展的‘领头雁’、对外开放的‘助推器’、财政收入的‘活水源’、改善民生的‘主力军’，不断提升涪陵工业的知名度和影响力”。[①] 此外，在《涪陵区国民经济和社会发展第十三个五年规划》、《涪陵区建设重庆重要现代制造业基地“十三五”规划》[②]、《涪陵工业园区高新技术产业发展规划》[③] 等相关文件中，也有关于“工业涪陵”建设的思路和规划等方面的描述。

二、“工业涪陵”战略思路的内涵

这里仅依据前述权威表述对“工业涪陵”战略思路的主要内涵进行必要的归纳。

（一）核心内涵

研读“工业涪陵”的权威表述可以清楚地看到，工业涪陵的核心内涵包括如下4个方面：

其一是工业涪陵战略的核心理念。树立工业是兴区之基、强区之本、富

① 中共重庆市涪陵区委关于贯彻市委《关于进一步扩大开放的决定》的意见［R］. 中共重庆市涪陵区委，2008.

② 重庆市涪陵人民政府关于印发《涪陵区建设重庆重要现代制造业基地“十三五”规划》的通知［R］. 重庆市涪陵区人民政府，2017.

③ 涪陵区新城区管理委员会、中冶赛迪工程技术服务有限公司 . 重庆涪陵工业园区高新技术产业发展规划（送审稿）［Z］. 内部资料，2018.

区之源的理念，坚持工业兴区、工业强区、工业富区战略。

其二是工业涪陵战略的发展目标。首先要实现由涪陵工业向工业涪陵的转变，即由农业区向工业区转变、向工业优势突出的大城市转变；继而实现工业涪陵，即实现涪陵这个工业区、工业优势突出的大城市的高质量发展。

其三是工业涪陵战略的发展重点。做大做强工业经济，提升工业经济在区域经济中的比例、贡献率和拉动力，将涪陵建设成为重庆市的新兴工业基地。

其四是工业涪陵战略的引领作用。在做大做强涪陵工业的同时，以工业发展理念指导、推动其他产业和整个区域经济社会发展，特别是要以现代工业发展理念，推动农业产业化和城市化的发展。

（二）指导思想

以马克思列宁主义、毛泽东思想、邓小平理论、“三个代表”重要思想、科学发展观和习近平新时代中国特色社会主义思想为指导，牢固树立创新、协调、绿色、开放、共享发展理念，坚持走新型工业化道路，以《中国制造2025》和“互联网+”行动计划为产业发展导向，主动融入“一带一路”和长江经济带建设，切实抓住重庆发展战略机遇，坚持实施工业立区强区富区战略，以提高工业经济质量效益和促进产业转型升级为主攻方向，着力优化空间布局、着力推进集群发展、着力深化重点发展、着力实施创新驱动、着力增强开放引领、着力促进融合互动、着力完善配套服务、着力强化生态绿色，加快形成“一区两园三基地”工业发展新格局，构建“6+6”产业新体系，推进“千亿园区、百亿企业”建设①。以工业为主导，推动农业产业化和城市化，实现工业化、农业产业化、第三产业协调发展。

（三）宏伟蓝图

实现“涪陵工业”向“工业涪陵”的转变，实现“涪陵制造”向“涪陵创造”的转变，把涪陵建设成为重庆市重要的新兴工业基地。

对于“工业涪陵”的建成标志可以从以下几点加以考虑：其一是工业经济规模实现“量”的重大突破；其二是工业布局实现由分散型向园区基地型

---

① 涪陵区新城区管理委员会、中冶赛迪工程技术服务有限公司．重庆涪陵工业园区高新技术产业发展规划（送审稿）[Z]．内部资料，2018.

转变；其三是产业发展由企业主导型向链式集群化转变；其四是发展方式向外延、内涵并重转变①。具体来说，就是通过工业涪陵建设，累计完成工业投入400亿元以上，实现工业总产值800亿元以上，形成1000亿元产能。重点兴办百亿元级产业，立足优势，集聚产业，做大做强，大力发展化工、食品、材料、装备制造、电子电器、化纤纺织等支柱产业，以大产业集聚形成规模优势和综合竞争能力；建设千亿元级园区，加快推进李渡、龙桥、白涛等工业园区特色产业项目建设，建成1000亿元特色工业园区。“十二五”时期，大力实施“326”工业发展战略和“千亿园区、百亿企业”计划，以重大项目推动产业升级，全力培育新兴产业，工业集群化、高新化取得重大突破，工业多业支撑格局基本形成。医药食品、化工化纤、装备制造、材料等传统产业焕发新的活力，汽车、智能终端、页岩气等新兴产业实现零的突破，成为工业增长新引擎。2015年，工业总产值、规模工业总产值、园区工业总产值相继迈上千亿元新台阶，分别达到1480.5亿元、1432.2亿元、1100亿元。“十三五”时期，加快建设重庆先进制造业基地，形成结构优化、技术先进、清洁安全、附加值高的现代制造业体系，工业总产值突破3000亿元。新能源发展居全市领先地位，生物医药、化工新材料产业产值居全市前列，汽车及装备制造、材料、电子信息等产业在全市占有重要地位②。“十四五”时期，坚持新兴产业高端化、传统产业集约化发展方向，不断厚植工业优势，构建一批世界级、国家级优势产业集群，打造西部一流的“智造强区”“智慧新城”，加快建设成渝地区重要先进制造业基地，到2025年制造业产值规模突破3000亿元。③

（四）路径定位

注重工业在现代社会经济中的战略地位，弘扬涪陵工业发展传统，借鉴涪陵工业发展经验教训，始终把工业作为立区之本、兴区之源、强区之路，原涪陵区区长沈晓钟认为“涪陵未来发展，仍要强化工业的第一支撑作用。走工业化带动城市化、城乡一体化的路子”④。建设工业涪陵，就是要走出一条“科技含量高、经济效益好、资源消耗低、环境污染少、人力资源得到充分利用的新型工业化道路”⑤；就是要坚持走内涵与外延并重的发展道路，

---

①③④⑤　涪陵区社科联收集提供资料。

②　重庆市涪陵人民政府关于印发《涪陵区建设重庆重要现代制造业基地“十三五”规划》的通知［R］. 重庆市涪陵区人民政府，2017.

“通过内涵扩大再生产夯实基础、挖掘潜力，通过外延扩大再生产做大增量、做强总量”[①]。通过进一步发展涪陵工业，增强涪陵工业对 GDP 增长的贡献率，使涪陵工业成为经济发展的“领头雁”、对外开放的“助推器”、财政收入的“活水源”、改善民生的“主力军”。到 2015 年把涪陵打造成为重庆市重要的新兴工业基地和工业优势突出的大城市。到 2020 年把涪陵基本建成重庆市重要现代制造业基地、重庆城市东部增长极、重庆主导产业紧密协作配套基地。

（五）机制保障

建设“工业涪陵”，就是要“加大工业投入，加快企业培育，加速产业发展”[②]；就是要“加快企业自主创新步伐，提高自主创新能力，坚持资源开发与节约并重，大力发展循环经济，深入实施精品名牌战略”[③]；就是要利用西部大开发、城乡统筹改革发展、三峡库区后续扶持、“一带一路”和长江经济带建设机遇，以扩大开放为动力，以新型工业化为载体，切实落实 8 个“着力”，坚定不移实施“大开放、大园区、大产业、大企业、大投入、大品牌”战略，进一步优化产业布局，拉长产业链条，发展产业集群，转变发展方式，不断增强公益基金的整体活力与竞争能力。具体来说要点有三：第一，坚持开放促集群发展。积极营造开放氛围，进一步发挥比较优势，实施开放合作，不断增强要素集聚和扩散功能。培育龙头企业带动集群发展，拓展完善产业链条功能，提升产业集聚发展能力，提高行业整体竞争力，构建优势产业集群。第二，坚持创新促发展。加快推进供给侧结构性改革，深入实施创新驱动发展战略，建立完善创新体制机制，强化企业创新主体地位，发展壮大新兴产业，改造提升传统产业，重塑产业流程，优化产业结构，拓展产业领域，提高产业发展质量与效益。第三，坚持低碳促绿色发展。遵循减量化、循环化、资源化三大循环经济原则，实现低开采、高利用、低排放，全面推进绿色制造，降低工业能耗、物耗、水耗水平和污染物排放量、限用物质使用量，推动产业与生态协调发展[④]。

2012 年在“量”上实现“工业涪陵”的转变后，“工业涪陵”建设向“质”上转变。工业涪陵高质量发展的基本思路是：牢固树立新发展理念，把

①②③ 涪陵区社科联收集提供资料。

④ 重庆市涪陵人民政府关于印发《涪陵区建设重庆重要现代制造业基地“十三五”规划》的通知［R］. 重庆市涪陵区人民政府，2017.

提高工业增加值率作为重要指标，推动以大数据智能化为引领的创新发展。以存量为基础，抓住存量、依靠存量、提升存量，由面及线、由线及点，做好平台、集群、企业3篇文章，推动个体质变向整体飞跃转变。以增量调结构，打好招商引资主攻战，奏好绿色发展主旋律，推动品牌建设上台阶，培育高质量发展增长点。把技术、资源、劳动力等服务保障作为头等大事，全方位提供技术创新、产业指导等服务，全面健全减税降费、保供用能等政策机制，为涪陵工业高质量发展提供坚强保障①。

如今，我国正在深度推进“一带一路”建设，正在强化建设成渝地区双城经济圈，正在大力建设长江经济带，正在着力构建西部大开发形成新格局，涪陵将面临更新、更多、更好、更快的发展机遇，理应与时俱进，加强“工业涪陵”建设战略研究，进一步推动和促进工业涪陵高质量发展。

第二节　战略定位

建设“工业涪陵”，必须立足工业涪陵建设实际，运用战略思维，站在长远、全局的高度，把握工业涪陵建设的走向和大趋势，对工业涪陵的建设成效及终极追求进行战略定位，绘制、铸就涪陵“工业发展”的宏伟蓝图。

一、总体定位

《涪陵区建设重庆重要现代制造业基地“十三五”规划》（涪陵府发〔2017〕41号）要求②，建设工业涪陵，必须牢固树立创新、协调、绿色、开放、共享发展理念，坚持走新型工业化道路，以《中国制造2025》和“互联网+”行动计划为产业发展导向，主动融入“一带一路”和长江经济带建设，抓住重庆区域发展战略，坚持工业立区强区富区战略，以提高工业经济质量效益和促进产业转型升级为主攻方向，着力优化空间布局、着力推进集群建设、着力深化重点发展、着力实施创新驱动、着力增强开放引领、着力促进融合互动、着力完善配套服务、着力强化生态绿色，加快形成“一区两园三

① 刘蓁．对新时代涪陵工业高质量发展的思考［J］．三峡新论，2020（2）：2-6.

② 重庆市涪陵人民政府关于印发《涪陵区建设重庆重要现代制造业基地“十三五”规划》的通知［R］．重庆市涪陵区人民政府，2017.

基地”的工业发展新格局，构建“6+6”产业新体系，推进“千亿园区、百亿企业”建设。到2020年，基本建成重庆重要现代制造业基地、重庆区域发展的东部增长极、重庆主导产业的紧密协作配套基地①。

二、具体定位

“工业涪陵”建设必须坚持国家发展的战略理念，按照重庆市工业发展的战略布局，依据工业涪陵的总体定位，立足涪陵工业产业、园区、企业发展态势，细化确定工业涪陵的具体定位。

（一）产业发展定位

建设“工业涪陵”，其产业发展定位应立足涪陵工业发展的产业实际，或集聚发展，或改造提升，要集聚发展六大新兴产业、改造提升六大传统产业。

1. 集聚发展六大新兴产业

围绕重庆市新兴产业发展方向，结合涪陵产业基础和区域发展定位，坚持内培外引并重，强化创新驱动引领，按照垂直一体化集群发展模式，布局实施一批重大项目，着力构建上下游协作及社会化服务体系，重点将页岩气、新一代信息技术、新能源及智能汽车、生物医药及生命健康、MDI下游及化工新材料、节能环保六大产业培育成为配套体系完善、技术储备完备、服务体系完整、市场运用广泛、具备较强核心竞争力的新兴产业集群，到2020年力争使六大新兴产业工业总产值突破1200亿元②。

2. 改造提升六大传统产业

运用新技术、新材料、新装备和新工艺，加快传统产业结构调整，提升涪陵工业在关键基础材料、核心基础零部件（元器件）、先进基础工艺、产业技术基础方面的能力，推进新一代信息技术与制造技术融合发展，促进化工化纤、材料、装备制造、能源等产业提档升级，促进食品、医药等产业提质增效，力争到2020年六大传统支柱产业工业总产值达到1800亿元③。

（二）园区建设定位

建设“工业涪陵”，旨在形成涪陵工业发展“一区两园三基地”的新格

---

①②③ 重庆市涪陵人民政府关于印发《涪陵区建设重庆重要现代制造业基地“十三五”规划》的通知［R］. 重庆市涪陵区人民政府，2017.

局，积极发展千亿元园区。涪陵工业园区 A 区（李渡工业园区）在 2017 年率先建成千亿元园区，到 2020 年力争实现工业总产值 1600 亿元；到 2020 年，涪陵工业园区 B 区（龙桥工业园区）力争实现工业总产值 400 亿元，白涛化工园区 A 区（白涛化工园区）力争实现工业总产值 300 亿元，白涛化工园区 B 区（清溪工业园区）力争实现工业总产值 200 亿元①。

“一区”即建设国家级涪陵页岩气示范区。主要依托页岩气勘探开发公司，进一步完善页岩气勘探开发技术体系，强化地方服务，推进页岩气井建设，提升页岩气产量，力争到 2020 年具备 160 亿立方米以上的年生产能力。完善管网建设，加快推进武陵山天然气管道、梓里—迎龙天然气管道等建设，规划产能突破后余量外输的第二、第三管道。加快页岩气产研配套一体化建设，高效推进页岩气开发利用②。

“两园”即涪陵工业园区和白涛工业园区。涪陵工业园区由李渡工业园区和龙桥工业园区组成，白涛工业园区由白涛化工园区和清溪再生有色金属特色产业园区组成。突出园区特色发展和差异化发展，加快完善园区基础设施建设，全面提升园区发展水平。以集群为导向合理布局产业，高起点承接国内外装备、电子、材料、医药、食品、化工等行业中前景好、体量大、带动性强、科技含量较高的骨干企业及关键零部件配套企业，填平补齐产业链薄弱和缺失环节，快速做大产业规模，推进集群发展。支持鼓励现有企业运用新技术、新工艺、新材料、新装备、新模式开展技术改造，推进工业和信息化深度融合，提高装备数字化与智能化水平，推动产业转型升级。到 2020 年，工业园区投产企业产出强度提高至 100 亿元/平方千米，工业园区实现工业总资产值 2500 亿元以上，规模以上工业园区集中度达到 90%以上③。

“三基地”，即马武、珍溪、龙潭 3 个小企业创业基地。利用区位优势和资源禀赋，在马武镇、珍溪镇、龙潭镇规划建设小企业创业基地，形成工业集中区。搭建公共服务平台，引进服务机构，加快基础设施建设，为创业就业搭建平台。到 2020 年，力争使“三基地”工业总产值达到 150 亿元。其中，马武小企业创业基地重点发展医药食品、包装印务、机械加工等产业，力争到 2020 年使该基地工业总产值达到 50 亿元。珍溪小企业产业基地重点发展食品、建材、船舶制造、包装印务等产业，着力打造建设材料产业园，

①②③　重庆市涪陵人民政府关于印发《涪陵区建设重庆重要现代制造业基地“十三五”规划》的通知［R］. 重庆市涪陵区人民政府，2017.

力争到2020年使该基地工业总产值达到80亿元。龙潭小企业产业基地重点发展农副产品加工等产业，力争使该基地到2020年工业总产值达到20亿元①。

（三）企业发展定位

企业发展定位主要是培育百亿元级企业。即围绕“6+6”产业新体系，到2020年培育10家工业总产值超过100亿元，且规模效应明显、核心竞争力突出、支撑作用强劲、工业化和信息化融合度高的龙头企业。推进百亿元级企业万达薄板公司稳步发展，以涪陵卷烟厂、太极集团、能源实业集团、华峰公司、建峰工业集团、榨菜集团、华晨鑫源公司、页岩气公司和博赛集团投资企业9家企业为首批百亿元级企业培育对象，按年度进行综合评价后淘汰和递补②。

第三节 战略目标

目标引领能激发出无限的潜能和创造力，实施“工业涪陵”战略是一个不断推进的发展过程，必然有明确的阶段性和时效性，因此，每个时段均需有相应的可以达到或实现的战略目标，以推动工业涪陵的发展进程。总体而言，2008—2012年为“工业涪陵”的基本成形期，2013—2015年为“工业涪陵”的建成期，2016—2020年为“工业涪陵”的优化期，2020年以后为“工业涪陵”的高质量发展期。

一、总体目标

以西部大开发新格局、统筹城乡改革发展、三峡库区后续扶持、成渝地区双城经济圈建设、“一带一路”倡议和长江经济带建设为战略契机，以扩大开放为第一动力，以新型工业化为载体，坚定不移实施“大开放、大园区、大产业、大企业、大投入、大品牌”战略，进一步深化经济体制改革，优化产业布局，拉长产业链条，发展产业集群，转变发展方式，强化开放型经济

①② 重庆市涪陵人民政府关于印发《涪陵区建设重庆重要现代制造业基地“十三五”规划》的通知［R］. 重庆市涪陵区人民政府，2017.

结构，不断增强工业经济整体活力和竞争力，努力把涪陵打造成为重庆市重要的新兴工业基地和工业优势突出的大城市。也就是说，以建设“工业涪陵”为主线，以打造江南万亿元工业走廊核心区为目标，坚持走新型工业化道路，着力突出扩张总量带动大城市人口就业，优化区域布局，为大城市发展拓展空间、深化结构调整，着力打造宜居涪陵，加快转型升级步伐，促进资源节约型和环境友好型社会建设①。

建设“工业涪陵”的总体指标是：通过工业涪陵建设，2012 年完成“量”的积累，累计工业投入 400 亿元以上，实现工业总产值 800 亿元以上，形成 1000 亿元产能。2015 年工业总产值、规模以上工业总产值、全部工业增加值、规模以上工业增加值、规模以上制造业产值分别达到 1480. 49 亿元、1432. 24 亿元、423. 74 亿元、411. 5 亿元、1033. 41 亿元，规模以上工业经济效益综合指数达到 420. 6%，新兴产业占比 16%，工业投资累计 1122 亿元，工业招商引资到位资金累计 629 亿元，企业研发投入强度达到 1%，园区规模以上工业集中度达到 76%，规模以上工业新产品产值率达到 29%，规模以上工业劳动生产率达到 49. 51 万元/（人·年），规模以上工业利税总额达到 175. 89 亿元，规模以上工业关键工序数控化率达到 52%，单位工业增加值能耗达到 0. 657 吨标准煤/万元。2020 年工业总产值、规模以上工业总产值分别达到 3000 亿元、2750 亿元，规模以上工业园区集中度 90%，规模以上制造业产值达到 2300 亿元，新兴产业占比 40%，规模以上工业研发投入强度达到 1. 7%，规模以上工业新产品产值率达到 33%，规模以上工业劳动生产率达到 56 万元/（人·年），规模以上工业利税总额达到 380 亿元，规模以上工业关键工序数控化率达到 65%，工业投资累计 1600 亿元，工业实际利用外资累计 1200 亿元，单位工业增加值能耗达到 0. 5 吨标准煤/万元②。

二、具体目标

“工业涪陵”战略的实施是一个由若干具体目标组成的明确的巨型系统，每个指标都隐含着具体而丰富的内涵。总体而言，对“工业涪陵”战略的具体实施与发展来说，主要包括产业、园区、企业 3 个方面。

---

① 涪陵区社科联收集提供资料。

② 重庆市涪陵人民政府关于印发《涪陵区建设重庆重要现代制造业基地“十三五”规划》的通知［R］. 重庆市涪陵区人民政府，2017.

（一）产业发展

实施“工业涪陵”战略，产业发展重点在于优化结构，拉长产业链条，发展产业集群，推进产业升级发展，形成工业涪陵特色产业、优势产业。

1. 发展方向

建设“工业涪陵”，坚持“有保有压、分类发展”①。其一是优先发展医药食品、高端机械和装备制造、电子通信和临港物流产业。其二是重点发展新型综合化工、新能源、新材料等产业。其三是控制发展传统制造业、基础原材料产业和资源消耗型产业。医药食品产业重点发展现代中成药、化学药、生物医药等；高端机械和装备制造产业重点发展汽车整车及配套、特种船舶及配套等；化工化纤产业重点发展石油化纤纺、天然气化工、PA（聚酰胺）和 PU（聚氨酯）化工，适时发展现代煤化工；材料工业重点发展有色金属深加工、高端钢材、建材等产业；电子信息产业重点发展电子元器件、软件服务外包、物联网等；临港物流业重点发展专业市场和临港加工贸易②。

2. 发展目标

坚持量质并举、转型升级，优化提升医药食品业，提振做强装备制造业，加速发展材料业，集约发展化工化纤业，努力发展电子信息业，积极发展能源业。围绕六大支柱产业，重点发展中小型特种船舶、高端钢材、有色金属深加工、石油化纤纺、天然气化工、PA 和 PU 化工、物联网产业链七大百亿元级产业链，壮大医药、食品两大百亿元级产业集群，夯实百亿元级能源基础产业。2015 年，六大支柱产业实现工业总产值 1289.64 亿元，较 2010 年增加 833 亿元，规模以上企业产值占比由 2010 年 85%提高到 2015 年 93.2%，上升 8.2 个百分点。其中，医药食品产业完成工业总产值 357.10 亿元，是 2010 年的 2.6 倍；装备制造产业完成 162.66 亿元，是 2010 年的 1.8 倍；材料产业完成 331.24 亿元，是 2010 年的 3 倍；化工化纤产业完成 136.94 亿元，是 2010 年的 1.2 倍；电子信息产业完成 84.88 亿元，是 2010 年的 3.3 倍；能源产业完成 216.82 亿元，是 2010 年的 7.7 倍。“十三五”时期，要求工业总产值实现翻番，达到 3000 亿元，年均增长 15.2%。其中，规模以上工业产值 2750 亿元，年均增长 13.9%；规模以上制造业产值实现翻番，达到 2300 亿

---

①② 涪陵区社科联收集提供资料。

元，年均增长 17.4%，占全区规模以上企业产值比由 2015 年的 72%提升到 84%，占全市产值比由 5.2%提升到 6.2%①。

（1）优化提升医药食品和材料产业。

依托榨菜集团、新涪食品、道道全、太极集团、葵花药业、华兰生物、三海兰陵等企业，优化提升传统农副产品加工业、现代中药业和医药配套业，积极研发方便休闲食品、生物医药和化学药品，加快涪陵现代化中药及健康制品产业园建设，壮大食品、医药产业集群。全力支持涪陵卷烟厂易地搬迁技改项目和太极集团、葵花药业“退城入园”项目建设。依托万达薄板、大朗铝业、剑涛铝业、东升铝业、特固建材公司等企业，优化提升高端钢材、铝型材，加快发展有色金属深加工、钢铁薄板产业和新型建材等。重点支持攀华集团有限公司高强度螺纹钢和精密钢管项目、大朗铝业年产 20 万吨刚玉、东发实业年产 60 万吨煅后焦项目、50 万吨铬铁合金和 20 万吨碳素生产项目②。

（2）加快发展装备制造业和能源产业。

依托华晨鑫源重庆汽车有限公司、重庆中远特种车辆有限公司、川东船舶重工公司等企业，加快发展汽车整车及配套产业、页岩气装备制造产业。重点支持华晨鑫源年产 30 万辆整车及 30 万台发动机、重庆中远年产 5000 台套环卫机械、重庆东本专用车及微车零部件生产、重庆超力高科汽车配套、万丰奥特 600 万只汽车铝轮毂、三爱海陵“退城入园”项目。依托川东电力、聚龙电力、四合燃气公司等企业，加快发展能源产业，加速国家级页岩气开发示范区建设，完善聚龙电力公司、四合燃气公司供电供气管网。重点支持中机国能龙桥热电联产、能通公司白涛热电联产、四合燃气公司工业供气、能源集团输变电工程和页岩气开发利用项目建设。争取大清洁能源项目尽早落地涪陵③。

（3）集约发展化工化纤产业。

依托建峰工业集团、重庆华峰化工公司、重庆蓬威石化公司等，集约发展天然气化工、化工新材料、精细化工、化纤纺织和化工终端产品制造等化工化纤产业。重点支持华峰化工己二酸项目扩建、聚氨酯树脂、差别化氨纶

---

① 重庆市涪陵人民政府关于印发《涪陵区建设重庆重要现代制造业基地“十三五”规划》的通知［R］. 重庆市涪陵区人民政府，2017.

②③ 涪陵区社科联收集提供资料。

维，建峰化工聚酯、车用尿素，弛源化工聚四氢呋喃项目建设，争取重庆化医集团 BDO、甲醛、氯碱、蛋氨酸项目和大型炼化一体化项目落地涪陵①。

（4）大力发展电子信息产业。

依托华通电脑、科宝电缆、深特发光缆、仓兴达公司等，努力发展 LED、特种光缆，加快发展以物联网、笔电配套为主的电子信息产业。重点支持华通电脑公司高密度互连印制电路板（HDI）、重庆品鉴科技公司硅谷园项目建设②。

（二）园区发展

建设“工业涪陵”，园区发展重点在于加快形成“一区两园三基地”工业发展新格局，推进“千亿园区”建设，积极建设国家高新工业园区。

1. 发展方向

涪陵工业园区 A 区（李渡工业园区）要加快发展技术密集型的高新技术产业、劳动密集型的轻工业及围绕城市生活配套的服务型产业，重点发展医药、食品、材料、电子信息产业集群，支持涪陵工业园区 A 区建设研发产业园、电商产业园、服务外包产业园、临港物流产业园等“园中园”，打造“李渡科技新城”；涪陵工业园区 B 区（龙桥工业园区）要围绕石油化纤纺和临港物流两大支柱产业，重点发展 PTA 及下游产业链、石油炼化及临港工贸等产业集群，建成长江上游最大的石油化纤纺基地；白涛化工园区 A 区（白涛化工园区）围绕精细化工，重点由基础化工原料向高端化工原料和化工产品转变，大力发展天然气化工、聚酰胺和聚氨酯等产业集群，建成西部一流的化工新材料和精细化学品生产基地，努力打造国家级低碳产业示范园；白涛化工园区 B 区（清溪再生有色金属产业园区）重点发展铝铜加工原料和深加工产业链，建成西部乃至全国最大的铜铝产业园③。

2. 发展目标

建设“工业涪陵”，应根据涪陵各工业园区的地理位置、资源禀赋、交通现状、产业结构等实际确定各自发展的具体目标，进而实现各工业园区的科学发展、可持续发展、绿色发展和高质量发展目标。

---

①②③ 涪陵区社科联收集提供资料。

（1）涪陵工业园区 A 区（李渡工业园区）。

以先进装备制造、医药食品、新一代信息技术和材料等产业为发展重点，尽快形成产业集聚效应，向国家级经济技术开发区迈进。依托华晨鑫源、盛时达、伟柯斯发展汽车整车及配套企业，并逐步向新能源和智能汽车转型。依托川船重工、南瑞博瑞变压器、亚东亚变压器等优势企业提升船舶制造、电力装备制造业整体水平，借助资源优势争取页岩气装备制造产业实现较大突破。加快推进太极集团“退城进园”，华兰生物二期、葵花药业技术改造等，积极推进现代中药产业园项目，发展大健康产业，壮大医药产业。加快推进国家新型工业化示范基地（食品）建设，吸引大项目落地，鼓励榨菜集团、道道全等企业通过技术改造丰富产品线，提升食品产业集群。以华为、金通威、信息产业基地等为重点，加快引进云计算、大数据项目，构建信息化“高速公路”，加快集聚发展电子信息产业集群。以万达薄板等为基础，推进闽发金属转型转产和川船重工发展钢结构项目，进一步发展材料产业集群。规划设立综合保税区，充分发挥保税加工、保税贸易、保税多式联运、保税商品展示、保税金融商贸服务五大业务功能，利用综合保税区在税收、海关监管、检验检疫、外汇管理等方面的优惠政策，大力招商引资，完善配套设施，重点发展先进装备制造、电子信息、新材料、新能源、健康医疗、高端饰品等加工贸易产业，跨境电子商务、进出口产品展示交易等服务贸易产业。加快推进华晨鑫源二期、华为云计算等项目。A 区在 2017 年率先建成千亿元级园区，到 2020 年，力争实现工业总产值 1600 亿元。[①] 到 2025 年，园区计划实现工业总产值 3300 亿元，其中“2+3”高新产业体系总产值达到 2950 亿元，以新能源及智能汽车、生物医药为核心的产业分别实现 900 亿元、450 亿元，其他高端设备产业、新一代电子信息产业及新材料产业分别实现产值 500 亿元、450 亿元和 650 亿元。到 2030 年，园区计划实现工业总产值 4200 亿元，其中“2+3”高新产业体系总产值达到 3800 亿元，以新能源及智能汽车、生物医药为核心的产业分别实现 1100 亿元、700 亿元，其他高端设备产业、新一代电子信息产业及新材料产业分别实现产值 600 亿元、600 亿元和800 亿元[②]。

---

① 重庆市涪陵人民政府关于印发《涪陵区建设重庆重要现代制造业基地“十三五”规划》的通知［R］. 重庆市涪陵区人民政府，2017.

② 涪陵区新城区管理委员会、中冶赛迪工程技术服务有限公司 . 重庆涪陵工业园区高新技术产业发展规划（送审稿）［Z］. 内部资料，2018.

（2）涪陵工业园区B区（龙桥工业园区）。

利用紧邻两江新区优势，规划建设新（新妙）石（石沱）工业拓展区，重点发展高端装备制造、电子信息、石油化纤纺、临港工贸等产业，打造长江上游重要的临港经济产业基地。围绕蓬威石化，加快推进财衡纺织项目，致力延伸PTA下游聚酯、纤维、纺织，发展化纤纺织产业集群。依托龙头港打造现代物流基地，发展临港工贸产业集群。实施中化涪陵化工环保搬迁，加快太极医药城B区、常捷医药二期建设，推进神州巨电新能源动力锂电池项目等。到2020年，B区力争实现工业总产值400亿元①。

（3）白涛化工园区A区（白涛化工园区）。

重点发展MDI下游及化工新材料产业集群，转型发展天然气化工和氯氟化工，积极发展页岩气深加工，打造西部一流的化工新材料基地。依托华峰公司延伸MDI下游产业链条。依托页岩气大规模勘探开采深化页岩气综合转化利用，力争布局天然气制烯烃项目，提高附加值。深化与重庆市化医集团的战略合作，鼓励建峰集团、天原化工等企业调整产品结构，发展精细化工和化工新材料。加快推进华峰氨纶二期建设及己二酸第三套装置、铝板带箔等项目。到2020年，A区力争实现工业总产值300亿元②。

（4）白涛化工园区B区（清溪再生有色金属特色产业园区）。

加快园区二期产业拓展区和物流码头的规划建设。重点发展铝基础材料及精深加工，加快发展高性能金属材料及精深加工，打造西部地区有重要影响力的有色金属生产基地。依托铝基础材料企业，工业铝型材重点发展航空航天、轨道交通、高速列车、汽车用工业铝型材等，铝压铸件重点发展铝压铸汽车发动机管件、铝压铸发动机气缸、铝压铸汽油机气缸缸盖等，铝板带箔重点发展变压器铝带、烟箔、药箔、啤酒封装铝箔等包装用铝箔。做好下游高档研磨材料、高端磨具、耐火材料生产项目引进工作。促进大朗冶金和赛特刚玉提档升级，发展高档研磨材料、高端磨具、耐火材料等。加快推进万丰奥威铝轮二期、电铝一体化项目等。到2020年，B区力争实现工业总产值200亿元③。

---

①②③ 重庆市涪陵人民政府关于印发《涪陵区建设重庆重要现代制造业基地“十三五”规划》的通知［R］. 重庆市涪陵区人民政府，2017.

（三）企业发展

建设“工业涪陵”，企业发展的重点在于通过招商引资筑巢引凤，做大做强，做精管理，做实服务，做大规模，做强实力，做出特色，着力发展特色企业、品牌企业，特别是强化“百亿元级企业发展”。

1. 发展方向

围绕“6+6”产业新体系深化重点企业战略，发展并依托“工业企业30强”，推进产业集中和链条集群。鼓励和支持有比较优势、有名牌产品、知名度高、技术开发能力较强的企业，围绕主导产品上下游扩张发展一批核心竞争力强、主业突出、具备产业优势、在全国有较大影响力和较高知名度的大公司、大集团和行业“小巨人”①。

2. 发展目标

到2015年，形成一批支撑力强的100亿元级、50亿元级、30亿元级和10亿元级的骨干企业，有效发挥产业引领、辐射和集散作用，撑起“工业涪陵”的“筋骨”，带动中小企业“众星拱月”，组成较强实力的产业群体，使之共同参与市场竞争。到2020年，培育年工业总产值超过100亿元，且规模效应明显、核心竞争力突出、支撑作用强劲、工业化和信息化融合度高的龙头企业10家。推进百亿元级企业建设实施动态管理，加强综合评估②。

第四节　战略布局

建设“工业涪陵”，应当坚持科学发展、可持续发展、开放发展、绿色发展理念，根据涪陵工业发展的实际，立足“工业涪陵”下好“一盘棋”，合理规划、科学实施战略布局，以便“突出特色，错位发展”。

一、总体布局

立足促进全市区县间“错位发展、突出特色”，实现产业、市场互补的良

① 涪陵区社科联收集提供资料。

② 重庆市涪陵人民政府关于印发《涪陵区建设重庆重要现代制造业基地“十三五”规划》的通知［R］. 重庆市涪陵区人民政府，2017.

好格局，通过兼并重组、淘汰、搬迁改造、引进等方式，以特色工业园区为基础，形成规模化、簇群化发展的涪陵现代工业发展的新格局。2012 年完成“量”的积累，累计完成工业投入 400 亿元以上，实现工业总产值 800 亿元以上，汇总形成 1000 亿元产能。重点兴办百亿元级产业，立足优势，聚集产业，做大做强，大力发展化工、医药食品、材料、装备制造、电子电器、化纤纺织六大支柱产业，以大产业聚集形成规模优势和综合竞争力；建设千亿元级园区，加快推进涪陵、白涛两个工业园区特色产业项目建设，分别达到投入 100 亿元以上资金、拉动 200 亿元以上产值的规模，最终形成 1000 亿元级的特色工业园区。到 2017 年，涪陵工业园区 A 区（李渡工业园区、涪陵高新技术区）率先成为千亿元级工业园区①。

二、具体布局

依据“工业涪陵”建设总体布局，对“工业涪陵”战略布局进行细化，对产业分布按照产品生产流程科学布局，对工业园区按照产业分区、功能配套、各具特色布局，以促进“工业涪陵”建设布局落地落实。

（一）产业发展布局

1. 总体布局

产业分布按产品生产流程科学布局，缩短运输间隔，降低物流成本。规划衔接力求和区域国民经济总体发展规划相适应，科学制定重点企业发展规划。对涪陵卷烟厂、太极集团、建峰工业集团、中化涪陵化工公司、娃哈哈涪陵公司、东升铝业等行业“排头兵”逐一研究制定 3~5 年发展规划，对企业产品开发、技术创新、节能降耗等制定切实可行的发展目标，使产业集群发展具备重点企业发展支撑。产业配套根据医药食品、装备制造、重要材料、化工化纤、电子信息、清洁能源六大产业发展要求，制定金融保障、能源保障、人力资源保障、扶持企业发展、优化投资环境等配套政策，满足工业集群发展要求，推动六大产业向更高层次发展②。

2. 具体布局

（1）产业链布局。

100 万载重吨中小型特种船舶产业链：布局在“卫东鱼窗、双河口永柱、

---

①② 涪陵区社科联收集提供资料。

祥和平原、渠溪水口”组团，以川船重工、泽胜造船、中江船业等为龙头，发展中小型化学品船、专用工程船、军用舰船等特种船舶，形成设计中心、配套材料、主要零部件生产、维修服务的100万载重吨特种船舶产业链①。

高端钢材产业链：布局在涪陵工业园区李渡片区，以万达薄板公司等为龙头，发展汽车薄板、家电板、新型钢构材料等，设立高端钢材研究院，形成研发中心、原材料配送、冷热轧、高端钢材、新型钢构的产业链。重点实施万达250万吨汽车薄板项目及一批重大招商引资项目等，建成西部重要汽车薄板生产基地，实现重庆汽车等装备制造产业高端用材“涪陵造”②。

有色金属深加工产业链：布局在清溪再生有色金属特色产业园，以大朗铝业、东升铝业、腾泰铝业、华亚电工、东发碳素公司等为龙头，发展铜铝制品、高端型材，形成原铝、型材、线材加工等铜铝有色金属深加工产业链，建成西部重要的有色金属产业基地。重点实施大朗铝业高精铝板带、华亚电工5万吨低氧铜杆、广东凤铝7.5万吨铝型材和10万吨再生铜等项目，以及一批重大招商引资项目，实现重庆电子信息、汽车、摩托车等装备制造产业高端用材“涪陵造”③。

石油化纤纺产业链：布局在涪陵工业园区龙桥片区，以蓬威石化和龙海石化为龙头，发展PTA、聚酯、差别化纤维、石油炼化等，形成PTA、聚酯、聚酯切片/瓶片/膜料、熔体直纺、差别化纤维、纺织品和外包装的石油化纤纺产业链。加快推进120万吨PTA、120万吨聚酯、300万吨重油深加工等项目建设。力争使千万吨级石油炼化一体化项目落地涪陵发展④。

天然气化工产业链：布局在白涛化工园区，以建峰工业集团为龙头，发展合成氨、尿素、三聚氰胺、六羟甲基三聚氰胺、蜜胺树脂等，形成天然气化工产业链。建成重庆市优质化肥基地⑤。

PA和PU化工产业链：布局在白涛化工园区，以华峰化工、驰源化工为龙头，发展己二酸、尼龙、聚氨酯树脂、氨纶等，形成己二酸、己内酰胺、尼龙6、尼龙66、聚氨酯树脂、氨纶的PA和PU产业链，开发鞋底原液、革用树脂、纤维纺丝等应用于汽车、建材、轻纺等领域，建成重庆市化工新材料基地。加快推进64万吨己二酸、4.6万吨聚四氢呋喃、26万吨1,4-丁二醇等项目⑥。

物联网产业链：布局在涪陵工业园区李渡片区，以感知集团等为龙头，

---

①②③④⑤⑥　涪陵区社科联收集提供资料。

依托通信运营企业，发展传感器设备、智能终端等，形成传感器设备制造、系统集成、终端运用产业链。争取行业优势企业落地发展。坚持引进和自主研发相结合，提高产业研发、设计、制造能力①。

（2）产业集群布局。

医药产业集群：主要布局在涪陵工业园区，以太极集团、葵花药业、华兰生物、中宝药业、博雅干细胞、三海兰陵等为龙头，发展中西药、生物制药、原料药、生物芯片和医药配套产业，发展壮大医药产业集群。重点实施太极集团和葵花药业“退城进园”项目、中宝药业制药项目、博雅干细胞生物工程项目，以及一批重大招商引资项目，建成重庆市和长江上游最大的医药产业中心②。

食品产业集群：主要布局在涪陵工业园区，依托国家级新型工业化食品产业示范基地，以涪陵卷烟厂、榨菜集团、辣妹子集团、新涪公司、娃哈哈涪陵公司、稻花香、道道全等为龙头，发展特色农副产品深加工、绿色食品及其包装、辅材配套产业，壮大食品产业集群③。

能源基础产业：加快建设重庆中孚能源涪陵煤炭储运基地和龙头港物流园区，承接“疆煤、宁煤、黔煤入渝”煤炭中转，尽快形成2000万吨/年原煤综合储配能力。力争布局大型清洁能源。加快推进500千伏变电站1座、220千伏变电站4座、装机64万千瓦的龙桥热电联产项目、装机22万千瓦的白涛热岛项目进度，尽快打通聚龙电网与贵州电网间的第二受电通道，2016年全区供电能力提升到270万千瓦。努力争取增加化工用天然气的总量供应指标，积极开发本地页岩气资源，建成垫涪线二期工程，规划建设“长南线”梓里至白涛园区复线工程等，2016年龙桥和白涛园区日供气能力提升到900万立方米。规划建设卫东20万吨成品油、2万立方米LNG储备基地。扩建现有危化品码头，提高吞吐能力，建设开通危化品火车站④。

（3）主要产业布局。

页岩气产业：页岩气加工转化利用主要布局在白涛化工园区，页岩气装备制造主要布局在李渡工业园区。加速建设国家级涪陵页岩气示范区。提高页岩气综合转化利用水平。鼓励技术创新，吸纳关键技术，延伸产业链条，推进页岩气在车船应用、燃气发电、化工行业的转化利用，实现页岩气就地转化增值。发展页岩气装备制造业。打造页岩气装备产业集聚区，主要发展

---

①②③④ 涪陵区社科联收集提供资料。

页岩气井口装置、仪器仪表、钻井辅助设备、LNG 等配套装备，勘探、钻井、完井、压裂、站场集输等设备制造，LNG 车船制造及液化成套、撬装成套及新材料装备制造产业。加快建设通汇和龙冉 LNG 加工厂项目、中石化涪陵页岩气产业基地项目，推进华美孚泰页岩气压裂等项目。到 2020 年，力争使页岩气产业集群工业总产值达到 300 亿元①。

新一代信息技术产业：主要布局在李渡工业园区和龙桥工业园区。发展 ICT 制造业。持续发展 PCB 印制电路板，着力引进封装企业发展移动智能终端芯片、物联网芯片、智能穿戴设备芯片等量大面广的通用芯片及智能卡、智能电网、智能交通、卫星导航等行业应用芯片，重点开发智能手机、平板电脑、OLED 显示屏、平板显示器、智能穿戴和智能家居等相关产品。着力引进物联网工程技术企业，研制具有数据存储和处理、自动补偿、通信功能的低功耗、高精度、高可靠的智能型传感器，力争引进工业智能化仪器仪表、在线成分分析仪等自动化、智能化生产企业。发展“工业云”及软件开发。瞄准华为、中兴等世界级企业，引进行业类大数据和云计算应用平台，打造信息集成化“高速公路”，有效解决信息基础设施重复建设、资源分散、信息孤岛化等问题，降低企业成本。加快覆盖重点行业关键领域的部分产品全生命周期和制造全业务流程的工业大数据平台构建步伐。以蒙塔纳科技公司为基础，着力引进软件开发企业，研发面向先进轨道交通装备、高档数控机床与机器人、高技术船舶等重点领域，涵盖从设计研发、生产制造到产品服务的全生命周期的行业应用软件。培育智能制造。积极推进企业首席信息官（CIO）制度建设，组织开展“互联网+”协同制造试点示范，促进传统企业向“互联网+”转型。引导企业树立互联网思维，推动建立基于互联网的大规模个性化定制、网络化协同制造等新型制造模式，形成基于消费需求动态感知的研发、制造、服务新方式。推动互联网应用从销售环节向生产制造全过程拓展，鼓励企业在线实时发布研发设计资源、生产制造和物流配送能力，形成基于网络、数据驱动的线下资源线上配置的新型生产方式。依托“重庆工业云”服务平台，推进研发设计、生产制造、营销服务、测试验证等资源的开放共享，打造工业云生态系统。加快应用工业大数据，推动支柱行业智能工业示范应用项目建设。加快建设华通电脑 PCB 板扩能项目、金通威智能

① 重庆市涪陵人民政府关于印发《涪陵区建设重庆重要现代制造业基地“十三五”规划》的通知［R］. 重庆市涪陵区人民政府，2017.

终端项目，推动特发信息光缆转型生产通信线缆、微天下转型生产智能家居、福维科技转型生产智能穿戴等项目，加快推进华为云计算等项目。到2020年，力争使新一代信息技术产业集群工业总产值达到200亿元①。

新能源汽车及智能汽车产业：主要布局在李渡工业园区、龙桥工业园区和清溪工业园区。发展新能源汽车制造。乘用车领域：以引进插电式混合动力汽车和纯电动整车生产企业为重点，发展新能源汽车用电池及智能管理系统、电控系统、电机驱动系统等核心零部件；以小型低速电动汽车为入门产品，逐步提升产品档次，使其进入标准的纯电动汽车行列。商用车领域：拓展电动改装车领域，形成电动轻型载货汽车改装车、专用车和电动客车等多品种系列化发展格局；重点发展以满足三、四线城市和城市与乡镇间短途客运、城市物流、观光旅游为主要目标的中轻型电动客车、电动轿货汽车和电动轻型载货汽车。培育智能汽车制造。推进智能汽车研发，向智能驾驶、泊车辅助、并线辅助、距离控制、自适应悬挂等先进技术领域迈进，逐步提高涪陵造汽车智能化水平。推进汽车零部件制造。引进国内外知名电池、电机、电控生产企业，支持本地企业开发生产电制动、电转向、电空调及冲换点设备等配套产品。培育以座椅、内饰件、保险杠、仪表板、冲焊件、动力总成等产品为主的服务本地整车企业的5千米半径基础零部件配套体系。打造以汽车材料、制动系统、转向系统、减震系统、空调系统、电子电控等产品为主的，服务于本地和两江新区的50千米半径核心零部件配套体系。加快建设盛时达汽车纯电动专用汽车产品研发和生产项目，推进北汽银翔新能源汽车生产基地项目，鼓励华晨鑫源自主发展或与知名电子企业合作发展SUV、MPV新能源汽车，支持华晨鑫源、盛时达加快汽车智能技术的研发和应用，促进华晨鑫源、伟柯斯等企业与电池生产企业合作发展电池组装、车用动力电池包生产等项目。加快推进北汽银翔新能源汽车、邦特新能源动力锂电池等项目。到2020年，力争使新能源及智能汽车产业集群工业总产值达到200亿元②。

生物医药及生命健康产业：主要布局在李渡工业园区和龙桥工业园区。推进中西药产业现代化。以太极集团、葵花药业等为重点，推进涪陵现代中药产业园建设。加大新药研发力度，重点研发抗感染，抗肿瘤，治疗心脑血管、呼吸、消化、内分泌、神经系统疾病等疗效确切的中西药新产品；优化

---

①② 重庆市涪陵人民政府关于印发《涪陵区建设重庆重要现代制造业基地“十三五”规划》的通知［R］. 重庆市涪陵区人民政府，2017.

银杏叶提取工艺，发展银杏水溶注射剂原料及制剂；积极引进高附加值的中西药产品；利用涪陵区及周边道地中药材资源，发展中药精制饮片和中药配方颗粒。推进生物技术药高新化。以华兰生物等企业为重点，积极争取增设采浆站，拓宽布点，保障企业原料血浆供应；完善产品结构，加快血液制品注册申报，发展人凝血因子Ⅷ、人凝血酶原复合物等产品，提高产品附加值；发展激素、疫苗、基因综合项目，重点引进重组人促卵泡激素、人绒毛膜促性腺激素、23价肺炎球菌结合疫苗和金黄色葡萄球菌疫苗等项目。发展健康制品产业。以涪陵大健康产业园为平台，积极发挥重庆医科大学、重庆医药集团和太极集团在各自领域的优势，成立药品检测平台和申报机构，建立专科或综合型医院、医药物流配送中心，引进健康产业基金公司等生命健康产业项目。积极拓展药品生产企业在保健食品领域的发展空间，充分利用中药的天然产物属性和部分中药食药两用特点，发展具有缓解疲劳，增强免疫力，辅助降血糖、血压、血脂，抗氧化等功效的保健食品和饮品；开发儿童营养补充剂、日常护理品、保健品等；发展医疗器械、健身器材等大健康产业。加快建设华兰生物二期生物制品综合项目、喜旋生物医药科技园，推进涪陵健康制品产业园和葵花药业“小葵花”大健康项目，发展壮大太极集团乌发露、虫草胶囊、番茄红素等产品。到2020年，力争使生物医药及生命健康产业集群工业总产值达到150亿元①。

MDI下游及化工新材料产业：主要布局在白涛化工园区和龙桥工业园区。发展聚氨酯产业链。以华峰集团、弛源化工等为依托推动聚氨酯产业集聚，以己二酸、聚四氢呋喃项目带动聚氨酯下游产业，重点发展差别化氨纶、PU（软硬泡、弹性体、涂料、胶粘剂、密封胶、浆料）、水性聚氨酯及下游家电保温、建筑与工程用材、家具家居、涂料、服装、制鞋等产业。培育聚酰胺产业链。以华峰公司为依托，积极发展聚酰胺产业链，大力推进己二腈、己二胺、尼龙66等项目落地，发展下游医疗材料、汽车内饰、体育用品等产业。绿色发展氟化工。依托新氟公司延伸发展下游高纯、超净电子行业专用氟化工产品。密切关注天然气制烯烃技术，依托丰富的页岩气资源，力争布局化工基础原料企业。鼓励衍生物循环利用。按照发展循环经济要求，引导鼓励企业围绕聚氨酯、聚酰胺产业链衍生物发展循环利用项目，大力推进二

① 重庆市涪陵人民政府关于印发《涪陵区建设重庆重要现代制造业基地“十三五”规划》的通知［R］. 重庆市涪陵区人民政府，2017.

元酸、电子级一氧化二氮（笑气）、食品级二氧化碳、尾气纯化等综合利用项目，形成规模化的产业集群，相互依托，相互关联。加快推进华峰化工己二酸三期、华峰氨纶二期等项目，引进各产业链下游项目。到2020年，力争使MDI下游及化工新材料产业集群工业总产值达到250亿元①。

节能环保产业：主要布局在李渡工业园区、龙桥工业园区、白涛化工园区和清溪工业园区。培育环保装备制造业。着力引进国内外环保装备生产企业，围绕资源综合利用和各种污染物监测、治理，重点发展环境监测仪器仪表、空气和水污染防治设备、固体废物处理设备、资源综合利用设备、噪声与震动控制设备和环境污染防治专用材料制造。发展循环经济。打造城市矿产基地，发展污水污泥和工业废水处理、工业VOC废气净化、烟气脱硫脱硝、餐厨垃圾处理、垃圾焚烧发电、电子废弃物处理，促进再生资源多元化回收、集中化处理、规模化开发利用。加快建设三峰固废生态发电项目、创能再生资源项目、多吉再生资源项目、市环卫集团餐厨垃圾处理项目等，推进环保装备制造产业园和城市矿产基地打造。到2020年，力争使节能环保产业集群工业总产值达到100亿元②。

化工化纤产业：主要布局在白涛化工园区和龙桥工业园区。加快天然气化工产品转型步伐，改进提升尿素、磷铵等基础肥料，发展中微量元素肥料、缓控释肥料。建成长寿双龙至白涛液体盐输送管道，推进氯碱化工发展。加快发展高效安全环保的杀虫剂、除草剂、生物农药等精细化工产品。化纤方面依托蓬威石化公司PTA项目引进差别化聚酯纤维项目发展色纱、色线、色织面料等项目。加快推进城镇人口密集区和环境敏感区域的危险化学品生产企业搬迁入园，新建化工项目全部进入工业园区。深化与市化医集团的合作，促进建峰工业集团、天原化工公司等调整产品结构，向精细化工和化工新材料转型。重点实施中化涪陵化工环保搬迁项目、与市化医集团合作系列项目，加快推进财衡大祥色纺纱、之祥倍捻线、上祥面料织造等项目。到2020年，力争使化工化纤产业工业总产值达到300亿元③。

装备制造产业：主要布局在李渡工业园区和龙桥工业园区。汽车领域重点发展中高档乘用车和专用车，力争使高端车型落户生产；推进汽车配套产业发展，到2020年形成50万辆/年的生产能力。船舶领域巩固中小型不锈钢

①②③ 重庆市涪陵人民政府关于印发《涪陵区建设重庆重要现代制造业基地“十三五”规划》的通知［R］. 重庆市涪陵区人民政府，2017.

化学品船，重点发展新型公务执法船舶、排污打捞船舶、液化天然气/液化石油气等特种运输船、内河豪华旅游船、大型豪华游艇等；鼓励运用模块化造船法，提高船舶建造质量和效率；加快引进船用大型低速发动机配套系统等船舶配套产业，力争到2020年使船舶修造能力超过100万载重吨/年。稳步发展输变电设备、整装机械、成套设备、大型锻铸件、摩配等其他装备制造业。加快推进华晨鑫源二期项目及其配套项目等。到2020年，力争使装备制造产业工业总产值达到500亿元①。

材料产业：主要布局在李渡工业园区、清溪工业园区和珍溪镇。以万达薄板、川船重工等为重点，发展高品质汽车用钢板、高端钢结构产品等。围绕大朗冶金、赛特刚玉、博鼎铝业等做强高端铝材，发展航空铝等高附加值铝板带箔、铝镁合金等高性能材料。规划建设珍溪建设材料产业园，集中石灰石的开采与加工。努力发展其他新型节能建筑材料、蓝宝石材料、高性能磁性材料、新型铜合金材料和高性能复合材料等。加快建设大朗冶金年产50万吨铁合金、赛特刚玉20万吨高档研磨材料等项目，加快推进华峰铝板带箔、电铝一体化、川船重工和中江船业钢结构等项目。到2020年，力争使材料产业工业总产值突破400亿元②。

医药产业：主要布局在李渡工业园区和龙桥工业园区。推进中成药特色化、化学药规模化、保健品品牌化，重点发展新特药、原料药、大品种基本药物、保健康复品等。积极发展医疗设备、器械、耗材、包材等。加快推进太极集团“退城进园”项目、葵花药业技术改造项目等。到2020年，力争使医药产业工业总产值突破200亿元③。

食品产业：主要布局在李渡工业园区和3个小企业创业基地。加快自动化装备、先进检测检验技术的推广应用和绿色有机食品、功能性食品开发进度，推动种养殖—研发—加工—配送纵向一体化发展。推进榨菜集中建池建设进程，逐步淘汰加工户榨菜半成品加工，提高企业榨菜原料自给率，调整优化榨菜产品结构，做精榨菜产业。发展花生、花椒、茶树籽等特色食用油资源精炼加工制品。发展免淘米、营养强化米、包装速煮米等粮食加工产品。提升白酒产品档次，丰富啤酒、软饮等制品种类，因地制宜发展果酒、果蔬饮品等特色产品。加快推进榨菜集团技术改造、道道全二期精炼油项目、金

①②③　重庆市涪陵人民政府关于印发《涪陵区建设重庆重要现代制造业基地“十三五”规划》的通知［R］. 重庆市涪陵区人民政府，2017.

健米业粮油项目、富氏食品公司辣酱及特色食品项目等。到 2020 年，力争使食品产业工业总产值突破 200 亿元①。

能源产业：主要布局在各工业园和武陵山乡。电力方面增设电源点，完善电网建设，建成五马 500 千伏输变电工程、金子山风电场、中机龙桥热电二期项目，到 2020 年全部电力可供装机容量达到 320 万千瓦以上。燃气方面：依托长南线、梓白复线、涪陵白涛—石柱王场等外输管线，实现涪陵页岩气向重庆主城及区县、华东地区等外输供气；以页岩气管道公司、四合燃气公司、祥龙天然气公司为重点，贯通区域网络，进一步拓展外输通道，不断提高白涛配气站、龙桥分输站和城西配气站等的管网联动输送能力；规范乡镇燃气管理，实现乡镇用气全覆盖，到 2020 年，天然气供应能力达到 45 亿立方米以上。到 2020 年，力争使能源产业工业总产值突破 200 亿元②。

（二）工业园区布局

工业发展应向园区布局，打造产业分区、功能配套、各具特色的工业园区。涪陵工业园区 A 区（李渡工业园区）实施“以工兴城、以城促工”战略，在原有规划基础上进一步拓展用地规模，加快承接工业企业“退城进园”和外来投资大项目，重点发展医药食品、材料装备制造、电子信息、轻工等产业集群；B 区（龙桥工业园区）重点发展化工化纤、装备制造等产业和临港经济，着力推进链条集群和产业协同组团，加快发展现代物流产业。白涛化工园区加快天然气化工、氯碱化工、聚酰胺、现代煤化工等产业集聚，建成西部地区重要的特色化工新材料基地。加快布局建设清溪铜铝特色工业园区，构建铜铝冶炼及深加工产业链。加快建设特种船舶建造基地和能源保障基地。在石沱、新妙一带布局重装及石化产业，为承接石油化工下游及重钢产品延伸增值加工等重大项目打下基础。以沿江都市工业园（楼宇）和中小企业创业基地为载体，发展沿江城（集）镇产业连绵带，创建国家级农副产品加工示范基地，承接工业园区的辐射能力，增强涪陵工业发展的活力。在产业园区留足工业用地指标，优先满足医药食品、装备制造、重要材料、化工化纤、电子信息、清洁能源六大产业发展需求③。

---

①② 重庆市涪陵人民政府关于印发《涪陵区建设重庆重要现代制造业基地“十三五”规划》的通知［R］. 重庆市涪陵区人民政府，2017.

③ 涪陵区社科联收集提供资料。

第五章 工业涪陵的产业优化

工业涪陵的产业结构包括区域产业结构和工业产业结构，这里侧重研究工业产业结构优化。

第一节 工业涪陵产业发展的现状

自2008年提出并实施“工业涪陵”战略以来，涪陵区工业企业规模稳步扩大、龙头企业支撑有力、工业品牌成效突出、创新能力持续提升、经济效益持续向好、工业集群效应明显、工业园区特色鲜明、支柱产业优势突出、新兴产业发展较快、平台优势显著发展；但发展中还面临一些影响其高质量发展的因素，如面临传统产业转型升级压力大、新兴产业亟待培育、产业集中度有待提升、产业链条延伸不够、产业培育能力偏弱、生产性服务业支撑不足等问题。

一、工业涪陵产业状况

涪陵是重庆市新兴工业基地，工业发展基础较好。自2008年工业涪陵战略实施以来，涪陵始终坚持“工业立区、产业兴城”战略，把工业发展放在经济工作的首要位置，如深入实施“326”战略和“十百千万”工业强基工程，主动融入“一带一路”倡议和长江经济带建设，走新型工业化道路等，牢固树立“工业一业定乾坤”发展理念①，全力促进工业转型升级，为构建现代产业体系、建设成渝地区双城经济圈重要先进制造业基地奠定了坚实基础，基本形成以涪陵高新区、临港经济区、白涛工业区为承载，以材料、清

① 区委常委班子要做到“六个过硬”推动涪陵各项事业开新局谋新篇［EB/OL］.（2021-03-21）［2021-09-20］. https://mp.weixin.qq.com/s/uqREj4517Xo1LTwExMxjTQ.

洁能源、消费品、装备制造、生物医药、电子信息六大产业为主导的现代工业发展体系。

（一）企业规模稳步扩大

2015 年以来，涪陵区工业企业规模呈现稳定扩大的发展态势。工业企业单位由 2015 年 1552 个增至 2020 年 1767 个，工业总产值由 2015 年 1480.49 亿元增至 2020 年 1786.29 亿元，工业增加值由 382.97 亿元增至 517 亿元。其中，规模以上工业企业单位由 268 个增加到 286 个、总产值由 2015 年 1432.24 亿元增至 2020 年 1686.26 亿元、工业增加值由 2015 年 372.40 亿元增至 490 亿元①。2020 年，涪陵实现工业增加值按可比价格计算比上年增长 6.0%，工业增加值占地区生产总值的比重为 42.2%，绝对额居重庆市区（县）第一。

（二）龙头企业支撑有力

2008 年以来，涪陵培育了一批较有知名度和影响力的重点企业，少数企业已成为同行业的龙头，这些龙头企业对涪陵经济的带动和支撑作用不断增强。2020 年，涪陵大中型工业企业达到 46 家，占规模以上工业企业总数的 16.1%，大中型工业企业产值占规模以上工业企业总产值的 64.3%，在涪陵工业经济中发挥了中流砥柱作用。页岩气勘探、页岩气销售、建峰集团、天原化工、华晨鑫源、鑫源动力、太极集团、万达薄板、华峰化工、华峰新材料、华峰氨纶、华峰铝业、榨菜集团、大朗冶金、华兰生物、蓬威石化、华通电脑、三爱海陵 18 家企业入选重庆市 100 家重点工业企业，其中入选“100 家成长型工业企业” 12 家②。涪陵重点企业涵盖新能源、汽车、化工、消费品、材料、医药、电子等领域，不仅成为涪陵经济发展的重要支柱，而且在重庆市工业发展中的骨干支撑作用也不断彰显。

（三）工业品牌成效突出

多年来，涪陵区一直非常重视工业品牌建设，近年来取得了突出成效。涪陵榨菜成为全国品牌价值最高的农副产品品牌，涪陵青菜头成为重庆蔬菜第一品牌；“涪陵造”棕刚玉获国家制造业单项冠军产品；新涪公司是亚洲加工设备最好的豆油生产企业；华通集团高密度印制电路板（HDI）占全球市

---

① 数据源自《涪陵统计年鉴（2021）》。

② 由涪陵区经济和信息化委员会提供资料。

场份额第一；页岩气勘探研究开发利用居世界第二、中国第一；攀华集团镀锌板产销量位居全国第一，其在西南地区市场占有率超过 50%；道道全家用菜籽油产品在全国市场占有率位列第三；太极集团是全球产销量最大的中成药生产企业，亚洲最大的口服液及糖浆剂生产基地，藿香正气口服液单品种 2018 年销售额达到 18 亿元；华兰生物一期血浆处理能力亚洲最强，年处理健康人血浆 1200 吨，拥有人血白蛋白、静注人免疫球蛋白、破伤风人免疫球蛋白等市级高新技术产品；重庆小葵花儿童制药公司为西南地区最大的儿童用药生产基地，小儿智力糖浆、小儿氨酚黄那敏颗粒、小儿化痰止咳颗粒三大产品国内市场占有率第一；三海兰陵主要产品丁基橡胶瓶塞市场占有率超过 30%，居全国第一①。

（四）创新能力持续提升

2008 年以来，在涪陵区全体人民的共同努力下，其创新能力持续提升。2011—2015 年，新增国家高新技术企业 24 家、市级企业技术中心 16 家、中小企业技术研发中心 7 家、产业技术创新研究院 1 家、院士专家工作站 2 个；新增专利授权量 1343 件，其中发明专利 116 件。万达薄板、页岩气勘探开采和华峰化工分别有 1 项应用技术获重庆市科学技术进步奖一等奖②。

2018 年，涪陵正式启动国家火炬现代中医药特色产业基地建设，获批重庆市战略性新兴服务业（科技研发）集聚示范区、重庆首批专利信息服务试点区（县）。新创市级工程技术研究中心 3 个、新型研发机构 3 个、重大新产品认定 11 个，进一步夯实了生物医药、新材料等产业创新基础。建成华为云计算数据中心，投入使用主城之外首个 5G 基站，互爱科技园集聚 53 个数字经济项目。科宝矿物质绝缘电缆纳入市级首台（套）重大技术装备推广应用目录。涪陵榨菜集团等 2 家企业入选市级绿色工厂，天原化工等 3 家企业入选国家级绿色工厂，数量位居重庆市前列。获得重庆市科学技术进步奖 3 项。入选重庆企业专利创新百强榜企业 2 家。高新技术产品产值、专利产品产值分别同比增长 25.8%、22.1%。全年规模以上工业企业新产品产值率达到

---

① 涪陵新区简介［EB/OL］.（2020－05－29）［2021－09－20］. http://www.fl.gov.cn/jz/xcq/zwgk_46684/fdzdgknr_46686/jgjj_46689/zjjj/202005/t20200529_7523872.html.

② 重庆市涪陵人民政府关于印发《涪陵区建设重庆重要现代制造业基地“十三五”规划》的通知［R］. 重庆市涪陵区人民政府，2017.

30%以上①。2019 年，规模以上工业企业针对新产品的研发投入中研发经费支出共计 22.4 亿元，其中新产品开发经费支出 19.9 亿元，同比增长 7.2%，占研发经费内部支出的 88.8%；规模以上工业企业新产品开发项目 597 件，同比增长 2.8%；新产品销售收入 491 亿元，同比增长 11.4%，其中出口额 9.9 亿元，同比增长 52.8%②。

（五）经济效益持续向好

实施“工业涪陵”战略以来，涪陵工业经济效益呈现持续向好发展态势。由表 5-1 可看出，2020 年规模以上工业企业实现主营业务收入 1534.55 亿元、实现利润总额 176.97 亿元，分别较 2015 年增加 228.55 亿元、93.69 亿元；规模以上工业亏损企业亏损额 7.64 亿元，比 2015 年减少 8.49 亿元。同时，资产负债率、主营业务利润率、产销率等财务指标趋好。

表 5-1　2015—2020 年涪陵区规模以上工业企业主要经济指标

年份	主营业务收入（亿元）	利税总额（亿元）	利润总额（亿元）	亏损企业亏损额（亿元）
2015	1306.00	175.89	83.28	16.13
2016	1467.05	180.64	83.53	24.53
2017	1316.94	185.11	107.86	6.97
2018	1363.33	218.17	133.86	3.87
2019	1498.35	228.68	133.32	4.02
2020	1534.55	264.31	176.97	7.64

资料来源：《涪陵统计年鉴（2021）》。

二、工业涪陵产业的特点

（一）工业集群效应日益彰显

涪陵通过引导工业向园区集中、产业向园区集聚、企业向园区集结、要素向园区倾斜，深入实施“四园齐进”“千亿园区、百亿企业”的发展战略，提高工业园区化、集群化、高新化发展水平，逐步形成了涪陵工业园区 A 区、

① 2019 年涪陵区政府工作报告[EB/OL].(2021-01-21)[2021-09-20].http://www.fl.gov.cn/zfxxgk_206/zfxxgk_zfgzbg/202101/t20210121_8794371_wap.html.

② 涪陵规上工业企业研发投入强度稳步增长，产品创新力度持续增强［EB/OL］.（2020-09-30）［2021-09-20］.https://www.cqcb.com/county/fuling/fulingnews/2020-09-30/3065736.html.

涪陵工业园区 B 区、白涛化工园区、清溪再生有色金属特色产业园区“四大工业园区”格局，集群效益日益彰显。2020 年四大工业园区规模以上工业企业单位数已达到 150 家，占涪陵区规模以上工业企业单位总数的 52.4%。在规模以上工业企业数量不断增多的同时，经济总量也连续迈上新台阶，园区工业总产值由 2015 年 1088.79 亿元攀升至 2020 年 1623.75 亿元，年均增长 8.3%。2020 年园区规模以上工业企业总产值占涪陵区规模以上工业企业总产值的 96.3%（见表 5-2）。

表 5-2　2015—2020 年涪陵区四大工业园区主要统计指标

年份	工业企业总产值（亿元）	园区工业投资（亿元）	招商引资实际到位资金（亿元）
2015	1088.79	160.06	147.67
2016	1276.77	198.03	136.44
2017	1302.11	255.99	207.77
2018	1370.67	102.81	146.99
2019	1452.02	119.47	183.78
2020	1623.75	127.75	250.86

说明：根据《涪陵统计年鉴（2021）》整理。

（二）工业园区特色鲜明

经过多年建设，具有鲜明涪陵特点的工业园区发展模式已经形成，还成功培育出一批龙头企业，在经济发展中的作用日益增强。

1. 涪陵工业园区 A 区（李渡工业园区）

该区自 2007 年大规模开发建设以来，着力发展装备制造（汽车）、医药食品、电子信息、新材料四大支柱产业，已初步构建起“一区四园”的产业发展格局。“一区”即涪陵综合保税区。“四园”即装备制造产业园（汽车）、医药食品园、电子信息园、新材料产业园。引进“世界 500 强”企业 14 家、“中国 500 强”企业 12 家、“中国民营 500 强”企业 9 家，培育出年产值 10 亿元级企业 30 家，其中百亿元级企业 4 家，年税收超亿元企业 9 家；10 家龙头企业跻身重庆 100 家重点工业企业，占重庆市的 10%；拥有数字化车间 19 个，占重庆市的 11%。规模以上工业企业中高新技术企业占比达到 56%，居重庆市第一位。2019 年，规模以上工业企业利润约占重庆市的 8.5%[①]。主要龙头企业有华晨鑫源、中石化页岩气、太极集团、小葵花制药、万达薄板、涪陵烟厂、三爱海陵、美心翼申等。产业之间呈互为链条、互为补充的态势，集群规模发展效应凸显。该园区 2020 年共有规模以上工业企业 80 家，实现工业总产值 1122.89 亿元，同比增长 9.2%。

2. 涪陵工业园区 B 区（龙桥工业园区）

该区已具有化纤纺织、石油化工、临港工贸三大主导产业。该园区由“一园四组团”组成，以化纤纺织、医药食品、石油化工为主导产业，也培育出一批龙头企业。“一园”即龙头港现代物流园，“四组团”包括南岸浦组团、石塔组团、石沱组团和新妙组团。南岸浦组团以化纤纺织、医药食品为主导产业；石塔组团以临港工贸为主导产业；石沱组团和新妙组团以石油化工为主导产业。主要龙头企业有新涪食品、蓬威石化、龙海石化、万凯新材料等。该园区内 2020 年集聚了规模以上工业企业 33 家，实现工业总产值 146.08 亿元。

3. 白涛化工园区

该区自 2007 年成立以来，逐步形成了聚氨酯及聚酰胺、化医、页岩气深加工三大主导产业，主要龙头企业有建峰集团、天原化工、华峰化工、华峰重庆氨纶等。该园区 2020 年集聚了规模以上工业企业 27 家，实现工业总产值 261.8 亿元。

4. 清溪特色产业园区

自 2012 年成立以来，该区注重铝行业的产业化、集群化的规划和引进，搭建行业平台，同时积极引进铜产业入驻。园区已形成由较为完善的产业链构成的产业集群，结构不断优化调整，金属材料产业持续巩固壮大，铝产业逐渐向下游精深加工转型，为园区经济平稳运行提供了支撑。该园区 2020 年共有规模以上工业企业 10 家，实现工业总产值 92.98 亿元。

（三）支柱产业优势突出

在历届涪陵党委、政府的积极推动下，涪陵区形成了一批支柱产业。2020 年，涪陵区清洁能源、新材料、食品医药、装备制造、信息技术五大支

---

① 涪陵新区简介[EB/OL].(2020-05-29)[2021-09-20].http://www.fl.gov.cn/jz/xcq/zwgk_46684/fdzdgknr_46686/jgjj_46689/zjjj/202005/t20200529_7523872.html.

柱产业，实现工业总产值1611.37亿元，比上年增长6.5%。其中，清洁能源产业总产值285.27亿元，下降4.0%；新材料产业总产值582.27亿元，增长14.0%；装备制造业总产值350.45亿元，增长19.3%；食品医药产业总产值349.54亿元，下降6.1%；信息技术产业总产值43.85亿元，增长8.3%①。

（四）新兴产业发展较快

党的十八以来，涪陵区新兴产业得到较快发展。汽车、智能终端、页岩气等新兴产业从无到有、从小到大，成为工业增长新引擎。由表5-3可以看出，2020年，新一代信息技术产业、高端装备制造业、新材料产业、生物产业、新能源汽车、新能源产业、节能环保产业七大战略性新兴产业实现规模以上工业总产值452.18亿元，比上年增长17.3%，占规模以上工业总产值的26.8%，较上年提升2.5个百分点。从产业类型看主要有以下几类：新一代信息技术产业总产值18.6亿元，增长11.2%；新材料产业总产值119.62亿元，增长53.5%；生物产业总产值194.03亿元，增长5.7%；新能源汽车总产值16.87亿元，增长82.0%；新能源产业总产值3.81亿元，增长193.1%；节能环保产业总产值99.23亿元，增长2.6%。

表5-3　2015—2020年涪陵区规模以上战略性新兴产业工业总产值

年份	新一代信息技术产业（亿元）	高端装备制造业（亿元）	新材料产业（亿元）	生物产业（亿元）	新能源汽车（亿元）	新能源产业（亿元）	节能环保产业（亿元）
2015	10.79	—	62.67	34.93	—	4.27	—
2016	67.45	—	79.06	95.98	0.03	5.34	1.13
2017	15.41	0.15	37.94	131.55	0.27	0.72	84.29
2018	14.92	0.17	67.98	163.60	5.93	0.89	88.22
2019	16.72	0.01	77.92	183.58	9.27	1.30	96.75
2020	18.60	—	119.62	194.03	16.87	3.81	99.23

说明：根据《涪陵统计年鉴（2021）》整理。

（五）发展平台优势日益显著

2008年，涪陵区建成或在建一批发展平台，主要有涪陵高新区——拥有国家级服务贸易创新试点区、国家数字经济创新发展试验区、国家新一代人

① 重庆市涪陵区统计局，国家统计局涪陵调查队，重庆市涪陵区统计学会．涪陵统计年鉴（2021）[A]．2021.

工智能创新发展试验区、国家级新型工业化产业示范基地、国家级页岩气示范区、长江经济带国家级转型升级示范开发区、国家外贸转型升级基地、国家火炬现代中医药特色产业基地，是重庆主城中心城区以外第一个千亿元级工业园区。2018 年，重庆涪陵综合保税区获国务院批准设立，该保税区按照综合保税区“3+2+3”的产业发展规划，已签约入驻项目 2 个，总投资 37.5 亿元，预计达产后年产值 124 亿元，可实现年进出口额 14 亿美元①。2019 年，涪陵综合保税区通过国家验收正式运行，是目前开放层次最高、优惠政策最多、功能最齐全、手续最简化的海关特殊监管区域。2019 年，全面建成首期基础设施，签约项目 11 个，协议进出口总额达到 30 亿美元。建成新涪食品公用型保税仓库。招商引资成效显著，新签投资亿元以上项目 35 个，其中战略性新兴产业项目 19 个；投资 10 亿元以上项目 11 个，产值 50 亿元以上项目 6 个②。上述发展平台在工业涪陵建设中发挥了重要作用。

三、工业涪陵产业发展中的痛点和难点

总体上看，涪陵工业处于平稳较快发展阶段，但仍存在传统产业转型升级压力大、新兴产业亟待加快培育、产业集中度有待提升、产业链条延伸不够等影响工业涪陵产业建设的因素。

（一）传统产业转型升级压力大

传统产业产值占规模以上工业企业产值的比重依然较大，技术水平、装备水平还相对落后，相对于当前高质量发展的各项要求还有一定差距，面对激烈的国内外经济形势和竞争市场，低水平生产能力过剩、高附加值产品短缺等问题亟待解决。例如，化肥行业在供给侧结构性改革和环保政策等因素共同影响下，去产能效果逐步显现，供需结构改善，市场由恶性竞争向理性回归，但也面临新的压力。从产业发展看，随着新型煤气化工艺技术进一步成熟，替代传统固定床间歇式煤气化工艺的步伐加快，环保高压态势下的减量提质增效控污将推动化肥行业第二轮产能的淘汰升级，行业竞争压力进一步加大，产业集中度持续提升。从市场发展看，2015 年以来，尿素市场需求量逐年递减，工业需求快速增长，供需矛盾有所缓解。农业需求呈现多元化，

① 重庆市涪陵区地方志办公室提供资料。

② 2020 年涪陵区政府工作报告［EB/OL］.（2021－01－21）［2021－09－20］. http://www.fl.gov.cn/zfxxgk_206/zfxxgk_zfgzbg/202101/t20210121_8794404.html.

控释肥、水溶肥、增效肥、叶面喷施肥等新型肥料发展迅速。随着国家2020年化肥零增长到来，以高肥效、更易于植物吸收的新型肥料代替传统化肥的进程明显加快。因此，2020年是化肥企业转型升级的关键期。再如，在铝产业方面，停建清溪园区电解铝搬迁项目后，原有规模以上企业重庆市正杰铝业有限公司、重庆博鼎铝业有限公司、重庆市涪陵区东发碳素有限责任公司、重庆市东升铝业股份有限公司相继停产，电解铝及粗加工企业前景堪忧。在氨纶产业方面，未来几年，BDO、PTMEG产能仍在增长，特别是随着中美贸易战的持续发酵，对氨纶及氟化工产业出口的负面影响依然存在，行业竞争进一步加剧，能否实现产业转型升级将是市场优胜劣汰的关键因素。

粗放型增长方式仍然存在，节能减排任务依然非常重。传统化工和冶炼企业占比仍然很大，部分企业还没有向新型化工和高纯、高品质冶炼企业转型。高耗能行业占比较大，2018年规模以上工业黑色金属、有色金属及船舶制造三大高耗能行业占规模以上工业企业总产值的17.4%。2017年，单位产值综合能源消费量排前三位的化学原料及化学制品制造、电力热力的生产和供应业、非金属矿物制品业占规模以上工业企业增加值的22.3%，化学原料及化学制品制造工业总产值占规模以上工业总产值的13.33%，而综合能源消费量占规模以上工业综合能源消费量的60.44%，每万元工业增加值消耗的综合能源达到4吨标准煤。粗放发展方式造成工业的能源依赖性强、产出率低，不利于涪陵经济的持续健康发展①。

（二）新兴产业亟待加快培育

战略性新兴产业②是以重大技术突破和重大发展需求为基础，对经济社会全局和长远发展具有重大引领带动作用、知识技术密集、物质资源消耗少、成长潜力大、综合效益好的产业，包括新一代信息技术产业、高端装备制造产业、新材料产业、生物产业、新能源汽车产业、新能源产业、节能环保产业、数字创意产业、相关服务业九大领域③。战略性新兴产业代表新一轮科技革命和产业变革的方向，是培育发展新动能、获取未来竞争新优势的关键领域。2020年，涪陵战略性新兴产业产值452.18亿元，比上年增长17.3%，虽增长较快，但规模不大，亟待加快培育。涪陵战略性新兴产业主要集中在中

---

① 何侍昌，刘开华，吴黎围，等．涪陵经济地理［M］．北京：中国经济出版社，2019：188.

② 严格地讲，战略性新兴产业和新兴产业在概念上是有区别的，本书未作区别。

③ 战略性新兴产业分类（2018）［EB/OL］．（2018-11-26）［2021-09-20］．http：//www.stats.gov.cn/tjgz/tzgb/201811/t20181126_1635848.html.

成药、钢、铝压延加工等技术含量较低的行业，高精尖、高附加值产品少，初级产品多，链条延伸不够，产业运行质量效益、市场竞争力亟待提升。

高技术产业（制造业）是国民经济中 R&D 投入比重相对较高的制造业，包括医药制造，航空、航天器及设备制造，电子及通信设备制造，计算机及办公设备制造，医疗仪器设备及仪器仪表制造，信息化学品制造六大类①。高技术产业有利于促成传统产业技术升级，带动工业化的发展，对区域经济增长具有显著带动效应和辐射效应。2020 年，涪陵高技术制造业产值 170.64 亿元，仅占规模以上工业产值的 10.3%。涪陵高技术产业体量小，对经济增长的引领和支撑作用有待增强。

（三）产业集中度有待提升

涪陵工业园区的集聚度虽然不断提高，但仍然存在“集而不聚”等现象。2020 年，涪陵有规模以上工业企业 286 家。其中，工业园区规模以上工业企业 150 家，虽然产值集中了涪陵区规模以上工业总产值的 96.3%，但在工业园区之外的 136 家规模以上工业企业存在“散”“小”“弱”状况，产业集中度还有较大空间。各工业园区之间发展不均衡。2020 年，除涪陵工业园区 A 区外，其他工业园区产值均不高。各工业园区内产业种类过多，虽然一部分企业形成了有一定规模的垂直产业链，但部分产业间关联度较小、集而不群，产业的集聚能力、辐射作用未得到充分发挥。对入驻企业的资质没有严格考究，招商大项目落地不多、小项目集群不够，这造成产业梯队的发展不够，部分企业质量效益差，加上基础设施还不够完善，缺乏配套服务支撑体系，园区资源还需要进一步统筹、整合。

（四）产业链条延伸不够

工业涪陵产业链存在缺环、断链等现象，产业链条延伸还不够。医药制造业中化学药品具备较强中间体生产能力，但医药制造业缺少原料药及制剂后端链条的延伸；页岩气开发利用产业缺乏钻采平台、生产平台、工程运输和存储设施设备的制造；化工化纤产业中尿素、磷铵、电石、纯碱和烧碱等传统产品存在生产过剩问题，而化工新材料、精细化工发展不足；重要材料存在产业链条不完整、高端材料缺乏、产品附加值不高的问题；新能源汽车产品以中低端为主，缺少附加值高、技术水平高的高端产品，汽车产业关键

---

① 高技术产业（制造业）分类（2017）[EB/OL].（2018-04-01）[2021-09-20].http://www.stats.gov.cn/tjsj/tjbz/201812/t20181218_1640081.html.

零部件配套能力和技术创新能力弱；新一代信息技术产业链结构不完善，上下游互动尚未形成，大部分产品处于价值链低端、附加值不高①。

（五）产业培育能力偏弱

虽然在产业培育方面取得了一定成绩，但是产业培育能力仍然偏弱。与重庆其他区县一样，涪陵工业处于产业培育期，注重的是量的扩张，通过招商引资及降低土地、资源、能源价格等各种优惠政策，在短时期内实现了产业规模的扩大。从现实绩效看，这一策略是有效的，但随着时间的推移，也带来了一些负面效应。一方面，由于在培育期过分追求速度的增长，忽视了质的提升，园区内大部分企业集中在加工环节，产生了低端同质化竞争、低端环节的产能过剩等问题；另一方面，注重对“短平快”高端产业项目的引进，产业形态主要表现为投资驱动和外国装备驱动，忽视了基础研究和技术积累，支撑产业发展的自主创新能力严重不足。

（六）生产性服务业支撑不足

大量研究表明，生产性服务业是工业转型升级的重要基础，也是工业经济高质量发展的必要支撑，但涪陵区相关产业发展迟缓，对工业涪陵战略实施的支撑力度还不够。生产性服务业分类的范围包括为生产活动提供的研发设计与其他技术服务、货物运输仓储和邮政快递服务、信息服务、金融服务、节能与环保服务、生产性租赁服务、商务服务、人力资源管理与培训服务、批发经纪代理服务、生产性支持服务②。总体上看，涪陵生产性服务业供给不足，内部结构不合理。其一是生产性服务业增加值的比例较低，根据《涪陵统计年鉴（2020）》中的相关数据计算，2019 年涪陵生产性服务业增加值占全部服务业比重为 31. 90%，而东部沿海发达地区的生产性服务业占服务业的比重在 50%以上，因此，涪陵生产性服务业与发达地区的差距较大。其二是生产性服务业内部结构性矛盾。当前，涪陵生产性服务业集中在交通运输仓储、金融等传统生产性服务业，而现代物流业、科技服务业、电子商务的集约应用和创新等发展缓慢，份额偏低。

---

① 何侍昌，刘开华，吴黎围，等．涪陵经济地理［M］．北京：中国经济出版社，2019：189-190.

② 生产性服务业分类［EB/OL］．（2015-06-04）［2021-09-20］．http：//www. stats. gov. cn/tjsj/tjbz/201506/t20150604_ 1115421. html.

第二节　工业涪陵产业优化的思路

产业优化包括产业结构优化、产业分工优化、产业布局优化等内容，产业优化的研究通常以产业结构优化为主。学术界普遍认为产业结构的优化包括产业结构高度化和产业结构合理化。产业高度化是以高附加值、高加工度、技术集约化和知识化为主要特征，周振华（1992）认为产业结构高度化是产业结构从低水平向高水平的发展，如由以制造初级产品的产业为主逐级向以制造中间产品、最终产品的产业为主转变，由以劳动密集型产业为主逐级向以资金密集型、技术密集型产业为主转变①。苏东水（2001）认为，产业结构合理化是产业与产业之间协商能力的加强和关联水平的提高，它是一个动态的过程②。因此，工业产业结构的高度化和合理化实际是工业产业结构由低端向高端转变的动态过程。涪陵传统产业占比大，新兴产业发展不足。工业涪陵产业优化思路应从两个方面展开：其一是传统产业的优化思路，通过对传统主导产业技术改造和转型升级实现产业结构由低端转向高端；其二是新兴产业的优化思路，涉及新兴产业的选择、培育和发展。

一、传统产业改造、升级和转型思路

（一）选择传统主导产业

关于主导产业的选择，国内众多学者对其进行了深入的探讨与研究，代表性的选择方法有灰色关联分析法③、层次分析法④、DEA 分析法⑤、因子分析法⑥等。可见，主导产业的选择指标种类较多，没有一个固定模式，且在实

① 周振华．产业结构优化论［M］．上海：上海人民出版社，1992.

② 苏东水．产业经济学［M］．北京：高等教育出版社，2001.

③ 朱颖，吕洁华．基于灰色综合聚类评估模型的黑龙江省主导产业的选择［J］．林业经济，2012（4）：85-88.

④ 牛冲槐，郭春明．层次分析法在选择山西主导产业中的应用［J］．太原理工大学学报，2002（6）：607-608.

⑤ 茹少峰，田真．基于 DEA 模型的陕西省工业主导产业选择研究［J］．西北大学学报（哲学社会科学版），2009（3）：84-88.

⑥ 杨莲．基于因子分析的四川省工业主导产业选择及发展研究［J］．软科学，2014（12）：140-144.

践中往往受到很多因素的制约。因此，在考虑选择传统主导产业时，还须考虑工业发展特点及面临的经济状况、技术水平、经济效益等情况。

按照指标设计的客观性、可比性、科学性、可行性原则，本课题组从产业贡献率、资本产出率、劳动生产率和企业产出增长率 4 个方面构建出涪陵传统主导产业选择指标体系。

首先，建立综合评价模型，即 $G=100\times\sum_{i=1}^{n}w_i\overline{X}_i$。其中，$w_i$ 为第 i 个指标的权重，$\overline{X}_i$ 为该产业第 i 个指标经过消除量纲后的指标值。

其次，借鉴杨浩（2006）[①] 的研究成果得出各指标的权重。考虑主导产业对区域经济的推动作用，产业贡献率被赋予最高权重，产业贡献率权重 0.35；在推动经济发展中，资本比劳动力重要，资本产出率和劳动生产率权重分别为 0.30 和 0.25；企业产出增长率被赋予最小权重 0.10，原因是传统主导产业主要处于成熟阶段。主导产业评价指标体系见表 5-4。

表 5-4　主导产业评价指标体系

指标	产业贡献率	资本产出率	劳动生产率	企业产出增长率
指标计算公式	该产业当年总产值增加量/该地区总产值增加量	该产业当年的生产总值/当年该产业的资产总额	该产业工业增加值/该产业当年的平均从业人员	该产业总产值增加量/该产业内企业个数
权重	0.35	0.30	0.25	0.10

资料来源：杨浩．长三角地区优势产业界定及关联性分析［J］．财贸研究，2006（6）：7-12.

最后，得出评价指标结果。主要以《涪陵统计年鉴（2020）》中农副产品加工业、医药制造业、汽车制造业等 19 个行业的数据为当期，计算出产业贡献率、资本产出率、劳动生产率和企业产出增长率，对指标作无量纲化处理，按照权重加权后得到综合指数，各产业综合指数及位次如表 5-5 所示。

表 5-5　涪陵工业 19 个行业评价指标结果

行业	资本产出率	劳动生产率	产业贡献率	企业产出增长率	综合指数	排序
农副食品加工业	1.01	-0.30	0.66	-0.12	0.45	5
酒、饮料制造业	-0.48	-0.46	-0.09	-0.20	-0.31	14

① 杨浩．长三角地区优势产业界定及关联性分析［J］．财贸研究，2006（6）：7-12.

（续表）

行业	资本产出率	劳动生产率	产业贡献率	企业产出增长率	综合指数	排序
烟草制品业	0.06	0.03	0.42	2.76	0.44	6
纺织业	-1.10	-0.51	-0.10	-0.21	-0.51	16
印刷和记录媒介复制业	-0.40	-0.47	-0.10	-0.21	-0.29	11
石油、煤炭及其他燃料加工业	-1.15	-0.16	-0.72	-2.02	-0.84	17
化学原料和化学制品制造业	-0.47	-0.20	-2.92	-0.98	-1.31	19
医药制造业	-0.07	-0.32	0.86	0.35	0.24	7
非金属矿物制品业	-0.12	-0.42	0.48	-0.06	0.02	9
黑色金属冶炼和压延加工业	1.37	0.32	1.55	2.19	1.25	2
有色金属冶炼和压延加工业	0.29	-0.32	0.19	-0.02	0.07	8
铁路、船舶、航空航天和其他运输设备制造业	-0.32	-0.33	-1.81	-1.03	-0.92	18
电气机械和器材制造业	-0.26	-0.46	-0.13	-0.22	-0.26	10
汽车制造业	0.73	-0.39	1.57	0.24	0.69	3
计算机、通信和其他电子设备制造业	-0.71	-0.44	0.03	0.04	-0.31	13
电力、热力生产和供应业	-0.63	-0.18	-0.15	-0.23	-0.31	12
燃气生产和供应业	2.62	1.60	0.25	0.04	1.28	1
水的生产和供应业	-1.08	-0.53	-0.08	-0.16	-0.50	15
石油和天然气开采业	-0.86	3.75	-0.04	-0.05	0.66	4

说明：根据《涪陵统计年鉴（2021）》整理和计算。

通过定量分析，涪陵工业19个行业中排前五位的分别是燃气生产和供应业、黑色金属冶炼和压延加工业、汽车制造业、石油和天然气开采业、农副食品加工业。剔除工业中的采矿业及电力、煤气和水生产等非制造业，工业涪陵传统主导产业排前五位的分别是黑色金属冶炼和压延加工业、汽车制造业、农副食品加工业、烟草制品业、医药制造业。

（二）传统主导产业要坚持技术改造和转型升级相结合

坚持技术改造。随着涪陵工业化进程的深入推进，未来技术改造在扩大工业有效投资、加速新技术产业化、持续推进产业升级方面的作用将更加凸显。涪陵传统产业扩大技术改造的潜力非常大，要顺应产业升级的方向，以智能、绿色、质量、安全等为重点，持续推进企业技术改造和设备更新，充分发挥现有装置潜力，创造新的价值，要系统分析各套装置运行特点，强化行业对标，通过对装置的改造和优化实施挖潜增效和填平补齐，深挖装置生产效能，做到行业极致，全面提升现有装置竞争力，加快太极集团涪陵制药厂、榨菜集团、三爱海陵、娃哈哈等企业“腾笼换鸟”，置换发展空间，提升装备技术水平，向高质量发展迈进。同时，技术改造不只是技术能力的提升和装备的自动化，还应对研发设计、生产制造、仓储物流、售后服务进行全面改造。

坚持转型升级。涪陵工业经济已经由高速增长阶段转向高质量发展阶段，改造提升传统产业不能再走“粗放型”发展的老路。要顺应产业升级、消费升级大势，紧扣经济高质量发展要求，以供给侧结构性改革为主线，强化创新驱动，提升产品质量和形成品牌效应。要提高劳动生产率和全要素生产率，加快向产业价值链中高端升级。重视保持产业链的完整性，选取食品医药、汽车制造等传统优势产业，推进产学研协同、多链条融合的产业生态模式，补齐延展产业链条，增强产业配套能力，促进集群化发展。要积极引导大中小企业形成稳定的合作关系，建立紧密协作的产业生态体系，建设一批根植性强的先进制造业集群。牢牢抓住科技革命和产业变革演进趋势，坚持以智能制造为主攻方向，深化人工智能、5G、工业互联网等新一代信息技术与制造业融合发展，用新一代信息技术对制造业进行全要素、全流程、全产业链改造。要加快发展智能管理、智能生产和智能服务，推动制造业加速向数字化、网络化、智能化方向转型升级。传统产业要尽快搭乘大数据、智能化的“快车”，争取实现“弯道超车”。积极推进新兴产业与传统产业融合，依靠智能化手段加快传统产业的转型升级发展步伐，不断攀升产业链的高端。

（三）传统主导产业优化具体思路

1. 黑色金属冶炼及压延加工业优化思路

以高附加值铝材和再生铝为突破，重点发展高端铝型材、铝压铸件，推动铝产业逐渐向下游精深加工转型；支持电解铝节能降耗工艺技术应用；支持国丰实业参股渝湘精密机械有限公司，做大做强汽车空调压缩机铸造项目；加快建设重庆万丰汽车铝轮毂二期 300 万件项目和万丰集团西南基地（万丰科技园）；加大招商引资力度，支持先进铜冶炼及加工企业落户涪陵，补齐涪陵铜材发展短板；设立高端钢材研究院，形成研发中心。

利用现有汽车薄板生产优势，积极发展能运用在节能与新能源汽车领域的新一代超高强汽车钢、热冲压用镀层板、超高强帘线钢等，建成西部重要汽车薄板生产基地，实现重庆汽车等装备制造产业高端用材“涪陵造”；向具有特种功能材料和具有高端结构材料领域发展，如高品质冷墩钢、轧制复合板、节能环保装备与化工装备用耐蚀钢等。

2. 汽车制造业优化思路

完善汽车“整车+零部件”垂直配套产业链，引进国内外知名“三电”（电池、电机、电控）关键零部件配套企业来涪发展，支持本地企业开发生产电制动、电转向、电空调及冲换点设备等配套产品。鼓励华晨鑫源、盛时达汽车与三爱海陵、江森电池、美心翼申等零部件企业在研发、采购等层面的深度合作，建立安全可控的关键零部件配套体系，推进华晨鑫源二期建设年产15万辆整车、15万台汽车发动机生产工厂及汽车研发中心建设。

3. 农副食品加工业优化思路

榨菜产业优化思路。发挥涪陵榨菜集团龙头带动作用，做优榨菜产业，推进榨菜集中建池建设进程，逐步淘汰加工户榨菜半成品加工，提高企业榨菜原料自给率，探索环保新技术，引领产业绿色发展，运用膜分离技术、分段脱盐技术和MVR技术，做好青菜头副产物综合利用技术的开发和应用，调整优化榨菜产品结构，拓展榨菜产业深度，做精榨菜产业。推进以榨菜集团为主体的集榨菜科研、现代化生产、参观体验、产品交易于一体的中国榨菜城建设。推进乌江涪陵榨菜绿色智能化生产基地建设，建设年产28万吨榨菜、10万吨泡菜、20万吨川调类酱产品、3万吨榨菜副产物的生产线。发挥涪陵国家农业科技园区这一平台的引领示范作用，积极探索创新现代化经营模式，坚持以科技创新为支撑，以大产业、大加工、大融合为榨菜全产业链发展的关键节点，将其打造成为重庆市规模最大、产业链最完善、配套设施最齐全、科技含量最高的现代特色农业科技示范园区。

粮油肉类产业优化思路。以新涪食品公司和道道全公司为龙头，重点发展精炼菜籽油、大豆油相关产业，鼓励开发花生、花椒、油橄榄、茶树籽、油牡丹等特色食用油资源精炼加工制品；积极发展分割肉、冷却肉、包装肉等肉制品的精深加工产业，大力发展冷链食品，开发方便、安全的熟肉食品，提高调理肉制品、熟肉制品在肉类制品中的比重。

4. 医药制造业优化思路

做优中成药产业，依托三峡库区丰富的中药材资源建设道地药材、大宗药材和濒危药材种植基地，发展核心种植规模优势中药材品种；加大新药研发力度，研究由中药材提取的可作为药物原料的化学成分，开发中药单体成分或复方药品，研究中药先进剂型、精制制剂，提高附加值；开展中成药上市后再评价，加大中成药二次开发力度，开展大规模、规范化临床试验，培育一批具有核心竞争力的名方大药；发展涪陵现代中药产业园，依托太极工业园现有产业、技术优势提升中药现代化创新能力，促进中成药加工能力集中发展，引导建成以现代中药为主的专业性医药产业园。壮大化学药，以制剂和原料药为核心，推动仿制药制剂和原料药研发与产业化，促进新药研制从“仿制”向创制的战略转移，提升中间体生产装备和技术水平；重点支持针对市场容量较大的心脑血管、消化和代谢系统、病毒感染、呼吸系统等疾病药品的研发和上市。

5. 烟草制品业优化思路

加快涪陵卷烟厂技术改造，推动工业互联网平台和智能工厂建设，实现研发、制造、物流全过程数字化、智能化转型；发展低焦油、低烟碱、低一氧化碳的新产品，有层级地提升产品结构。

二、新兴产业选择、培育和成长思路

（一）新兴产业成长的路径

国家已确定的战略性新兴产业包括节能环保、新一代信息技术、生物、高端装备制造、新能源、新材料、新能源汽车等，各地区关于战略性新兴产业的发展规划也纷纷出台。就涪陵而言，科学判断和选择新兴产业发展的主要领域和方向将决定涪陵未来的产业层次和在总体经济发展格局中的战略地位。涪陵新兴产业的选择既要围绕重庆市新兴产业发展方向和支持重点，又要结合涪陵产业基础和区域竞争力。

从表 5-6 中 2017—2019 年涪陵新兴产业总产值年均增速来看，涪陵新能源汽车产业排名最靠前，其后依次是新一代信息技术产业、新能源产业、新材料产业、生物产业、节能环保产业、高端装备制造产业。从 2019 年新兴产业总产值看，涪陵生物产业产值最高，其后依次是节能环保产业、新材料产业、新一代信息技术产业、新能源汽车产业、新能源产业、高端装备制造产业。因此，要继续做大做强生物、节能环保、新材料三大优势支柱产业，进一步提质增效；培育新能源汽车、新能源、新一代信息技术三大先导产业，做实做优增量。

表 5-6　2017—2019 年涪陵新兴产业总产值年均增速

产业	新一代信息技术产业	高端装备制造业	新材料产业	生物产业	新能源汽车产业	新能源产业	节能环保产业
年均增速（%）	59	-74	21	17	486	50	7

说明：根据《涪陵统计年鉴（2020）》整理和计算。

对涪陵新兴产业的选择还可采用德菲尔法，建立包括发展潜力、产业关联、技术资源、比较优势、社会效益、绿色发展 6 个一级指标，以及需求收入弹性、工业增加值增长率、总资产贡献率、产业感应度、影响力系数、研发投入占销售收入比重、技术进步贡献率、技术扩散、市场占有率、比较劳动生产率、就业吸纳率、投入创造的就业率、单位产值能耗、“三废”治理系数 14 个二级指标的评价指标体系，如表 5-7 所示。构建新兴产业评价指标体系后，须从各部门收集数据开展评价指标体系的测算，当然，须根据实践不断修订和完善评价指标体系。

表 5-7　涪陵新兴产业评价指标体系

	一级指标	权重（%）	二级指标	权重（%）
涪陵新兴产业选择	发展潜力	0.30	需求收入弹性	0.30
			工业增加值增长率	0.35
			总资产贡献率	0.35
	产业关联	0.13	产业感应度	0.50
			影响力系数	0.50
	技术资源	0.25	研发投入占销售收入比重	0.30
			技术进步贡献率	0.30
			技术扩散	0.40
	比较优势	0.12	市场占有率	0.40
			比较劳动生产率	0.60
	社会效益	0.10	就业吸纳率	0.50
			投入创造的就业率	0.50
	绿色发展	0.10	单位产值能耗	0.50
			三废治理系数	0.50

说明：作者收集整理。

（二）新兴产业的培育和成长思路

其一是大力推进“两化”融合和数字经济，坚持内培外引并重，强化创新驱动引领，更加注重自主创新能力建设，按照垂直整合一体化集群发展模式，布局实施一批重大项目，加快培育区域性新兴产业集群，全力推动新兴产业倍增发展。其二是构建自主创新环境，培育和发展新兴产业，进一步明确企业创新主体地位，推动企业与研究机构、大学开展合作，支持企业自主创新，围绕智能终端、关键零部件、新材料、生物医药等领域开展“卡脖子”新技术、新产品开发，加快科研成果向生产力转化的步伐。其三是加快推进科技基础设施和公共服务平台建设，构建企业间横纵向的协同发展平台，探索跨区域共建多层次创新平台，共建一批共享设备的“云上实验室”、“飞地”孵化器、重点企业研究院和企业技术中心，逐步建立起“研发在重庆、生产在涪陵；孵化在重庆，转换在涪陵；前台在重庆，后台在涪陵”的分工协作模式，为产业结构调整和优化提供服务。其四是促进产业集群化，着力培育龙头企业，支持开展技术协同创新，引导攻克产业中关键的共性技术难题，并在政策上支持和带动集群品牌化。其五是统筹区域协调发展，以工业园区为主要载体，按照发展大产业链的建设思路，以财税政策为引导，对资源要素进行倾斜配置，努力实现园区对产业链或产业集群的整体优化，增强产业集聚效应，争创集群品牌。其六是进一步发挥新能源、新材料两大优势产业，开展与重庆主城生产性服务业的配套发展，探索生产性服务业上下游的深度协作，强化跨区域园区联动。

1. 做大做强新材料产业

做大做强化工新材料。依托华峰新材料年产 54 万吨已二酸生产线、年产 10 万吨聚氨酯树脂生产线带动聚氨酯下游产业，推动聚氨酯产业集聚，加快建设环已酮、环已醇项目，完善聚氨酯产业链，积极发展聚酰胺产业链，按照发展循环经济的要求，鼓励企业围绕聚氨酯、聚酰胺产业链衍生物发展循环利用项目。鼓励天原化工以氯碱产业的副产品氯化氢、废盐水、四氯乙烯高沸物的循环利用为核心开展研发攻关，实现副产物资源化处理，利用氯气、烧碱、硫酸、苯等生产蒽醌及蒽醌衍生物系列精细化工产品，实施卤水结晶除杂、次氧化锌、六氯丁二烯等六大研发项目，进一步提升研发水平，加强科技创新研发平台建设，努力创建市级氯碱精细化工工程技术研究中心。鼓励元利科技公司利用脂肪醇项目，提高就地消化华峰集团已二酸和副产物二元酸的比例。鼓励同辉科发公司提高生产氧化亚氮和二氧化碳能力，充分利用华峰集团生产过程中产生的尾气，最大限度地减少尾气排放。论证开发以二氧化碳为原料的产品可行性，紧盯前沿工艺技术，延伸产业链，并实现资源综合利用。实施卤水结晶除杂、次氧化锌、六氯丁二烯等研发项目。支持建峰集团发展差异化尿素、氟化工产业，扩能三胺、聚四氢呋喃，通过混改扩展产业链，推进羟甲基三聚氰胺、甲醚化氨基树脂、聚醚多元醇等系列产品开发。支持开展汽车轻量化、医药包装、轨道交通及可降解树脂涉及的特种聚酯及热塑性弹性体等化工新材料领域的研究开发。利用乙炔、BDO 资源发展农药、医药中间体，同时紧密贴合前沿技术，对接生物技术开发等领域。延伸 PTMEG 高端产品，论证发展热塑性聚氨酯材料、新型胶粘剂和密封剂。围绕万凯新材料年产 120 万吨食品级 PET 高分子新材料形成新的产业集群，完善聚酯产业链条。围绕蓬威 PTA 项目，向下延伸发展聚酯、化纤、纺织、服装等纺织产业。

做大做强金属新材料。发挥大朗冶金在铁合金行业的领军作用，持续推进智能工厂、"两化"融合建设，促使数据采集分析、设备物联网、智能物流、智能设备应用、生产监控及指挥系统、生产管理系统实现全面智能化，支撑公司循环经济和智能化建设始终走在同行业前列。围绕华峰铝业 50 万吨铝板带箔精细化项目发展下游汽车制造及工程、电站、家用商用空调冷却系统。鼓励南涪铝精密公司利用在新能源电动汽车全铝合金电池托盘方面的优势开展新能源汽车零部件轻量化研发。

2. 做大做强生物医药产业

做大做强生物技术药产业。稳步推进华兰生物二期生物工程综合项目，将其发展成为重庆市生物制剂研发、中试平台、人源性凝血因子及单克隆抗体产业化基地。支持华兰生物在现有人血白蛋白、静注人免疫球蛋白、破伤风人免疫球蛋白等市级高新技术产品基础上，加快完善产品结构，加快注册申报血液制品，开发人凝血因子Ⅷ、人凝血酶原复合物、乙肝人免疫球蛋白、狂犬病人免疫球蛋白、CLDN18. 2 胃癌的单克隆抗体药物等。引进培育基于免疫抗体技术、蛋白重组等基因工程技术的生物制品和新型疫苗，重点引进重组人促卵泡激素、人绒毛膜促性腺激素、23 价肺炎球菌结合疫苗和金黄色葡萄球菌疫苗等项目。推动葵花药业新品的研发和技术转移，对布洛芬混悬液、参芪颗粒（无蔗糖型）、双虎肿痛宁喷雾剂等单品的中试、稳定性进行考察；

对西甲硅油及乳剂、复方马来酸溴苯吡胺口服液、复方对乙酰氨基酚口服液、缬沙坦氨氯地平氢氯噻嗪片等单品的工艺放大研究；建立西甲硅油及乳剂的生产线；对经典名方济川煎标准煎液及颗粒剂进行开发研究，建立标准汤剂质量标准。依托中宝制药优化银杏叶提取工艺，发展银杏水溶注射剂原料及制剂，打造银杏种植基地、银杏叶提取物、银杏内酯单体、银杏大健康系列品等全优产业链。

做大做强生命健康产业。围绕建设重庆市领先的生物医药、医疗器械、医疗服务等产业目标，重点在普惠精准的人口健康领域实施一批主题专项，突破大品种化学药、新型疫苗、生物制剂、基因检测、高端医疗设备、精准医学大数据、中医中药等技术，提升科技创新和产业创新能力及应用水平。大力开展精准医疗、重大疾病诊疗、中医治未病和康复等关键共性技术，以及基于数字化医疗、移动医疗技术的协同医疗和整合服务模式研究，加强创新药物研发。建设涪陵大健康产业园，积极发挥重庆医科大学、重庆医药集团和太极集团在各自领域的优势，成立药品检测平台和申报机构，建立专科或综合型医院、医药物流配送中心，引进健康产业基金公司等生命健康产业项目。积极培育大健康新业态，建立大健康的理念体系、教育体系、产业体系和服务体系，全面引领大健康产业发展，大力提升全民健康水平。

3. 做大做强节能环保产业

做大做强资源循环利用产业。推动城镇生活垃圾资源化利用，重点发展生活垃圾分类回收与焚烧发电、有机垃圾资源化利用等关键技术与装备，完善建设城镇餐厨垃圾密闭化、专业化收集运输体系，推进餐厨垃圾源头油水分离与在线监控技术，加快发展餐厨废油生产生物柴油、化工制品等技术与装备，继续完善石沱固废生态发电厂功能，进一步提升生活垃圾处置能力，加快推进餐厨垃圾处理设施和城区生活垃圾填埋场渗滤液处理项目建设。推动工业废弃物综合利用，重点发展粉煤灰、矿山尾矿、废水处理污泥、铸造废砂等大宗固体废物的综合利用，开展工业危险废物的深度资源化利用技术研发。推动建筑垃圾资源化利用，开发建筑垃圾综合利用的分选技术和设备，综合利用建筑垃圾生产新型墙体材料、再生混凝土、混凝土制品等建材产品，发展混凝土骨料标准化生产技术，因地制宜建设建筑垃圾资源化利用和处理示范基地。

做大做强环保装备制造业。发展塑料管材增刚增韧专用料、静音管母料、环保石头纸等非金属矿产品在塑料加工中的创新应用，推动庚业科技在降低现有PP、PE产品产量的基础上进行产品结构调整，增加产品种类。发展高效絮凝剂、灭藻剂、破乳剂、杀菌剂等环保药剂及材料。发展烟气脱硫脱硝、高效除尘、恶臭气体和餐饮油烟治理等技术与装备。加快培育土壤污染修复技术装备制造业，推广应用工业企业车间内粉尘、烟尘、油雾、挥发性有机污染物等处理设备。

4. 培育和发展新能源汽车及智能汽车制造产业

培育和发展新能源汽车制造产业。依托华晨鑫源新能源汽车项目，引进吸收高强度、轻量化、低成本、长寿命的动力电池和燃料电池、高效高密度驱动电机、新型电子电气架构、高性能轻量化材料等新能源汽车关键核心技术，提高技术创新能力。布局纯电动汽车、插电式混合动力（含增程式）汽车、燃料电池汽车等新能源整车，以整车带动新能源汽车关键零部件产业，构建动力电池与管理系统、驱动电机与电力电子、网联化与智能化技术等关键零部件技术供给。引导新能源汽车、能源、交通、信息通信等领域企业跨界合作，围绕多元化生产与应用需求建立面向未来出行的新能源汽车与智慧能源、智能交通融合创新平台，提升新能源汽车及关联产业融合创新能力。开展新能源汽车产品质量提升行动，推动本地新能源汽车制造商逐步提升产品档次，引导企业强化品牌发展战略，以提升产品质量和服务水平为重点加强品牌建设。

培育和发展智能汽车制造产业。鼓励华晨鑫源深度开发Ego车联网系统，与华为、腾讯、科大讯飞、海康威视在无人驾驶、AI智能语音、高精地图、微信车机版方面深度合作，进行均衡布局，由汽车制造商向智慧出行服务商转型，打造百万级车主的大数据智能云平台。积极探索基于5G环境的无人驾驶技术，提高汽车产品智能程度和网联水平，着力完善产业链布局，充分利用NB-IOT窄带物联网技术优势，加快推进智能网联汽车示范运用。鼓励华晨鑫源和盛时达汽车的主力车型加快智能化水平提升，围绕汽车后服务发展推进与BAT等互联网企业跨界合作，充分利用大数据、互联网技术实现汽车服务大数据收集、挖掘、分析和处理。积极对接宝马汽车、蔚来汽车等知名车企及宁德时代、力神、精进电动等知名核心配套企业，加快提升智能网联汽车产品档次和产品发展支撑能力。

5. 培育和发展新能源产业

培育和发展页岩气开发产业。在现有页岩气藏综合评价、水平井组优快钻井、水平井分段压裂试气、试采开发、绿色开发五大技术体系基础上，大力推进工程工艺技术集成创新、自主创新。发展钻机、大功率压裂机组、连续油管作业车、PDC 钻头、螺杆钻具等页岩气及配套装备制造业。积极制订页岩气开发技术标准，成熟一项固化一项，将施工做法、工艺流程及时提升为制度、标准和规范。围绕页岩气开发技术体系建设，聚焦页岩气田开发生产，推动重庆页岩气产业技术研究院与相关科研院所共同打造科技创新平台。构建“智能气田”，建立无人值守集气站，借助大数据技术挖掘主要生产指标变化规律、各指标间关系，以及生产动静态参数与指标间的关联等，实现“数据”向“信息”转化，为制订生产措施、配产方案提供依据。延伸页岩气产业链条，推进页岩气在车船应用、燃气发电、化工行业的转化利用，实现页岩气就地转化增值。

培育和发展智能电网产业。鼓励和支持企业研发电网智能调度、智能化变电站和智能化设备的关键技术，研制和生产电网智能化改造的配套产品，加快推进信息化、数字化、自动化、互动化电网建设。推进川东电力金子山风电场 110 千伏送出工程、明家 35 千伏输变电工程、龙耀线改接入石沱变电站 35 千伏线路工程、220 千伏龙桥站 1 号主变扩建工程建设。推进城区快速充电站、充电桩建设。加强电力系统调峰能力建设，加大既有热电联产机组、燃煤发电机组调峰灵活性改造力度，改善电力系统调峰性能，减少冗余装机和运行成本，提高可再生能源消纳能力。

培育和发展风电开发产业。鼓励风电场规模化发展，重点建设单机规模 2 兆瓦及以上的风电场。引进风电装备制造企业，重点发展风力发电机、风叶、主轴、机械传动、风机变频、输变电机组等产品，培育风电整机的本地化制造。

培育和发展光能开发产业。积极推进太阳能利用，培育和发展太阳能产业。在太阳能热利用方面，引进先进高效太阳能热水器、太阳能采暖锅炉、光热发电系统及配套产品生产企业。在太阳能光伏方面，引进晶硅和非晶硅薄膜太阳能电池组件、光伏发电控制系统、光伏海水淡化制备系统、太阳能灯具和半导体照明等产品生产企业，支持太阳能光伏发电项目建设。结合区内的太阳能资源，因地制宜利用具备条件的园区厂房、大型商业体、公共设施、新农村建设等建筑屋顶（含附属空闲场地）资源，落实电网接入条件，合理安排建设时序，引导分布式光伏发电项目有序发展。

6. 培育和发展新一代信息技术产业

培育和发展集成电路及配套产业。以华通电脑印制电路板（PCB）、高密度印制电路板（HDI）产品为核心，推广产业技术研发和应用，研发高密度连接电路板技术、软板及软硬结合板技术，高层数板、High Aspect Ratio Plating 技术，应用 Low Dk & Low Df、High Tg 材料电路板。依托华通电脑、群崴电子、伍尔特电子等积极发展本地集成电路及配套企业，大力推进集成电路上下游企业引培工作，加快形成集成电路及其配套产业链。围绕集成电路应用推进重庆市大数据平台在涪陵区智能硬件、汽车电子、工业互联网等产品上的应用。

培育和发展大数据产业。依托华为（涪陵）云计算数据中心大力实施“云端计划”，加快承接“重庆工业云”平台服务，推动构建地区大数据云平台，鼓励政务、工业、金融等领域数据云端化，持续推动以政务数据为主的数据开放。依托华为等企业品牌效应，积极对接其上下游合作伙伴及中冶赛迪、东软集团、海康威视等行业龙头企业，全面拓展大数据应用。围绕大数据行业应用领域深化大数据在各行业的创新运用，面向政务、警务、教育、医疗、交通、工业等重点领域，形成具有行业特征的大数据解决方案及服务，促进数据资源跨行业、跨领域深度融合，培育大数据增值应用新业态。将涪陵打造成重庆市云计算产业支撑中心、云服务业务承接中心及业务备份中心。

培育和发展软件服务产业。依托互爱科技孵化产业园项目加大招商力度，支持重点企业提升开放运营一体化方面的关键技术服务能力，大力开发推广基于“互联网+”的软件应用产品，培育新兴服务业态，推动网络协同研发设计，发展在线增值服务，拓展产业价值链，大力引进、培育数字内容产业企业，打造数字内容产业集群。依托蒙塔纳科技发展有限公司等推进工业技术软件化工程，鼓励研发计算机辅助设计与仿真、制造执行系统、企业管理系统、产品全生命周期管理等应用效果好、技术创新强、市场认可度高的工业软件产品及应用解决方案。抢抓区块链技术创新应用快速发展的重大机遇，优先推动区块链技术在产品溯源、金融服务、供应链管理、网络安全等领域的应用场景试点示范。依托数资区块链研究院推动区块链技术的研发和应用场景的实际落地，力争在信息登记存证、农产品溯源、政务和金融等领域形成成熟可靠的区块链技术解决方案，努力打造区块链生态圈。

培育和发展智能终端产业。依托深圳赛华摄像头、显示、指纹识别模组和华玮旭智能摄像头等项目建设，按照政府引导、企业主导、市场运作的模式打造智能终端产业研发生产与销售基地。依托重庆汽车、IT 等产业，配套重庆智能终端上下游产业链。加大智能传感器在汽车、智能终端、智慧城市等领域的应用力度。

培育和发展光纤光缆制造及应用产业。依托科宝电缆、特发信息增强产品线多元化能力，研发新型的光纤、光缆产品，推动光缆向轻型、全介质、防鼠防蚁、高阻燃性能、易分支、易接续等多元创新方向发展。把握光纤光缆发展趋势，研发适用于5G无线射频拉远的光缆。积极发展光纤拉丝和光棒制造，向上游延伸产业链。

7. 培育和发展智能制造装备产业

围绕制造业智能化发展需求大力引进智能制造核心装备生产企业，引导企业应用先进制造技术，提高装备保障能力和制造水平。围绕传统制造业改造升级和新兴产业智能制造需求，鼓励外地精密数控机床、3D打印机等先进制造装备企业来涪发展，引进智能机床、激光加工装备等智能制造装备生产企业。聚焦感知、控制、检测、物流等关键环节，加快智能传感与控制装备、智能检测与装配装备、智能物流与仓储装备的研发和引进，增强装备保障能力。鼓励企业应用3D快速成型技术、激光加工技术、虚拟制造技术、微机电系统（MEMS）技术、网络化协同设计及制造技术、基于物联网的远程运维等先进制造工艺技术提高制造水平，推动仓兴达科技精密微特电机的研发和生产，在现有生产线数字化水平基础上进一步提升生产线数字化水平，将现有声波振动电机智能检测系统拓展应用到空心杯、无刷电机产品上，扩大可追溯测试数据的产品种类，实现产品各项检测数据的高效存储管理。积极对接山崎马扎克、德玛吉、因代克斯等行业龙头企业及激光加工装备、在线检测系统装备、可视化柔性装配装备、设备全生命周期健康检测诊断装备、车间物流智能化成套装备等先进制造装备生产企业。

第三节　工业涪陵产业优化的路径

工业涪陵产业优化应着力于强化政策引领，明确产业结构优化的方向；加快集群培育，聚焦产业结构优化的重点；做大做强企业，培育产业结构优化的主体；着力“互联网+”，增强产业结构优化的支撑4个方面。

一、强化政策引领，明确产业结构优化的方向

（一）以高质量发展引领产业结构优化

抓住技术创新这一根本。坚定走自主创新道路，加快构建以企业为主体、市场为导向、产学研深度融合的技术创新体系，从整体上提升工业技术创新水平。

推动传统产业改造提升。分行业制定产业转型升级行动计划，建立涪陵工业企业技术改造综合奖补资金机制，推进新一轮大规模技术改造和设备更新，加速推动石化、材料、医药等传统产业向数字化、网络化、智能化发展。

大力培育新兴产业。聚焦生物、节能环保、新材料三大优势支柱产业和新能源汽车、新能源、新一代信息技术三大先导产业，扶持新兴产业发展壮大。

（二）以工业强区建设支撑产业结构优化

以工业强区建设支撑产业结构优化，工业必须当主力、打头阵、挑重担，战略定位准确、发展路径清晰。牢固树立创新、协调、绿色、开放、共享发展理念，积极融入成渝地区双城经济圈，注重从全局谋划一域，以一域服务全局，坚持实施工业强区战略，聚焦先进制造业和新兴产业，以打造具有较强竞争力的产业集群为总抓手和主要目标改造提升传统产业，培育壮大新兴产业。

二、加快集群培育，聚焦产业结构优化的重点

（一）主攻“三区”

“三区”即涪陵新区、临港经济区和白涛工业区，“三区”是工业涪陵发展的主要阵地和重要载体，集聚了涪陵大多数工业企业，是涪陵工业发展的重头戏、增量形成的主战场。“三区”要坚持差异发展、特色发展、比较优势发展，围绕产城融合、城乡统筹、绿色发展打造综合实力强、产业结构优、质量效益高、体制机制活、生态环境美的功能区，在各自的主导产业下，精准选择2~4个产业基础好、成长性能优、支撑作用大的细分领域，以其作为园区未来特色发展的主攻方向，形成特色产业集群。

1. 涪陵新区

做强汽车产业、食品医药、高端装备、电子信息等先进制造业，发挥产

业协同优势，重点发展智能制造、数字经济等战略性新兴制造业。

以“发展新科技、培育新产业、打造新生态、构筑新动能”① 为主线，积极培育科技企业、研发平台、人才团队三大创新载体，着力建设众创孵化、创新服务、科技金融三大服务平台，强化创新引领、产业升级、高端链接和产城融合，着力构建全国融合创新发展示范区、内陆改革开放重要试验地、成渝地区双城经济圈高质量发展重要动力源和重庆市“一区”带动“两群”的重要支撑。建设全国融合创新发展示范区：突出理念创新、机制创新、管理创新、制度创新，推动产业发展、开放创新、基础设施、公共服务、生态保护等相互融合、协调发展，探索一条产城融合、城乡融合、景城融合、文旅融合的发展新路，形成具有示范带动作用的融合创新发展示范区。建设内陆改革开放重要试验地：以推进投资与服务便利化为重点，深化投融资、行政审批、外商投资、“放管服”等重点领域改革，增强综合服务功能，提升资源配置能力，努力营造国际一流营商环境，增创竞争新优势，加快打造改革新高地和开放新门户。建设成渝地区双城经济圈高质量发展重要动力源：在现代产业、对外开放、公共服务等方面深化与川渝地区的衔接互动，打造成渝地区双城经济圈综合交通枢纽、现代产业集聚区、数字经济应用示范高地，建设引领经济圈开发开放的高能级发展新载体。建设重庆市“一区”带动“两群”的重要支撑：充分发挥区位优势、产业优势、平台优势，推动“一区两群”产业链供应链协同发展，基础设施互联互通，公共服务共建共享，生态环境联防联治，全面提升新区辐射力、影响力和带动力，打造“一区”辐射带动“两群”发展的新引擎。

2. 临港经济区

依托深水良港、铁路枢纽港、公路港、空港和开放口岸，重点发展新材料、消费品工业、现代物流、电子商务、服务贸易、文化旅游等临港新兴产业集群。围绕功能定位优化功能分区，推进港产城景融合发展，构筑“一核三组团”新格局，延续涪陵“青山环抱、绿水绕城、大气磅礴、上善若水”的自然本底和原创气质，着力构建“低碳生态绿色开发示范区、港产城景融合发展新典范”，建设国家生产服务型物流枢纽、成渝地区双城经济圈重要临港产业基地及山水秀色与产业城市融为一体的临港新城，努力打造国家级内

① 重庆涪陵高新区：凝“新”聚力打造国际化创新创业新高地［EB/OL］.（2019-04-30）［2021-09-20］. http：//yun. ce. cn/tj/201904/30/t20190430_ 31979126. shtml.

河临港经济开发区。

3. 白涛工业区

做大做强新材料和新能源两大主导产业链，融通供应链、延伸产业链、做强创新链、提升价值链，建成涪陵高质量发展的重要增长极，加快建成重庆重要的新能源和新材料产业基地，建成国家级清洁能源（页岩气）开发示范区和成渝地区双城经济圈重要的新材料产业集聚区。重点发展铝基础材料、高性能技术材料及精加工产业集群，积极建设西部知名的有色金属产业基地。

（二）做强产业集群

重点产业的做优做强是产业结构优化升级的“火车头”，根据新形势、新情况突出涪陵工业重点产业，精准补链，提升集群竞争力。

清洁能源产业要突出页岩气优势，加快勘探开发、就地转化利用和产业链延伸，贯通区域燃气网络，增设电源点，完善电网建设，力争形成以页岩气为主导的350亿元级清洁能源产业；食品医药产业发展重点是加快榨菜全产业链发展，培育发展火锅食材产业，大力发展特色食用油加工制品、粮食加工产品、肉制品深加工，加快中药新品种、儿童用药开发，引进发展国内市场紧缺的凝血因子Ⅷ、单抗等生物技术药，力争形成以榨菜、中医药、生物技术为主导的500亿元级食品医药产业；新材料产业发展重点是加快完善聚酰胺产业链，围绕聚氨酯、聚酰胺产业链衍生物发展循环经济，力争形成以聚氨酯、聚酰胺为主导的650亿元级新材料产业；装备制造业发展重点是鼓励汽车生产向高端车型提档，发展新能源整车及汽车电子产品等核心零部件，鼓励船舶企业制造高技术船舶，稳步发展输变电设备、整装机械、成套设备等机电装备，力争形成以整车、船舶制造为主导的300亿元级装备制造产业；信息技术产业发展重点是加快相关项目引进，力争形成以集成电路、云计算为主导的100亿元级信息技术产业。

从上述五大产业中打造出2~3个在全国有影响力、有知名度的产业集群，让涪陵的页岩气、榨菜、太极、华峰在全国的能源产业、食品医药品产业、新材料产业中榜上有名。要注重提高产业链条内的企业专业化程度，推进产学研协同、多链条融合产业生态模式，补齐延展产业链条，瞄准产业链条上附加值高的环节，大力发展中高端产业和产业高端。

三、做大做强企业，培育产业结构优化的主体

（一）做优行业龙头

龙头企业是工业经济稳增长、调结构、增效益的中流砥柱，是存量工业提质增效的关键。鼓励骨干优势企业通过壮大主业、并购重组、资本运作等加快发展，在页岩气、华晨鑫源、万达薄板、重庆华峰4家百亿元级企业的基础上，进一步集中要素资源，重点支持太极集团、蓬威石化、涪陵卷烟厂、榨菜集团、能源集团、博赛集团等龙头企业转型升级、做大做强，积极培育一批有潜力的骨干企业转型升级，切实发挥龙头企业对涪陵工业的引领带动作用，为工业高质量发展提供强劲支持。涪陵区工业企业要坚定不移地聚焦主业、突出实业，推动技术、人才、资本等要素向主业和实业集中，不断增强核心业务的资源配置效率、盈利能力和市场竞争力。

（二）做大企业规模

规模以上工业企业是涪陵工业经济转型升级的重要载体，是工业强区的基础所在。在涪陵工业企业中，大企业块头大、个数不多，相比于同处渝西片区的江津、合川、永川、璧山等区县要少，这与涪陵工业大区的地位不相匹配。要加快构建梯次发展格局，认真完善并落实好升规入统企业激励配套政策，支持更多符合条件的企业主动升规、破茧成蝶，做大规模以上工业企业群体，提升涪陵工业整体竞争力。要重点发掘和储备一批成长性好、发展潜力大、创新能力强的中小微企业，走“专精特新”之路，重点支持三爱海陵、葵花药业、华通电脑、科宝电缆、万丰奥威等50家“专精特新”示范企业加快发展，形成一批规模大、竞争力强、产业引领作用突出的“小巨人”。龙头企业要当好“领头羊”，把自身的规模优势、市场优势与中小企业的灵活性、创新性结合起来，有条件的中小企业应服务于大企业的配套，深化产业链对接，推动价值链增值，以形成融合互补、良性循环的产业生态圈，全力推动形成大企业顶天立地、中小企业铺天盖地的发展格局。

（三）助推企业上市

涪陵优质工业企业基础好，既有上市的潜力，又有上市的需求。有条件的企业要加快上市步伐，主动拥抱资本市场，推进科学治理、规范管理，通过上市做大做强。要切实加大对企业改制上市的服务力度，优选企业、重点

培育，分类指导、精准滴灌，梯队培育拟上市企业，支持有条件的企业通过境内外证券交易所上市，到“新三板”“重庆OTC”挂牌，加快把涪陵的企业优势转化为上市资源优势。

四、着力“互联网+”，增强产业结构优化的支撑

（一）推动智能制造赋能企业升级

以智能制造为企业转型升级的重要抓手，推动“涪陵制造”向“涪陵智造”转变。紧抓智能制造发展机遇，广泛开展“机器换人”行动。支持工业机器人及智能制造技术在重点行业领域的推广应用。传统产业要尽快搭乘大数据智能化“快车”，依靠智能化手段，加快转型升级，向中高端迈进。要大力实施“互联网+”“机器人+”“标准化+”，注重“点”“线”“面”结合，开展智能化改造，全面提升特色优势产业，“点”上抓单台设备改造，推动企业“机器换人”；“线”上抓生产线升级，装备成套智能化生产线；“面”上抓系统集成，建设智能工厂、数字化车间，进一步提高生产标准化、自动化、数字化、智能化水平。

（二）发展工业互联网连接跨界资源

平台是工业互联网的核心，是工业资源泛在连接、弹性供给和高效配置的重要枢纽。工业互联网平台借助云计算、大数据、人工智能等赋能制造企业，帮助企业实现降本增效、转型升级。建设“两化”融合示范企业，依托华为云计算数据（涪陵）中心、重庆5G示范试点项目推进工业企业“上云”“上平台”，推进“互联网+”、大数据、人工智能与制造业融合发展。鼓励基础电信企业建设面向制造业企业智能制造应用的宽带网络基础设施，形成低时延、高可靠、广覆盖的工业互联网平台。支持第三方工业大数据平台建设，推动大数据在工业行业管理和经济运行中的跨领域、跨平台应用。支持行业云制造服务平台建设，引导产业链上下游企业共享技术、设备和服务，发展共享经济。

第四节　工业涪陵产业优化的措施

工业涪陵产业优化重在抓住技术创新，技术创新是产业结构合理化和高

度化的内生动力。推动工业涪陵的产业优化，要紧紧抓住技术创新、平台建设、人才培育、数字经济、产品品牌、改革开放、招商引资、绿色发展8个关键点。

一、紧抓技术创新，提升产业灵魂

（一）鼓励企业开展技术创新

大力培育高新技术企业。实施高新技术企业倍增行动，支持招商引进国家高新技术企业，引导存量企业转型升级为科技型企业，大力培育高新技术企业，建立高新技术企业培育库，对培育企业给予有针对性的业务辅导和支持。积极落实鼓励企业创新的优惠政策，调动企业申报高新技术企业的积极性，努力壮大涪陵高新技术企业的数量和规模。

培育科技型领军企业。实施创新型领军企业培育计划。制定培育科技型领军企业的专项政策，围绕“前沿技术、新兴产业、市场需求、人才团队”，按照动态管理和精确、集中、持续支持的原则实施科技型企业“领军”培育计划，培育一批有国际影响力的科技型领军企业。鼓励企业开展基础研究和前沿技术攻关，推动企业向产业链高端攀升。开展行业龙头企业创新转型试点，探索政府支持企业技术创新与管理创新、商业模式创新互动的新机制。实施制造业与互联网融合“双创”平台培育计划。支持创新链企业进行兼并重组、发展新的商业模式，提高企业市场竞争力。着力培育产值过百亿元、研发投入强度超过5%的创新型领军企业，促进企业规模实力显著提升，质量效益大幅提高，创新能力显著增强，成为涪陵科技创新和构建现代产业体系的主要支撑力量。

扶持科技型中小企业发展。实施针对性强的科技型中小企业“壮大”培育计划，帮助企业优化公司治理结构、制定产品推广策略，引导企业加大研发投入，加快关键核心技术突破和产品创新，不断提升企业技术创新能力，扩大创新产品的市场占有率，实现科技型中小企业倍增式发展，分行业、分领域打造一批科技型中小微领军企业。支持科技型中小微企业创业基地、政务信息公共服务平台和创新服务体系建设，推动中小微企业向“专”“精”“特”“新”发展。探索加快发展科技型中小微企业的政策措施，参照重庆市科技型企业和科技“小巨人”标准，落实企业研发费用税前扣除政策、企业自主创新引导专项资金、产业技术创新资金等，推动平台向企业集中、人才向企业集聚、服务向企业集结、政策向企业集成，不断增强企业自主创新能力，构建从“种子企业”到“领军企业”的良性发展梯队，培育一批具有较强竞争力的科技型企业。支持科技型中小微企业向高等院校、科研院所、医疗卫生机构、科技中介服务机构及科学仪器设施服务平台购买科技服务。鼓励中小企业参与建设产业技术研究院，实施产业集群协同创新项目，加强产业链企业配套协作。支持科技型中小企业开展专利权质押融资，鼓励有条件的科技型企业到创业板、科创板上市融资。

（二）实施技术创新提升行动

发展具有核心优势的现代制造产业技术。发展战略性新兴产业技术，深化现代制造产业链与技术链研究，围绕重点产业领域、聚焦核心关键技术、转化重大科技成果，促进产业融合创新，分层推进、梯次发展，突出发展新一代信息技术、高端装备制造技术、节能环保技术，加快发展生物、新能源、新材料、新能源汽车等产业领域的前沿、关键、共性技术，实施战略性新兴产业集群发展，引领涪陵区经济社会健康发展。重点突破智能制造、绿色制造、精密制造等集成技术，提高装备研发和系统集成水平，实现网络化制造技术、云计算、大数据等在制造业中深度应用，重塑制造业的技术体系、生产模式、产业形态和价值链。鼓励企业加强技术研发，提升先进制造工艺水平，组织实施重大技术攻关，推动关键材料、核心部件、整机、系统的协调发展。加快掌握优势产业关键核心技术，支持企业采用先进适用的新技术、新设备、新工艺和新标准实施技术改造，加快新技术产业化。组织实施工业强基工程，支持企业加快研发一批关键基础材料和核心基础零部件、元器件，重点突破关系涪陵区传统产业健康发展的化工化纤、医药、铜铝、能源等基础产品，提升核心基础产品性能和可靠性。

发展生产性服务业。围绕制造业对生产性服务业的巨大需求，加快发展壮大现代物流、金融、电子商务等生产性服务业，提高生产性服务业对制造业转型升级的支撑能力。以港口大宗物流、专业市场物流为重点，积极引进培育物流企业总部，大力发展多式联运、第三方物流等，提高物流智能化水平和产业能级。巩固传统金融业地位，大力发展新兴金融业，加快发展金融外包服务、金融中介服务、金融教育培训等金融配套产业。创新发展旅游、现代商贸、健康、养老等服务业，推动生活性服务业向精细化、高品质转变。以做大做强第三方平台为重点，突出制造业、农业、商贸流通业等重点领域电子商务的普及应用。大力发展跨境电子商务、软件信息服务、保税商品展示及保税贸易、服务外包等新兴服务业。

（三）开展技术创新载体建设

推动骨干企业建立研发平台。加快培育“一个重点企业一个研发平台，一个支柱产业多个研发中心”① 的技术创新平台体系。支持骨干企业建立企业技术中心、工程技术研究中心、重点实验室、工程实验室、博士后工作站、院士工作站等研发机构，开展应用基础研究和前沿技术攻关，创建国家和市级产业创新中心。依托页岩气公司、太极集团、华源鑫源、华峰化工、榨菜集团、攀华集团等龙头企业和研发力量推动整合行业研发创新资源协同创新，推动在页岩气勘探开发、中医药提档升级、榨菜产业转型发展、重要新材料开发、化工化纤精深加工、新能源及智能化汽车开发等重点领域组建行业领先、具有自主品牌的产业技术研究院和协同创新中心，形成可推广、可复制的创建经验。

完善区域孵化体系建设。鼓励园区、企业依据自身发展需求兴办各类孵化器、加速器，特别是符合产业发展方向的专业性孵化加速器。依托涪陵金渠国家级科技企业孵化器着力构建技术研发云平台、科技服务云平台和产业孵化云平台，配套人才公寓和标准化厂房，为涪陵各类众创空间、星创天地、孵化器、加速器提供共性共享支撑服务。健全创新创业孵化体系，顺应“大众创业、万众创新”的新趋势，充分发挥龙头企业、中小微企业、高校、科研院所、行业协会等的主体作用，探索众创、众包、众扶、众筹等创新创业新模式。

发挥涪陵高新区引领作用。以涪陵高新区为核心，围绕长江经济带国家级转型升级示范开发区、科技体制机制改革先导区、创新创业生态引领区等开展示范工作，打造具有开放创新和深化合作交流特色的重庆自主创新示范区，着力将涪陵高新区建设成为市级现代化示范新区、涪陵的开放门户和科技创新中心。大力发展新一代信息技术、新能源汽车及智能汽车、生物医药及生命健康、页岩气勘探开采及综合利用成套设备等装备制造产业，积极培育科技企业、研发平台、人才团队三大创新载体，着力建设众创孵化、创新服务、科技金融三大服务平台，推进实施科创中心、大健康产业园、文化创

---

① 涪陵致力实现从“制造”到“智造”转变[EB/OL].(2018-01-11)[2021-09-20].https://cq.qq.com/a/20180111/009542.htm.

意产业园等重大创新工程，打造涪陵创新升级的主阵地、高端增量的核心区。

推动成立涪陵工业研究院。推动成立涪陵工业研究院，主要进行行业共性关键技术攻关、产业发展论证、专家咨询等，为产业发展破解难题、建言献策，打造集科技资源汇聚、应用技术研发、成果转化和人才聚集于一体的行业公共创新服务平台。发挥工业研究院公共创新平台和服务联合体的作用，积极招院引所、招才引智，通过各种方式引进共建科研机构，培养和引进各类人才，壮大涪陵工业研究院科研实力。按照“成熟一个，启动一个”原则，通过政府引导、龙头企业支撑、联合高校与科研院所在重点产业领域布局一批体制新、机制活、特色鲜明、科技创新能力强、品牌知名度高的行业研究院。为各行业研究院提供平台建设、项目支持、要素配置等，鼓励其开展技术创新，加速科技成果转化，推进行业发展。

二、紧抓平台建设，强化产业支撑

（一）构建平台梯度

构建“产业基地—产业园区—特色小镇—产业社区”的产业平台空间布局体系。以有较大用地空间的国家级和市级开发区、新城、新区等为重点，着力推动建设一批产业基地，将其打造为支撑重庆市战略性新兴产业和先进制造业发展的关键性平台；以各级、各类特色小镇为依托，将其作为改革创新的试验田和科技成果转化的加速器，将其打造为潜力主导产业和未来产业培育发展的主战场；以产业平台中用地空间较小、功能融合度较高的工业园区、创意产业园区、众创空间孵化器等小微企业园为重点，加快培育和发展一批产业社区（产业发展单元），使之成为中小微企业发展的主平台和特色产业发展集聚地。

（二）规范建设标准

制定出台涪陵区产业平台建设标准，按照产业基地、产业园区、特色小镇、产业社区的不同功能定位，分类明确投资强度、土地产出、产值能耗、容积率控制、土地弹性出让年限控制、绿化建设、建筑密度管理、平台内部等建设用地控制标准；明确平台建筑形态准则；明确供水、防汛、供电、供热、人气、环卫、消防、道路等平台基础设施建设要求；明确信息基础设施、数字化智能系统、公共服务平台等信息化建设要求；明确生活型服务配套、中介性服务配套，金融、人才、技术、市场营销等专业服务和行政性服务配套设施等建设要求，进一步引导产业平台建设管理规范化、高效化发展。

三、紧抓人才培育，集聚发展核心

（一）加强高层次人才引进和培养

持续推进“百千万人才引进工程”“海外人才引进聚智工程”“紧缺人才开发工程”等人才引进工程。引进拥有自主知识产权、发展高新产业、带动新兴学科的科技创新领军人才，引进具有发展潜力的中青年专家、科技拔尖人才和行业骨干人才，引进具有发展潜力的大学本科以上学历的专业技术人才和经营管理人才。以重庆市委“百名海外高层次人才集聚计划”为引领，结合涪陵实际，实施“海外人才引进聚智工程”。逐步放宽海外引进人才学历要求和年龄要求，重视专业需求、综合能力和海外工作经历，综合考评回国意愿和实际贡献；完善赴外招聘和区内申报机制，根据项目需要有针对性地引进专业人才。积极引进带着项目、技术的人才及团队来涪从事科研和教学工作，实现产业、项目与人才的有机结合。围绕重点产业和科技优先发展领域的需要，加快培养能够突破关键技术、引领学科发展、带动产业转型的领军人才，着力培养具有自主创新能力的高层次青年人才队伍，打造一批扎根基层的高素质专业技术人才队伍，为实施创新驱动发展战略提供人才保障。加大“国家级百千万人才工程”、“享受国务院政府特殊津贴人员”、“重庆市有突出贡献中青年专家”、重庆英才计划、重庆市学术技术带头人及后备人选的选拔和推荐力度，加大博士后科研工作站申报力度，培育壮大涪陵国家级、市级专家队伍。

（二）建立健全人才发展体制机制

完善人才评价机制，建立健全政府引导、市场主导的创新创业人才评价制度，改进人才评价方式，积极探索由第三方专业机构评价人才的机制。针对从事基础和前沿技术研究、应用研究、成果转化等人员建立分类评价制度，建立适应不同行业、不同用人主体和不同岗位需求的职称评定办法。促进创新创业人才自由流动，建立政府宏观调控、市场主体公平竞争、中介组织提供服务、人才自主择业的人才流动机制。鼓励高校院所和企业加强合作，创新人才流动方式，完善科研人员双向流动转移接续政策，促进科研人员在事业单位和企业间双向流动。鼓励科研人员到企业兼职从事关键技术攻关、科技成果转化或留岗创新创业并保留基本待遇和原聘专业技术岗位等级，保证其依档案工资正常晋升，所获收益归个人所有。加大一线科技创新人才的政策激励，完善落实科技人员成果转化的股权、期权激励和奖励等收益分配政策，推动高层次创新型人才向企业集聚和依靠核心技术自主创业。

四、紧抓数字经济，赋予产业动能

（一）发展数字经济，突出融合发展

将数字产业化、产业数字化作为数字经济发展的重要路径，作为涪陵区经济发展的重要引擎，将数字经济和实体经济深度融合作为主攻方向，用大数据智能化更好地为经济赋能。加快推动数字经济和实体经济深度融合，深化推进制造业与互联网融合发展，加快激发制造业创新活力、转型动力和发展潜力，提升制造业数字化、网络化、智能化水平。加速工业互联网建设，全力推进医药、食品、电子等行业信息系统集成融合、云化改造和迁移，逐步实现企业向数字化和网络化转变、向智能化迈进，围绕优势产业大力发展电子商务、软件服务、物联网、智慧物流等，丰富服务业态，拓宽产品销路，为工业转型升级提供强力支撑。鼓励中小企业充分利用工业互联网平台的云化研发设计、生产管理和运营优化软件，实现业务系统向云端迁移，降低数字化、智能化改造成本。

加快推动产业数字化，一企一策推动企业智能化改造，完善智能制造服务支撑体系，加快提升传统产业发展质效。要加快推动数字产业化，在主体培育、重点产业、补链成群上下功夫，努力培育带动力强的数字产业和龙头企业，加快发展智能制造、云计算、大数据、区块链和文化创意等产业，着力引进一批数字产业领军企业、研发中心、结算中心、企业总部。

（二）发展数字经济，强化支撑保障

聚焦“硬支撑”“软实力”双向发力。一方面推进集成电路、智能硬件、网联汽车、智能装备等硬件建设；另一方面推进大数据、人工智能、软件服务、数字内容等软件产业发展，筑牢涪陵区数字经济高质量发展的基础条件。强化数据支撑，加快数据资源集聚，促进数据顺畅融通，加强数据共享共用，促进数据产生更大社会价值、经济价值。强化基础支撑，加快新型基础设施布局，推进5G基站、互联网、大数据、人工智能等新一代信息基础设施建设。强化平台支撑，发挥高新区数字经济主战场作用，加快引进高精尖项目和高新技术企业，着力打造一批研发创新、创新创业平台，全力打造数字经

济产业园、数字经济人才培养基地，建成重庆市数字经济产业示范园区和有重要影响的数字产业集聚区。

五、紧抓产品品牌，维护企业生命

品牌是一个国家竞争力和国际地位的核心体现，更是企业的生命所在、灵魂所系。作为重庆市工业大区，涪陵以品牌战略推动工业高质量发展势在必行。坚持质量第一、效益优先，大力实施“涪陵制造”品牌提升，把实施品牌发展战略作为推进供给侧结构性改革的突破口和重要抓手，充分激发“涪陵制造”品牌创新创造活力，培育壮大一批具有竞争力的“涪陵制造”产品品牌、企业品牌和区域品牌，实现从“涪陵制造”向“涪陵创造”及“涪陵产品”向“涪陵品牌”的转型，助推新旧动能转换，加快产业转型升级，推动工业由规模扩张型向质量效益型转变、由价值链低端向价值链中高端迈进，为涪陵工业高质量发展提供强力支撑。

（一）实施品牌培育行动

加快培育知名工业产品品牌，支持企业树立“品牌兴企”战略定位，通过提品质、优设计、改形态等途径重点培育具有自主知识产权和市场前景较好的产品，树立“涪陵制造”产品优质形象；深入推广“两化”融合管理体系，利用互联网、大数据等技术手段推动客户参与产品研发、设计、生产，在产品中增加客户元素，实现个性化定制，增强产品质量优势；聚焦客户需求变化和市场新领域，利用新技术、新理念加强对新品类产品研发，培育一批“品类标杆”。加快培育知名工业企业品牌，鼓励企业加强品牌创新能力建设，支持搭建品牌研究、技术研发平台，加强企业品牌基因优化、形象升级、文化挖掘，提升企业品牌培育科学化水平；重点遴选产业基础好、品牌形象优的骨干企业，给予政策支持、重点推介，集中力量打造一批具有较强竞争优势的品牌企业；引导企业将品牌保护贯穿企业品牌建设全生命周期，通过注册商标、提高品质、打击侵权等方式加强品牌保护，维护企业品牌形象，提升企业品牌价值。开展“涪陵制造”品牌探索之旅活动，全面传播品牌知识、展示品牌魅力、创建品牌榜样，擦亮“涪陵制造”金字招牌。加快培育产业集群区域品牌，结合清洁能源、装备制造、新材料、食品医药、信息技术五大支柱产业发展，支持具有明显产业集群特征、较好区域品牌基础的产业集群集聚区，构建区域品牌联动发展机制，发挥政府、行业、专业机构和企业主体的合力作用，统筹组织协调政策资源，形成品牌“抱团式”“板块式”发展态势，加快培育一批知名度高、美誉度好、竞争力强和附加值高的产业集群区域品牌。

（二）实施品牌传播行动

突出需求导向，加快工业企业理念转变，鼓励运用互联网、人工智能等新一代信息技术创新生产和服务方式，立足目标客户功能需求、情感需求，推出个性化产品；组织开展大数据与智慧营销活动，引导企业发掘数据资源价值，实现与目标客户高效耦合，建立需求反馈机制，推动“产品驱动”向“服务驱动”转变；鼓励开展品牌体验活动，紧密结合传统节假日、社会热点搭建目标客户情感纽带，增强本土品牌自信，优化品牌传播效率。激发宣传合力，依托各级主流媒体优势大力实施“涪陵制造”品牌推广工程，集中推介区内优势品牌，提升知名度与附加值；鼓励企业合理利用新媒体平台传递碎片化信息，升级品牌推广能力。

实施品牌强基行动。加强质量管理，推广卓越绩效、精益生产、质量诊断、质量持续改进等先进生产管理模式和方法；强化全流程产品质量在线监控、管理和优化系统的研发应用，提高工艺过程控制能力和效益；加强质量、安全、卫生、环保及节能等对标达标工作，鼓励企业对标国际先进标准或采用高于国家标准的企业标准；积极开展质量管理小组、质量信得过班组等群众性质量提升活动，引导企业树立质量为先、品牌引领意识。提升实物质量，鼓励企业建立产品质量研究中心，强化新技术、新工艺、新材料的创新研发和推广应用，开展质量数据研究，持续改进质量保障管理体系，助推产品向国际国内同类产品先进水平迈进；加强工业产品质量控制和技术评价实验室建设，瞄准国际国内先进标准开展重点产品对标提升行动，推动技术改造升级，及时发布质量分析、质量预警等信息；支持行业协会、大型企业密切跟踪国际国内先进质量技术，开展重点行业和产品质量改进、质量比对等，提升产品实物质量保障能力。

实施知识产权战略。引导市场主体创造和运用知识产权，加大对授权发明专利、专利合作条约（PTC）国际专利的扶持力度。引进和培育知识产权服务机构，建立小微企业知识产权托管服务机制，提升创业企业知识产权保护运用能力。实施专利提升行动，稳步提高专利申请和授权的数量和质量，进一步优化专利申请结构。打造重庆“专利云”平台涪陵区域中心，加强专利成果的对接转化与技术交易。推进知识产权价值评估、质押贷款、担保融资、转让入股等知识产权运营机制建设，促进知识产权货币化交易，盘活企业知识产权无形资产。强化企业知识产权主体地位，支持企业实现知识产权标准化管理，培育一批知识产权优势企业。推进实施技术标准战略，支持企业参与国际、国家、地方和行业标准制定，加强原创性技术攻关中相关质量技术标准的研制。加大专利服务体系建设，完善知识产权中介服务体系。加强知识产权联合执法打击力度，健全侵权假冒行政处罚与刑事司法衔接机制，净化创业创新发展环境。

六、紧抓改革开放，增强发展活力

（一）厚植开放平台优势

加快厚植开放平台优势，以重庆涪陵综合保税区、涪陵高新区、涪陵国家现代农业产业园三大国家级平台引领开放，以国家战略性平台带动开放，依托平台优势扩大开放优势，进而逐渐形成发展优势。

厚植重庆涪陵综合保税区平台。其一是加快重点产业集聚。依托涪陵的产业优势强化国际国内、区内区外联动，注重与重庆其他 3 个综合保税区错位发展、协同发展，突出加工制造业和现代物流业，围绕装备制造、农产品加工和保税物流等重点产业，重点围绕保税加工、保税物流、保税服务三大业态，发展高端食材、进口食品、保健药品的加工贸易，尽早形成基础型产业的集聚，为重庆涪陵综合保税区可持续发展提供强大的内生动力，力争将其建成西南地区独具特色的食品药品加工贸易基地。依托两江新区、经济开发区、高新区等国家级开放平台周边制造业基地、产业集聚区等，提供集原材料供应、中间产品和产品成品储运、分销等于一体的现代供应链服务，推动平台间产业链内集聚延伸和耦合发展。在综合保税区推动发展跨境电子商务、进口商品专业市场、文化保税贸易、保税融资租赁等跨境贸易新业态。发展保税储存、流通增值和分拨配送等保税物流业态，聚合全球供应链渠道商、国际货代企业、供应链运营企业。其二是高水平制定产业规划。结合重庆涪陵综合保税区的产业基础、区位优势和资源禀赋，突出区域特色，按照进口与出口、加工与贸易并重的原则，尽早出台“涪陵综合保税区产业发展规划”，找准产业发展的着力点。其三是高标准完善配套功能。加快综合保税区内高位立体冷库建设，为食品、药品的加工贸易配套冷链仓储设施，同时加快二期标准化厂房及保税仓库的规划建设，为产业发展构筑良好承载空间，筑巢引凤。加快完善综合保税区周边的教育、文化、医疗、卫生、休闲、交通等公共配套设施，融入涪陵新城区科技新城、智慧新城、生态新城、美丽新城建设，就近为入驻企业打造一流生产、生活配套环境，让企业进得来、人才留得住。其四是大力优化发展环境。不断扩展完善综合保税区对外开放通道，探索实施“项目专员制”“服务保姆制”“单一窗口”审批、线上审批等，实现 7×24 小时为企业办理快速通关手续，着力为企业节省运营成本，研究制定“涪陵综合保税区产业发展扶持政策”，加大对入驻企业的政策支持力度。其五是高效率开展精准招商。用足用好扶持综合保税区发展的各项政策，重点围绕综合保税区主导产业做好招商引资工作，特别是围绕产业龙头企业开展精准招商行动，形成抓准一个项目、带动一个产业、形成一个链条的良性发展局面。同时，根据涪陵综合保税区产业发展定位和特色，重点打造食品、医药、冷链物流等区域发展品牌。

厚植涪陵高新区平台。依托“两江三高三铁”对外交通大通道，大力发展外贸经济，壮大外向型产业集群，与“一带一路”沿线国家及地区和平合作、开放包容、互学互鉴、互利共赢，共建“一带一路”，更好更多地惠及沿线国家和地区民众。

厚植涪陵国家现代农业产业园平台。按照“以榨菜产业发展促产业园建设，以产业园建设促全区乡村振兴”① 的思路，着力推动榨菜产业全面升级，强化科技投入，建立榨菜技术研发平台，形成“大生产+精加工+高科技+深融合+强服务”② 的全产业链格局。对国际市场营销网络进行拓展，以涪陵榨菜集团为主体、现有出口榨菜企业为成员组建榨菜出口企业联盟，协同榨菜出口价格，共同拓展国际市场。

积极参与“一带一路”、长江经济带和中新（重庆）战略性互联互通示范项目，对接中国（重庆）自贸试验区建设，主动融入重庆市对内对外开放大格局。健全与中新（重庆）战略性互联互通示范项目管理局合作机制，围绕现代互联互通和现代服务经济发展，力争在金融服务、运输物流、信息通信技术、航空及生物医药等重点合作领域深度开展项目对接。推动区内企业

---

① 涪陵区国家现代农业产业园创建成功[EB/OL].(2020-05-20)[2021-09-20].http://www.fl.gov.cn/zwxx_206/ywdt/202005/t20200527_7486974.html.

② 一碟小菜的产业变革：带你了解涪陵榨菜［EB/OL］.（2020-01-07）［2021-09-20］.https：//baijiahao.baidu.com/s id=1655046476701566666&wfr=spider&for=pc.

到新加坡开展上市、发债、人民币直贷等融资活动，降低企业融资成本，推进跨境物流、跨境电子商务和多式联运等交通物流领域创新合作。

（二）发展开放型经济

大力发展开放型经济是涪陵工业创新发展的重要路径。作为重庆市工业大区，涪陵要使工业强区战略与发展开放型经济实现紧密有效结合，促进工业增长动能转换，助推“一区两群”工业创新发展。

支持企业提升国际品牌影响力。深入实施品牌战略，创新自主出口品牌培育机制，完善品牌促进、保护、推介的政策措施，培育以技术、品牌、质量和服务为核心的外贸竞争新优势。加快培育一批具有全球影响力的自主品牌，支持企业创建出口知名品牌，开展自主品牌国际营销，参与“一带一路”沿线重点国家展会，整体推广“涪陵造”产品形象，打造“涪陵品牌”“涪陵创造”的出口新名片。利用重庆市商务发展资金支持企业开展品牌国际推广，开展境外商标注册、专利申请和技术认证，并购国外品牌企业，建设境外生产基地，建立品牌设计、营销和推广中心，提高自主品牌出口比例。支持出口企业开展科技创新和技术升级改造，鼓励和支持企业按照国际标准组织生产、获取国际认证和参与国际标准制定。

支持企业多元化开拓国际市场。支持企业组合应用展会、跨境电子商务、抱团“走出去”、建立境外营销网络等手段，以“一带一路”沿线国家市场为重点，深入挖掘周边市场潜力，加大国际市场开拓力度，深耕欧美、日本、韩国等传统市场，大力开拓东盟、非洲、南美、俄罗斯等新兴市场。对企业参展参会、国际市场考察、开展跨境电子商务、建设展示展销中心等给予资助和提供便利条件。鼓励大型行业和龙头企业在国外增设分支机构，引导优势产业龙头企业在境外设立组装和生产工厂、研发机构及营销中心，充分利用境外科技和人才资源，开发具有自主知识产权的新技术、新产品，带动战略性新兴产业发展。支持中小企业在境外设立公共销售服务平台，积极帮助出口企业增强国际市场开拓能力。

支持企业优化外贸发展方式。鼓励企业加大技术改造研发力度，推动出口产品升级换代，扩大汽车、薄板、电子信息、己二酸、氨纶、特种船舶等高附加值产品出口。支持进口先进技术、关键装备及紧缺资源，推动产业转型升级和外贸结构调整优化，促进进出口贸易平衡发展。积极发展总部贸易、转口贸易、保税贸易，推动加工贸易向“产业链+物流链”方向深度发展，促进贸易方式优化升级。

支持企业发展服务外包。充分利用综合保税区功能，按照“见项目、见企业、见产品、见交易量、见配套体系”① 的要求，大力发展跨境电子商务、保税商品展示交易、保税贸易。培育、引进、集聚一批具有核心竞争力的市场主体，扩大服务外包规模。创新服务外包方式，积极拓展服务外包行业领域，推进服务外包业务向产业价值链高端延伸。扩大业务流程和知识流程服务外包，大力引进和培育发展软件与信息技术等领域的服务外包业务。加快发展旅游、金融、教育、法律咨询、文化创意、交通物流、科技研发、休闲娱乐、批发零售等领域服务外包。吸引境内外大型服务外包企业在涪设立区域总部、分拨中心、供应链营运中心、结算中心。

（三）完善开放通道建设

大力拓展开放通道，突出抓好与成渝地区双城经济圈和“一区两群”互联互通，强化内部交通建设及金融、数据等“软通道”建设。突出抓好“铁公水”多式联运，不断提升现代物流水平，全力打造中欧班列（重庆）和国际陆海贸易新通道“涪陵集散中心”。突出抓好要素融通，加速人流、物流、资金流、信息流集聚，推动地理平衡中心成为区域经济中心。

打通贸易通道。加快龙头港和铁路运输体系建设，积极与“渝新欧”铁路实现无缝衔接，联通向西国际贸易物流通道，拓展跨国邮包运输和旅游贸易通道。加速推进“两江新区—涪陵龙头港”城市快速通道建设，增强两江新区对涪陵工业产业辐射带动作用，提升开放水平和产业承接能力。规划建设白涛化工园区铁路专用线工程，完善白涛化工园区物流码头功能，打通白涛化工区交通瓶颈。加快建成渝怀铁路复线涪陵至怀化段、推动重庆东至涪陵市域铁路建设，推进沿江货运铁路前期工作，完善涪陵铁路布局，打通涪陵对外铁路交通大通道。

加速物流通道建设。加强工业重点领域双向物流需求现状及趋势研判，科学合理谋划涪陵区物流通道体系建设。发挥港航优势，加快重点物流园区和物流配送中心建设，构建以龙头港、综保区物流园区为核心，李渡、白涛、清溪三大物流园为支撑，城区、新妙、龙潭、珍溪四大物流配送中心为补充的“1+3+4”物流发展体系，融入“渝新欧”国际铁路联运大通道，形成以

---

① 用好开放平台优势，推动服务贸易更快发展［EB/OL］.（2015-07-30）［2021-09-20］. http：//news. sina. com. cn/0/2015-07-30/043032159340. shtml? from=www. hao10086. com.

港口大宗物流为基础、专业市场物流为支撑的现代物流格局。构建重点行业、物流园区公共信息平台建设，依托韵达快递物流基地建设，培育、引进大型物流企业入驻园区。打造外贸分拨、中转、销售、结算中心，创新物流支持政策，引导区内外贸企业积极承揽货源，吸引沿海和长江中下游城市及周边地区外贸货物经涪陵中转“渝新欧”国际班列进出欧洲，提升国际贸易参与度。

七、紧抓招商引资，优化营商环境

招商引资是实现工业经济“无中生有”“有中增强”最直接、最有效的抓手，要把招商引资作为“一号工程”来抓，不断掀起招商新高潮，坚持把选好商、招大商、引强商作为推动工业发展的重要动力。围绕增量夯实发展后劲，进一步完善招商体制机制，创新招商工作方法；坚持“专业化选拔”与“专业化培养”相结合的模式，建立懂专业、懂技术、懂成本的专业化招商队伍。

（一）强化精准招商

以引龙头、补链条、壮集群为方向，聚焦新能源汽车、智能汽车、生物医药、大数据、集成系统、高端成套设备等产业缺失环节，瞄准龙头企业、单项冠军企业，重点引进强链、补链、延链和战略性新兴制造业等项目。不断创新招商方式，大力实施以企招商、以商招商等多元招商，提高招商引资的针对性、专业性和项目落地率。立足制造业项目，要好中选优、优中选强，既注重经济规模，又注重质量效益，既注重当前产业弱项，又注重未来产业方向，提高工业招商引资对优化产业结构调整、促进产业经济增长的贡献度和生态环境融合率。瞄准发达地区、“世界500强”企业、中央企业及区域性和行业性龙头企业，更加主动和全方位对接，做到面上盯信息、专业团队盯企业、区级领导带队盯落地。

（二）强化招商服务

建立完善招商引资预响应和后续服务机制，加强项目落实跟进，全力做好企业服务工作，推动亲商安商工作持久化、务实化，帮助企业排忧解难、安心发展，为企业发展创造更加公平、宽松的环境。

八、紧抓绿色发展，强化发展后劲

涪陵作为重庆市工业大区，不仅要在构筑绿色屏障、建设绿色家园中主动担当、积极作为，而且要把稳绿色方向、作出表率。坚持绿色发展，要深入践行“绿水青山就是金山银山”的理念，以“共抓大保护、不搞大开发”为导向，深入落实“生态优先、绿色发展”战略任务，进一步围绕工业“三区”优化产业布局，少铺“摊子”、多装“篮子”，推动产业项目、生产要素加快集聚，实现土地、能源等要素的集约节约高效利用，着力解决产业发展传统粗放、高耗能高污染等突出问题，扎实推进供给侧结构性改革，破除旧动能、培育新动能，彻底摒弃以投资和要素投入为主导的老路，促进资源集约节约高效循环利用，推进产业生态化、生态产业化，实现“腾笼换鸟”“凤凰涅槃”。

（一）加强环境保护和节能管理

加强工业园区环保审批管理，严格执行环境影响评价和“三同时”制度，强化现有企业污染防治和治理，加大节能减排技术改造力度，对经治理仍未能达到排放标准的依法依规坚决关停。加强建设项目环境影响评价和能耗评价，严格执行环境准入和能耗准入制度，督促企业切实履行节能环保责任和义务，严守生态红线。全面实施排放数据自行监测和信息公开，建立工业污染源监测数据管理和信息发布平台，完善重点工业污染源排放自动监测与异常报警机制，逐步实现工业污染源排放监测数据统一采集和实时公开。推进工业废水重复利用和深度治理，加强工业废气深度治理，加强工业企业厂界噪声达标管控，强化工业企业环境风险防范，推动绿色循环低碳发展，厚植区域竞争优势。

（二）积极构建绿色发展体系

全面推进钢铁、有色金属、化工、建材、轻工等传统产业绿色改造，大力研发推广余热余压回收、水循环利用、有毒有害原料替代、废渣资源化、脱硫脱硝除尘等绿色工艺技术装备，加快应用清洁高效铸造、锻压、焊接、表面处理、切削等加工工艺，实现绿色生产。加强绿色产品研发应用，推广轻量化、低功耗、易回收等技术工艺，加快淘汰落后产品和技术。积极引导新兴产业高起点绿色发展。综合运用财税、市场和法律手段，鼓励和支持企业实行产品绿色设计、绿色制造和绿色包装，鼓励使用绿色材料，规范绿色产品生产。

（三）大力发展循环经济

加快清洁能源、节能环保装备等绿色产业发展，推行企业循环式生产、产业循环式组合、园区循环式改造，积极创建绿色工厂和绿色示范区，支持引导企业开发绿色产品、打造绿色供应链，推动工业绿色转型、绿色升级、绿色发展。支持企业强化技术创新和管理，增强绿色精益制造能力，大幅降低能耗、物耗和水耗。开展工业园区和企业分布式绿色智能微电网建设。推行循环生产方式，促进企业、园区、行业间链接共生、原料互供、资源共享，拓展不同产业固废协同、能源转换、废弃物再资源化等功能，创新工业行业间及与社会的生态链接模式。加快整合工业园区资源能源，努力实现集中供水、供电、供汽和供气，促进资源能源高效集约利用。推动磷石膏、粉煤灰、煤矸石、除尘脱硫脱硝废渣、污泥等大宗工业固体废物综合利用，加快构建区域工业再生资源中心，实现专业性分拣回收利用工业废物。开展绿色工业园区创建示范，积极开展试点低碳工业园区建设，深化园区循环改造，实现园区能源梯级利用、水资源循环利用、废物交换利用、土地节约集约利用，提升园区资源能源利用效率。

（四）积极稳妥去除无效供给

聚焦金属、船舶等重点领域，严格执行国家行业能耗、水耗、生态环保、安全生产和技术准入标准，依法依规淘汰落后产能，支持企业将富余产能转产有市场的相关产品或向外转移，对无法转产或转移的，引导企业通过主动压减、兼并重组等方式退出，用市场的办法化解现有过剩产能。实施负面清单管理，严控新增过剩产能项目。去“僵尸企业”和空壳公司资产。发挥市场机制作用，建立利益引导机制，按照“企业集团内部处置一批、实现兼并重组一批、资产管理公司处置一批、破产关闭一批”[①] 原则分业分类施策。通过有效配置“僵尸企业”和空壳公司资产腾出资源要素、市场空间来支持有前景的企业发展。

① 重庆出台供给侧结构性改革［EB/OL］.（2016-02-28）［2021-09-20］. http：//m.people.cn/n4/2016/0228/c125-6331243.html.

第六章　工业涪陵的企业发展

工业涪陵的企业包括工业、农业和服务业企业。这里主要研究涪陵工业企业的结构、重点工业企业的基本特点及工业企业发展趋势。

第一节　涪陵工业企业结构

涪陵工业企业结构变化的基本趋势表现在规模以上工业企业的数量及其总产值均呈现波动上升态势，规模以上工业企业对工业增加值的贡献度比较高。

一、企业数量及其总产值的基本特征

自2008年以来，涪陵工业在不断增大体量的同时，工业企业结构也在不断调整、优化。由图6-1可以看出，2008—2020年涪陵规模以上工业企业的数量和总产值变动特征。

首先，从规模以上工业企业数量的增长趋势看呈波动上升态势。从数据上看，2008—2011年涪陵规模以上工业企业数大幅减少，由2008年217家减少至2011年140家，减少的原因是从2011年起，规模以上工业企业统计的标准由主营业务收入500万元提高到2000万元。执行新的标准后，规模以上企业的数量仍呈增长态势，到2015年涪陵规模以上工业企业数增至268家，即2015年和2011年相比，规模以上工业企业数量增加了128家。2016年后涪陵规模以上工业企业数量虽有一定波动，但仍在波动中增长。

规模以上工业企业总产值的增长趋势从总体上看也在波动中增长。2008—2016年，涪陵规模以上工业企业的总产值由301.65亿元增长至1616.71亿元。2017年涪陵规模以上工业企业总产值有一定下降，下降为

1508.41 亿元，较 2016 年下降 6.7%。之后，规模以上工业企业总产值逐渐上升，到 2020 年增至 1686.26 亿元。

总体而言，2008—2020 年，涪陵规模以上工业企业的数量及总产值都呈现出在波动中增长或上升的发展态势。

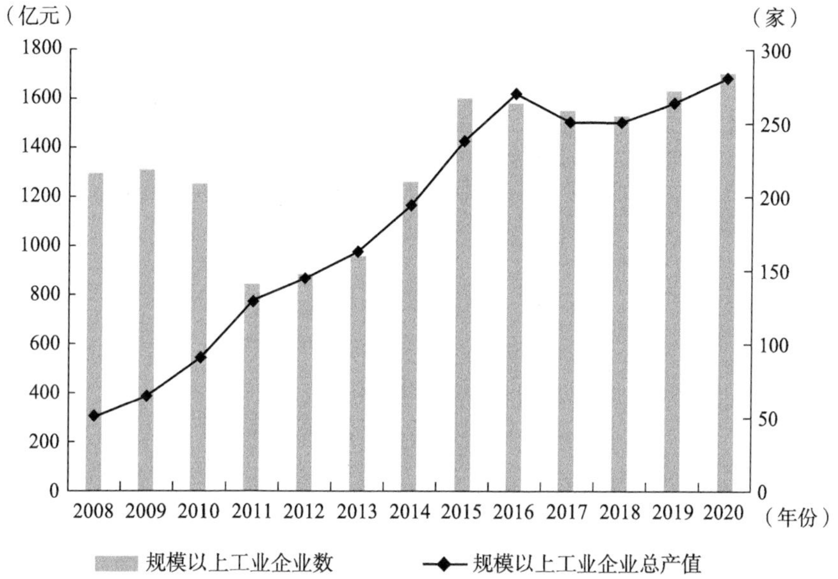

图 6-1　2008—2020 年涪陵规模以上工业企业数及总产值

说明：根据《涪陵统计年鉴（2021）》整理绘制。

涪陵规模以上工业企业总产值占工业总产值的比重，也在波动中增长。由图 6-2 可以看出，涪陵规模以上工业企业总产值占工业总产值的比重由 2008 年 79.65%上升至 2016 年 97.04%，2017 年后有一定下降，由 2017 年 97.00%下降到 2020 年 94.40%。但总体来看，2008 年以来，涪陵规模以上工业企业总产值占全部工业总产值的比重整体上维持在较高水平。

规模以上工业企业平均产值的发展趋势也在波动中上升。由图 6-2 可以看出，2008—2013 年，涪陵规模以上工业企业平均产值从 1.32 亿元上升至 6.12 亿元。2013—2020 年，涪陵规模以上工业企业平均产值经历了“W”形波动，2016 年为波峰（6.10 亿元），2017—2020 年，规模以上工业企业平均产值由 5.79 亿元增长至 6.09 亿元。

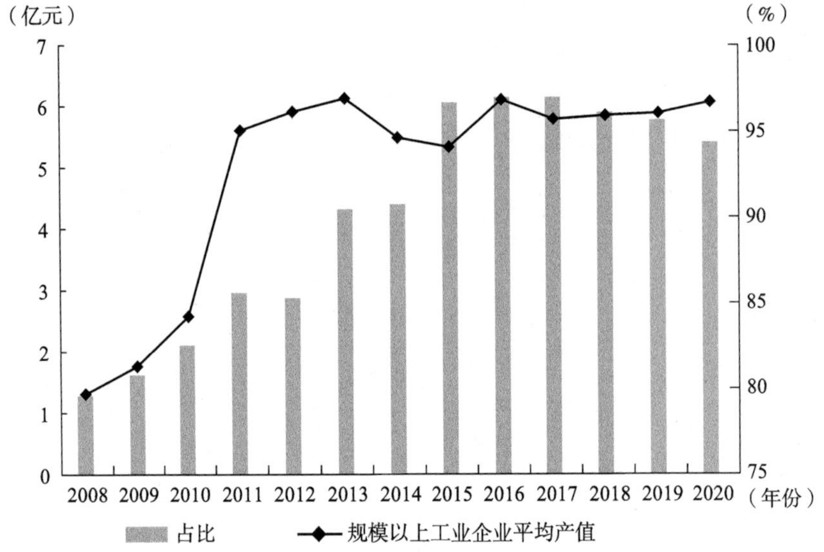

图 6-2　2008—2020 年涪陵规模以上工业企业平均产值及其总产值在全部工业总产值中的占比

说明：根据《涪陵统计年鉴》整理绘制。

二、企业规模结构的变动情况

通过对涪陵规模以上工业企业的结构分析来揭示涪陵区工业企业规模结构的变化趋势。

涪陵规模以上工业企业对全部工业增加值的贡献率较高。表 6-1 可以看出，涪陵规模以上工业企业增加值从 2008 年 108.72 亿元增至 2020 年 480.85 亿元，年均现价增长 13.18%。其中，2008 年规模以上工业企业增加值占全部工业增加值的比重为 76.40%，2015 年升至 97.10%，2020 年有所下降，但仍高达 93.01%。可见，规模以上工业企业增加值对全部工业企业增加值的贡献率维持在较高水平。

高技术制造业和战略性新兴产业发展较快，产值增长幅度较大。高技术制造业产值 2013 年为 85.14 亿元，2020 年增至 170.64 亿元，占规模以上工业企业总产值的比重达到 10.1%。规模以上战略性新兴产业工业总产值 2014 年为 66.80 亿元，2020 年增至 452.18 亿元，占全部规模以上工业总产值的 26.8%。

表 6-1　2008—2020 年涪陵工业企业产值与结构情况

年份	全部工业企业总产值（亿元）	全部工业企业增加值（亿元）	规模以上工业企业增加值（亿元）	高技术制造业产值（亿元）	规模以上战略性新兴产业工业总产值（亿元）
2008	378.72	142.31	108.72	—	—
2009	478.56	159.91	133.53	—	—
2010	650.00	189.53	143.48	—	—
2011	901.60	246.97	222.02	—	—
2012	1013.60	290.94	260.97	—	—
2013	1080.76	325.39	290.25	85.14	—
2014	1287.28	367.93	335.92	91.56	66.80
2015	1480.49	382.97	371.87	156.29	112.66
2016	1666.06	397.14	385.22	204.44	248.99
2017	1547.18	422.27	409.60	138.44	270.18
2018	1568.56	439.00	422.76	154.23	341.57
2019	1657.85	482.89	456.99	178.93	385.54
2020	1786.30	517.00	480.85	170.64	452.18

说明：资料由涪陵统计局提供，1990 年及以后年份增加值数据按第四次全国经济普查结果进行了调整。

三、企业规模类型变动情况

涪陵规模以上工业企业的数量呈现出增长的发展态势。其中小型企业较大、中型两类企业增加的幅度更为明显。由表 6-2 可以看出，在规模以上工业企业中，小型企业数量 2008 年 192 家；从 2011 年起，规模以上工业企业统计的标准由主营业务收入 500 万元提高到 2000 万元。执行新标准后，规模以上工业企业数量也呈增长态势，小型企业数量由 2012 年 106 家增至 2015 年 213 家；2016 年以来，小型企业数量稳步增加，到 2020 年增至 240 家。在规模以上工业企业中，中型企业数量的增长虽然有所波动，但大体维持在 32~36 家。其中，2008—2014 年中型企业数量也在波动增加，由 20 家增加到 39 家；2015—2020 年中型企业的数量总体变动不大，但一直维持在 30 家以上。在规模以上工业企业中，大型企业个数波动较大。2008—2011 年维持 4～5 家，2012 年增加至 12 家，之后除 2019 年外基本维持在 10 家以上。

表 6-2　2008—2020 年涪陵工业企业情况

年份	规模以上工业企业（家）	大型企业（家）	中型企业（家）	小型企业（家）
2008	217	5	20	192
2009	219	4	24	191
2010	210	4	31	175
2011	140	4	32	104
2012	148	12	30	106
2013	160	17	33	110
2014	212	13	39	160
2015	268	17	38	213
2016	265	20	36	209
2017	259	14	38	207
2018	256	12	32	212
2019	273	9	34	230
2020	286	10	36	240

说明：根据《涪陵统计年鉴（2021）》及以前年份年鉴整理。

第二节　涪陵重点工业企业

涪陵重点工业企业形成六大产业体系——材料、清洁能源、消费品、装备制造、生物医药、电子信息，还呈现出集群化发展态势，代表性重点企业可分为战略性新兴企业、高技术企业、传统企业三大类。

一、涪陵重点工业企业发展概况

涪陵重点工业企业形成了六大产业体系，还呈现出集群化发展态势。2015 年，涪陵区形成了六大支柱产业——医药食品、装备、材料、化工化纤、电子信息、能源六大新兴产业，代表性企业 150 家，当年总产值 945. 14 亿元，均值6.34亿元，排名第一的重庆万达薄板有限公司年产值达到166.23亿元。当年总产值超过40亿元的企业分别是重庆万达薄板有限公司、重庆涪陵能源实业集团有限公司、重庆建峰工业集团有限公司、重庆剑涛铝业有限公司、重庆烟草工业有限责任公司涪陵卷烟厂、重庆市涪陵榨菜集团股份有限公司，6家公司的平均年产值高达70.8亿元。六大新兴产业代表性企业23家，当年总产值303.69亿元，年均产值12.65亿元。新兴产业企业中，年均产值超过40亿元的公司有中石化重庆涪陵页岩气勘探开发有限公司、中石化重庆涪陵页岩气销售有限责任公司、太极集团重庆涪陵制药厂有限公司，其年均产值分别为48亿元、48亿元和47亿元。总体来看，2015年涪陵区传统支柱产业占据主导地位，新兴产业占比仅为25%左右。2016年，涪陵区六大支柱产业代表性企业188家，总产值1046.24万元，均值为5.66万元；年均产值超过40亿元的企业有重庆万达薄板有限公司、重庆涪陵能源实业集团有限公司、重庆建峰工业集团有限公司、重庆剑涛铝业有限公司、重庆市涪陵榨菜集团股份有限公司、重庆烟草工业有限责任公司涪陵卷烟厂、华晨鑫源重庆汽车有限公司7家，年均产值为66.71亿元。

2016年，六大新兴产业代表性企业30家，总产值497.31亿元；产值超过50亿元的企业有中石化重庆涪陵页岩气销售有限责任公司、中石化重庆涪陵页岩气勘探开发有限公司、太极集团重庆涪陵制药厂有限公司、重庆金通威科技有限公司、重庆华峰化工有限公司5家，年均产值达到60.23亿元。与2015年相比，2016年涪陵区六大支柱产业企业产值总量进一步提升，六大新兴产业产值规模及所占比重大幅度增加，新兴产业所占比重上升为47.5%。

2018年，涪陵区六大支柱产业代表性企业179家，总产值968.38亿元，均值5.41亿元；年均产值超过40亿元的企业有重庆万达薄板有限公司、华晨鑫源重庆汽车有限公司、重庆市涪陵榨菜集团股份有限公司、重庆中烟工业有限责任公司涪陵卷烟厂、重庆市蓬威石化有限责任公司5家，年均产值71.13亿元。

2017年以来，全国经济下行压力增大，涪陵区六大支柱产业企业产值规模相比之前略有下降，但六大新兴产业——页岩气、新一代信息技术、新能源汽车及智能汽车、生物医药及生命健康、MDI下游、节能环保产值规模继续提高。2018年，新兴产业所占比重上升为50.3%，其中六大新兴产业代表性企业33家，总产值487.03亿元，产值超过50亿元的企业有中石化重庆涪陵页岩气销售有限责任公司、太极集团重庆涪陵制药厂有限公司、中石化重庆涪陵页岩气勘探开发有限公司、重庆华峰化工有限公司4家，年均产值规模达到76.06亿元。

2019年，涪陵区战略性新兴产业代表性企业44家，总产值385.54亿元，平均产值8.76亿元；产值规模超过50亿元的企业有重庆万达薄板有限公司、华晨鑫源重庆汽车有限公司、太极集团重庆涪陵制药厂有限公司、中石化重庆涪陵页岩气勘探开发有限公司、重庆华峰化工有限公司5家，年平均产值76.36亿元。高技术产业代表性企业20家，产值178.93亿元，年平均产值8.95亿元，产值规模超过20亿元的有太极集团重庆涪陵制药厂有限公司、华兰生物工程重庆有限公司2家。

2020年，面对突如其来的新冠肺炎疫情冲击，全区工业企业逆势而上，新增30亿级企业2户、10亿级企业6户、规模以上企业21户，亿元级企业达到125户。清洁能源、新材料、装备制造、食品医药、信息技术五大支柱产业规模以上工业企业227户，完成规模以上产值1611.4亿元，增长6.4%。综上所述，涪陵工业企业已经形成了六大产业体系，并且具备了一定的集群化发展态势。从发展趋势看，涪陵工业企业转型升级和创新性仍然不足，尤其是在数字经济和智能经济等新形态方面还没有形成规模和优势。涪陵工业具有深厚的历史基础，产业体系也比较健全，但如果不能在新发展格局下加快创新升级和动能转化，很容易陷入“吃老本”的尴尬局面。

二、涪陵代表性工业企业及其产品

涪陵区工业企业数量庞大、类型多样，按照2019年涪陵区统计局的统计口径及企业产品属性，从战略性新兴企业、高技术企业、传统企业3个维度来介绍涪陵区代表性企业及其产品。

（一）代表性战略性新兴企业

涪陵区代表性战略性新兴企业主要有中石化重庆涪陵页岩气勘探开发有限公司、重庆华峰化工有限公司、重庆天原化工有限公司、华晨鑫源重庆汽车有限公司、重庆市仓兴达科技有限公司、重庆南涪铝精密制造有限公司6家。

1. 中石化重庆涪陵页岩气勘探开发有限公司

中石化重庆涪陵页岩气勘探开发有限公司于2014年6月30日成立。公司经营范围包括页岩气勘探、开发、销售，按许可证核定事项和期限从事经营；页岩气工程技术服务；技术及信息的研究、开发、应用；工业物资采购、供应；等等。页岩气是富存于富含有机质的泥页岩及其夹层中的，以吸附或游离状态为主要存在方式的非常规天然气，以甲烷成分为主，是一种清洁、高效能源和化工原料，可广泛应用于人类衣食住行各个方面。涪陵页岩气属于优质天然气，其甲烷含量高达98%。

截至2015年底，中石化重庆涪陵页岩气勘探开发有限公司顺利建成50亿立方米产能，年产量攀升至31.67亿立方米。2015年12月10日，国家能源局对涪陵国家级页岩气示范区验收时指出："示范区是我国页岩气勘探开发理论创新、技术创新、管理创新的典范，对我国页岩气勘探开发具有很强的示范引领作用"。公司按照"先期评价、优化调整、滚动实施"思路分步推进二期江东、平桥区块产能建设。截至2017年底，加上华东分公司平桥南区块6.5亿立方米产能，气田累计建成100亿立方米产能，年产量攀升至60.04亿立方米，比2015年增长近2倍。涪陵页岩气通过川气东送管道成为集团公司气化长江经济带行动的重要资源，正源源不断地为沿线6个省2个直辖市70多个大中型城市提供清洁优质能源。2017年12月27日，国土资源部、重庆市、集团公司在涪陵页岩气勘查开发示范基地建设总结会上指出："三方圆满完成示范基地建设任务，取得了我国页岩气勘查开发的重大突破。"截至2018年底，该公司累计生产页岩气214.52亿立方米，销售205.92亿立方米，其产销量持续位居全国第一。

2. 重庆华峰化工有限公司

重庆华峰化工有限公司是中国500强企业华峰集团于2010年6月在重庆白涛工业园区投资注册的子公司，注册资本12.03亿元，现有员工2000多人，是"重庆市100强"企业、"涪陵区综合10强"工业企业和"涪陵区优秀民营企业"，通过ISO 9001质量管理体系认证、ISO 14001环境管理体系认证、OHSAS 18001职业健康安全管理体系认证和国家级"两化"融合管理体系认证等。获评中国石油化工行业和重庆市"绿色工厂"、重庆市"智能工厂"、全国模范职工之家等。公司专注于己二酸系列产品的研发、生产和销售，其中己二酸产品获评重庆市"名牌产品"，并通过国家工业和信息化部第四批单项冠军产品认定。目前己二酸产品总产能达到75万吨，系全球最大的己二酸生产企业。产品远销韩国、日本、印度、以色列、土耳其、俄罗斯、马来西亚、德国等几十个国家和地区。公司拳头产品己二酸是环保型基础化学原料，呈白色结晶粉末状，无毒无味，广泛应用于人们生活中，是尼龙66纤维、工程塑料、聚氨酯泡沫、合成革（PU）、合成橡胶等主要原料，可作为食品酸化剂、酯类增塑剂和纺织品处理剂，可用于医药、农药、香料、黏合剂与助焊剂等生产，是建设未来美好新生活必不可少的中间体材料。

该公司在快速发展的同时十分重视技术创新和环境保护，目前成功创建市级企业技术中心，申请国家专利 42 件，获得授权专利 30 余件，多项技术荣获重庆市科学技术进步奖一等奖及中国石油和化学联合会技术发明奖一等奖，有力增强了公司的核心竞争力。该公司加大资金投入力度，为确保环保和排放达标，建立了完善的 HSE 管理体系，投巨资购买清洁生产和资源循环利用设备，其中二氧化碳回收综合利用项目将制氢装置产生的二氧化碳用于生产食品级二氧化碳，每年减排二氧化碳达 5 万吨。该公司还积极履行企业社会责任，10 年来在抗震救灾、助学助教和环境保护方面捐资 1000 多万元。

3. 重庆天原化工有限公司

重庆天原化工有限公司是一家有着 80 多年历史的民族化工企业，于 1939 年由著名爱国实业家、中国氯碱化工创始人吴蕴初先生将上海天原电化厂内迁到重庆所建。2005 年，重庆天原化工有限公司实施“科学搬迁、创新发展”战略，以“体制创新、技术创新、管理创新、文化创新”为载体，因环保需要由主城区搬迁至涪陵白涛，实现了经济、社会、环保效益的统一协调发展。该公司隶属重庆天原实业集团有限责任公司，是国有全资企业、国家级绿色工厂，占地约 430 亩，现有注册资本 11.25 亿元。目前装置规模为 16 万吨/年离子膜烧碱、8 万吨/年甲烷氯化物、1.5 万吨/年四氯乙烯、50 万吨/年次氯酸钠、6 万吨/年双氧水、MVR 全卤制碱及配套公用工程装置。主要产品为离子膜烧碱、液氯、二氯甲烷、三氯甲烷、四氯乙烯、双氧水、盐酸、次氯酸钠等，其中烧碱、二氯甲烷、三氯甲烷为重庆名牌产品，盐酸、次氯酸钠、液氯为重庆知名产品，食品级氢氧化钠、二氯甲烷、三氯甲烷为重庆市重大新产品。近年来，公司坚定不移地贯彻“创新、协调、绿色、开放、共享”发展理念，充分依托重庆市白涛化工园区优势，秉承“诚信经营、创新管理、以人为本、科学发展”的工作方针，传承“爱国创业、奋发有为”的天原文化，求生存，谋转型，以创新驱动发展，统筹兼顾经济效益、生态效益、社会效益，积极推动发展方式根本转变。其一是以氯碱产业为平台，引入氯碱氢配套产业链。已经建成投产一期 6 万吨/年双氧水项目；与深交所上市公司，国内产品链最完善、产能最大的氟精细化学品生产商——浙江永太科技股份有限公司合资设立了永原盛含氯芳香族化合物项目。其二是以废盐水与副产氯化氢循环利用为平台实现资源综合利用，变废为宝。目前已经建成废盐水离子膜电解实验室、MVR全卤制碱装置、液体氯化钙装置、稀盐酸提浓项目和洗钢废酸综合利用生产三氯化铁项目，正在建设一氯甲烷技改扩能项目。其三是以科技研发、引资合作及盘活闲置资产为平台，走精细化、差异化发展之路。目前正在建设光引发剂新材料、固体光气、噻唑烷酮等医药中间体项目。该公司科研项目“巯基丙酸生产技术创新与应用”荣获重庆市涪陵区科技进步奖三等奖。已建成重庆市市级技术中心、市级技能大师工作室，取得发明专利2件、实用新型专利授权23件，参与制定并颁布行业标准2项。获评“重庆市高新技术企业”，连续3年获评涪陵区“工业创新型十强”企业、“工业成长十强”企业。获评“重庆市技术创新示范企业”“重庆市创新型企业百强”“重庆市市级知识产权优势企业”等荣誉。

4. 华晨鑫源重庆汽车有限公司

华晨鑫源是由华晨汽车集团与东方鑫源集团有限公司合资组建的大型汽车企业，拥有独立的汽车生产资质。总部位于重庆，在北京、上海、深圳、意大利、美国均有市场布局。该公司成立于2012年，拥有完善的设计、研发、制造、销售、服务产业链体系。相继获得国家高新技术企业、重庆市企业技术中心、重庆市知识产权优势企业、重庆市高成长性科技型企业、重庆市工业互联网试点示范企业称号。旗下有SWM斯威汽车乘用车品牌、金杯和SRM商用车品牌，产品涵盖SUV、MPV、微客、微卡、新能源汽车等。在意大利、重庆建有设计中心和研发中心；在重庆涪陵建有年产30万辆乘用车和30万台发动机生产基地，在重庆九龙坡区建有年产10万辆商用车生产基地。目前，公司销售、服务网络覆盖全国1000多个县市，产品远销南美、非洲、中东、东南亚等40多个国家和地区，2018年产值超120亿元，现有员工近2000人。

自2015年开始，华晨鑫源面对市场变化，精准策划推出SUV、MPV、新能源等系列车型。2017年，华晨鑫源实现产销16.2万辆、产值102亿元。2018年，外部经济环境严峻，国内汽车行业整体低迷，汽车产销呈现负增长。华晨鑫源按照年初制订的计划，克服多种不利因素影响，大力实行品牌推广和营销网络建设工作，以产品差异化、市场差异化定位等方式确保公司较2017年同期呈现良好的增长态势。整车生产18.3万辆，同比增长13%，其中商用车增长59%、新能源汽车增长473%，进出口增长112%；实现工业总产值120.04亿元，同比增长23%；整车销售（批发）18.2万辆，同比增长

14%，为2019年发展战略的部署提供了有力支撑。2019年，汽车产销负增长趋势加剧，华晨鑫源采取了多项关键举措，如做优产品和品牌规划，加强市场体系，强化质量管控体系，降本提质。当年整车生产20多万辆，同比增长12%，其中商用车计划完成15.5万辆，同比增长36%；乘用车计划完成5万辆，同比下降27%。

公司主要产品有SWM斯威品牌和金杯品牌。1971年，SWM品牌在意大利米兰创立。20世纪七八十年代，SWM品牌风靡欧美，旗下越野车在意大利常规赛、欧洲常规赛、FMI杯常规赛等高水平赛事中接连取得优异成绩，成为欧洲三大越野车品牌。SWM代表了意大利人高超的造车技术和精益求精的专注精神，成为社会中坚力量崇尚自由和突破的文化符号，是意大利制造业工匠精神的代表。2014年，鑫源集团全资收购意大利SWM品牌，并收购位于意大利米兰的生产基地（原宝马旗下品牌胡斯瓦那），同年在意大利米兰成立SWM斯威汽车设计中心。历经半个世纪的锤炼，SWM于2014年正式迈开进军中国的步伐。2016年7月27日，SWM斯威汽车品牌在751D·PARK北京时尚设计广场发布；2016年8月30日，SWM斯威汽车首款大七座SUV——SWM斯威X7在重庆涪陵SWM斯威汽车制造基地正式上市；2018年8月29日，SWM斯威汽车旗下的战略车型——SWM斯威G01在成都东郊记忆重磅上市；2019年上市的SWM斯威G01F以及大七座SWM斯威G05进一步丰富了产品型谱。SWM斯威汽车秉承意大利顶尖设计和卓越品质，将其作为核心竞争力，以“意式轻奢，德系品质”开启品牌创新之路。金杯产品目前有微客系列、小卡系列、经济适用型MPV系列产品。金杯产品包括精品微客系列（小海狮X30、新海狮X30L），单双排微卡、小卡系列（T20/T22、T20S/T22S、T30/T32、T30S/T32S、T50/T52），经济实用型MPV（750）系列和SUV产品。凭借完善的产品体系和过硬的产品品质，华晨鑫源金杯品牌产品产销2013—2016年实现连续增长，2016年产销突破10万辆，位居行业前三名。到2018年，产销量已突破12.44万辆。2020年前，华晨鑫源金杯品牌旗下陆续推出更具竞争力的MPV和SUV车型，以进一步完善华晨鑫源金杯品牌产品谱系。

5. 重庆市仓兴达科技有限公司

重庆市仓兴达科技有限公司成立于2006年底，注册资本500万元，主营各类精密微特电机，占地70多亩①，已建成面积2万多平方米综合办公大楼，

① 1亩≈666.67平方米。

建成生产线40条，年产能达到5000万台，累计实现产值6.44亿元，销售额5.96亿元，拥有职工423人。先后开发空心杯微电机、圆扁形直流无铁芯振动微电机、无传感器内转子永磁直流无刷电动机等产品，获专利授权14件、获重庆市高新技术产品/重点新产品6项，承担国家科技部技术创新项目1项、市级及区级科技项目多项，被认定为国家高新技术企业。与此同时，仓兴达持续不断地进行管理改进，采用ERP管理系统，先后通过ISO 9001、TS 16949质量管理体系认证，建立了与国际接轨的先进管理制度。公司产品广泛应用于医疗保健、工业自动化、汽车、机器人、飞行器、手机、数码相机、安防设备、可穿戴设备等领域，畅销欧美、日韩众多知名企业。

重庆市仓兴达科技有限公司主营各类精密微特电机，产品覆盖精密直流空心杯电机、声波振动电机、无刷电机、驱动系统、行星齿轮组减速电机、微型空心杯直流电机、圆扁式直流电机、直流铁芯电机、微型步进电机等10多个系列，广泛应用于无人机、医疗保健、汽车、机器人、工业自动化、安防等领域，产品通过母公司销售渠道畅销欧美、日韩众多知名企业。公司主要核心产品中，“声波振动电机”设计采用有刷结构，采用正负交替电流换向实现转子转动方向改变，使转子在定子磁场内做往复式摆动。产品依靠定子与转子之间的磁拉力实现转子初始位置定位，不使用弹簧，克服了弹簧疲劳影响声波振动电机寿命的难题，使产品寿命达2000小时以上，同时产品定子设计中采用一体成型的塑胶架，实现对定子磁钢进行定位、对转子铁芯摆幅限位。产品关键技术已经申请发明专利并获得授权。一种专利名为“一种微型往复式摆动器”，专利授权号ZL201510438795.9；另一种专利名为“微型往复式摆动器”，专利授权号ZL201621261017.3。产品于2019年被认定为重庆市重大新产品，并于同年申请重庆市科学技术进步奖。2018年该高新技术产品销售收入2833.17万元，占高新产品总收入的24.4%，产品技术性能指标达到国际领先水平。

“遥控飞行器用空心杯永磁直流微电机”采用电刷减振技术，产品寿命较市场上同类产品长1倍以上，采用空心杯绕组自动绕线、浸锡、检测一体化及定子自动粘接工艺，在提升生产效益的同时有效提升产品的一致性。产品最新技术已申请知识产权保护。其专利名为“一种空心杯永磁直流微电机”，专利授权号ZL201720413450.2。产品已成功申报重庆市企业自主创新引导专项项目，被重庆市科委认定为高新技术产品。2016年该高新技术产品的销售额达到7257万元，占高新产品总收入的70%，为公司带来巨大效益。“无人机用无刷微电机”在导线上设计了屏蔽磁环，以减小电磁干扰；其转子采用了特殊安装螺钉，以方便客户快速装卸；通过采用无传感器结构、开发磁钢自动化粘接、对转子架先拉升型材后车加工、对机座冲压成型等工艺来降低产品生产成本。“无人机用无刷微电机”关键技术已申请专利保护，专利名为“无刷直流电机的转子支架盘体”，授权号 ZL201521102437. 2。产品于 2015 年被认定为重庆市高新技术产品，2016 年该高新技术产品的销售额达到 1600 万元，占高新产品总收入的 15. 5%，产品技术性能指标与发达国家先进厂家同类产品相当，达到国际先进水平。“直流铁芯电机”采用阻尼脂减振，其换向器使用特殊油脂润滑，从而使该电机产品寿命延长 1 倍以上；采用铜套和特殊轴承设计，使产品可承受的脱落力比同类产品高 1 倍以上，产品可靠性高，具有很强市场竞争力。“直流铁芯电机”关键技术已申请专利保护，其专利名为“一种轴径 Φ2 微型直流永磁电机的铁芯组件”，授权号 ZL201120448810. 5。“直流铁芯电机”产品技术国内领先，被重庆市科委认定为高新技术产品。2016 年该高新技术产品的销售额达到 1055 万元，占高新产品总收入的 10. 24%。

通过企业的一系列高质量发展举措，企业财务指标良好，资产负债率 42%，2018 年企业销售收入达到 11785 万元，其中高新技术产品收入 11606. 2 万元，高新技术产品收入占比达 98. 5%，企业利润总额 528. 2 万元，纳税总额 912 万元。2017 年重庆市仓兴达科技有限公司通过国家高新技术企业的重新认定，被纳入“专精特新”中小企业培育库；2018 年公司研发中心被认定为重庆市中小企业技术研发中心，2019 年通过重庆市数字化车间评定。

6. 重庆南涪铝精密制造有限公司

重庆南涪铝精密制造有限公司是我国在新能源电动汽车电池托盘（底盘）制造行业中生产规模最大、技术研发最领先、技术装备最先进、品种规格最齐全的铝型材企业，是中国汽车轻量化所用材料研发及生产基地。该公司成立于 2015 年 12 月，是由重庆涪陵区能源投资集团与自然人发起的有限公司，注册资本 6200 万元；截至 2018 年 6 月，总资产 3. 27 亿元，已形成年产 30 万台（套）电池托盘（底盘）、年产 5 万套全铝合金整体车厢的生产能力。

该公司是中国新能源汽车电池铝托盘领域的开创者、领军人、行业的标杆企业，其电池铝托盘（底盘）销量居全国第一，目前市场占有率高达 80% 以上，在传统汽车以钢或铁为托盘主要材料的背景下，该公司研制出第一款完全符合国家标准的电动汽车电池铝托盘并获得国家专利，开创了以军工技术——搅拌摩擦焊接方法大规模用于民用制造企业的先河。该公司铝合金电池托盘销往北京、上海、重庆、广东、陕西、安徽、四川、江苏、深圳等新能源电动汽车比较成熟的省市，主要战略合作企业有比亚迪、吉利、广汽、众泰、国轩、中航锂电、小鹏汽车和上海大通等国内大型汽车制造商，先后研发提供了几十种车型的全铝合金电池托盘（底盘）。同时，该公司是国内首家全铝合金整体车厢制造商，主要合作企业有中车、新吉奥、成都雅俊等国内知名企业。该公司已建成生产厂房50000平方米，在建厂房110000平方米，年产值近3亿元，拥有员工上千人，并与中南大学、重庆大学、西南大学、长江师范学院等高等院校建立了紧密合作关系，合作领域涉及项目研发、材料研究、创新发明和人才培养等。公司拥有50多台大型搅拌摩擦焊设备，是国内数量最多、装备最先进的企业，同时具有70多台大型龙门数控，30多套机器人焊接工作台，其制造能力为国内行业第一。

该公司有世界领先的、具有自主知识产权的产品，其中铝合金电池托盘（底盘）技术已达到或超过世界先进水平，其振动、防水性能远超美国特斯拉等知名汽车品牌。是我国汽车结构件中，第一个拥有自主知识产权的电池托盘（底盘），开创了我国用铝型材制造新能源电动汽车底盘的新兴产业。随着国内电动汽车的高速发展，该公司也步入高速发展的快车道，销售收入从2016年不到4000万元快速增长为2018年的近3亿元，增长幅度高达7倍以上；公司的跨越式发展引起了社会资本的广泛关注，该公司于2017年3月引入第一轮A类融资。该公司顺势而发、乘势而为，在新能源电动汽车全铝合金电池托盘方面投入了大量的人力、物力和财力进行研发与创新，经过几年的不懈努力和拼搏，在新能源汽车托盘、电机外壳及整体车厢等领域取得了巨大成就，“新能源汽车零部件轻量化项目”获得重庆市、涪陵区相关部门的高度重视和大力支持。近一年来，该公司新招聘员工700多人，解决了当地大量人员的就业问题，为区域经济的发展和社会稳定作出了积极贡献，得到涪陵区就业局等上级部门的高度肯定和经济奖励。该公司也得到科技部门的肯定，获评“国家级高新技术企业”“2017年重庆市创新创业示范团队”“重庆市科技型企业”“涪陵区创新型十强企业”“涪陵区企业技术中心”“2018年重庆市数字化车间和智能工厂”等，获得重庆市经济和信息化委员会的肯定，拥有专利超过30件，公司的不断壮大必将为我国汽车轻量化、节能减排降耗和新能源汽车的快速发展作出重大贡献。该公司以节能减排为使命，以市场需求为导向，以社会效益为中心，坚持不懈地强化企业生产管理、质量管理，提升企业规范化管理水平，在已取得 ISO 9001 质量认证体系的基础上通过了由国际汽车工作组主导的 IATF 16949 质量认证体系。

（二）代表性高技术企业

涪陵区代表性高技术企业主要有葵花药业集团（重庆）有限公司、重庆科宝电缆股份有限公司、华兰生物工程重庆有限公司、华通电脑（重庆）有限公司、太极集团有限公司、重庆三爱海陵实业有限责任公司 6 家。

1. 葵花药业集团（重庆）有限公司

葵花药业集团（重庆）有限公司成立于 2007 年 3 月，注册资本 5000 万元，占地面积 4.9 万平方米，现有员工 400 多人，是全国著名企业、“全国医药产业 30 强”企业、民营股份制医药企业集团——葵花药业集团旗下子公司[①]。“葵花牌”被国家工商行政管理总局评定为“中国驰名商标”。公司拥有和引进国内外先进制药机械设备的胶囊剂、糖浆剂、颗粒剂、喷雾剂、口服液、散剂等 8 个剂型生产线，30 多个品种，所有剂型的生产线均获得国家 GMP 认证，年生产能力达到 10 亿元。获得广泛好评的品种有：小葵花儿科用药系列（健儿消食口服液、小儿咳喘灵口服液、小儿百部止咳糖浆、小儿智力糖浆、婴儿健脾散[②]、小儿止咳糖浆、小儿氨酚黄那敏颗粒、小儿化痰止咳颗粒）、双虎肿痛宁喷雾剂（独家品种）、天菊脑安胶囊（国家三类新药）、消炎退热颗粒、夏桑菊颗粒、鸢都感冒颗粒、桑菊感冒颗粒、参芪颗粒等。

重庆葵花于 2015 年 5 月整体搬迁至新厂，在设备自动化升级上突破较大：颗粒剂生产从辅料粉碎、沸腾制粒到颗粒分装都采用真空输送系统，这是国内最先进的无尘化生产理念，对洁净区环境、产品质量均有很大的提升；糖浆、口服液生产线由老厂的手工装盒升级为自动装盒，从而提高了生产效率、降低了生产成本、避免了手工误差；引进了颗粒条状包装线，从分装、逐袋称重、装盒、装箱到码垛实现了全线自动化，该包装线目前是国内最先进的颗粒全自动生产线；引进了国内最先进的空调系统，实现了全自动控制，能够保持生产车间恒温恒湿，洁净级别高，产品质量稳定。

2018 年，葵花药业集团完成产量 38.35 万件，营业收入 2.99 亿元，利润总额 6679 万元，上缴税金 3999 万元。历经 12 年发展，该公司已采用 ERP、

---

① 根据葵花药业集团官方公布资料整理。

② 其微粉细粒型属国家专利药品。

NC 等软件信息系统，并在企业计划、财务等方面取得良好效果。但是，随着市场需求的个性化、复杂化，以及不断增长的生产成本，ERP 等软件系统已经远不能满足现代社会和行业发展的需要。从 2017 年起，在自动化办公上，葵花药业集团推行了电子化办公，目前电子化办公率已覆盖 90%以上（除关键的报告及合同外均实现无纸化）；在生产上启动实施了 MES（生产制造执行系统）、WMS（仓库管理系统）及提取 DCS 等系统。

2. 重庆科宝电缆股份有限公司

重庆科宝电缆股份有限公司成立于 2007 年 11 月，占地 200 亩，建有 40000 平方米的现代化智慧节能厂房及 10000 平方米的办公及生活区，当前已具备年生产能力 30 亿元的规模。该公司系国家级高新技术企业，拥有当前国内先进的矿物绝缘耐火特种电缆生产线、三层共挤交联生产线等先进生产体系，在防火电缆产品技术研发与设计能力等方面在行业中均处于领先地位。该公司“科宝”品牌产品主要有：矿物绝缘（刚性、柔性）阻燃耐火特种电缆、35kV 及以下交联聚乙烯绝缘电力电缆、架空线、绞线、聚氯乙烯绝缘控制电缆、绝缘电线六大系列产品。其中阻燃耐火特种电缆系重庆市高新技术产品，矿物绝缘特种电缆系重庆市重点新产品、重大新产品、高新技术产品、名牌产品。当前，该公司拥有发明专利 2 件、实用新型专利 21 件。该公司系国家级“高新技术企业”“重庆市技术创新示范企业”，2015—2017 年获评“涪陵区创新型企业十强”、“涪陵区非公十强企业”、“涪陵区优秀民营企业”、捐资助学“爱心单位”。该公司“科宝 KB”商标荣获重庆市“著名商标”，其产品获得“重庆市高新技术产品”“重庆市重点新产品”“重庆名牌产品”等荣誉称号，其技术中心被认定为“重庆市认定企业技术中心”“特种电缆工程技术中心”。该公司产品先后通过 ISO 9001-2008 质量管理体系认证、ISO 14001-2004 环境管理体系认证、GB/T 28001-2001 职业健康安全管理体系认证、国家强制性产品认证。

该公司产品主要销往全国各省（自治区、直辖市），出口到菲律宾、埃及、坦桑尼亚、博茨瓦纳等国家。系北京、广东、江苏、重庆、四川、江西、湖北、湖南、陕西、甘肃、青海等电网主要供应商之一，近两年多次在北京、江苏、重庆、湖北、湖南、青海、甘肃等电网中标，并与龙湖、华润、保利、龙光、中南、华发、中房、金科、华宇等全国性房地产公司、集团用户建立长期战略合作伙伴关系。该公司特色产品柔性矿物质绝缘防火电缆产品是继二期重型铜芯矿物质绝缘电缆产品开发成功以来又一个新的特种电缆产品。该研制项目于2017年底实施，2018年5月成功投产面市。该公司柔性矿物质电缆的BTLWERZ（BTLY、NG-A）、WD-YTTWY（YTTW）、BBTRZ三大系列产品均通过重庆市高新技术产品认定，并获得重庆市高新技术产品称号。它们主要应用于各类建筑物的消防设备、防火电梯、重要建筑或人员密集的建筑物中设备及照明系统，具有独特的优势和优良性能，已在市场中得到用户的普遍认可。

3. 华兰生物工程重庆有限公司

华兰生物工程重庆有限公司是重庆市唯一一家血液制品生产企业。一期生物制品项目设计规模为年处理健康人血浆1200吨，总投资9.2亿元，二期综合项目及生物工程中心疫苗、单抗、激素类产品目前处于研发和申报阶段。重庆市生物工程技术中心目前已全面建设完毕，项目计划总投资约6亿元。该公司全面投产后将是目前国内乃至整个亚洲规模最大、品种最全、自动化程度最高的血液制品企业。该公司已在重庆市武隆、开州、忠县、潼南、彭水、巫溪、石柱、云阳8个区（县）建成14家单采血浆站（含6家分站）。

2019年，华兰生物工程重庆有限公司完成各项工艺技术改造、新工艺推广、新产品开发等科技项目50多项，发明专利5件，实用新型专利17件，“新药创制”重大专项3项，按照现有血浆处理技术可从一袋血浆中分离出11个产品、34个规格。该公司每年将销售收入的3%~5%投入研发，以提高血浆综合利用率和产品附加值；自投产以来累计投入研发资金1.08亿元；不断开发新产品，目前有4个产品、13个规格。通过研发、创新提升吨血浆附加值达到15%左右，其中人血白蛋白、静注人免疫球蛋白、破伤风人免疫球蛋白被评为重庆市级高新技术产品，破伤风人免疫球蛋白在国内市场占比22.71%，全国排名首位；人血白蛋白在国内市场占比6.67%，全国排名第六；静注人免疫球蛋白在国内市场占比7.33%，全国排名第五。2017年已取得人凝血因子Ⅷ、人凝血酶原复合物临床批件。目前在研发乙肝人免疫球蛋白、狂犬病人免疫球蛋白、人纤维蛋白原等产品。公司现有“一站、两中心、两个联合实验室”，与中国科学院、中国人民解放军军事医学科学院合作建立研发中心，这为公司在血液制品及菌、疫苗项目的研发、生产方面搭建了强有力的科研和孵化平台。

2019年上半年，华兰生物工程重庆有限公司实现销售收入6.6亿元，同比增长57.14%，上缴税款5616.58万元，同比增长54.44%。全年实现销售收入12亿元，上缴税款1.2亿元。2015—2019年公司经营总体上呈平稳上升趋势，5年内产品的技术改造和转型给公司带来更可观的经济效益。华兰生物是从事血液制品的研发、生产和销售的高新技术企业。其产业遍及重庆、四川、广东、河南、北京等9个省（市），药品主要用于临床急救、军用储备，市场占有率、覆盖率位居全国同行业前列，并出口至东南亚和拉丁美洲等地区，该公司已成为中国最大的生物制品研发、生产企业。其主要产品有人血白蛋白、静脉注射用人免疫球蛋白、破伤风人免疫球蛋白、人免疫球蛋白、乙肝人免疫球蛋白、狂犬病人免疫球蛋白、人凝血因子Ⅷ、人凝血酶原复合物等。

4. 华通电脑（重庆）有限公司

华通电脑（重庆）有限公司成立于2012年5月，于2014年7月投产运营，注册资本9500万美元，目前投资总额2.85亿美元，占地250亩，现有员工2100多人，专业生产印制电路板（PCB）、高密度印制电路板（HDI），研发高密度连接电路板技术（Anylayer），覆盖电路板的设计、研发、加工、生产、销售等业务。该公司产品广泛应用于笔记型电脑类电路板、移动电话电路板、通信/网络类电路板、消费电子类电路板等领域。主要客户为苹果、华为、摩托罗拉、OPPO、vivo、中兴、小米等世界一流电子生产厂商。其产品几乎涵盖全部IT企业，其中公司生产的手机PCB板的全球占有量达到12%，并有逐年增长的趋势。其产品主要出口地为美国、巴西、中国香港、中国台湾及中国大陆保税区等。

华通电脑公司自成立以来坚持专注以高阶HDI印制电路板为经营核心，一直进行新产品和新技术的研发工作，不断完善技术评估体系，增强核心竞争力。为顺应电子产品轻薄短小的趋势，已开发线宽及间距达到25微米、填孔（Copper Fill）、迭孔（Stack Via）等高密度连接电路板、软板及软硬结合板技术，高层数板、High Aspect Ratio Plating 技术，能够应用 Low Dk & Low Df、High Tg 材料电路板，在PCB行业一直处于业界领先地位。积极开展产学研合作，与重庆理工大学等建立产学研合作关系，构筑公司高精尖人才引进通道，拥有较强的研发队伍。同时积极参与国际学术交流与科研合作，紧跟国际前沿科学技术，开展具有国际先进水平的科研课题，吸取国际上相关现代技术及实验室建设的宝贵经验，不断提升公司研发水平。2019年，华通电脑公司拥有专利60余件，其中发明专利50余件，先后获评重庆市100家

“专精特新”中小企业、“重庆市进口30强”企业、“涪陵区优秀民营企业”、“专精特新”中小工业企业等。2018年，华通电脑公司实现产值13.2亿元；入选2019年重庆市重点电子配套企业名单。

5. 太极集团有限公司

太极集团有限公司（简称太极集团）是“中国企业500强”企业，“中国医药工业10强”企业，资产500亿元。“太极”（TAIJI）为首批中国驰名商标，OTC品牌药企第一名。太极集团拥有10000多家药房、13000多名员工、20多家医药商业公司、13家制药厂及太极医药研究院和重庆中药研究院两大研发机构，产业涉及中西成药及生物药制造业、医药商业、中药材种植养殖业、大健康产业。拥有博士后工作站、国家级企业技术中心、院士专家工作站。现有中西药品种1500多个、全国独家生产品种50多个、获国家中药保护品种50多个、国家基药品种165个，获国家专利120件、年销售额逾亿元的品种15个。太极藿香正气液市场占有率40%，2016年单品销售额突破10亿元，计划未来10年单品销售额突破200亿元，行销50个国家和地区，成为“中华第一药”。

重庆涪陵制药厂有限公司是太极集团麾下融中西药、食品、保健食品、化妆品、消毒剂的研发、生产、销售为一体的国内知名大型制药企业，是国家火炬计划重点高新技术企业、国家创新型试点企业、涪陵区企业技术中心、太极集团麾下的核心生产企业。拥有中药提取等重庆市数字化车间1个、高新技术产品7个，“太极”中国驰名商标和“山水”牌重庆著名商标，职工总人数3100多人，有执业药师104人、中级职称105人、高级职称48人、高级技师256人，总资产逾93.58亿元，生产糖浆剂、合剂（含口服液）、滴丸、胶囊剂、软胶囊剂、片剂、颗粒剂7个剂型及化学原料药、保健食品及化妆品等73类品种规格，其中独家生产品种规格16类，有发明专利品种41件、实用新型专利3件。其石谷溪片区以中药前处理加工及提取浓缩生产为主，南湖片区以中药后工序加工和内包材的生产为主。2018年实现产值73亿元，同比增长19.8%；2019年实现产值80亿元，同比增长9.7%。

太极医药城A区是太极集团全力打造的重要增长极，位于涪陵新区银滩路1号，总投资约26亿元，占地面积783亩，总建筑面积约40万平方米，目前已完成海外制造中心、前处理车间、动力车间等基础设施建设，其中制剂车间总建筑面积10万平方米，是世界第二大单栋制药车间，主要生产生物制剂、冻干粉针、片剂、中药胶囊剂、丸剂、颗粒剂、口服液等，其重庆桐君阁药厂有限公司拥有口服液体制剂、中药口服液固体制剂 2 个重庆市数字化车间。届时，太极医药城将建成面向东盟、南亚、中东、南美市场的太极藿香正气液生产基地，以及西南药业面向美国和欧洲市场的生产基地，成为全国委托生产量最大的西药生产基地，年产值约 100 亿元，实现利税约 10 亿元。为贯彻落实重庆市人民政府关于深化全市国企国资改革方案，太极集团有限公司在 2019 年 2 月正式启动混合所有制改革。2020 年 11 月，太极集团实控人由涪陵区国资委变更为中国医药集团有限公司，最终控制人变更为国务院国资委，太极集团成为央企在重庆的上市公司。

6. 重庆三爱海陵实业有限责任公司

重庆三爱海陵实业有限责任公司 1946 年始建于上海，1965 年内迁至重庆涪陵，是中国历史最悠久、产销规模最大、市场占有率最高的汽车发动机进排气门产品制造商，是奥迪/大众、通用、福特、宾利、一汽轿车/锡柴/大柴、广汽丰田、北汽康明斯、长安、吉利、BYD 等全球及国内众多知名品牌汽车的战略合作伙伴，被评为“国家高新技术企业”“中国驰名商标”“中国内燃机零部件行业排头兵”“全国工业品牌培育示范企业”“重庆民营企业 100 强”“涪陵区综合十强企业”。该公司已通过 IATF 16949 国际质量管理体系、ISO 14001 环境管理体系和 ISO 45001 职业健康安全管理体系的认证审核。自主拥有一流的产品设计和验证能力；自主拥有一流的材料、工艺及装备的开发能力和验证能力；具有齐全的、达到国际先进水平的各类检验试验设备。该公司占地面积 213200 平方米、建筑面积 120000 平方米，具有年产进排气门 2.3 亿只的能力，主要产品为汽车发动机进排气门。

2020 年，重庆三爱海陵公司在国内市场占有率 36%、全球市场占有率 11%。未来将重点扩展海外市场，实现海外市场占有率 70%~80%。“十四五”期间，汽车将进入全面普及和升级换代的新时期，将带动汽车市场新的发展，作为汽车发动机配套的气门企业前景可期。公司的技术优势体现为：具有独立自主的开发能力，所有开发、验证、样件制造过程都在公司内部完成，具有与国内外高端客户同步开发的成熟经验。公司未来规划继续做专做优做精气门产品，成为全球最优秀的汽车发动机气门制造企业，面对未来新能源汽车会对燃油车市场造成冲击的客观事实，做好油电混动气门技术储备和研发。2020 年，重庆三爱海陵公司产值 23.8 亿元。

（三）代表性传统企业

涪陵区代表性传统企业主要有中粮油脂重庆工厂、建峰工业集团有限公司、重庆市涪陵榨菜集团股份有限公司、重庆川东船舶重工有限责任公司、重庆新涪食品有限公司5家。

1. 中粮油脂重庆工厂

中粮油脂重庆工厂成立于2002年10月28日，位于重庆市涪陵区龙桥街道，前身由新加坡长城投资公司投资创建，于2004年4月28日正式投产，2018年7月并入中粮油脂西部区。公司注册资本1200万美元，累计投资3.2亿元，占地137.4亩，主要从事大豆压榨、精炼植物油，中、小包装油灌装及油、粕销售业务。公司加工大豆2500吨/日、精炼植物油600吨/日、灌装250吨/日。包装油仓储能力1200吨，大豆筒仓储存能力5.4万吨，散油罐储能力2.3万吨，豆粕仓储能力2万吨，南京中转大豆仓储能力3.6万吨。公司秉承安全至上、质量第一的管理理念，目前已通过ISO 9001、ISO 14001、ISO 18000和HACCP认证管理体系和国家二级安全标准化体系认证，从而为可持续发展奠定了坚实的基础。公司获评“中国食用油行业十强企业”“高新技术产品”“国家免检产品”“重庆市名牌产品”“消费者最喜爱产品”等。

2. 建峰工业集团有限公司

建峰工业集团有限公司（原国营816厂）始建于1966年，原属三线核军工企业，现为重庆化医控股（集团）公司骨干企业，是一家集生产、科研、贸易于一体，科工贸相融并具有进出口经营权的国有大型综合企业，坐落于重庆市涪陵区白涛化工园区，地处乌江画廊黄金水道，紧邻渝怀铁路、G50S/G65高速公路和319国道。建峰集团占地面积9000多亩，资产总额110亿元，现有员工3200多人，成员单位包括7家全资子公司、5家控股公司、10家参股公司、20多家各级出资法人单位。建峰集团已形成涵盖精细化学品及化工新材料、农用化工产品与农化服务、生产性和生活性服务三大产业的相关多元业务组合，拥有完整的工业体系和完备的水、电、气、仓储、物流服务，以及堪称重庆一流的设备检修维修服务；拥有物业管理、医疗保健、消防保安等社区服务平台；拥有较强的资金、技术、人才和管理优势。建峰集团拥有年产75万吨合成氨、132万吨尿素、年产6万吨三聚氰胺、年产2万吨六羟甲基三聚氰胺、年产10万吨甲醛、年产6万吨BDO/4.6万吨聚四氢呋喃、年产2500吨聚全氟乙丙烯及配套四氟乙烯、年产15万吨硝酸/20万吨硝酸铵、年产 20 万吨硝基复合肥、年产 12 万吨硝酸钠/亚硝酸钠、装机容量 10 多万千瓦、年供蒸汽量 330 万吨的自备热岛装置和年制水供水能力 2800 万吨的生产线。建峰集团先后获评“全国五一劳动奖状”“全国文明单位”“全国国有企业创建‘四好领导班子’先进集体”“全国模范职工之家”等；多次进入“重庆市工业企业 50 强”、“重庆市 100 强”企业；是“中国化工企业 500 强”“中国信息化 500 强”企业；“建峰”商标被认定为“中国驰名商标”。

从 2017 年开始，建峰集团加快研究部署、分步推进企业扭亏脱困和转型发展工作，在 2018 年实现整体盈利，扭转连续亏损的不利局面。同时制定了 2019—2021 年转型发展规划，围绕既定的专用化学品与化工新材料、农用化工产品及农化服务、现代服务业三大主业板块开展工作，在实现整体扭亏为盈的基础上深化结构调整，推进转型发展，创新机制，激发活力，实现企业高质量发展，重点抓好现有产业的改造提升，提升核心竞争力，同时加大新兴产业培育。2018 年，建峰集团实现营业收入 48.8 亿元，工业产值 50.3 亿元，实现利润总额 1.76 亿元；全年实现经营活动现金净流入 6.79 亿元，应收账款 4757 万元，存货 4.7 亿元。

3. 重庆市涪陵榨菜集团股份有限公司

重庆市涪陵榨菜集团股份有限公司是一家以榨菜为根本，立足于在佐餐开胃菜领域快速发展的农业产业化企业，是中国酱腌菜行业第一家也是唯一一家上市企业。经过 20 多年的发展，涪陵榨菜集团现下辖华字头的“龙”“飞”“凤”“舞”“富”“民”“安”“康”万吨级生产厂家 8 家，已具有年产榨菜、泡菜 20 万吨的生产能力，是中国最大的佐餐开胃菜企业、“中国农产品深加工 50 强”企业、农业产业化国家重点龙头企业。榨菜腌菜制品在全国市场占有率第一，品牌知名度第一。旗下“乌江牌”榨菜获中国驰名商标、中国名牌、中国榨菜行业标志性品牌等称号，拥有鲜脆菜丝、脆口榨菜、脆口萝卜等产品，市场覆盖 32 个省（自治区、直辖市）、275 个地（市），出口 12 个国家和地区。先后获国家绿色食品认证、原产地标记注册、ISO 9001—2000 国际质量管理体系认证、HACCP 和 QS 认证、美国“FDA 认证”。涪陵榨菜集团的发展壮大带动了产业发展、移民就业和农民增收。公司在涪陵区 20 多个乡镇建有原料基地 20 万亩，菜农人均收入达到 1130 元。2017 年，涪陵榨菜集团实现产值 59.14 亿元，同比增长 19.5%；实现利润 4.8 亿元，同比增长 57.38%；上缴税金 2.47 亿元，同比增长 39.6%。华富榨菜厂是该公司于2002年引进（开发）德国设备新建的全自动化生产企业，现拥有2条全自动化生产线，主要生产乌江牌脆口榨菜和脆口萝卜产品，其充氮保鲜生产线是行业内独一无二的。

4. 重庆川东船舶重工有限责任公司

重庆川东船舶重工有限责任公司隶属“世界500强”企业——中国船舶重工集团公司（简称川东船舶重工）。川东船舶重工建于1966年11月，1976年10月基本建成投产，当时名为国营红星金属结构厂，1981年11月更名为国营川东造船厂，2009年9月改制为重庆川东船舶重工有限责任公司。主要生产水下水面舰艇、客货船、特种化学品船、公务船、各型工程船、成套机电设备装置、桥梁钢结构、电站钢结构八大类产品。川东船舶重工现有员工2062人，从事船舶生产人员1577人。有专业技术人员486人。其中，研究员级高级工程师10人、高级工程师36人、工程师121人；有技能工人1091人，其中高级技师9人、技师59人、高级工（含船舶Ⅲ类焊工）421人。川东船舶重工拥有西南地区唯一的省部级特种船舶技术研发中心，配置有国内外领先的PTC-CADDS5（含美国SUN图形工作站）、SB3DS、CADDS5.0等船舶三维生产设计软件、PDM数据管理软件、Sigma NEST数控套料软件等，全面采用计算机三维数字化生产设计模式，实现了网络协同、计算机终端设计出图模式。

川东船舶重工有两个生产基地。本部（A区）位于重庆市涪陵区，占地面积154万平方米，拥有3000米江岸线和10万平方米的室内造船作业生产线，万吨级室内船台2座（120米×30米/座）、5000吨级室内船台2座（96米×28米/座）、室外船台2座（98米×26米/座）；有1座载能力3500吨的纵向船舶下水斜架滑道，万吨级舾装码头3座。按现代造船模式要求，建立了仓储、预处理、放样、下料、加工、部件组合件装焊、分段装焊、区域总装、管子制造、舾装、涂装等各类室内厂房，配置有数控弯管机、数控切割机、肋骨冷弯机、200吨平板车、100吨浮吊等现代造船设备3410台（套）。钢材下料加工4000吨/月，分段制造50个/月；三喷七涂厂房10座，分段涂装55个/月。能自行设计、制造10000吨以下各类船舶，具备年产12艘3000~10000吨级特种船舶和60000吨大型钢结构件的生产能力。该公司B区位于重庆市南岸区，占地面积87万平方米，拥有2000米江岸线，室内船台2座（160米×25米/座）和总面积14万平方米的室外船台场地，主要生产设备400多台（套），具备年产12艘5000吨级各类船舶和30000吨大型钢结构件的生产能力。

川东船舶重工先后生产 033 型潜艇、037 及 037I 反潜护卫舰、捞雷艇、水面发射船、登陆艇、水声湖上试验平台、油水船、军油趸船、消防艇、消防趸船、九三工程试验船、海监船、各型工作船等舰船 39 艘。其中大型水声湖上试验平台设计与建造获中船重工科技进步奖三等奖，三峡绞滩递缆船获湖北省科技进步奖二等奖。川东船舶重工先后为国内外客户建造不锈钢化学品船、特涂船、沥青船、多用途集装箱海轮、旅游客船、登陆艇、海洋工程船、疏浚挖泥船、水泥搅拌船和吊杆船等各类民用客货轮和各型工程船 450 艘。特别是近年来开发建造了 41 艘 3000～10000 吨级高端不锈钢化学品船，以高分通过 CDI（欧洲化学品分类协会）的检查，填补了国内空白，是世界上建造中小型特种化学品船最多的船舶企业。

在技术研究方面成绩突出，如系列化学品船优化开发与建造关键技术研究，获得中船重工科技进步奖二等奖；3000 吨级不锈钢化学品船工艺技术研究与开发，获重庆市科技进步奖二等奖；9000 吨级不锈钢化学品船，获重庆市优秀新产品一等奖。川东船舶重工制造的重庆长江鹅公岩大桥钢箱梁，获重庆市优质工程结构奖、市政工程金杯奖；1000 兆瓦超临界电站锅炉空气预热器，获重庆市优秀新产品一等奖；巫山长江大桥、忠县长江大桥，荣获国家优质工程银质奖。

5. 重庆新涪食品有限公司

重庆新涪食品有限公司位于重庆市涪陵区龙桥镇北拱，占地 200 亩，2006 年 11 月被来宝集团下属成员来宝谷物收购。来宝集团目前在“世界 500 强”中排名第 139 位，来宝集团有限公司在全球农产品、工业品和能源产品的供应链管理领域处于市场领先地位。通过遍及全球 38 个国家和地区的 150 多个办事处，来宝集成化的供应链具备了多元化的产品供应和销售能力，为集团和客户创造了运营效率，同时通过多国种植基地和矿产基地确保产品供应的稳定。以亚洲为总部的来宝集团有近 10000 人的管理团队，服务全球 4000 多个客户。公司拥有先进的压榨和加工流程，以美国、阿根廷和巴西的大豆为原料，引进“脱皮”“膨化”“二次脱色”等先进生产技术，出产顶级的大豆粕和豆油产品。加工大豆 2500 吨/日，精炼色拉油 600 吨/日，主产品为 43%、46%和 48%的豆粕、精炼一级大豆油、四级大豆油等。公司拥有 5.4 万吨大豆储藏筒仓、2.3 万吨的豆粕仓库和 2.2 万吨的油罐，在南京还设有 4 万吨的大豆中转仓库。拥有自备的 3000 吨和 1000 吨两个专用码头，具有便利的铁路、公路和水路运输条件。

公司生产的“来宝牌”豆粕、“新龙飞”“美滋来”系列食用植物油深受客户青睐，产品广销全国各地。被评为2005年“中国食用油行业十强”企业、2006年“重庆市100强”企业等，2006年被重庆市科委认定为高新技术企业。公司在2007年和2010年“重庆市50强”企业评选中均位列第19名。公司生产的产品先后被认定为高新技术产品、重庆市名牌产品、国家免检产品。公司已通过ISO 9001质量管理体系论证和ISO 14001环境管理体系认证及HACCP认证。

第三节　涪陵重点工业企业的特点

涪陵历来是重庆市工业企业重镇，在2019年重庆市100家重点工业企业和市级百家成长型企业名单中，涪陵共有18家企业入围。近年来，涪陵重点工业企业发展呈现出利润不断增长、结构不断优化、研发能力不断增强、绿色发展不断推进等特点。

一、工业企业利润不断增长

2016年以来，在涪陵规模以上工业企业数量不断增多的同时，工业企业利润总额也呈加速增长的态势。到2020年，涪陵规模以上工业企业数达到286家，较2016年增加21家；涪陵规模以上工业企业利润总额高达176.96亿元，是2016年的2.12倍。其中重庆万达薄板有限公司和重庆华峰化工企业有限公司表现尤为突出。重庆万达薄板有限公司围绕思维、管理、合作模式及技术等层面的创新发展，实现了工业总产值的加速增长，由建厂之初70亿元增长至2020年170亿元，成功跻身“中国制造业民营企业500强”。重庆华峰化工企业有限公司从成立到成为全球产销量行业冠军仅用了10年时间。创立之初，重庆华峰在技术路线上果断抛弃了国内比较成熟的贫氧氧化法，选择了对技术要求更高、工艺更复杂的空气氧化法。与此同时，重庆华峰进行了技术的创新和设备的更新。除此之外，重庆华峰不断做大做优新材料产业链，在压缩成本的同时，增强了抵抗市场风险的能力。总体而言，涪陵工业企业在有关政策的积极引导和自身的努力下整体实力不断增强，2020

年涪陵工业对地区生产总值增长的贡献率已经突破60%。

二、工业企业结构不断优化

涪陵规模以上工业企业结构不断优化。统计资料显示，2016年涪陵工业中规模以上工业企业增加值占比高达97.1%。近年来，规模以上工业企业增加值占比有所下降，但依然保持在90%以上。2020年涪陵已经形成五大主导产业，即清洁能源产业、新材料产业、食品医药产业、装备制造产业及信息技术产业。在主导产业中，形成了以页岩气勘探开发公司、页岩气销售公司为代表的21家规模以上清洁能源公司；以华峰集团、大朗冶金新材料公司为代表的62家规模以上新材料工业企业；以涪陵榨菜集团有限公司、太极集团为代表的73家规模以上食品医药工业企业；以华晨鑫源、万达薄板等46家为代表的规模以上装备制造工业企业；以华通电脑、万润科技为代表的10家规模以上信息技术相关工业企业。由此可见，涪陵规模以上工业企业结构在不断优化，同时，其工业体系也在不断升级。

三、工业企业研发能力不断增强

经过多年努力，工业企业研发能力不断增强。2019年，在涪陵规模以上工业企业中，有研发经费的企业117家，其研发经费达到22.4亿元，并且占比高达88.84%的研发经费被用于新产品的研究与开发。与此同时，2019年涪陵规模以上工业企业的研发经费支出占其主营业务收入的1.5%，高出同期全国水平0.2个百分点。此外，2019年涪陵拥有高新技术企业近100家，市级科技型企业100多家。其中，重庆涪陵榨菜集团在企业创新中脱颖而出。自1989年创立至今，榨菜集团一直以传承创新为宗旨，是中国酱腌菜唯一一家上市公司。2019年，榨菜集团的科研经费支出达到2596万元，有关科研团队人数100多人。纵观其发展史，榨菜集团成立之初就十分注重对生产设备、技术、品类及产品包装的研发创新，短时间内就实施了自动化建设，研发出国内第一条榨菜自动化生产线，并不断对设备进行改进和创新。2020年7月，榨菜集团建成了国内首个智能化榨菜生产车间，利用在各生产环节采集的数据建立了数字化控制中心，为其迈向智能化生产打下了坚实的基础。

四、工业企业绿色发展不断推进

涪陵区工业企业绿色发展不断推进不仅体现在绿色企业数量的增加方面，而且体现在绿色企业发展质量方面。截至2020年底，涪陵已经建立国家级绿色工厂3个、市级绿色工厂5个、数字化空间43个、市级智能化工厂14个。涪陵工业企业除了注重提高自己的产能，提高自己的经济效益，还特别重视在发展过程中节能减排。在涪陵“科创+”“绿色+”发展路子的引导下，2020年全区工业能耗已经降低近10%。其中，华峰重庆氨纶有限公司在改善和引进相关节能减排技术后，已经实现每年节约电量700万度，减少用水量16万吨。与此同时，涪陵部分工业企业积极探索和利用“5G+工业互联网”数字孪生技术。例如，太极集团采用数字孪生技术建立的数字化车间实现了工厂生产状态的可视化呈现和管理，首键药包数字化工厂能够对生产环节实行实时监控，进而实现成本控制和提高生产效率的目标。

第四节　涪陵工业企业的发展趋势

总体来看，涪陵工业企业呈现出“四化”发展趋势，即智能化发展、生态化发展、融合化发展、品牌化发展。

一、工业企业智能化发展

工业企业的智能化是基于物联网技术的渗透和应用，并与先进的生产技术相结合，形成一种新的智能化制造体系。工业企业在智能化发展的道路上每前进一小步，都会对工业企业的生产效率、成本控制及抵御市场风险等方面产生积极的影响。因此，涪陵区工业企业在未来的发展中要尽快实现智能化发展。现阶段，涪陵区工业企业要以大数据智能化为引导，在生产环节进行相关设备的更新，鼓励用机器代替流水线工人，注重打造数字化自动化生产线。在建厂过程中，充分运用物联网技术，尽可能建设数字化和智能化工厂。目前涪陵区部分工业企业已经实现了生产智能化、企业运营智能化。如涪陵榨菜集团已在生产环节采用全自动生产线，建立智能化榨菜生产空间，并且利用采集到的数据建立数字控制中心。这些举措大大减少了对生产线工人的需求，提高了生产的效率，并且可以对生产的每个环节进行实时监控。未来涪陵区的工业企业还可以通过大数据智能化手段进行市场的监视和精准预测，通过相关的反馈机制来决定企业的最优产量；还可以利用大数据智能化手段进行问题排查和应急处理。总之，工业企业的智能化发展在未来将是一个不可逆的趋势。

二、工业企业生态化发展

企业生态化发展主要体现为平台型企业利用资金、技术、产品、渠道等资源优势不断创新产品和服务，以此聚集更多的优质资源，逐渐形成一个产业生态体系的过程。涪陵地处长江、乌江交汇处和三峡库区腹心地带，生态问题尤为敏感。在保护长江与企业可持续发展的双重压力下，涪陵区主动担当，积极作为，先后出台了《关于贯彻落实〈市委市政府关于深入推动长江经济带发展加快建设山清水秀美丽之地的意见〉的实施意见》（涪陵委发〔2018〕15 号）、《关于印发〈重庆市涪陵区构筑绿色屏障三年实施方案〉的通知》（涪陵委发〔2018〕20 号）、《关于印发〈重庆市涪陵区发展绿色产业三年实施方案（2018—2020 年）〉的通知》（涪陵委发〔2018〕25 号）、《关于印发〈重庆市涪陵区建设绿色家园三年实施方案（2018—2020 年）〉的通知》（涪陵委发〔2018〕36 号）、《关于印发重庆市涪陵区利用综合标准依法依规推动落后产能退出工作实施方案的通知》（涪陵府办发〔2018〕1 号）等，构建了涪陵工业企业生态化发展的基本体系。目前，企业生态化发展已经成为共识。重庆华峰化工公司始终以打造可持续发展的绿色企业为目标，扎实推进“碧水蓝天”项目实施，成功找到了快速发展与保持碧水蓝天的平衡点。涪陵榨菜集团不断加大对污水处理站的投资，并对各生产厂污水处理站进行优化和升级改造，以满足不断提高的环保要求。可以看出，企业走绿色发展的生态道路是大势所趋。据统计数据显示，2020 年涪陵城区全年空气质量优良天数达到 345 天。其中，等级为优的天数 185 天，占监测等级为优良的比例首次超过 50%。与此同时，涪陵大力引进生态型企业，构建生态工业体系，发展战略性新兴产业。2020 年涪陵战略性新兴制造业产值同比增长 17.3%，生态优先、绿色发展为经济转型升级、高质量发展注入了新动能。

三、工业企业融合化发展

随着现代科学技术的进步，不同技术之间不断交流、融合和渗透，使现代工业企业逐渐由独立发展走向融合发展。工业企业的融合主要表现在技术与业务融合、市场融合。其一是技术与业务融合。技术与业务融合指工业企业与当前的纳米技术、生物技术、数字技术等新兴技术融合，对工业企业内部的劳动、资本、技术、管理等生产要素进行有效整合，以推动传统工业企业在不同业务间融合，进而产生新产品，扩展新业务，不断提升工业企业的活力和竞争力。例如，近年来经过工业与数字技术的深度融合，国民下饭菜“涪陵榨菜”逐渐走向数字化转型的道路，其制作榨菜的每台设备和每道工序都实现联网运行、实时关联，通过数字技术的助推，涪陵榨菜逐渐走上标准化、精品化、国际化的道路。其二是市场融合。市场融合是技术与业务融合的承接。通过技术与业务融合产生的新产品和新服务，只有满足市场需求才能实现其价值。因此，企业间通过建立合理的竞争合作模式实现资源共享、责任共担，以有效控制市场风险。同时，企业将线上、线下、社群 3 种市场模式融合，通过构建新的营销体系充分打通新产品、新业务与客户之间的联系渠道。

四、工业企业品牌化发展

企业品牌化是赋予企业产品的一种能力，是企业软实力的重要表现。企业永续发展须靠品牌发力。在经济新常态下，涪陵区委、区政府坚持以转型提质为中心，着力品牌涪陵战略，不仅推动涪陵榨菜集团、太极集团等本地品牌强起来、走出去，还吸引许多外地品牌慕名而来，其中不乏华晨鑫源、万达薄板等百亿元级企业。同时，华晨鑫源、江森自控、东风本田、万丰奥特等汽车及配套企业相继入驻，将在涪陵形成大规模汽车及配套产业集群，推动涪陵成为重庆打造“西部汽车名城”的重要基地。华通电脑、金通威等品牌落户涪陵，使涪陵成为重庆电子信息产业的又一座“大本营”。品牌涪陵的建设让“巨无霸”品牌带动新生品牌不断崛起，新生品牌的发展又推动品牌涪陵不断壮大。正因如此，品牌涪陵建设为工业涪陵带来了量的提升、质的跨越，催生出工业经济的“涪陵现象”。如今，涪陵已由培育“九朵金花”

的“品牌洼地”发展成为拥有涪陵工业园区、白涛化工园区、清溪再生有色金属特色产业园三大千亿元级园区的“品牌孵化池”，在六大百亿元级产业链上“百花齐放”。可以预见，随着“品牌涪陵”的强势崛起，一个个“涪陵造”品牌将引领涪陵区经济社会发展走向更加广阔的舞台。

第七章 工业涪陵的文化建设

涪陵工业转变为工业涪陵的过程，不仅是工业物质生产过程，同时也是工业文化生成过程。物质生产是根，文化生产是魂。工业文化伴随工业物质生产而生，又为工业物质生产提供动力源泉和智力支撑。

第一节 “工业涪陵”文化的内涵及特征

要厘清工业涪陵文化的内涵，首先需厘清工业文化的内涵，因为工业文化是工业涪陵文化的首要特征，工业涪陵文化是在工业涪陵建设中逐渐形成的。

一、工业文化的内涵与构成

工业文化是文化的一个子系统，是相对于农业文化、服务业文化等而言的，既有一般文化的共同属性，又有工业及其发展变化的独特属性，主要体现在工业建设的物质、制度和精神活动中。

（一）工业文化的内涵

工业文化是一种亚文化，既有与文化相通的价值观念，也有工业文化的独特价值观念。文化具有导向、凝聚、传承等功能，有广义和狭义之分，广义上的文化指人类在生存和发展进程中所创造的物质财富和精神财富的总和；狭义上的文化指人类在生存和发展进程中所创造的精神财富的总和。

关于工业文化的内涵，学术界有多种描述，代表性观点主要有王新哲、孙星（2015）提出“工业文化是工业化进程中所创造和提炼的文化价值观念的集合，它往往与特殊的时代、特定的人物和特色的行业活动密切相关，有着比较丰富的内涵，体现着地域性和时代性。工业文化是伴随工业化进程形成的，包含工业发展中的物质文化、制度文化和精神文化”①。王学秀等（2016）提出“工业文化是人类在工业社会进程中，通过工业化生产与消费过程逐步形成的共有的价值观、信念、行为准则及具有工业文明特色的群体行为方式，以及这些信念和准则在物质上的表现”②。工业和信息化部、财政部（2017）将工业文化界定为：“工业文化是伴随着工业化进程而形成的、渗透到工业发展中的物质文化、制度文化和精神文化的总和，对推动工业由大变强具有基础性、长期性、关键性的影响。”③ 上述成果对工业文化的描述虽有一定差异，但对其本质的描述大体是一致的，即都认同工业文化是在工业化演变进程中形成的，包括物质文化、制度文化和精神文化 3 个方面。因此，我们将工业文化内涵归纳为：工业文化是人类在工业化演变进程中所创造的物质财富和精神财富的总和，包括物质文化、制度文化和精神文化 3 个方面，既具有文化的共同属性，又具有反映工业及其发展变化的独特属性。

（二）工业文化的构成

工业文化是在工业化演变进程中形成的，是工业化社会的一种重要文化，由物质文化、制度文化、精神文化 3 个部分构成。

1. 工业物质文化

工业物质文化指人类在工业化演变进程中创造的技术和物质产品的显性存在及其组合，不同的工业物质文化形态体现着不同阶段工业的发展状况、发展水平。一般来说，工业物质文化包含工业产品、工业系统等。其中，工业产品又包括工业设计、工业装备、生产的各种产品等内容，工业系统包括工业设施、工业遗存等内容。

2. 工业制度文化

工业制度文化指人类在工业化演变进程中所创造的有组织的规范体系，包括宏观、中观、微观 3 个层面。宏观层面的工业制度文化主要包括工业管理制度、工业法律制度、产业政策等，中观层面的工业制度文化主要包括行

---

① 王新哲，孙星．工业文化概念、范畴和体系架构初探［J］．西北工业大学学报（社会科学版），2015（1）：30.

② 王学秀，韩成霞，张晓曦．工业文化几个基本问题的辨析［J］．企业文明，2016（3）：22.

③ 工业和信息化部、财政部发布《关于推进工业文化发展的指导意见》［EB/OL］．http：//www.xinhuanet.com/info/2017-01/09/c_ 135966264.htm.

业制度、行业标准等，微观层面的工业制度文化主要包括企业内部的管理制度、企业标准、组织形式等。其中，政府颁布的产业政策、工业管理制度、企业管理制度是工业制度文化最为重要的载体。

3. 工业精神文化

工业精神文化指“人类在长期工业生产实践活动中积淀形成的价值观念、思维方式和道德情操等精神层面文化因素的综合，是工业文化建设的核心。工业精神文化反映了工业文化的属性，同时引导、支配着工业文化在制度和物质层面的内容”①。工业精神文化包括宏观工业精神文化、微观工业精神文化。宏观工业精神文化主要通过工业价值观念、工业精神、工业科技与技能、工业文化活动与宣传、工业文学艺术和影视作品等载体体现出来。其中，工业精神是宏观工业精神文化的核心载体，指人类在工业化进程中形成的一种从事工业行业人员、组织的共同价值观、思维方式和道德情操等的总和，包括以人为本精神、敬业精神、诚信精神、创新精神、工匠精神等，是推动工业化发展演变的重要力量。微观工业精神文化主要包括企业文化、工业设计等，其中企业文化在工业精神文化建设中发挥着基础性、支撑性作用，而企业精神、企业核心价值观又是企业文化建设的核心内容。

综上，工业文化建设体系是由工业物质文化、工业制度文化、工业精神文化 3 个体系构成的②，具体架构如图 7-1 所示。

在工业文化建设中，工业精神文化是核心和灵魂，反映着工业文化的价值属性、质的规定性，制约甚至支配着工业制度文化、工业物质文化的建设及发展。

（三）工业文化的功能

工业文化具有导向、效益、凝聚、资源等功能，不仅是一个国家综合国力、一个地区竞争力的重要表征，而且是提升国家综合国力、促进地区经济转型升级的重要动能，也是当前推动高质量发展、创造高品质生活的重要力量。

---

① 王建军．培育工业文化　弘扬工业精神——我国企业工业文化建设调查报告［J］．企业管理，2020（7）：21.

② 王新哲，孙星．工业文化概念、范畴和体系架构初探［J］．西北工业大学学报（社会科学版），2015（1）：33.

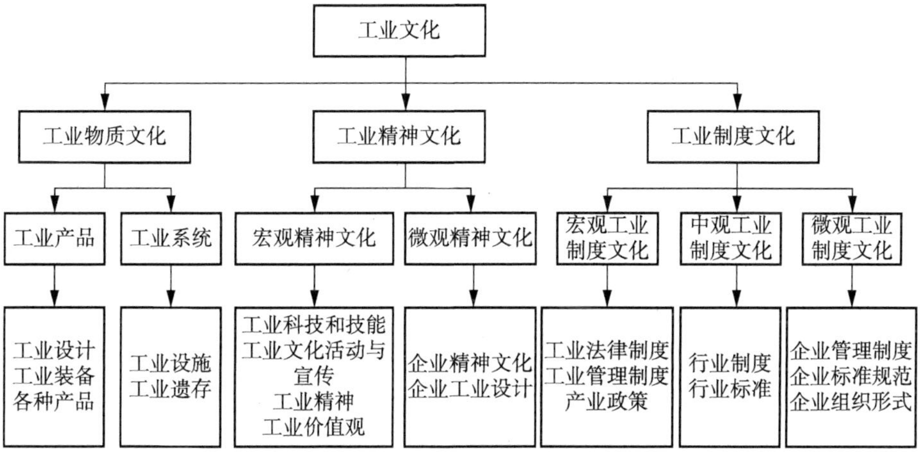

图 7-1　工业文化体系架构

1. 导向功能

文化“具有调节、协调广大社会成员利益关系”的导向功能[①]，是正确处理个人与民族、国家、集体关系的基本价值遵循，工业文化也具有该项功能。工业文化的导向功能主要指其引导工业的发展方向、为工业发展演变提供价值取向等功能，也就是“工业战略、规划、政策和标准可以为工业发展提供具体的工业标准和行为模式，其价值取向也可以在宏观上引导工业的发展走向”[②]。工业建设主体一旦从事某种工业产品的生产，该种工业行业蕴含的价值观念、行业标准、组织章程等都对其具有指示性的约束作用。工业化发展的实践表明：工业文化的导向功能在区域创新创业、产业结构优化、发展方式转型等过程中发挥了重要作用。

2. 效益功能

工业文化的效益功能指工业文化是人类一种宝贵的精神财富，蕴含着巨大的经济能量。工业化发展的实践也表明：先进的工业文化是推动工业转型升级的内生动力，能产生巨大的经济效益和社会效益，因为浓厚的工业文化氛围不仅能激发人们的创新创业热情，而且能激发人们进行科技创新、优化产业结构、提升产品质量的积极性和主动性。有“制造之都”美誉的浙江台

① 何侍昌．涪陵榨菜文化研究［M］．北京：新华出版社，2017：357.

② 王新哲，孙星，罗民．工业文化［M］．北京：电子工业出版社，2016：191.

州的发展等就验证了这一观点。制造业是台州国民经济的重要支柱，而台州制造业发展的重要精神动力来自其独特的工业文化，其中敢闯敢冒险的创新创业精神发挥了重要作用。

3. 凝聚功能

文化的凝聚功能指“人们的心理状态在文化的作用下呈现出一致性和一体化状态，并且由于共同的文化活动使原来不在一起的人们在特定时间趋向同一处所的行为”，也就是“文化认同中相同的思维模式、道德规范、价值观念、风俗习惯等要素产生的巨大抗异力量形成文化的凝聚力”①。工业文化是一种亚文化，也具有强大的凝聚力，工业文化体现着工业建设主体的共同价值观念、思维方式、道德情操等，相同的思维模式、道德规范、价值观念、风俗习惯等要素也产生强大的向心力，能团结广大工业建设主体，是维系工业组织的“黏合剂”，能有效地协调、协同工业化发展中人与人、人与组织、人与机器、人与社会、人与自然间的关系，在工业化发展过程中发挥着凝聚作用。

4. 资源功能

工业文化是工业化发展的产物，还具有文化资源功能。工业文化资源是工业生产过程中所形成的各种物质文化资源和精神文化资源的总和，包含工业化发展过程中形成的工业物质文化资源、工业制度文化资源、工业精神文化资源等。当前，人们利用较多的是工业遗存等工业物质文化资源，对工业制度文化资源、工业精神文化资源的挖掘、利用处于起步阶段。

二、工业涪陵文化的内涵及构成

（一）工业涪陵文化的内涵

工业涪陵文化是涪陵区在实施工业涪陵战略过程中形成的物质财富和精神财富的总和，既有工业文化的共性，又有工业涪陵的个性，该文化孕育于涪陵手工业作坊时期，积淀于涪陵工业发展时期，形成于工业涪陵建设时期，具有时代性、区域性等特征，是涪陵文化的重要组成部分，是涪陵文化在工业领域的传承、弘扬和发展。

---

① 王新哲，孙星，罗民．工业文化［M］．北京：电子工业出版社，2016：192.

（二）工业涪陵文化的构成

工业涪陵文化由工业涪陵物质文化、工业涪陵制度文化、工业涪陵精神文化3个部分构成，其中工业涪陵精神文化是核心和灵魂，反映工业涪陵文化的独特属性，制约甚至支配着工业涪陵制度文化、物质文化建设和发展。

1. 工业涪陵物质文化

工业涪陵物质文化是涪陵区在实施工业涪陵战略过程中所创造的技术和物质产品的显性存在及组合，包含涪陵在工业化演进中创造的工业产品、工业系统等，其中工业产品包括工业设计、工业装备、生产的各种产品等，工业系统包括工业设施、工业遗存等。具体来讲，工业系统包括工业园区、工业建筑、工业设备、工业博物馆等。工业涪陵物质文化是工业涪陵文化的外在表现，是工业涪陵建设的物质基础。

2. 工业涪陵制度文化

工业涪陵制度文化是涪陵区在实施工业涪陵战略过程中所创造的有组织的规范体系，包括政府颁布的工业管理体制、工业法律制度、产业政策等，行业制度、行业标准等，企业内部的管理制度、企业标准等。重点发展工业是涪陵历届党委、政府的基本理念，涪陵历届党委、政府坚定不移抓工业，一届接着一届干，健全、完善、刺激、扶持了工业涪陵建设的制度文化，一方面不断健全完善有利于工业发展的政策，如为推动招商引资，早在1994年涪陵就出台了《关于进一步鼓励外商来涪陵投资的若干规定》（涪府办发〔1994〕153号），之后不断完善招商引资政策；另一方面从组织、人才、科技、资金等方面不断完善有利于工业发展的制度体系。当前涪陵已形成一套比较完整的刺激、扶持、加快、提升工业涪陵战略的规范体系（详见本书第十一章），为工业涪陵建设提供了坚实的制度保障。

3. 工业涪陵精神文化

工业涪陵精神文化是涪陵区在实施“工业涪陵”战略过程中所创造的精神财富的总和，是工业涪陵文化的核心，在工业涪陵文化建设中发挥着塑魂作用。工业涪陵精神文化的核心理念是“与时俱进、工行天下”。所谓“与时俱进、工行天下”就是立足中国未来发展走势，把握涪陵工业发展态势，坚持工业强区理念，强化工业主导作用，实施工业陪陵战略，创新发展举措，促使涪陵工业转变为工业涪陵、涪陵制造转变涪陵智造，周济天下，闻名于世。具体表现在以下 7 个方面：

第一，敢为人先。对于欠发达地区的涪陵来说，在涪陵工业转变为工业涪陵的过程中，“敢为人先”的创新创业理念是工业涪陵建设的重要精神支柱。一个地区的发展方式、发展战略的选择主要取决于内外部发展条件，其中内部条件起决定性作用，影响甚至决定着区域发展方式、发展战略的选择。涪陵地处西部山区，虽有一些资源，但各类资源储备（在页岩气田发现前）均不丰富，交通长期依赖水路，能在工业发展上实现较大突破与“敢为人先”的创新创业理念激励、支撑密切相关。“敢为人先”的创新创业理念就是敢想、敢干、敢闯、敢拼、敢行、敢试。20 世纪 90 年代初，涪陵工业发展水平仍然比较低，除“三线”内迁企业外，基本上都是一些小作坊。1992 年邓小平南方谈话后，涪陵在贯彻落实邓小平南方谈话精神的同时，在“敢为人先”的创新创业理念的激励下开始实施工业立区战略，一批企业也因此获得快速发展。如涪陵卷烟厂获得跨越式发展，榨菜集团书写了榨菜传奇。在“敢为人先”的创新创业理念的激励下，涪陵历届党委、政府坚定不移抓工业，因此涪陵形成了全国新型工业化产业示范基地、国家船舶出口基地、国家页岩气开发示范区、国家数字经济创新发展试验区等众多金字招牌。

第二，企无小事。“企无小事”指涪陵党委、政府服务企业没有小事，企业之事均为大事、要事，必须进入党委、政府的重要议事日程，必须当大事、要事来抓，必须切实解决企业落户、发展、壮大过程中出现的问题、难题。涪陵“企无小事”的服务理念孕育于 20 世纪 90 年代，最初为重点企业无小事，后来扩展到所有企业无小事。20 世纪 90 年代，涪陵为顺利实施“工业兴区”战略、重点企业发展战略，提出了“重点企业无小事”口号，目的是改变有的管理部门和资源垄断供应部门的官僚主义习气，彻底改变不良工作作风。涪陵历届党委、政府坚定不移抓工业，一届接着一届培育、弘扬“企无小事”的服务理念。涪陵党委、政府为培育、弘扬“企无小事”的服务理念出台了一系列行之有效的改革措施，这些措施集中于 4 个方面：其一是理顺政企关系。反复教育党政机关工作人员要摆正自己与企业的位置，牢固树立企业不仅是涪陵工业的主人，而且是涪陵人的衣食父母，党政机关工作人员只是涪陵企业的服务员的意识。政府的管理部门实际是服务部门，政府的管理就是要当好企业的“保姆”“店小二”“参谋”。其二是建立“企无小事”服务制度。如领导干部联系重点企业制度、重点企业例会制度、“直通车”制度（企业家戏称为领导服务 110）、现场办公制度、重点企业定期报告制度等，为企业提供极大便利和制度保障。其三是严格“企无小事”奖惩制度。对企业反映出来的管理部门问题，经调查如果属实，视情节轻重严肃惩处。其四是主要领导以身作则，切实为企业排忧解难。经过长期培育、改进、弘扬，“企无小事”的服务理念已成为“工业涪陵”精神文化的重要组成部分。

第三，抢抓机遇。抓住机遇，加快发展是各地区的普遍提法。涪陵是西部欠发达地区，对于机遇的稀缺性和易逝性感受更深，当区域发展机遇出现时，强调要以积极主动的抢先精神，抓住机遇，加快发展。工业涪陵“抢抓机遇”的发展理念形成于20世纪90年代，发展于2008年实施工业涪陵战略以来。“抢抓机遇”的发展理念是一届接着一届党委、政府抢抓机遇的产物，得益于1992年邓小平南方谈话中关于机遇思想的武装，得益于重大发展机遇的出现，得益于对重大发展机遇的准确把握。当“三峡工程”重大发展机遇出现时，涪陵及时提出了“抓住三峡机遇，深化改革，扩大开放，实现跨越式发展”的发展思路，大力实施“过亿超千”工程、“5135”工程等，创造了备受关注的“涪陵现象”。当中央“314”总体部署重大发展机遇出现时，涪陵又及时提出了“抢抓新机遇，推进新创业，建成工业优势突出的大城市”总体发展战略。当国家共建“一带一路”、长江经济带发展和西部陆海新通道建设、成渝地区双城经济圈建设等重大战略机遇出现时，涪陵又及时提出，加快建设具有重要影响力的“三高地三示范区”，“抢抓机遇”的发展理念成为“工业涪陵”文化的重要组成部分。

第四，精益求精。“精益求精”是涪陵优秀传统文化和工业文化有机融合的产物。是对涪陵传统文化中敬业、重视质量等优秀文化的继承、弘扬和发展。程颐在涪陵北岩点注易经，黄庭坚赞其精神为“钩深致远”。白鹤梁题刻显示了涪陵工匠精雕细琢，精益求精的敬业精神。重庆涪陵新盛罐头食品有限公司提出和坚持了“诚信经营、以质量求发展”理念。当前“精益求精”已成为涪陵人的共同价值遵循。

第五，诚实守信。工业涪陵要运行，各个主体就要相互交往，只有诚实守信，言必信、行必果，交往才能正常进行。否则，工业涪陵就难以正常运行。“诚实守信”是中华民族的传统美德，是“言必信、行必果”的具体体现。在涪陵，古有“程门立雪”，近有很多诚实守信的典范。如涪陵瑞星食品有限公司的“埋头苦干，诚信经营，依法纳税，按时支付职工工资和社会保障金”理念[①]。当前“诚实守信”的信用理念已成为涪陵人的共同价值遵循。

第六，海纳百川。涪陵是一座移民城市，由移民融合而成的文化本身就具有海纳百川、开放包容性。海纳百川、开放包容的文化基因决定了涪陵人的开放包容性格，为涪陵工业技术的改进、产品质量的提升、人才的引进等提供了一个相对开放宽容的环境。涪陵历史名特产榨菜、百花露酒、油醪糟均与外地人密切相关。在当代，“海纳百川”的开放包容理念主要体现在3个方面：首先是部分涪陵工业企业是由外地人在涪陵创办或由外地迁入涪陵的，如“三线建设”企业建峰集团、川东造船厂等都是国家援建的，进入21世纪以来通过招商引资吸引了华峰集团、华通电脑、道道全、华晨鑫源等一大批知名企业。其次是涪陵工业企业愿意向外部世界学习，不断提升企业竞争力。如珍溪丝绸总厂1993年派出34名职工到丰都绸厂进行技术培训[②]。最后是涪陵工业企业愿意吸纳外部生产要素。涪陵卷烟厂能够起死回生，得益于与云南省玉溪卷烟厂的战略合作。

第七，业定乾坤。“业定乾坤”是“工业一业定乾坤”的缩写，是一种突出重点、统筹兼顾的以工业为主导的理念，就是在抓住重点做强做大工业的同时，充分发挥“工业涪陵”的优势引领作用，统领其他产业及经济社会的发展，实现经济社会超常规发展的理念。“业定乾坤”的工业主导理念孕育于20世纪90年代至21世纪初，当时涪陵通过实施抓重点工业企业带动战略等使涪陵工业经济地位获得大幅度提升；发展于2008年工业涪陵战略实施以来，通过实施工业涪陵战略使工业经济发展迈向新的台阶，同时在工业化的发展带动下，涪陵农业产业化、城市化及服务业也实现了快速发展。

三、“工业涪陵”文化的特征

伴随着涪陵工业化发展进程的不断推进、涪陵现代工业体系不断完善，工业涪陵文化内涵日益丰富，形成了特色鲜明的内涵特征。

（一）工业文化为其核心

工业涪陵文化是在涪陵区“工业涪陵”建设过程中形成的，工业文化是

---

① 汤维清，杨发秀．走出国门让“土货”在美国上市［G］//中国人民政治协商会议重庆市涪陵区委员会．脊梁：涪陵工业发展回顾．重庆：重庆市鹏程印务有限公司，2018：581-582.

② 汤维清．忆涪陵珍溪丝绸总厂往事［G］//中国人民政治协商会议重庆市涪陵区委员会．脊梁：涪陵工业发展回顾．重庆：重庆市鹏程印务有限公司，2018：212-214.

首要特征、核心、灵魂。涪陵历届党委、政府坚定不移抓工业，重点发展工业是涪陵历届党委、政府制定发展战略的基本立足点。1993 年以来，涪陵党委、政府先后提出工业立区战略、“工业涪陵”战略等一系列重点发展工业的战略举措。在这一发展理念的指导下，涪陵区上下牢固树立工业是兴区之基、强区之本、富区之源的理念，坚持实施工业兴区、工业强区、工业富区战略。如 20 世纪 90 年代以来，为贯彻实施工业立区战略，提出实施重点企业带动战略，涪陵创造出全国知名的“涪陵现象”。为推进涪陵工业化的进一步发展，进一步彰显涪陵工业的比较优势，2008 年涪陵区开始实施“工业涪陵”战略。

（二）彰显地域文化特色

不同地区的发展环境、文化积累和传播路径等不同，进而形成了具有地域特征的物质文化和精神文化。工业涪陵文化刻着涪陵文化的印记。涪陵大多数企业，特别是重点企业的文化建设都是与涪陵文化有机融合的结果。工业涪陵文化是涪陵文化的重要内容，如太极集团挖掘弘扬涪陵历史文化中的太极精神，提出了“健康世界，太极无限”的发展理念；辣妹子集团在挖掘、弘扬涪陵榨菜文化的基础上提出“让健康食品利泽万家”理念，研发的新产品“盛世开坛”还原了榨菜的传统工艺和文化，获得了“国家级非物质文化遗产保护单位”、“全国农产品加工示范企业”、国家驰名商标等荣誉。

（三）蕴含多元价值取向

1. 重视产品质量

质量是企业生存之本、发展之基。质量更是工业制品的核心，工业企业管理的底线。涪陵在推进工业化发展中，在实施工业涪陵战略过程中，一直坚持质量发展观，不仅重视质量文化的宣传和教育，而且重视质量管理制度的建设。自 20 世纪 80 年代以来，涪陵就不断推动企业加强质量学习和质量管理。在推动企业加强质量管理的同时，2004 年涪陵区委、区政府出台了《关于开展质量兴区活动的意见》（涪委发〔2004〕35 号），对取得重大质量进步的企业予以重奖。以质量求生存、求发展的理念成为涪陵企业的共同价值准则，企业纷纷通过利用新技术、新材料、新工艺等提升产品质量，提高市场竞争力。如享誉世界的涪陵榨菜“三清三洗三腌三榨”等过硬的产品质量、过硬的质量管理。榨菜问世后，对榨菜加工工艺改进、质量提高的探索从未停止过。为提高产品质量意识，榨菜企业纷纷贯彻落实学习质量法等，用法律武装自己，如涪陵榨菜集团有限公司生产的“乌江”牌榨菜为提高公司员工的产品质量意识，特邀专家教授为广大干部职工作国家榨菜标准、国家食品卫生法等法律法规的专题讲座，引导员工自觉履行质量责任制和质量管理法规，牢固树立质量是企业的生命线意识①。

2. 坚持以人为本

以人为本是现代企业经营管理的核心理念。在工业涪陵战略实施过程中，涪陵众多工业企业坚持“以人为本”发展理念，在企业发展中强调贯彻落实尊重人、关心人、爱护人理念，把企业的发展与员工的发展有机融合在一起。如涪陵水电投资集团坚持以人为本的理念，从关注生命、关爱员工出发，不断强化企业安全建设，不仅提高了员工归属感和忠诚度，而且激发了员工工作的积极性和创造性。

3. 推崇诚信敬业

产品和服务蕴含着国民的素养，反映着生产者的道德品质及价值观念。诚信不仅是一种品行、一种责任，而且是一种职业精神。在工业涪陵战略实施过程中形成了恪守诚信、爱岗敬业、专注执着的诚信敬业文化。当前“精益求精”的敬业理念、“诚实守信”的信用理念是工业涪陵文化的内核，体现着涪陵人“先做人、后做事”的优秀品德，承载着涪陵推崇诚信敬业文化的优良传统。

4. 鼓励创新创业

一个国家或区域重视创新创业精神，其一旦形成便具有相对稳定性，且影响着经济社会发展的路径选择。在工业涪陵建设中，鼓励创新创业、敢为人先、不甘人后的理念得到广泛认同，当前“敢为人先”的创新创业理念成为涪陵区经济发展的重要动能。如涪陵榨菜的辉煌是涪陵人不断开拓创新、“敢为人先”理念激励的产物。又如川东船舶重工在“兴船报国，创新超越”的理念激励下，敢为人先、不甘人后，公司发展实力不断增强，获得重庆市2006年度国企贡献奖、2011年被评为重庆“十佳关注民生工业企业”等荣誉。在“敢为人先”的创新创业理念的激励、指引下，涪陵区的创新创业者不仅活跃在传统产业战线，而且奋战在新的经济领域；不仅奋战在国内市场，而且积极走出国门，参与国际竞争。

5. 具有整体性

把握工业涪陵文化的整体性内涵特征需要正确认识工业涪陵建设中工业化

---

① 何侍昌．涪陵榨菜文化研究［M］．北京：新华出版社，2017：362-365.

和农业现代化、服务业、城市化发展间的关系。工业是工业涪陵战略的主导产业，而农业是工业涪陵的基础产业、第三产业是工业涪陵的动力产业。在实施工业涪陵战略时，要发挥好工业化对农业的引领和带动作用，强化以工补农、以城带乡，推动形成工农互促、城乡互补和协调发展格局。用工业涪陵理念引领服务业、城市化建设，服务业及城市文化建设应凸显工业涪陵文化特色。

6. 具有时代性

工业涪陵文化是涪陵工业发展到一定阶段的产物，具有时代特性，即工业发展到一定阶段后，须赋予其特定时代的新内涵。在当前世界科技革命中实现工业化的发展目标就是党的十九大报告提出的高质量发展要求。因此，涪陵工业发展的不同阶段、不同时期，发展文化建设的重点也不同。

第二节　“工业涪陵”文化的建设与效果

中华人民共和国成立前涪陵工业基础非常薄弱，1949 年以来涪陵工业化发展进程不断加快，但工业化的快速发展始于 20 世纪 90 年代，尤其是 2008 年实施工业涪陵战略以来。工业涪陵文化建设是“工业涪陵”建设的一部分，在“工业涪陵”建设中发挥了重要作用。

一、贯彻“企无小事”的服务理念及成效

（一）“企无小事”的服务理念的形成

“企无小事”的服务理念是涪陵不断优化营商环境的产物。涪陵区对“企无小事”的服务理念的培育经历了 3 个发展阶段，分别为“重点企业无小事”1.0 版、“外来企业无小事”2.0 版和“企业无小事”3.0 版。20 世纪 90 年代，涪陵为推动工业的发展提出了重点企业发展战略，为营造有利于重点企业的营商环境提出“重点企业无小事”口号。为贯彻、培育、弘扬“企无小事”的服务理念，涪陵不断完善相关制度，采取一系列行之有效的改革措施。如为落实“企业无小事”3.0 版，涪陵 2018 年初对营商环境状况进行了“摸底”调查，由区委统战部、工商联等 14 家单位组成多个调研组对 117 家民营企业进行调查研究，形成 12 个专项报告。在“企无小事”的服务理念指引下，涪陵的营商环境不断优化，不仅推动了本土企业的发展，而且吸引了国

内外企业纷纷入驻涪陵，2017—2019年，全区累计新签招商引资项目706个，到位资金918.14亿元，中机国能、华晨集团、华峰集团、博赛集团、攀华集团、万丰奥威集团等相继在涪陵落户。

（二）“企无小事”的服务理念的发展

为推动工业涪陵战略的顺利实施，历届涪陵党委、政府坚定不移贯彻、培育、弘扬“企无小事”的服务理念，如贯彻落实“企业无小事”3.0版，扎实开展“三百”行动。“三百”行动指百名领导联系企业、百个科室对接企业、百项涉企问题化解，要求相关部门干部要拿出不等、不慢、不停的工作状态，半步不停跑项目、一刻不松抓服务，扮演好“店小二”角色，做好人民公仆，争做“三百”行动的“领跑者”和“冒尖者”。2019年8月9日，涪陵区召开全区民营经济发展大会和全区树立企业无小事理念优化营商环境“三百”行动动员大会。30名区领导、97名部门负责人与191家企业完成联系对接，以定人、定岗、定时“三定”的工作模式对全区195家民营企业开展一对一、“保姆式”精准服务，使大小民营企业都成为行动的直接受益者[①]。

涪陵在20世纪90年代初为实施重点企业发展战略，成立由党委主要领导任组长，政府主要领导任副组长，党委、人大、政府、政协领导为成员的涪陵重点企业工作领导小组，该领导小组一直保持至今。涪陵重点企业工作领导小组每年召开一次重点企业专题会议、每季度召开一次重点企业厂长（经理）和有关部门主要负责人会议，区委统战部、区经信委对重点企业每年进行一次目标考核，区四大班子领导每季度召开一次现场办公会。各乡镇人民政府、街道办事处严格落实领导联系乡镇工业企业制度，形成“权力就是责任，领导就是服务”[②]的共识，真正做到服务到位、零距离，使投资、创业、发展环境不断优化，实现了人才“近者悦、远者来”、企业“老树发新枝、新树深扎根”目标，吸引了更多的投资者、创业者和企业落户涪陵、发展涪陵，凸显了工业涪陵“保姆式”服务特色和优势。

（三）“企无小事”的服务理念的成效

“企无小事”的服务理念在工业涪陵建设中发挥了重要作用，主要体现在3个方面：其一是推动一批企业的产量显著增长。如涪陵卷烟厂产量规模逐年增长。涪陵卷烟厂2006—2010年卷烟产量净增6.8万箱，达到31.5万箱；年

① “三百”行动全面优化涪陵营商环境［N］.重庆日报（数字报），2018-11-20.

② 王静磊.权力就是责任，领导就是服务［J］.人民论坛，2002（8）：115.

创税利从不到10亿元增加到24.4亿元，增长1.5倍。其二是促进一批企业管理水平提高。如涪陵宏声实业（集团）有限责任公司深入推进文化管理，经济效益和企业的影响力均得到提升，2010年获得重庆市政府“重庆工业企业50强”授牌。其三是助推一批企业形象提升。如重庆市涪陵榨菜集团股份有限公司的产品覆盖34个国内省级行政区275个城市，出口12个国家和地区；旗下的“乌江”品牌获中国名牌、中国驰名商标、中国榨菜行业标志性品牌称号。

二、贯彻“业定乾坤”的工业主导理念及成效

2015年开始，涪陵工业化的各项指标相继达到工业化后期的要求，2019年涪陵工业化已处于工业化后期，工业创造了涪陵全区50%以上的税收和近1/5的就业，对全区经济增长贡献率超过60%，“业定乾坤”的工业主导理念推动农业现代化、服务业、城市化发展成效显著。

（一）用工业涪陵理念推动农业现代化发展成效显著

深入贯彻落实“业定乾坤”的工业主导理念，用工业涪陵理念引领农业现代化发展，积极建立农业销售电商平台，鼓励电商销售数据收集、处理、分析，推动农产品的精准营销发展。实施农业信息助农工程，实现370个行政村“益农信息社”全覆盖，新建农业物联网生产智能化示范基地10个，综合利用物联网、无人机、遥感技术、智能监测、可视操作等手段来实现精准指导农业生产。大力发展农村电商，2018年打造电商扶贫示范网点10个，2019年打造电商扶贫示范网点30个，2020年打造电商扶贫示范网点120个。建设农产品质量安全智能化追溯平台，搭建覆盖全区主要农产品种类、规模、生产主体的农产品产业链质量安全全程智能化追溯平台，透明呈现农产品从田间地头到超市货架各个环节的信息，2018年平台基本建成，在25个农业经营主体中试用，2019年推广应用到50个农业经营主体，2020年推广应用到150个农业经营主体。

以工业涪陵理念引领农业现代化发展，实现了农业增收等效果。如2018年，农业稳产增效，农业增加值增长4.5%，达到64.3亿元，粮食产量达到44万吨。还形成了以榨菜、中药材产业为主导，柑橘、畜牧、蚕桑等为后续骨干的“2+X”特色效益农业产业体系；新培育市级农业龙头企业3家、新型农业经营主体152个、农产品“三品一标”85个、重庆名牌农产品7个。

（二）用工业涪陵理念推动服务业发展成效显著

贯彻落实“业定乾坤”的工业主导理念推动服务业发展，用工业涪陵理念推动服务业发展取得显著成效。

1. 大力发展旅游产业

深入贯彻落实“业定乾坤”的工业主导理念，用工业涪陵理念引领旅游业发展，不仅加快了全域旅游业发展，而且形成一批知名旅游品牌。如2017年5A级景区——武陵山大裂谷的创建进入国家最终检验程序，“816”工程①入选中国20世纪建筑遗产名录，“两江游”成功起航，推出“巴渝原乡”乡村旅游品牌，接待游客突破1500万人次，旅游收入增长35%。2018年，在4A级景区、四星级酒店合理布设互联网监控，在武陵山大裂谷、白鹤梁水下博物馆重点旅游景区合理布设旅游信息触摸屏等智能设施，建设应急指挥调度智能化平台，实现导游服务管理、团队服务管理、投诉咨询管理智能化。2019年白鹤梁题刻入选中国申报世界文化遗产备选项目，“816工程”成功创建国家4A级景区，美心红酒小镇成为全市网红打卡新地标。2020年，A级景区、星级酒店全部实现智能化管理，建成武陵山旅游度假区智慧旅游中心和涪陵区智慧旅游中心，积极探索5G环境下VR/AR旅游，加快发展全域旅游，接待游客、旅游综合收入分别增长22.7%、22.3%，长江三峡涉外游轮市场实现“零的突破”。

2. 大力发展金融商贸服务业

深入贯彻落实“业定乾坤”的工业主导理念，以工业涪陵理念引领金融商贸服务业发展。如推动金融大数据发展，积极推进地区个人征信体系建设，利用大数据为金融服务申请者提供更具针对性的服务，提升金融机构服务效率和服务质量。创新线上信贷产品研发，提供贷款申请、电子合同签订等便捷高效线上服务，降低运营成本，为公众带来更好的用户体验、更多的产品及服务选择。积极推进高笋塘商圈、南门山商圈等本地商圈的智能化改造等。规划建设进口商品展示交易中心，着力引进和培育跨境电商主体，积极开展

① “816工程”，即“三线建设进洞的原子能反应堆及化学后处理工程”。1966年10月15日，周恩来总理批准该工程建设主要由二机部的816厂负责，洞体部分是由中国人民解放军工程兵54师（部队番号8342）承担。2019年涪陵区政府工作报告称之为“816地下核工程”。2020年涪陵区政府工作报告提出提档升级“816工程”。“816工程”在不同时期称谓有所不同，但为了行文统一、规范，将该工程统称为“816工程”。

跨境电商业务。聚焦传统商圈转型升级和模式创新，推进基于商圈各类信息的大数据采集、分析和应用，支撑商业企业营销模式创新和商圈布局优化完善。2017年，新培育市级商贸强镇2个、市级特色美食街1条，批发零售业销售额、住宿餐饮业营业额分别增长17%、18%。电子商务交易额、网络零售额分别突破300亿元、10亿元。大力优化商业布局、丰富商业业态，2018年泽胜中央广场、宝龙广场引领商圈转型升级，限额以上企业网络零售额、农产品网上零售额分别达到33.2亿元、2.3亿元。2019年，批发零售商品销售额突破800亿元，增长12.6%。

3. 加快交通物流服务业发展

深入贯彻落实“业定乾坤”的工业主导理念，以工业涪陵理念引领交通物流服务业发展。实施交通基础设施智能化升级改造，推动智慧港口和公交电子站台建设，深化交通物联网和交通视频网络建设，建立交通基础设施智能感知体系，实现交通信息精准采集，提升客货运输运行监测水平。推动运载装备智能化升级，在出租车、公交车、长途汽车、危险品运输车上推广安装智能安全管理设备。建设公路应急抢险中心和交通应急调度指挥平台，加强道路、水路运输、联网联控、综合执法等系统协同，形成指挥调度、交通管控、执法纠违、交通安全风险隐患动态研判等一体化智能应用，为城市路网系统规划、公交路线合理设计、交通信号灯科学设置、交通事故高效防范和处置提供智能决策支持。整合社会停车资源，提升公共停车信息综合服务能力，进行公共停车场停车诱导等智能化改造，实现停车资源动态查询、在线预订、定位导航、自助支付等一体化服务。

（三）用工业涪陵理念推动城市化的发展

深入贯彻落实“业定乾坤”的工业主导理念，以工业涪陵理念推动城市发展方面取得显著成效。

1. 城市功能配套加快完善

2018年，大力推进“两线三片一城”项目建设，山水城市魅力日益彰显。江南滨江路二期、乌江大桥复线桥、沿江高速公路涪陵南互通连接线、鹅颈关立交升级改造项目建成投用，站前大道二期、乌江大桥西桥头立交开工建设，城区路网加快完善。火车北站站前广场和地下交通转换空间建成投用，万达广场主体完工，优质公共资源分布更加均衡。旧城改造二期清零扫尾基本完成。江南城区闲置地绿化基本完成，建成区绿化覆盖率提高到42.5%。

2. 城乡管理水平同步提升

实施创文、创卫百日攻坚行动，市容环境治理、交通秩序整治、文明志愿服务等活动深入开展，公安视频监控系统与数字城管实现资源共享，城市细管、智管、众管成效显著。深入开展农村人居环境整治，新创建市级美丽宜居示范村庄3座、绿色示范村庄21座、美丽庭院1085户。基于数字化城市管理平台，综合运用云计算、物联网、大数据、人工智能等新一代信息技术，共享人口、交通、能源、建设等公共设施信息和公共基础服务，开展数据挖掘、分析、辅助决策。

3. 城市的品质颜值不断提升

2019年新城区主战场地位彰显，"两线三片"齐头并进，涞滩河岸整治部分建成蓄水，建成投用学府路三期、平安公园，加快建设站前大道二期等37个项目，太白大道北延伸段、轴线公园开工建设。江南城区不断提档升级，通江路、插旗支路等建成通车，乌江大桥西桥头立交一期、江东文化广场二期建成投用。街净巷洁等"七大工程"扎实推进，落地实施"五长制"等。上述措施的实施使涪陵城市的品质和颜值不断提升。

三、形成一批特色鲜明的工业企业文化

"工业涪陵"的文化建设取得的成效还表现在一批特色鲜明的企业文化的形成。

（一）重庆中烟涪陵卷烟厂的"不甘人后、'争名夺利'"企业文化

重庆中烟涪陵卷烟厂"不甘人后、'争名夺利'"的企业文化在凝聚人心、扩大品牌影响力等方面发挥了重要作用。该公司在打造企业文化方面采用了一系列行之有效的措施。其一是重视企业文化建设。定期召开企业文化建设会议，制定系统的企业文化建设规划，成立企业文化建设领导管理小组、文化推进小组，为文化管理工作提供了保障。其二是重视企业文化宣传。该公司运用板报、网站等多种形式宣传企业文化。如丝制作车间开展文化理念征集活动等，培育员工精神信仰，传承优秀文化理念；卷包车间制作宣传片，向干部职工展示勤俭节约的必要性；动力车间举办知识竞答等活动、开展培训，取得良好成效。通过上述活动，引领干部职工认同企业"不甘人后、争

名夺利”文化，不仅提升了员工的职业道德素养，还增强了员工的价值认同感和归属感，也有助于提升企业的经济效益。如通过学习贯彻节俭等优秀文化精神，每年物流运行总费用节约700万元。

（二）太极集团的“为人类缔造健康幸福，全面提高人类生命质量”企业文化

太极集团的“为人类缔造健康幸福，全面提高人类生命质量”企业文化在凝聚人心、扩大品牌影响力、提升市场竞争力等方面发挥了重要作用。太极集团把“忠诚、团结、努力、责任”作为企业核心价值观，把提升员工的素质作为企业发展的根本，着力于员工的德、智、体、美、劳等素质的全面培育、提升。“德”是强调塑造员工的精神文化，包括价值观、人生观、幸福观及开拓进取、奋斗不息的精神。“智”强调培养员工的综合素质，包括科学文化素质、劳动纪律及“智力细胞”。“体”强调的是人的素质依托，包括力量健康等培育。“劳”着重员工素质基础的培育。同时，太极集团在塑造企业文化中特别注重挖掘涪陵优秀传统文化，如传承弘扬太极精神，提出“健康世界，太极无限”的口号。2019年太极沉香化气片以“和文化”为主题，在全国宣传推广取得良好的社会效益，并获得中国医药十大营销案例奖。

（三）中化重庆涪陵化工的“既要做人又要做事”企业文化

中化重庆涪陵化工有限公司的“既要做人又要做事”企业文化在凝聚人心、扩大品牌影响力、提升市场竞争力等方面发挥了重要作用。公司以“做人：诚信、合作、善于学习；做事：认真、创新、追求卓越”为企业文化，营造健康向上的企业文化氛围。在公司内部大力弘扬以“苦干实干”为核心的化工人文精神，大力弘扬诚信敬业精神，提升员工的职业道德意识。通过培养选树具有时代特征、行业特色、岗位特点的“诚信、合作、善于学习”的中化建设者。在公司文化的激励和影响下，产品技术水平不断提升，如从20世纪90年代中期开始引进先进工艺，使企业的耗水量及污水排放量不断下降，当前工业水循环利用率达到95.7%，工业用水基本实现零排放。

在“既要做人又要做事”企业文化的作用下，该公司先后获得全国五一劳动奖状，获评“全国化肥生产先进企业”“全国先进基层党组织”“全国化工农化服务中心”“国家倍增计划优秀项目”等，连续16年入选“重庆市工业企业50强”，获评工业和信息化部2011年度能效领跑者标杆企业（排名第一），还参与《磷铵、硫酸能耗限额标准》等3个相关国家、行业标准的起草。

（四）重庆川东船舶重工的“以人为本”企业文化

重庆川东船舶重工有限责任公司“以人为本”企业文化在凝聚人心、扩大品牌影响力、提升市场竞争力等方面发挥了重要作用。公司为加强文化建设，成立企业文化建设领导小组，全面负责公司企业文化建设工作；出台《重庆川东船舶重工有限责任公司关于加强公司企业文化建设的意见》，该意见不仅强调加强企业文化建设的重要意义，而且明确了加强企业文化建设的指导思想、总体目标、主要内容、基本原则、保障措施。该公司当前已经形成比较科学的企业文化建设机制，在企业文化建设中能充分发挥公司各部门和工会、共青团及社区等群众组织的作用。企业文化建设贯彻到该公司日常经营、人力评价、培训教育、管理制度等方面，如将公司企业文化建设专项经费纳入公司预算，为公司企业文化建设提供必需的资金支持和物质保障；将各部门文化建设情况纳入单位考核评价体系，企业文化执行和建设情况作为工资奖励、先进评比等各类评比考核的一项重要指标。在“以人为本”企业文化的影响和作用下，该公司多次获奖，如获得重庆市 2006 年度国企贡献奖，2011 年被评为重庆市“十佳关注民生工业企业”。

（五）涪陵水电投资集团的“忠诚、团结、求实、奋进”企业文化

涪陵水电投资集团提出的以“忠诚、团结、求实、奋进”为核心的企业文化在凝聚人心、扩大品牌影响力、提升市场竞争力等方面发挥了重要作用。该公司非常重视企业核心价值观的培育，为推动员工树立正确价值观，采用多种方式进行企业文化宣传教育，把企业文化学习作为员工学习培训的必修课，高层领导亲自宣传践行公司的核心价值观等一系列活动使核心价值观不断深入人心，企业上下积极践行企业的核心价值观。公司始终坚持贯彻落实“以人为本”理念，关注生命、关爱员工，帮助员工做好职业生涯发展规划，丰富员工参与企业管理方式，使员工与企业更加心有灵犀，增强员工工作生活的幸福感。

（六）“工业涪陵”文化建设取得的其他成效

工业涪陵文化建设还产生了一些著名的文化成果。如建峰集团以“三线建设”的“国之重器”原 816 厂开发利用工业文化遗产，与旅游业、红色教育相结合，开发出“816 工程”和 816 军工小镇。其中，“816 工程”于 2002 年国防科工委同意解密。2009 年 12 月，“816 工程”遗址被列入重庆市文物保护单位。2017 年 12 月，被列入“第二批中国 20 世纪建筑遗产”名单。2018 年 1 月入选“中国工业遗产保护名录”，2019 年 7 月被评定为国家 4A 级旅游景区。816 军工小镇包含文旅、文教、文创、康养等综合性项目，对生活区、办公区和核军工设备制造、安装、维修、加工厂区的开发和利用是工业遗存转化为旅游资源、教育资源等成功范例。

四、“工业涪陵”文化建设的基本经验

工业涪陵文化建设中还积累了以下经验，即在建设中坚持党建引领、理念指导、制度保障、环境营造、传承创新等方针。

（一）党建引领

党的领导是中国各项事业顺利发展、有序推进、科学发展的基石。涪陵在推进“工业涪陵”文化建设中，始终坚持党的领导，以党建引领文化建设，积极推动企业党建与文化建设融合发展，将爱国、敬业、诚信、富强、民主、文明、公正、法治等核心价值观有机融入公司文化建设。如建峰集团的党组织积极开展“诚实劳动，共享企业效益；创新劳动，共享企业成长；享受生活，共建和谐建峰”党建活动；国丰实业党组织以“忠诚、担当、创新、图强”企业文化为指导，积极构建职工的学习之家、稳定之家、民主之家、幸福之家、和谐之家、安全之家。

（二）理念指导

思路决定出路，观念引领发展。重点发展工业是涪陵历届党委、政府的基本理念，也是涪陵制定发展战略的基本立足点，涪陵历届党委、政府坚定不移抓工业，一届接着一届干。1993 年以来，涪陵党委、政府先后提出工业立区战略、工业涪陵战略等一系列重点发展工业的战略举措。在这一发展理念的指导下，不断进行工业涪陵物质文化建设和制度文化建设，如为贯彻实施工业立区战略，提出实施“重点企业无小事”“企业无小事”“工业一业定乾坤”等发展理念。使涪陵工业实现了从企业到产业到集中再到集群的跨越式的工业涪陵发展。

（三）制度保障

不断优化有利于工业发展的制度文化，为工业涪陵建设提供坚实的制度保障，也是工业涪陵文化建设的基本经验之一。涪陵历届党委、政府高度重

视工业的发展，为充分发挥政策、制度对工业发展的引领和保障作用，制定了一系列刺激、扶持、加快、提升工业发展的政策、制度。如为实施“工业立区”战略，20 世纪 90 年代初建立了领导联系重点企业制度，该制度执行至今，且在执行中不断被完善。又如为提高工业企业的产品质量，不仅重视企业的质量管理制度建设，而且不断优化涪陵的质量管理体制机制。为推动工业技术创新，不断完善相关制度，为营造尊重知识、尊重人才的社会环境提供制度保障。

（四）环境营造

营造有利于工业发展的环境也是工业涪陵文化建设的基本经验之一。涪陵是工业经济资源相对短缺的地区，为补齐这一发展短板，涪陵党委、政府一直坚持实施土地、能源、资本、人才等重要资源配置最大限度地向工业倾斜政策。在该政策的促进下，工业涪陵建设的基础设施、城市环境等得到不断优化、改善。企业是“工业涪陵”建设的主体，也是建设工业涪陵文化的主体，涪陵非常重视工业企业文化建设，不仅积极推动工业企业加强文化建设，而且营造有利于工业涪陵建设的社会文化环境，也因此培育出太极集团、涪陵榨菜集团等一批工业企业文化建设优秀企业。

（五）传承创新

工业涪陵文化是“涪陵文化”的有机组成部分。工业涪陵文化建设始终坚持在传承优秀传统文化的基础上创新，坚持在传承、弘扬“涪陵文化”的基础上发展。如太极集团等企业在传承优秀涪陵文化的基础上创造性建设企业文化，用传统文化、区域文化滋养企业文化。2017 年以来，涪陵区以工业和信息化部、财政部颁布的《关于推进工业文化发展的指导意见》（工信部联产业〔2016〕446 号）为指导，挖掘、传承、弘扬工业涪陵建设中形成的“与时俱进、工行天下”“工业涪陵”文化核心理念，包括“敢为人先”的创新创业理念、“企无小事”的服务理念、“抢抓机遇”的发展理念、“精益求精”的敬业理念、“诚实守信”的信用理念、“海纳百川”的开放包容理念、“业定乾坤”的工业主导理念，以推动工业涪陵文化建设高质量发展，为工业涪陵高质量发展提供精神动能。

第三节　“工业涪陵”文化的挖掘与弘扬

新时期，挖掘、弘扬工业涪陵文化非常重要也非常迫切。挖掘弘扬工业涪陵文化时应坚持党的领导、坚持传承创新、坚持协同推进、坚持贯彻新发展理念等原则，加强工业涪陵文化核心理念的挖掘弘扬、夯实工业涪陵文化的发展基础、加大对工业涪陵文化建设政策的支持、加快涪陵工业文化产业的发展、完善工业涪陵文化传播机制、加强工业涪陵文化建设的示范引领、加强挖掘弘扬工业涪陵文化建设的组织实施 7 个方面着力。

一、挖掘弘扬“工业涪陵”文化面临的困境及成因

工业涪陵文化建设虽取得了一定成绩，但也存在一些困难和困惑。

（一）认识障碍及成因

对“工业涪陵”文化的认识偏颇是影响其作用发挥的重要障碍因素之一，突出表现为部分企业尚未充分认同工业涪陵文化的价值，误将企业文化等同于工业涪陵文化，文化建设与党建融合不足。

1. 尚未充分认同工业涪陵文化的价值

涪陵工业企业文化发展不平衡，对工业涪陵文化的价值认同参差不齐。有 1/3 的企业建立了较系统的企业文化体系，有 1/3 的企业虽建立了文化体系但落实不足，还有 1/3 的企业尚未形成系统的文化建设体系。造成这种局面的因素是多方面的，但归根结底是企业对工业涪陵文化建设的重视程度不够，对工业涪陵文化的挖掘、弘扬工作未给予足够重视。

2. 误将企业文化等同于工业涪陵文化

有的企业片面地认为做好本企业文化建设就是进行工业涪陵文化建设，其实二者间还是存在一定区别的。工业涪陵文化建设涉及政府、行业、企业、个人等多个层面，而企业文化建设往往只涉及一个企业或一个集团，仅是工业涪陵文化建设的组成部分。造成这种认识偏颇的原因也是多方面的，主要原因在于当前学术界工业涪陵文化研究较少、政府对工业涪陵文化挖掘弘扬工作重视程度不足等。

3. 工业涪陵文化建设与社会主义核心价值观融合不足

坚持党的领导是实施工业涪陵战略的重要原则，在工业涪陵文化建设中，与践行社会主义核心价值观相融合是工业涪陵文化建设的基本路径，但不少企业对此重视不足。具体表现为：有的企业不能恪守诚信等原则，不断冲破道德底线，在经营管理中片面追求经济利益最大化，对企业文化建设缺乏积极性、主动性，对工业涪陵文化资源的挖掘和弘扬工作不重视。

（二）体制机制障碍及成因

建设“工业涪陵”文化的体制机制不健全也是影响“工业涪陵”文化功能充分发挥的重要障碍。工业涪陵文化建设涉及工业和文化两大领域，涉及经信、教育、宣传等众多职能部门，而当前条块分割的行政体制及“互不干涉内政”的行政管理观念不利于工业涪陵文化建设，更不利于工业涪陵文化的挖掘、传承、弘扬。其一是职能部门与工业企业未建立文化建设沟通协作机制；其二是现有成果少且不系统；其三是关注这一领域的专家学者太少。与工业涪陵文化建设相应的政策支持不足，不仅影响专家学者研究的积极性，而且影响企业开展工业文化建设的主动性、积极性。

此外，推动工业涪陵文化建设的执行体系也不健全。不少工业企业在制度建设、组织结构设计、信息沟通机制等方面尚未形成系统的运行机制，使一些优秀工业企业文化未能得到很好的挖掘、整理、传播、弘扬。

（三）文化传播障碍及成因

“工业涪陵”文化的传播机制不健全也是影响其功能发挥的障碍之一。工业涪陵文化功能的充分发挥，关键在于构建科学的、系统的传播机制。当前涪陵工业文化传播还存在着一些障碍，如缺乏系统的宣传渠道。工业涪陵文化建设存在着重视具体建设轻视挖掘、总结、宣传等现象。造成这种局面的原因是多方面的，主要是媒体为了迎合大众口味，对大众不甚关心的工业文化宣传跟踪不重视。工业涪陵文化的传播形式创新不足。工业文化的多数内容与娱乐文化相比生硬、单调、缺乏亲和力，加之当前媒体又多用简单直白的方式报道工业领域的新闻和消息，难以让受众领悟到工业涪陵文化的核心理念。

二、挖掘弘扬“工业涪陵”文化的重要意义

工业化的发展表明：工业文化是影响工业化进程和产业结构转型升级的

关键因素。“工业涪陵”文化是涪陵人的宝贵精神财富，新时期挖掘弘扬“工业涪陵”文化不仅具有理论意义，而且具有现实价值，是推进工业涪陵高质量发展，尤其是推动制造业高质量发展的重要精神支撑。

（一）推动工业涪陵高质量发展的需要

工业涪陵建设在涪陵经济的繁荣、居民收入水平的提高、民生的改善等方面作出了巨大贡献，但在实施中存在过于重视量的增加，对质的提升重视不足的问题，也因此造成涪陵工业园区内大部分企业集中在加工环节，形成低端同质化竞争、低端环节的产能过剩；过于注重“短平快”高端产业项目的引进，对基础研究和技术积累重视不足，支撑产业高质量发展的自主创新能力不足，在研发创新、品牌塑造等方面与昆山等发达地区相比尚存较大差距，彰显“工业涪陵”形象的知名产品种类不多。总之，在涪陵工业发展中，生产的工业产品高端产品少，新兴产业弱、产业能源消耗大、产业链不稳固等问题还比较突出，同时面临着激烈的市场竞争、“碳达峰、碳中和”及《中华人民共和国长江保护法》（中华人民共和国第十三届全国人民代表大会常务委员会第二十四次会议通过）带来的一些硬性约束。上述因素都倒逼着“工业涪陵”建设必须加快高质量发展步伐。工业涪陵高质量发展是一项系统工程，需要工业涪陵文化的引领和支撑，需要挖掘、传承、弘扬工业涪陵文化，需要弘扬工业涪陵文化以增强工业建设者的内生动力，需要提升产品核心竞争力、产品附加值。

（二）加快涪陵区制造业高质量发展的需要

制造业是经济社会发展的根基所在。党的十八大以来，以习近平同志为核心的党中央高度重视推动制造业发展。2019 年 4 月，习近平总书记在视察重庆时强调，要把制造业高质量发展放到更加突出的位置。重庆市委、市政府将制造业作为立市之本、强市之基。涪陵区是重庆市制造业大区，制造业的高质量发展关系到全区经济高质量发展战略布局。当前，涪陵区委、区政府把制造业作为经济发展的首要任务，视其为建设现代化经济体系的重要着力点、产业竞争博弈的焦点。“十四五”期间，涪陵应为重庆建设国家重要先进制造业中心作贡献，积极推动全区全力建设“成渝地区双城经济圈重要先进制造业基地”。建设“成渝地区双城经济圈重要先进制造业基地”要全面理解“重要”“先进”“基地”的内涵。其中，“重要”要求涪陵工业经济实力在主城都市区名列前茅，在成渝地区双城经济圈内的同类型城市中处于第一方阵；“先进”要求涪陵始终围绕高端、高质、高新，大力发展智能制造、绿色制造、服务型制造，实现制造业高端化、智能化、绿色化发展；“基地”要求涪陵建设成为成渝地区双城经济圈发展先进制造业的重要策源地、示范地、支撑点，成为制造业产业链供应链上的重要一环。涪陵区制造业高质量发展是一项系统工程，建设“成渝地区双城经济圈重要先进制造业基地”需要工业涪陵文化的引领和支撑。

（三）创造高品质生活的需要

创造高品质生活是涪陵未来要实现的基本目标之一，而创造高品质生活离不开“工业涪陵”文化的支撑，因为工业涪陵文化已潜移默化地渗透到涪陵社会生活、经济建设的方方面面。新时期，涪陵创造高品质生活需要挖掘好、弘扬好工业涪陵文化，尤其是“与时俱进、工行天下”的工业涪陵文化核心理念，包括“敢为人先”的创新创业理念、“企无小事”的服务理念、“抢抓机遇”的发展理念、“精益求精”的敬业理念、“诚实守信”的信用理念、“海纳百川”的开放包容理念、“业定乾坤”的工业主导理念，进而为涪陵区创造高品质生活提供经济和文化支撑。

（四）实现新目标新定位的需要

挖掘弘扬工业涪陵文化是实现涪陵区新目标、新定位的需要。在工业涪陵文化的激励和指引下，涪陵工业化发展进程不断加快，还培育出太极集团、涪陵榨菜集团等知名企业，推动了涪陵经济社会的大发展，在提高居民收入水平、改善民生等方面发挥了重要作用。当前挖掘弘扬工业涪陵文化是涪陵区实现共同富裕目标的需要。实现共同富裕目标也需要工业涪陵高质量发展为其提供物质保障，需要工业涪陵文化的精神支撑。涪陵还面临长江上游重要生态屏障区、国家级现代农业示范区、成渝地区双城经济圈、重庆融入长江经济带发展的重要节点，以及重庆主城都市区与渝东北三峡库区城镇群和渝东南武陵山区城镇群的重要支点等新定位，实现这些新定位需要充分发挥工业涪陵文化的功能。

三、挖掘弘扬工业涪陵文化的原则

挖掘弘扬工业涪陵文化要牢牢把握社会主义先进文化前进方向，以社会主义核心价值观为引领，固本培元，守正创新，始终遵循以下原则。

（一）坚持党建引领

挖掘弘扬工业涪陵文化是一个系统工程，不但涉及工业经济领域，而且涉及党和国家事业发展的方方面面。当今世界正处于百年未有之大变局中，挖掘弘扬工业涪陵文化需要党的坚强领导，因此应坚持党的建设与企业文化建设相结合、相融合，通过加强企业党组织建设来引领和推动工业涪陵文化的挖掘、传承、弘扬。

（二）坚持社会主义文化方向

工业涪陵文化是涪陵文化的重要组成部分，挖掘弘扬工业涪陵文化必须坚持社会主义方向，以弘扬中国特色社会主义文化为宗旨。挖掘弘扬工业涪陵文化应坚持与践行社会主义核心价值观相融合，用“富强、民主、文明、和谐、自由、平等、公正、法治、爱国、敬业、诚信、友善”的社会主义核心价值观统领“工业涪陵”文化的挖掘、传承、弘扬工作。

（三）坚持贯彻新发展理念

工业涪陵文化是推动工业涪陵高质量发展的重要支撑，要体现和贯彻新发展理念，即牢固树立创新、协调、绿色、开放、共享的新发展理念，将新发展理念切实融入工业涪陵文化建设，用新发展理念引领“工业涪陵”文化的挖掘、传承、弘扬工作。

（四）坚持传承创新

挖掘弘扬工业涪陵文化应传承好、创新好涪陵文化，总结工业涪陵文化建设的经验和教训，坚持在保护工业涪陵文化资源、优秀传统文化资源中挖掘、整理工业涪陵文化，在传承优秀传统文化、区域文化等的基础上创新发展工业涪陵文化，用传统文化、区域文化滋养工业涪陵文化，推动工业涪陵文化的再造、创新。工业涪陵文化的弘扬发展要坚定文化自信，挖掘出工业涪陵文化中的合理内核，为进一步提升和凝练工业涪陵文化、推动工业涪陵文化创新发展植根铸魂。

（五）坚持协同推进

挖掘、传承和弘扬工业涪陵文化涉及多个部门，需要加强与相关部门协同，构建长效机制，以推进工业涪陵文化资源整理、挖掘、传承和弘扬等工作顺利开展。“工业一业定乾坤”理念不是不重视农业现代化和第三产业的发展，而是要求以工业涪陵理念引领农业现代化、第三产业和城市化的发展。

挖掘工业涪陵文化资源要与挖掘农业产业化等资源相协调。

四、挖掘弘扬工业涪陵文化的基本路径

挖掘弘扬工业涪陵文化是一个复杂的系统工程，要强化责任落实、强化能力提升、强化氛围营造、强化安全环保，形成推动工业涪陵文化建设的强大合力，为推动涪陵制造高质量发展提供强大精神动能。要在加强工业涪陵文化的挖掘弘扬、夯实工业涪陵文化的发展基础、加大对工业涪陵文化建设的政策支持、加快涪陵工业文化产业的发展、完善工业涪陵文化的传播机制、加强工业涪陵文化建设的示范引领、加强挖掘弘扬工业涪陵文化建设的组织实施7个方面着力。

（一）加强工业涪陵文化的挖掘和弘扬

加强工业涪陵文化的挖掘弘扬，要从以下几个方面推动该项工作。

其一是挖掘和弘扬“敢为人先”的创新创业理念。通过定期组织开展创新创业大赛、创新成果展示、企业技术沙龙等形式多样的创新活动，树立一批创新典型企业；积极打造高端科技创新平台，以提升工业自主创新研发水平，突破关键技术“瓶颈”。挖掘好、讲好“敢为人先”的创新创业理念故事，营造全社会“敢为人先的创新创业”社会文化氛围。

其二是挖掘和弘扬“诚实守信”的信用理念。进一步加强涪陵工业诚信体系建设，完善相关部门间的信息共享机制，强化工业涪陵征信服务，适时发布失信企业名单。挖掘好、讲好“诚实守信”的信用理念故事，营造诚信敬业光荣、失信妄为可耻的社会文化环境。

其三是挖掘和弘扬“企无小事”的服务理念。牢固树立“企无小事”理念，大力挖掘、弘扬和传承“企无小事”的服务理念，挖掘好、讲好“企业无小事的先进典型”故事，积极构建“服到位，零距离”的工业涪陵营商环境。

其四是挖掘和弘扬“业定乾坤”的工业主导理念。坚定不移实施“工业涪陵”战略，进一步强化“工业始终是涪陵的立区之本、兴区之源、强区之基”认识，发挥“工业涪陵一盘棋”的支撑带动作用。

其五是挖掘和弘扬“抢抓机遇”的发展理念。当前涪陵面临一系列新的发展机遇，如国家大力实施制造强国战略、成渝地区双城经济圈建设和“一区两群”协调发展提供的机遇及市场消费需求升级催生的机遇等，弘扬涪陵“抢抓机遇”的发展理念，讲好涪陵“抢抓机遇”的发展理念故事。

此外还要挖掘、弘扬好“海纳百川”的开放包容理念、“精益求精”的敬业理念等工业涪陵文化，讲好工业涪陵故事，让工业涪陵文化在涪陵高质量发展中发挥更大作用。

（二）夯实工业涪陵文化的发展基础

夯实工业涪陵文化发展基础，要从以下几个方面推动该项工作。

其一是强化工业涪陵文化理论支撑。组织长江师范学院等在涪高校的专家深入开展工业涪陵文化建设的基础研究，形成工业涪陵文化的理论体系。

其二是统筹利用涪陵区各类工业文化资源。开展涪陵区工业文化资源普查，梳理和挖掘涪陵的工业遗产、工业旅游、工艺美术、工业精神、专业人才等资源，积极推动工业涪陵文化资源库建设。加强工业涪陵区的各类文化资源的统筹协调，加快工业涪陵文化各类资源的保护和开发，创新保护和开发工业涪陵文化模式。

其三是健全工业涪陵文化建设的标准体系。组织相关专家积极开展工业涪陵文化建设标准建设相关研究，尽快形成支持工业涪陵文化挖掘、传承和弘扬的政策体系和标准体系。发挥涪陵行业组织、协会等在工业涪陵文化挖掘、弘扬方面的作用。

其四是将加强企业文化建设作为工业企业改革创新的重要环节。十年企业靠管理，百年企业靠文化。推动涪陵区企业将加强文化建设作为改革创新的重要环节，加强推动工业企业文化建设和打造。加快重点企业文化的建设，挖掘、学习工业“双十强”企业的文化建设经验。注重制造业品牌文化建设。打响“涪陵制造”品牌文化，把“涪陵榨菜”做成全球知名标识。深入挖掘和讲好涪陵制造故事、品牌故事。

（三）加大对工业涪陵文化建设的政策支持

加大对工业涪陵文化建设政策方面的支持，要从以下几个方面推动。

其一是构建协同开展工业涪陵文化建设机制，加强工业涪陵文化建设多部门协同，统筹加强工业涪陵文化的挖掘、传承、弘扬工作。

其二是探索采取政府与社会资本合作（PPP）模式建设工业涪陵博物馆等，加快涪陵区内的工业遗产保护与利用。设立工业涪陵文化建设基金以支持工业涪陵文化的挖掘和弘扬。

其三是健全工业涪陵文化建设方面的相关规章制度，如完善奖惩制度，通过颁发质量奖等引导、激励企业、社会中介组织积极参与工业涪陵文化建设。

（四）加快涪陵工业文化产业的发展

加快涪陵工业文化产业的发展，要从以下几个方面推动该项工作。

其一是推动涪陵工业设计创新发展。强化创新设计引领，推动工业设计从产品设计向中高端综合设计服务的转型升级。鼓励企业工业设计中心与设计机构的协同发展，建设开放共享、专业高效的创新设计公共服务平台和具有影响力的设计群。

其二是促进涪陵工艺美术特色化和品牌化发展。加强对工业涪陵建设中传统工艺美术、技艺的保护与传承，推出一批工艺美术精品。积极引导企业运用新技术、新工艺、新材料、新设计，创新发展工艺美术产业。培育若干个示范性工艺美术大师工作室，打造若干个工艺美术品牌。突出需求导向，加快涪陵工艺美术转变经营理念，创新生产和服务方式、采用新式推广方式，推出个性化产品，激发宣传合力实施“涪陵制造”品牌推广工程，提升区内优势品牌的知名度与附加值。

其三是加快涪陵区工业遗产保护和利用。开展工业遗产摸底调查，建立工业遗产名录和分级保护机制，保护一批工业遗产，抢救濒危工业文化资源。积极引导社会资本进入涪陵工业遗产保护、开发领域，鼓励有条件的地方利用老旧厂房、设备等依法建设工业博物馆等。

其四是大力发展涪陵工业旅游。倡导绿色发展理念，开发利用好工业博物馆、工业遗址、产业园区及现代工厂等工业涪陵文化资源，打造具有鲜明特色的工业涪陵旅游产品。加强与相关部门协同，促进工业旅游与传统观光旅游、工业科普教育的结合。鼓励企业通过开放生产车间、设立用户体验中心等进行产品的展示、品牌的宣传和推广，建设一批具有社会公益功能的工业涪陵旅游示范点。

其五是支持工业涪陵文化新业态发展。利用数字技术、网络技术等现代技术手段推动工业涪陵文化的创新发展。推动工业涪陵文化与数字媒体等新领域的融合发展，催生一批新技术、新工艺、新产品、新业态，打造若干个高品质的工业创意园区和工业文化特色小镇。

（五）完善工业涪陵文化的传播机制

完善工业涪陵文化的传播机制，要从以下几个方面加强和完善。

其一是充分发挥全社会各方力量构建运行高效、支撑有力的工业涪陵文化的传播体系，不断丰富工业涪陵文化的传播载体，拓展工业涪陵文化的传播渠道，使公众更好地理解、掌握、运用和参与工业涪陵文化的挖掘、利用。

其二是推动工业涪陵文化教育。积极开展工业涪陵文化进校园、技能人才进课堂等活动，支持企业、工业园区等设立工业实训基地、工业文化教育示范基地等，开展多层次的工业涪陵文化教育活动。促进工业企业与长江师范学院、重庆工贸职业技术学院等的合作，培育适合涪陵需要的工程师人才；在涪陵区职业教育中心等中职、中专类院校设置工业相关专业，培育工业技师型人才。推动大中专院校、中职、职业高中在工业企业设立工业实践教学基地、青少年工业文化教育基地等，鼓励涪陵区的工业企业在这些学校设立工业文化研究基地、推广基地等。

其三是开展工业文明科普活动。支持企业和社会组织提高工业文明科普服务能力，开展形式多样的涪陵工业科普活动。举办涪陵工业主题日活动、举办工业科普专题活动、组织工业涪陵科普旅游活动等。面向中小学生开展科普旅游，使中小学生与工业企业接触，参观工业生产和工业产品。建立科普体验室。出版《图说涪陵榨菜文化》等系列工业涪陵科普读物。

其四是加强工业涪陵文化宣传。综合利用传统媒体、新媒体等传播途径，扩大工业涪陵文化的宣传教育。通过博览会、讲坛、大赛等活动，如精心策划组织菜博会、汽博会等特色鲜明的会展活动，提升工业涪陵的知名度。支持创作工业题材的文化作品，弘扬工业涪陵文化。

（六）加强工业涪陵文化建设的示范引领

加强挖掘弘扬工业涪陵文化示范引领，建设若干个工业涪陵文化产业基地，有序推进工业文化园区和试点示范建设，选树一批工业文化建设示范单位。鼓励政产学研商等加强交流，共同推动工业涪陵文化发展。支持各地围绕工业涪陵文化发展理念、质量品牌建设、企业文化等举办多层次、多领域的交流活动，打造若干个具有广泛影响的工业涪陵文化活动项目。

（七）加强挖掘弘扬工业涪陵文化建设的组织实施

加强挖掘弘扬工业涪陵文化组织实施，加强规划统筹、协调工业涪陵文化挖掘弘扬工作。工业涪陵文化的挖掘弘扬涉及多个部门，如宣传部、文旅委、经信委、商委、财政局等部门。因此，构建工业涪陵文化挖掘、弘扬的多部门联动和合作机制，建立有利于工业文化发展的协同工作机制，推动各项任务和措施落到实处。

第八章 工业涪陵的农业产业化与城市化

工业涪陵建设既要做大做强涪陵工业，又要以工业发展理念为指导，带动、促进其他产业发展，进而加快整个区域经济的高质量发展。这里主要探讨何为工业涪陵理念，以及工业涪陵理念如何引导农业产业化、城市化高质量发展，以进一步丰富和拓展工业涪陵理念的现实指导意义。

第一节 工业涪陵理念

工业化是经济形态所呈现的一种演进方式，是社会文明程度的一种体现。工业理念实际上是工业化的一种发展思路，是现代工业发展实践中总结提炼出来的一套成功经验和方法①。换句话说，工业理念体现为现代工业发展进程中所总结的核心技术理念、规模效益理念、社会分工协作理念、市场营销理念、品牌化理念、信息化带动工业化理念等。

一、工业涪陵理念的本质

"工业涪陵"是中共涪陵区委三届三次会议提出来的一个概念，是涪陵工业经济发展的存续和总结，是未来涪陵工业经济发展的方向和新起点。工业涪陵是依托三大工业园区，注重集群上规模；打造七大产业，凸显优势特色；实现持续发展，建成工业大城市②。从一定意义上说，工业涪陵的本质就是涪陵工业化的本质，而工业化的本质不仅是产业转型升级的进程，而且是各产业的生产经营方式向专业化、规模化、社会化发展的进程，还是社会主体的

① 刘荣章，许标文，刘健宏．工业理念下福建省现代农业发展的措施与成效［J］．福建农林大学学报（哲学社会科学版），2012（5）：14-17.

② 由涪陵区社科联提供资料。

意识形态观念（由自然经济观念向商品经济观念、市场经济观念转变）的转变进程①。工业涪陵建设不仅要推进工业成为涪陵经济发展的主导产业，而且要把大工业的理念融入经济社会发展的其他方面，也就是说，通过以科技为支撑，在发展涪陵工业的同时，运用工业化的理念、方式和经验引导农业产业化、城市化的发展，促进农业生产经营模式的工业化、城市建设高品质的现代化，实现涪陵经济社会的健康可持续发展。由此可见，工业涪陵理念的本质是运用涪陵现代工业发展进程中总结出来的一套经营经验、方式方法、管理理念，也就是用现代工业的理念、方式和工业涪陵发展的成功经验引导、带动农业产业化、城市化的升级发展。

二、工业涪陵理念的特征

把握“工业涪陵”理念的本质就是要在理解工业涪陵理念的内涵基础上分析理解工业涪陵理念的特征，探讨工业涪陵理念的时代特性、产业主体、科技一体化发展等特征。

（一）具有时代特性

“工业涪陵”是涪陵工业发展到一定阶段的演进方式，是建立在对传统工业发展进行反思的基础上提出的发展方向，不会随着时空变化而变化，即具有公共性的逻辑特点。工业涪陵理念具有时代特性，即工业发展到一定阶段后，须赋予其特定时代的新内涵。在当前世界科技革命中实现工业化的发展目标就是党的十六大报告提出的新型工业化发展要求。因此，工业涪陵理念的特性就突出反映在新型工业化特性上，即工业涪陵是工业化的一种形式。因此，工业涪陵理念具有时代特性。

（二）具有产业主体性

科学把握工业涪陵的本质特征必须正确认识工业涪陵的产业主体及各产业在工业化进程中的角色定位。因为从国际工业化的发展进程来看，工业化的过程实际上是实现农业、工业、第三产业的协调发展过程。

第一，农业是工业涪陵的基础产业。在工业涪陵发展进程中，农业产值的比重虽然呈现出下降趋势，工业涪陵发展到高级工业化阶段后的农业产值比重不足5%，但是农业产业的基础地位是亘古不变的。在工业涪陵发展之路

① 王成艳，张格杨．也谈工业化的本质［J］．调研世界，2005（8）：36-38.

上更应重视农业的基础地位，强化以工补农、以城带乡，推动形成工农互促、城乡互补、协调发展、共同繁荣的新型工农城乡关系，深化农业供给侧结构性改革，大力推进农业农村现代化，全面建设社会主义现代化国家。

第二，工业是工业涪陵的主导产业。工业是工业涪陵发展的逻辑起点，因此，工业涪陵以工业作为主导产业是毋庸置疑的。工业涪陵高质量发展需要突破传统的发展模式，要充分利用以国内大循环为主体、国内国际双循环相互促进的新发展格局，坚持新兴产业向高端化、传统产业集约化发展方向，不断厚植工业优势，构建一批世界级、国家级优势产业集群，打造西部一流的“智造强区”“智慧新城”，加快建设成渝地区重要先进制造业基地。

第三，第三产业是工业涪陵的动力产业。工业涪陵的发展必然要求工业与各产业协调发展，工业涪陵为第三产业发展奠定了基础，第三产业也为工业涪陵的发展提供了重要动力。因此，要把推动第三产业的发展作为产业结构优化升级的战略重点，大力提升服务业发展标准化、品牌化、智能化水平，建设重庆重要的现代服务业基地，打造具有辐射力、影响力、带动力的“涪陵服务”品牌。同时，促进现代服务业和先进制造业融合发展。引导制造业企业延伸服务链条、发展服务环节，推动生产服务型企业创新服务供给，提升制造业服务化水平和全产业链价值。

（三）与科技一体化发展

邓小平同志指出，科学技术是第一生产力。工业涪陵建设势必要与科学技术一体化发展。科学技术为工业化的发展提供重要支撑，工业化的发展为科学技术提供动力机制等基础保障。以科技为支撑，实现工业与科技的协调发展，工业涪陵才能实现高质量发展。因此，工业涪陵要以大数据智能化为引领，加快构建推动高质量发展的标准体系，加快产业结构调整和优化升级，提升产业核心竞争力，建设以先进制造业为主体、以现代服务业为支撑、以战略性新兴产业为方向、以现代农业为基础的新型现代产业体系。

三、工业涪陵理念的作用

“工业涪陵”不仅推动涪陵工业自身的发展，而且通过“工业涪陵”理念引领、带动其他产业的协调发展。总体来看，工业涪陵理念的作用主要表现在以工业理念引领现代农业和城市化的发展。

（一）工业涪陵理念对现代农业的引领作用

工业理念是现代农业发展的必然选择。从国际经验看，现代农业的发展与工业化是相辅相成的；但从总体上看，现代农业的发展进程要明显滞后于工业化的发展进程①，这就迫切需要借助现代工业理念引领现代农业的发展，而现代农业的重要特征是农业产业化，因此工业理念有利于引领农业产业化发展。其一是有利于推进农业科技进步。现代农业发展的关键要素是科技，可以利用工业涪陵理念中的核心技术理念以提升农业科技。这不仅可以提高农产品产量，而且有利于推动农业生产率的提升，进而培育现代农业。也就是说，农业现代化的本质是农业科技的现代化。其二是有利于推进农业规模化。实现工业发展的规模化是工业涪陵发展的基本经验之一。现代农业要实现高效益，就必须推进农业的规模化发展，也就是说，在现有的劳动力资源、技术、土地等条件下，通过发挥各生产要素在农业发展中的优化配置作用实现农业的规模经济效应。其三是有利于推进农业产业化。生产组织的一体化发展是工业涪陵发展的经验之一。用工业涪陵理念引领现代农业发展，就是要实现农业的产业化。这就需要农业实现一体化经营、发挥龙头企业的带动作用，促进农业专业合作组织的发展，从而推进农业产业化。其四是有利于推进农业市场化。市场化发展也是工业涪陵发展的重要经验，用工业涪陵理念引领现代农业发展，还要提升农产品的市场占有率。通过推进农业市场化进程，调整农业产业结构，运用“互联网+农业”等新型经营方式，打造“互联网+”农村电商产业集群等营销模式，推进农业市场化发展。

（二）工业涪陵理念对城市化的引领作用

用工业理念引领城市化发展是现代化城市发展的必然阶段。工业化是城市化的动力，城市化反过来又会促进工业化的发展。从国际经验看，在一个国家和地区的经济社会发展进程中，工业化与城市化是紧密联系且相互影响的。因此，运用工业涪陵理念引领城市化，客观上要求提升城市文化水平、提升城市品质、优化城市功能布局等。其一是以人为核心的城镇化逐步突出。工业发展成果是为人的生产、生活服务的，是工业涪陵发展的基本经验之一。但城市化发展至今，逐渐变成了以城市建设为主，让人来适应城市，人反而丢掉了核心主体地位。因此，应强调突出以人为核心的城市化。在城市建设

---

① 刘荣章，许标文，刘健宏．工业理念下福建省现代农业发展的措施与成效［J］．福建农林大学学报（哲学社会科学版），2012（5）：14-17.

过程中，坚持以人为本的核心理念建设现代化大城市。其二是工业涪陵发展中城市文化特征逐步凸显。文化在工业发展中的不可或缺性也是工业涪陵发展的经验之一。城市的特色风貌是城市外在形象和精神特质的有机统一，是一个城市历史文化传承的外在体现。在城市规划建设过程中也要注重文化传承和特色风貌，不能一味照抄照搬、千篇一律。其三是工业发展中城市品质能级逐步提升。注重工业的品质、品牌效应也是工业涪陵发展的经验之一。用工业涪陵理念引领城市化，要突出城市特色，推动产城景融合发展，建设“大开大阖”“大收大藏”“大山大水”的独特城市，彰显山水之城、美丽之地的自然魅力，从而推进城市品质能级逐步提升。其四是城市空间布局逐步优化。不断实现产业结构优化升级是工业涪陵发展的重要法宝。借鉴工业涪陵理念引领城市化，实际上是实现城市空间结构的优化。要树立空间开发新理念，统筹规划人口分布、经济布局、环境承载和城镇化格局，调整开发方式，创新开发内容，优化功能布局，形成主体功能清晰的国土空间格局，加快构建“一城三区两带”的新型空间体系和新型城镇体系，从而推进城市空间布局逐步优化。

第二节　以工业涪陵引导农业产业化

农业产业化是区域（国家）工业化的核心内容，是检验区域（国家）工业化实现程度的客观标准，只有形成农业产业化才能最终实现区域（国家）工业化①。因此，涪陵农业产业也要像工业产业一样实现市场化、社会化、品牌化，要与工业的产业化程度相适应，以实现工农产业协调发展。

一、以工业涪陵理念引导农业产业化

以“工业涪陵”理念引导农业产业化就要推动农业产业规模化发展、延长农业产业链、加强农业生态环境保护。

（一）注重推进农业产业规模化

通过农业规模化、标准化、设施化发展，大力推进国家现代农业产业园

① 达捷．“工业强省”战略中的农业产业化问题研究［J］．农村经济，2007（4）：39-40.

建设，积极推进农业产业规模化发展。

第一，推动农业规模化、标准化、设施化发展。围绕发展高产、优质、高效、生态、安全农业的总体要求，高起点、高标准地建设一批规模化、机械化、标准化和产业化程度较高的新型现代农业示范基地，打造一批以青菜头绿色种植、中药材健康保健为主题的田园综合体。大力推进现代农业产业化联合体建设，积极支持龙头企业建设标准化原料生产基地，开展精深加工、物流配送和市场营销，推广“科研机构+龙头企业+合作社+基地+农户”组织模式。加快标准推广应用，全面推行绿色食品、有机农产品、地理标志农产品生产，推动农业企业、农民专业合作社和家庭农场等新型农业经营主体按标生产，建设一批农业标准化示范基地。积极发展设施农业，推广温室计算机自动化控制、节水灌溉、增温补光等节能降耗、降本增效的设施农业先进技术，大力发展设施蔬菜、设施畜牧、设施渔业、设施花木。

第二，大力推进国家现代农业产业园建设。坚持以“产业立园，高标准建园，以企业为龙头、农民为主体兴园”的发展思路，围绕国家现代农业产业园引领全区现代农业发展。加强农业品种、品质、品牌建设，打造乡村产业振兴示范区。通过典型引路、以点带面，形成引领全区现代农业发展的强大力量，在加快传统农业向现代农业转变，提高优势农产品综合生产能力，保障粮食等主要农产品有效供给方面发挥重要作用。

（二）注重打造和延长农业产业链

产业链理念是典型的工业化理念，发展现代农业的关键在于打造和延长产业链。通过发挥龙头企业在产业链中的引领作用，发挥互联网对农业产业链的重构作用，打造和延长农业产业链。

第一，发挥龙头企业在产业链中的引领作用。积极培育一批产业带动能力强、在全国行业领先的企业；推动龙头企业集群化发展，鼓励支持行业领头企业增资扩建、重组合作，走集团化经营道路，拓展延伸农业产业链条；大力支持中小型农业企业引进新技术、开发新产品，提升管理水平和技术实力。深化农业项目招商引资，引导工商资本发展适合企业化经营的现代种养业。充实和完善龙头企业联农带农的财政激励机制，开展农业产业化龙头企业利益联结机制创新试点，鼓励龙头企业为农户提供技术培训、贷款担保、农业保险资助等服务，积极发展订单生产、委托生产，推行“公司+农民合作社+农户”等经营模式，实现价值链提升，从而延长产业链。

第二，发挥互联网对农业产业链的重构作用。通过信息流推进原料生产、加工物流、市场营销等一、二、三产业融合发展，构建农业生产、流通、经营和物资、资金、信息融合的生态圈。这就需要加快电子商务在农村的推广应用，引导和支持流通企业、涉农企业和农民合作组织开设网店，建成一批农产品电子商务平台，健全完善农产品流通网络，促进产销衔接，延伸产业链、完善供应链、提升价值链。

（三）注重农业生态环境保护

通过大力发展循环农业和生态农业，大力推行化肥农药减量化，大力推进农业废弃物资源化利用，推进涪陵农业可持续发展，不断加强农业生态环境保护。

第一，大力发展循环农业和生态农业。深入推进生态文明建设，切实加强农业生产环境改善和农田生物多样性保护，努力实现农业资源循环发展和可持续利用。积极开展种养结合循环农业的试点示范，推广“猪—沼—菜（果）”复合生态型、“秸秆—饲料—猪（牛）—茶（果）”农牧特结合型、“粮—瓜—菜”立体种植型、“林—药—菌”山区资源开发型等模式，促进农业生态良性互动、种养业协调发展。

第二，大力推行化肥农药减量化。大力推广科学施肥，提高用肥的精准性和利用率。鼓励推进秸秆还田、种植绿肥、积造农家肥、增施有机肥。集成推广种肥同播、化肥深施等高效施肥技术。推进配方肥进村入户到田，基本实现主要农作物测土配方施肥全覆盖，支持新型农业经营主体使用配方肥、高效缓（控）释肥。加快绿色防控技术推广，加速生物农药、高效低毒低残留农药推广应用，逐渐减少和淘汰高毒农药，禁止将剧毒、高毒农药用于蔬菜、瓜果、茶叶和中药材等农作物。建设低毒低残留农药使用试点，建立高毒农药可追溯体系。

第三，大力推进农业废弃物资源化利用。因地制宜推进农业废弃物的肥料化、能源化、饲料化、基料化和工业原料化等综合利用。完善科研院所与企业联动机制，创新农业废弃物综合利用新技术、推广新模式。落实畜禽规模养殖环境影响评价和“三同时”制度，建设农牧结合农业废弃物资源化利用示范工程。推进农村沼气工程转型升级。支持青黄贮饲料化、微生物腐化和固化炭化气化等新技术的应用，采用秸秆初加工用电可享受农用电价格，将收储用地纳入农用地管理。支持使用加厚或可降解农膜，扶持建设一批废旧农膜回收加工网点。建立农药包装废弃物收集处理系统。

二、以工业涪陵方式引导农业产业化

以工业涪陵方式引导农业产业化需要推进农业生产领域的标准化、农业流通领域的市场化、农业经营领域的品牌化发展。

（一）加快推进生产领域产业化发展

通过大力推进农业机械化、信息化发展，全面推行农业标准化生产，引导涪陵农业生产领域产业化发展。

第一，大力推进农业机械化。结合涪陵区农业生产实际，以主要农作物全程机械化生产为目标，以转变农业机械化发展方式为主线，以调整优化农机装备布局结构、主攻薄弱环节机械化、推广先进适用农业机械化技术和装备为重点，加强农机农艺融合、机械化与信息化融合，培育发展主体，壮大人才队伍，进一步提高农机装备水平、作业水平、科技水平、服务水平和安全水平。全面落实国家农机购置补贴政策，重点推进粮食作物生产全程机械化、开展特色农产品机械化生产技术引进和应用、开展田间运输机械的推广运用、开展农机专业合作社示范建设、开展土地深松示范推广等工作。

第二，加快推进农业信息化。以信息化助推涪陵农业农村发展体制机制改革，逐步提升农村信息化技术应用水平。大力推进农村信息化基础设施建设工程、数据资源体系建设工程、农村信息服务体系建设工程、农村电子商务工程、农村公共服务信息化工程、农村生产经营信息化工程、农村社会管理信息化工程、农村信息化人才支撑工程八大工程。深入推进“互联网+”现代农业行动，推动互联网企业建立农业服务平台，加强产销衔接。推广成熟可复制的农业物联网应用模式，发展精准化生产方式。大力实施农业物联网区域试验工程，加快推进设施园艺、畜禽水产养殖、质量安全追溯等领域物联网示范应用。加强粮食储运监管领域物联网建设。支持研发推广一批实用信息技术和产品，提高农业智能化和精准化水平。强化农业综合信息服务能力，提升农业生产要素、资源环境、供给需求、成本收益等监测预警水平，推进涪陵区农业大数据应用，完善农业信息发布制度。

第三，全面推行农业标准化生产。按照“生产有规程、质量有标准、产品有标志、市场有监测”[①] 的原则，严格执行国家、行业农业生产标准，实现品种标准化、生产技术标准化、生产管理标准化。推动农业标准化示范乡镇、示范区建设，以农业企业、农民合作组织、家庭农场为载体开展“三园两场”（标准化菜园、标准化茶园、标准化果园，水产健康养殖场、畜禽健康养殖场）建设，建立健全涪陵区农产品生产技术地方标准，把国家标准转化为符合生产实际的操作手册，建立农业标准化技术服务队伍，为农产品质量安全提供坚强的技术支撑。实施化肥农药零增长行动，积极推行化肥农药减量化生产和病虫害绿色防控技术，规范生产行为，控制农兽药残留，净化产地环境。

（二）大力推进农业流通流域产业化发展

通过建立健全农产品流通网络，大力推进农产品产销合作，大力推进“电商进乡村”，打造“互联网+”农村电商产业集群，推行保证金，构建订单生产体系，推进涪陵农业流通流域产业化发展。

第一，建立健全农产品流通网络，大力推进农产品产销合作。建立健全区域性农产品批发市场、城区菜市场、乡镇农贸市场和农产品专业市场体系，健全完善农产品流通网络，促进产销衔接。推进乡镇新建或改造农贸市场，大力推进乡镇商贸“五个一”工程，建成一批农产品产地批发市场、特色市场和田头市场。积极搞好农商对接，大力推行农批对接、农超对接、农餐对接、农网对接、农展对接、农厂对接、农校对接、集团消费对接、社区直销菜店等产销对接模式，推进农产品产销合作。

第二，大力推进“电商进乡村”，打造“互联网+”农村电商产业集群。加快电子商务在农村的推广应用，引导和支持流通企业、涉农企业和农民合作组织开设网店，建成一批农产品电子商务平台，培育农村电商带头人。探索发展服务驱动型、特色品牌营销型农产品电子商务模式，拓宽农产品销售渠道。利用“万村千乡市场工程”和“新网工程”提供网上代销代购、网购店取等便民服务。继续实施农村经纪人免费培训工程，打造一支懂技术、通信息、善营销的新型农村经纪人队伍。

第三，推行保证金，构建订单生产体系。推进农产品的有效流通关键在于稳定生产基地，建立健全订单生产体系。一方面，建立健全“保护价+随行就市”价格调节机制，稳定农业生产基地。要稳定优质原材料基地面积，这

---

① 栾群．用工业理念发展现代农业［N］．学习时报，2016-04-04（4）．

是保障榨菜产业持续发展的基础；要综合衡量企业需求、农户收益及市场波动情况，出台青菜头收购优质优价政策，建立健全“保护价+随行就市”价格调节机制，既保证企业能够有充足的原料供应，又有效规避“菜贱伤农”的现象，在很大程度上调动农户种植青菜头的积极性。另一方面，推行两份保证金制度，构建订单生产体系。“农民的市场履约意识不足”是现代农业发展面临的另一大难题①。为此，在签订青菜头保护价收购协议时要全面推行履约保证金方式，构建起三方信用合作机制。履约保证金为10~30元/吨，合作社向龙头企业交30元/吨的履约保证金，菜农向合作社交10~30元/吨的履约保证金，这两份保证金可有效约束和规范农户、合作社、龙头企业的行为，保证榨菜原料生产市场平稳。以涪陵区莱和榨菜股份合作社为例，该社现有合作社成员159人，其中农民成员157人（包括入股建卡贫困户28户），企业成员1个，村集体经济组织成员1个。2019年，该合作社与涪陵榨菜集团签订榨菜原料供需协议5000吨，交纳履约保证金15万元，同时与合作社成员、周边农户签订青菜头种植收购订单协议200多份共5000吨，收取农户保证金10万元。通过两份保证金机制引导、培育和增强了农民的市场履约意识，逐步建立起契约精神，真正构建形成了农户、合作社、龙头企业的三方利益链。这种保证金机制的建立和推广有效推进了农产品的市场流通。

（三）加快推进农业经营领域产业化发展

通过加快推进农业产业化经营，加强农产品质量安全监管，促使农产品向品牌化路径迈进，引领涪陵农业经营领域产业化发展。

第一，推进农业产业化经营。围绕榨菜、畜牧、柑橘、蚕桑等“2+X”特色优势产业，延伸产业链、完善供应链、提升价值链。把发展多种形式农业适度规模经营与延伸农业产业链有机结合起来，鼓励农民通过合作与联合方式发展规模种养业、农产品加工业和农村服务业。开展农民以土地经营权入股农民合作社、农业产业化龙头企业的试点，让农民分享产业链增值收益。创建农业产业化示范基地，推进原料生产、加工物流、市场营销等一、二、三产业融合发展，促进产业链增值收益更多留在产地、留给农民。

第二，加强农产品质量安全监管。建立健全涪陵地市级农产品质量安全监督检测中心建设项目，提升区域性农产品质量安全检测能力，完善乡镇和

---

① 韩春虹，张德元．小农户与现代农业衔接的服务组织模式：机理及效应评价［J］．广东财经大学学报，2020（2）：82-92.

农产品生产基地农残速测网络体系建设，制定农产品质量安全风险监测计划，加强质量安全信息分析及预警，积极推行农产品产地准出证明制度，把好安全上市关。开展农产品质量安全区创建活动，积极探索建立有效的监管机制和模式。切实加强对农业投入品的监管，实施高毒农药定点经营、实名制购买制度，打击假冒伪劣农用物资，维护农民权益。建立全区统一的农产品质量安全信息监管平台和追溯平台，并与市级、国家级追溯平台对接，扶持农产品质量安全追溯试点，优先将新型农业经营主体纳入试点范围，确保所有“三品”认证企业和特色农产品实现二维码追溯，提高监管效率，真正落实业主的质量安全主体责任。加强农产品产地环境监测和农业面源污染监测，强化产地安全管理。支持病死畜禽无害化处理设施建设，加快建立运行长效机制。加强农业执法监管能力建设，实施专项整治，严厉打击非法添加、制假售假、私屠滥宰等行为。

第三，推进农业品牌化建设。加强政策引导，营造公平有序的市场竞争环境，开展农业品牌塑造培育、推介营销和社会宣传，着力打造一批有影响力、有文化内涵的农业品牌，提升增值空间。大力发展无公害农产品、绿色食品、有机食品，加强“三品一标”（无公害农产品、绿色食品、有机农产品，地理标志农产品）建设，鼓励开展农产品商标注册，创建国家级、市级名牌。加大品牌整合、营销推介和诚信体系建设力度，深度挖掘、传承和提升地方传统品牌，打造一批有影响力和文化内涵的精品、名品。强化品牌监督管理，加大品牌保护力度。

三、以工业涪陵经验引导农业产业化

以“工业涪陵”经验引导农业产业化，就要抓特色产业、抓经营体系、抓品牌战略、抓要素支撑，进而打造涪陵现代农业的新高度。

（一）抓特色产业

涪陵具有独特的榨菜、蚕桑、黑猪、土鸡、油醪糟等农产品资源，榨菜集团、太极集团等国家级龙头企业实力雄厚，特色农业产业链已经形成，“基地+合作社+农户”的农业产业化模式自成体系。

第一，大力推动构建“2+X”特色农业产业集群。涪陵区要持续深化农业供给侧结构性改革，大力发展现代山地特色高效农业，推动建立以榨菜、中药材为主导的“2+X”特色农业产业集群，建设全球榨菜出口基地，提升国家现代农业产业园建设水平，加强农业品种、品质、品牌建设，打造乡村产业振兴示范区。

第二，大力推动农村一、二、三产业融合发展。要推动农村一、二、三产业融合发展，就要培育农业龙头企业，做大做强农副产品精深加工，发展休闲农业、乡村旅游、农村电商等新产业、新业态，多渠道拓展农民增收空间。

第三，持续推动创建国家休闲农业与乡村旅游示范区。涪陵区具有发展休闲农业和乡村旅游的资源禀赋、区位优势、产业特色和人文历史，有利于形成一定规模的产业带或集聚区。因此，为充分发挥休闲农业与乡村旅游的示范和带动作用，涪陵区应发展农村新产业、新业态、新模式，培育经济发展新动能。这是因为休闲农业和乡村旅游点有地域、民俗和文化特色，体验项目和餐饮服务有较强的吸引力；能够依托涪陵榨菜、柑橘、生猪、特色果品等特色种植业、养殖业和农产品加工业开发设计休闲农业和乡村旅游产品，使农业与加工、文化、科技、生态、旅游等产业有机融合。

（二）抓经营体系

构建集约化、专业化、组织化、社会化相结合的新型农业经营体系。

第一，进一步推动土地经营权规范有序流转。农村耕地实行所有权、承包权、经营权。在三权分置的基础上，按照依法自愿有偿原则引导农民以多种方式流转承包土地经营权，发展多种形式的适度规模经营。提升农户家庭经营能力和水平，重点发展适度规模家庭农场。

第二，进一步加强农民合作社规范化建设。加强农民专业合作社和土地股份合作社规范化建设，深入推进示范社创建行动。要开展农民专业合作社、联合社和家庭农场联合会试点工作，着力打造一批大社强社。鼓励农民合作社发展农产品加工业务，创新农业产业链组织形式和利益联结机制，构建农户、合作社、企业之间互利共赢合作模式，让农民更多地分享产业链增值收益。进一步创新财政支持农民合作社发展机制，允许政府项目直接投向合作社。完善农民以承包土地经营权入股发展农业产业化经营的政策。

第三，建立健全农业社会化服务机制。充分发挥农业公益性服务机构的作用，大力培育多种形式的农业经营性服务组织，健全覆盖全程、综合配套、便捷高效的社会化服务体系。开展政府购买公益性服务机制创新试点。

第四，大力培养新型职业农民队伍。制定专门规划和切实可行政策，吸引年轻人务农，培育新型职业农民，造就高素质新型农业生产经营者队伍。扶持有技能和经营能力的农民工返乡创办家庭农场、领办农民合作社，创立农产品加工、营销企业和农业社会化服务组织。

第五，健全工商资本租赁农地监管和风险防范机制。对工商资本租赁农户承包地作出明确规定，建立严格资格审查、项目监管和定期督查机制，禁止以农业为名圈占土地从事非农建设，防止“非粮化”现象的蔓延。鼓励和支持工商企业发展适合企业化经营的现代种养业，以满足农产品加工流通和农业社会化服务的需要，向农业输入现代生产要素和经营模式。建立工商资本农地租赁风险保障金制度。

（三）抓品牌战略

大力实施品牌战略，加强农业品种、品质、品牌“三品”建设，培育一批现代种养业龙头企业，创建国家农产品质量安全区，健全农业品牌体系。

第一，培育一批现代种养业龙头企业，丰富农业品种、提升农业品质。建设一批涪陵黑猪、增福土鸡和渝东黑山羊等扩繁基地及粮食、榨菜、中药材等种子生产基地，培育一批现代种养业龙头企业，挖掘利用道地种质资源，研发推广优良种养品质，提高农业良种化水平。

第二，创建国家农产品质量安全区，提升农业品质。完善农产品质量安全监管服务体系，构建农产品质量安全追溯体系，积极创建国家农产品质量安全区。

第三，健全农业品牌体系，做强农业品牌。持续做强做响“涪陵青菜头”“涪陵榨菜”“涪陵白茶”“龙潭大米”等优质特色农产品品牌，打造品质优良、特色鲜明的区域公用品牌、企业品牌。强化龙头企业带动作用，推进村企共建，开展示范创建，以“一村一品”推动“一镇一业”，形成“一镇一特”。抓好农业品牌战略，“十四五”时期关键要做好“两个提升”工程。一方面，做好农业品牌提升工程。完善品牌管理体系、营销体系和保护机制，构建多层次、多品种品牌体系，打造区域公用品牌、重庆名牌农产品 5 个，农产品地理标志 2 个，有效期内认证“两品一标”50 个，实现区级及以上农业经营主体“三品一标”产品 90%以上可追溯，培育农产品知名商标 15 件。另一方面，做好农产品质量提升工程。建立健全农产品质量安全监管和可追溯体系，完善农产品产后服务体系，建设农产品质量安全监管示范站 5 个。开展“中国好粮油”行动，建立优质粮油产业经济发展评价体系、质量评价标准、测评技术体系和线上营销体系。主要农产品总体抽检合格率在97%以上。

（四）抓要素支撑

强化涪陵农业科技、人才、装备等要素对农业现代化的支撑作用，打造现代农业科技创新高地，实施农村“领头雁”人才培养工程，加强“智慧农业·数字乡村”建设。

第一，打造现代农业科技创新高地。提升农业科研创新能力，推进国家现代农业产业园、国家农业科技园、农业科技型企业、农业科技专家大院建设，打造现代农业科技创新高地。

第二，实施农村“领头雁”人才培养工程。要实施农村“领头雁”培养工程，就要着力培养一批新型职业农民、科技兴农带头人、农业职业经理人，全面落实专业技术人员到乡村、企业挂职、兼职和离岗创新创业制度。

第三，加强“智慧农业·数字乡村”建设。要推进智慧农业建设，就要推进大数据、云计算、物联网等新一代信息技术和农业机器人等智能装备在农业生产领域广泛应用，大力发展智慧农业，推动传统农业技术升级，实施农业生产智能化示范工程。深化农业科技体制改革，围绕“2+X”产业体系加快推动农业科技重点技术攻关和科研成果转化。推进高标准农田建设和农田宜机化改造，建设“宜机化+机械化”生产示范基地，加速农业装备技术的研发和推广，推动良种、良质、良品、良技、良机“五良”融合。此外，抓好要素支撑，“十四五”时期关键要做好“两个提升”工程。一方面，做好农业科技创新支撑工程。建设市级以上重点实验室2个、技术创新中心2个、工程技术中心2个，新建科技专家大院（科技特派员工作站）3个；培育农业高技术企业3家。另一方面，做好智慧农业提升工程。建设智慧农业天空地一体化农业物联网平台、农业大数据中心、农业资源资产交易中心等一批智慧农业支撑平台。打造农业物联网生产智能化示范基地5个，建设智慧园艺基地3个、智慧果园3个、智慧畜禽养殖场2个、智慧水产养殖场2个。

第三节　以工业涪陵引导城市化

“工业涪陵”引导城市化，就是用工业涪陵的理念、方式、经验来引导城市发展，追求品质、提升能级、优化功能布局，使城市发展与工业的产业化程度相适应，实现城市化与工业化统筹推进、协调发展。

一、以工业涪陵理念引导城市化发展

以“工业涪陵”理念引导城市化就是要提升城市品质、提升城市文化，推动百万人口现代化大城市建设的高质量发展。

（一）全面提升城市品质

全面提升涪陵城市经济品质、生态品质、文化品质、形象品质、宜居品质和生产生活品质。

第一，着力提升城市经济品质，重点是打造商业综合体。做大做强商圈经济，提档升级江南百亿元级商圈，培育壮大新城区百亿元级商圈，打造一批集商务、购物、文化、娱乐于一体的城市商业综合体；着力推动商业新业态，做大做强垂直电商、跨境电商等新业态，打造线上线下融合发展的购物天堂。

第二，着力提升城市生态品质，重点是对城区山水营城格局再提升。在新拓展区，随形就势、精巧布局，形成“城—郊—野”三圈层布局。“城”以人工建设为主、紧凑高效布局城市片区是现代涪陵产业经济快速发展的集中体现；“郊”是近自然景观，包括涞滩河里坊、仙马湖里坊、水磨滩小镇，是传统园囿的当代新篇，形成具有生态景观特色的城野、城市过渡空间；“野”是城区周边自然绿地，这些是涪陵生态本底和绿色屏障，是市民游憩休闲的郊野公园。3个圈层共生共荣，形成特色化营城理念。

第三，着力提升城市文化品质，重点是将传统文化元素、韵味、氛围融入城市建设，丰富城市内涵，传承发扬涪陵文化，彰显巴国故里、理学之源、榨菜之乡的人文魅力。营造特色化的“乡愁空间”，依托点易园、龟陵城等历史遗存和八角井、李渡老镇等传统街巷，通过保护和活化利用的方式实现场景还原和情景演绎，留住乡愁记忆，形成特色景观景点。营造特色化的“建筑空间”，在镇、街、坊等特色区域，引导采用中西合璧、以中为主、古今交融的建筑风格，细致做好建筑设计和管控，体现地域特色，展示多元包容，传承传统文化，面向未来发展。

第四，着力提升城市形象品质，重点是彰显“两江四岸”水韵之灵。因此，打造由乌江一桥、长江一桥、长江三桥合围而成的10平方千米滨江环湖景观带；配套完善滨江休闲慢行系统，加快建设纵向通江绿廊；连线城市公园、广场、商业中心等公共活动空间；加强人行过街设施和无障碍设施建设，建设步行 15 分钟生活圈。

第五，着力提升城市宜居品质，重点是完善住房保障体系、推进老旧小区改造和提升开发品质。完善住房保障体系就是要推进由公租房、政策性租赁住房、共有产权住房构成的住房保障体系建设；推进老旧小区改造；要加强基础设施改造提升和建筑物公共部位维修维护；实施公共服务设施配套建设及智能化改造；配套社区综合服务设施，丰富社区服务供给。要提升开发品质，逐步实现由普通商品房向绿色生态、智慧智能的高品质住宅小区转变。

第六，着力提升生产生活品质，重点是加快智慧城市建设和公共服务供给水平，提升现代化、便捷化水平。要以民生需求为导向，构建市场配建为主、公共为辅、占道停车为补充的停车场供给格局；加快四环路小学、十四中兴华中路校区、科教产业实训基地等学校建设；积极鼓励中心医院等优质医疗资源向新城区疏解延伸；打造重庆市竞技体育比赛区域性中心；坚持需求导向，加快公共停车场建设。积极推进物联网在城市排水、城市路网、公共停车场、城市管网、市政消火栓、海绵城市、综合管廊、黑臭水体等领域的广泛应用，通过“物联网+智慧排水”“物联网+智慧路网”“物联网+智慧停车”“物联网+智慧物业”提升建设和运营信息化、智能化水平，构建万物互联的城市基础设施数字体系，推进城市运营智慧化、生活服务便捷化。

（二）全面提升城市文化

利用“816 工程”等涪陵人文历史文化资源优势，全面提升涪陵城市文化实力。

第一，彰显历史文化名城魅力。充分发挥乌江门户、巴国故里、理学圣地、榨菜之乡的特色地域文化优势，深入挖掘历史文化内涵，加强历史文化遗产、历史文化街区、历史文化名镇（村）、历史建筑文物等的活态保护、开发和利用。实施城市古迹、革命文物、工业遗产、巴国遗址、唐宋石刻、荔枝古道、明清庄园保护修复七大工程，恢复重建和提升改造八角井、邱家大院等一批历史文化街区，传承千年文脉，重现历史风貌，留住城市记忆。坚持以风格塑造文化，在旧城改造、新城建设、功能区和交通节点打造等关键环节精心设计城市雕塑、公共艺术装置、夜景照明灯，构筑山水特色城市景观和公共视觉艺术系统。积极利用“816 工程”，打造全国重要爱国主义教育基地和干部教育培训基地。主动谋划，努力将龟陵城遗址纳入重庆市宋（蒙）元山城防御体系遗址保护序列。推进涪陵御锣、榨菜制作技艺、乌江号子、涪州川剧、焦石民歌、八牌锣鼓、涪陵土陶等非物质文化遗产传承与发展，力争新创建一批国家历史文化名镇与具有特色和时代特征的传统文化村落。此外，要实施好两大文化工程。其一是文化品牌创建工程。继续推进白鹤梁申报世界文化遗产。协同重庆、四川、陕西、湖北有关省市和地市县联合申报荔枝古道世界文化遗产。把“816 工程”打造为全国重要的国防教育基地和爱国主义教育基地。其二是重大文化市政工程。规划建设中国水文博物馆、小田溪巴人遗址博物馆、“三线建设”博物馆、两江音乐厅、琴台国际会展中心、涪陵科技馆、涪陵规划展览馆、涪陵文化馆新馆、涪陵博物馆新馆等，提档升级文化艺术中心。

第二，推动文化事业发展繁荣。按照功能完善、特色鲜明、格调和谐、内涵丰富、布局合理的理念，规划建设一批代表涪陵文化形象和现代风貌的重大文化设施，形成富有巴渝特色的城市文化标识。繁荣文艺创作，加大长篇小说、电影电视、舞台艺术等方面创作力度，深度挖掘白鹤梁、“816 工程”等地方特色文化资源，组织创作一批在群众中有市场、在区域中有影响的优秀文艺作品，提高涪陵文化输出能力。推进学科体系、学术观点、科研方法创新，营造充满活力的文化创新氛围。加强媒体品牌建设，牢牢把握正确舆论导向，提高涪陵融媒体中心、涪陵网、巴渝传媒网、爱涪陵 App 等重点新闻网站和新媒体平台的发展实力和舆论影响力。完善图书场馆、大型书城、城市书吧、特色书店、社区便民书店、农家书屋布局，积极开发数字出版业务，努力打造“书香涪陵”。

第三，加快发展文化产业。顺应数字产业化和产业数字化发展趋势，做大做强新闻出版发行、印刷包装、文化会展、创意设计、电子出版、动漫游戏、广告宣传、文化设备制造等优势产业，大力培育数字阅读、数字影音、VR/AR 游戏、全息展览、绿色印刷等新业态，建设一批文化产业园和文创基地，推动规模化和品牌化经营。精心策划组织菜博会、汽博会、文博会、花博会等特色鲜明的会展活动，积极承办世界易经大会、白鹤梁文化节、榨菜产业博览会、绣球花节等重大节庆活动，提升涪陵知名度。培养文化产业发展专业人才，推动新技术和文化产业深度融合发展，拓展新型文化产品。深化国有经营性文化单位转企改制和公益性文化事业单位内部改革，鼓励非公有资本进入政策许可的文化产业领域。发挥文化产业行业协会作用，加强文化市场管理和“扫黄打非”工作，推动文化市场健康发展。

第四，健全公共文化服务体系。加大公益性文化事业投入力度，推进公共文化服务基础设施建设，创新公共文化服务方式，促进基本公共文化服务标准化、均等化。推动区、乡镇（街道）、村三级公共文化基础设施共建共享，完善公共文化服务设施免费开放保障机制。加大公共文化内容供给，深入开展流动图书、文艺下乡、公益电影放映等文化惠民活动。创新公共文化服务传播形式，推进数字博物馆、数字纪念馆、非物质文化遗产数字展厅建设。加强老年人、未成年人、妇女、农民工、残障人士等群体的文化权益保障。逐步加大政府向社会力量购买公共文化服务力度，引导和鼓励社会力量参与公共文化服务。

（三）建设百万人口现代化大城市

坚持“以江为轴、以山为脉”，优化城市功能布局，构建以涪陵新区、江南城区为核心，以沿江组团布局为主要空间形态，形成各组团有机衔接、功能清晰的“两核多组团”网络化城镇空间结构，构建“沿江型、组团式、多层次”的城市发展新格局和新型城镇体系。到 2025 年，城市建成区面积达到 85 平方千米，城市人口 85 万人，城镇化率达到 75%；远期到 2035 年，城市建成区面积达到 120 平方千米，人口规模突破 110 万人。

由此可见，涪陵要建设百万人口现代化大城市，就要提升涪陵新区发展能级，提质优化涪陵老城区，大力推进组团发展。

第一，提升涪陵新区发展能级。要坚持全球视野、国际标准、集约高效、跨越发展。对标对表一流新区，强化产业集聚、开放创新、改革示范的区域龙头引领作用，不断提升发展能级，到 2025 年地区生产总值突破 1000 亿元，常住人口达到 50 万人。建设高端产业集聚地。依托高新技术开发区、综合保税区、数字经济园等重大战略性平台，聚焦智能制造、数字经济、商务服务、教育医疗等重点领域，促进高端、高质、高新产业集聚，提升服务经济能级和现代化水平，到 2025 年规模工业产值突破 2000 亿元，数字经济规模突破 600 亿元，高新技术企业达到 150 家。高标准建设高铁科技新城。彰显“产业+科创”内涵，加快创新资源集聚，推动设立产学研协同创新平台，强化产业、人才、生活、生态协同，加快建设特斯联 AI CITY（人工智能城市）、TOD 科技新城、启迪未来科技城、绿地缤纷城等一批智慧园区和项目，打造融开放、人文、智慧、科技为一体的高端人才聚集地。打造现代化城市新样板。优化城市空间布局，突出“两线三片”核心区域，构建太白大道高颜值城市中轴线和涞滩河高品质精致生活廊道。集中统一布局超高层建筑和代表性建筑，打造崭新城市天际线。规划建设琴台片区、朱砂片区等集科技服务、教育文化、行政办公、旅游观光等于一体的多功能综合服务区，促进城市公共中心分工协作和功能多元。推动义和—李渡城乡统筹示范带、黄草山—文馨湖生态景观示范带与城市相融合，塑造功能明确、特色彰显、职住平衡、蓝绿交织、清新明亮的城市空间形态和宜居宜业新家园。

第二，提质优化涪陵老城区。突出老城各区域特色优势和发展重点，持续实施城市提升行动计划，彰显“人文江南”“宜居江东”“休闲江北”特色，推进城市有机更新，打造宜居宜业宜商宜游的涪陵“母城”。多做“减法”，持续推进中山路、人民路片区等旧城改造，注重城区空间“留白增绿”，建设一批城市“微客厅”，增加城市“透气性”。合理布局教育、医疗、养老等服务功能，加快发展商贸、互联网金融等现代服务业，完善文化、体育等公共设施配套，打造 20 分钟街道公共服务圈和 10 分钟社区生活服务圈。把优秀文化元素融入城市街区，提升建筑设计艺术品质，保护好城市的历史和文化之根。加强城市天际线、山脊线、水岸线和边坡线控制，推进“两江四岸”治理提升，开展“山城绿道”“亲水步道”“山地公园”“山城花镜”等建设，扮靓城市形象，提升城市人文品质、生态品质和生活品质。发挥江东片区、江北片区生态优势、文化优势，大力发展康养、医养、文化、体育、旅游等产业，打造涪陵形象的“颜值担当”和“看见涪陵”的最佳窗口，使其成为市民周末“一日游”的最佳选择地。

第三，大力推进组团发展。充分发挥郊区新城在优化空间、集聚人口、带动发展中的作用，创新理念、分类推进，将各组团建设成为功能完善、产城融合、用地集约、生态良好的城市重要组成部分。科学规划和定位组团功能，推动优势互补、功能互动，优化江东、江北组团配套服务功能，提升新石、白涛、龙桥、清溪、蔺市等组团产城职住功能，建设综合性现代化滨江城区。统筹工业开发区、产业基地、居住区与新城建设，创造有竞争力和吸引力的投资、工作、生活环境，引导本地就业、本地居住。完善组团内外交通网络，提高教育、医疗、生活服务、文化娱乐等配套水平，培育城市个性和特色风貌。

二、以工业涪陵方式引导城市化

打造区域性公共服务高地，大力推进智慧城市建设，大力建设时尚消费城市，大力建设生态园林城市。

（一）着力打造区域性公共服务高地

打造区域性公共服务高地关键在于建设现代化教育强区和提升医疗卫生服务水平。

第一，建设现代化教育强区。提高教育质量，提升人的发展能力，持续巩固教育优先发展战略，强化高质量教育体系建设，着力打造全市教育强区。其一是打造区域基础教育高地。完善公平导向的教育供给体系，促进城乡、学校之间优质教育资源的均衡布局，打造重庆基础教育高地。提升学前教育普惠水平，发挥优质公办幼儿园示范引领作用，提高集团化办园效率，全面提升学前教育保教质量，将幼儿园普惠率巩固在86%以上，将公办民营在园幼儿占比巩固在50%以上。推动义务教育优质均衡发展和城乡一体化，推动城镇义务教育提质扩容，持续深化集团化办学改革，推动城区优质教育资源向农村拓展，建成15个教育集团，确保其覆盖面达到70%以上，使九年义务教育巩固率保持在97%以上。提升普通高中品牌质量，实施名校培育提升工程和普通高中发展提升工程，组建高中办学联盟，引进国内外高水平学校来涪办学，推动高中阶段学校多样化、特色化发展，全面提升基础教育区域影响力，使高中阶段学校毛入学率达到98%。鼓励培养中小学生兴趣爱好、创新精神、实践能力。完善特殊教育、专门教育保障机制，实施特殊教育提升计划，提升特殊人群受教育水平。其二是建设川渝产教融合示范区。突出“补短板强弱项”，全面实施高等教育和职业教育提升工程，发挥城校互动模式优势，提升涪陵对优质教育资源的集聚承载能力，打造区域性产教融合示范区。促进高等教育内涵式发展，推动长江师范学院建成应用型高水平师范大学，加快引进一批理工类、医学类、经济类知名院校设立分院分校，统筹推进高水平大学、特色高校和新兴学院建设。深化产教融合、校企合作，加快培育与重点产业相匹配的特色专业、特色学科、特色院校，加强川渝两地职业教育互动，共商共建一批职教集团、职教园区和共享实训基地，规划建设琴台职教城。完善中职、高职、本科一体化人才培养模式，推动构建人才培养立交桥，促进应用型大学与专业高校结合，建设高等职业院校与中等职业学校联通、辐射川渝的职业教育中心。其三是全面提升教育现代化水平。深化教育领域综合改革，持续推进教育改革创新。深入推进教育管办评分离，增强教育改革发展活力，提升教育治理体系和治理能力现代化水平。深化教育管理体制改革，健全现代学校管理制度，优化学校行政管理职能，全面推进学校治理现代化。推进办学模式改革，大力推广智慧校园，完善智慧教育基础设施，扩大优质数字教育资源供给，通过网络联校、网络课堂、名师课堂、远程同步智能课堂等渠道缩小区域和校际教学水平差距。推动办学体制改革，稳妥推进民办教育分类管理，制定民办学校特色发展评价标准，引导民办教育办出有特色、有影响的名校。强化基础教育课程改革，巩固提升国家课改实验区建设成果，努力提高学校在课程设计与开发方面的能力，打造全国课改名校。逐步推行面向本社区全体公民的社区教育。落实评价制度改革，健全素质教育评价制度，全面启动区管校聘改革工作，加强师资队伍建设，落实教师绩效考核，强化督导结果运用，提升教师队伍整体素质。

第二，提升医疗卫生服务水平。加强医疗卫生服务体系建设，优化城乡医疗卫生资源配置，增强医疗卫生服务集聚和辐射能力，促进城乡公共卫生服务优质化、均等化。大力开展健康涪陵人行动，聚力推进三甲医院创建，打造优质健康医疗示范区。加快现代化疾病预防控制体系建设，改善疾病预防控制机构基础设施条件。加强传染病、慢性病、地方病等疾病预防控制。加快构建智慧医疗体系，推进健康大数据应用新业态的持续发展，创建一批市级示范性“智慧医院”。加大中医药和残障人士康复事业扶持力度，提升老年人、妇女、儿童、伤残障人士等特殊人群健康服务水平。抓好优势学科、特色专科建设，大幅提升临床服务、健康管理能力。完善职业健康监管体系建设，优化职业病诊断程序和服务，提升职业病综合救治能力。实施“人才强卫”工程，强化全科医师等卫生人才队伍和医德医风建设，完善纠纷调解机制，构建和谐医患关系。此外，要深化医药医疗改革。加快医药卫生事业发展，适应人民群众日益增长的医药卫生需求，不断提高人民群众健康素质。稳步推进医共体建设，打造医通、人通、财通的紧密型医共体。构建分级诊疗制度，合理配置医疗资源、促进基本医疗卫生服务均等化。深化公立医院综合改革，鼓励和规范社会资本办医，健全现代医院管理制度，扩大医院章程试点范围。完善区域公共卫生防控与卫生应急体制机制，提高平战结合、联防联控能力。深化药品供应保障制度改革和基层卫生管理体制改革，全面落实公立医院药品分类采购，完善短缺药品供应保障监测预警和清单管理制度。

（二）着力加强智慧城市建设

以城市治理高效有序、数据开放共享为目标，积极构建信息技术与城市发展深度融合、迭代演进的智慧城市。

第一，发展智慧经济，构筑创新之城。围绕“两线三片一城”① 城市建设，着力打造太白大道科技创新走廊、涞滩河沿线产城融合纽带和高铁片区数字经济高地。依托高铁涪陵北站和城市轨道交通，加快推进和引进绿地空间站、清华启迪未来科技城、广大特斯联、光电硅谷园等重点项目，布局建设人工智能产业园、软件信息产业园和高端人才公寓等一批新型产业园区、科技园区和孵化基地，着力打造涪陵“硅谷”和 TOD 科技城，推动科技园、创新园、CBD 中央商务区、数字产业园协同融合发展，形成创新、产业、居住、公共服务配套一体化发展的新格局。

第二，打造智慧生活，构筑便利之城。深化教育、医疗、交通重点领域智能服务普惠应用，打造涪陵智慧教育云平台，建设以电子健康档案为中心的区域医疗信息平台，加快智慧交通建设。以促进双核对接、畅通组团交通为重点，继续完善市政交通路网，构建大运力公交体系，形成市域“半小时城市交通圈”。建设组团连接新通道，拓宽城市骨干道路，构筑快速城市道路网。加强各组团与城市快速路网及城市主干道的连接，加密组团内部支线，完善义和、新石等组团方格网状交通网络体系。落实公交优先发展战略，优先安排公共交通基础设施建设和资金投入，建立绿色安全、快速便捷、城乡一体的公共交通体系。实施轨道交通建设和运营组织，先启动连接新区和老城区的有轨电车 1 号线。建成高山湾、涪陵北站、江东、龙头港等综合换乘枢纽，加快实施“P+R”换乘设施，实现公共交通与轨道交通无缝换乘。建设韧性城市，增强城市抵御自然灾害能力。积极开展“海绵城市”试点，完善城市电力、燃气、供排水等综合管廊建设。

第三，深化智慧治理，构筑和谐之城。基于城市网格化管理需求，打造信息共享、相互推送、快速反应、联勤联动的智慧城管体系，建设城市综合信息管理平台。坚持以人为本，建管并重、安全为先，注重依法管理和长效管理，推进人性化服务、网格化覆盖、智能化应用、精细化管理。

---

① “两线”指围绕涞滩河沿线，着力打造精致生活区；围绕太白大道沿线，着力打造城市中轴线。“三片”指围绕高铁片区，着力打造科技城区；围绕中央商务片区，着力突出商务和教育功能；围绕玉屏公园片区，着力强化服务功能。“一城”指围绕江南城区，着力做到“建美建好”。

下足“绣花”功夫，着力推进大城智管、大城细管、大城众管，实现“干净整洁有序、山清水秀城美、宜居宜业宜游”。加强重点区域控制性详规编制，合理确定建筑形式、高度、色调和风格，提升道路等市政设施品质，精心打造城市天际线、中轴线，控制好生态绿线。创新城市治理方式，全面推行“马路办公”，强化城市运行安全保障。大力推进以政务服务“一网通办”完善全方位服务体系，以城市综合治理系统实现城市全周期管理。建立数字化城市管理系统，完善网格化管理模式，提高城市管理效能。强化城市管理公共服务职能，加强违法建设管控，促进城管执法规范化，提高依法管理城市水平。

第四，建设智慧政务，构筑高效之城。加快智慧城市运行管理中心、新型智慧城市综合服务平台和政务数据共享交换平台建设和应用，实施数据集中汇聚，打造一流的营商和为民、便民、惠民的服务环境。提升城市智能化水平。深化城市管理运行的信息技术运用，建立与城市快速发展相适应的智能管理体系。加大城市物联网传感网络建设力度，逐步实现基础设施与基础资源的实时监测和高效利用。建设高效低碳的智能交通系统，提升交通智能化管理水平，营造“智慧交通、低碳出行”的绿色交通环境。拓展信息化在教育、医疗、社会保障等民生领域应用的广度和深度，提升市民基础信息服务水平。深化“数字城管”应用，建成政务数据中心、地下管网数字化工程。

（三）着力建设时尚消费城市

坚持高端化与大众化并重、快节奏与慢生活兼具，以消费升级引领供给创新，不断激发市场消费活力和潜力，不断增强涪陵消费的知名度、特色度和美誉度。

第一，打造多元融合的消费集聚区。强化功能互补，适度错位发展，提档升级城市商圈。推动高笋塘、南门山、鹅颈关等商业设施升级改造，积极布局新兴消费综合体，着力构造以商贸、商务为中心，集购物、餐饮、娱乐等于一体的江南、新区两大百亿元级商圈。依托综合保税区推动内外贸融合发展，做大进口商品展示交易，谋划发展免税购物，提升国际化消费体验。依托“两江四岸”治理提升和城市更新改造，差异化打造爻里小镇、五桂堂等一批底蕴深厚、特色鲜明的商业名街名镇，合理布局老字号特色小商品市场和“跳蚤”市场。合理开发和利用老旧厂房、住宅区域，打造文化创意消费社区。

第二，推动消费业态转型升级。大力发展夜市经济，积极融合消费口味，培育融合夜味、夜养、夜玩、夜购等的特色夜市街区，做靓“夜涪陵”“不夜城”消费品牌，让城市更具“烟火气”。集聚发展首店经济，积极吸引轻奢名品、名牌、名店在涪首秀展演、首发新品。融合发展健康服务消费，以全方位、全周期维护和保障人民健康为目标，加强武陵山、雪峰山、黄草山、大梁山、两头望等康养基地建设，打造森林康养、温泉康养、运动康养等特色品牌，建设成渝地区“后花园”和重要的人文休闲与康养基地。培育消费新模式、新业态。推动线上线下融合消费，完善“互联网+”消费生态体系，促进直播电商、社交电商等新模式、新业态发展，创新推出“云端美食、有滋有味”等线上活动。大力发展定制消费，发展个性化、柔性化生产。发展假日经济，利用重点景区景点积极开展啤酒文化节、乡村艺术节等消费节庆活动，激活城乡周末消费，打造重庆都市近郊休闲度假旅游的首选之地。

第三，增强居民消费能力。以就业扩大和居民收入的持续提高为基础，挖掘消费潜力，提高大众消费预期，着力扩大居民消费。鼓励带薪休假、错峰休假和弹性休息，探索实施“2.5 天小长假”政策，让居民有时间消费。积极培育中等收入群体，提高居民财产性收入。拓宽低收入群体增收渠道，健全农民工资性、经营性、财产性、转移性收入增长机制。

（四）着力建设生态园林城市

构建合理的城市生态框架，着力推进山水林泉湖生态环境建设，彰显“外揽山水之幽、内得人文之胜”“四山相拥、两江绕城”① 的人与自然和谐相融的滨江城市特色，努力建设生态园林城市和森林城市。

第一，完善城市园林绿地系统。利用独特山水资源和森林资源实施城市绿化美化亮化工程，着力构建点、线、面相结合的园林绿地系统，实现道路林荫化、城区园林化、市郊林网化。加强城市公园、城周郊野公园绿地建设，推进“两江四岸”江滩绿化，建设一批市政休闲公园、生态湿地公园、社区公园和街头小游园，构建“郊野公园—城市公园—社区公园”三级公园服务体系，打造“公园之城”。合理利用城市峡谷、沟谷，围堰改造建设人工湖，提升城市灵气。实施城市干道隔离绿化工程和鲜花工程，建设一批由中心城区向外辐射的城市绿道，使涪陵的天更蓝、水更清、树更绿、空气更清新，

① 重庆市涪陵区国民经济和社会发展第十四个五年规划和二〇三五年远景目标纲要［R］. 重庆市涪陵区人民政府，2021.

打造“推窗见绿、出门见园”“城在景中、城在林中”的山水园林城市和森林城市。

第二，打造“两江四岸”百里滨江环湖人文风光带。依托山水滨江美景，加大城市营销力度，加强滨江环湖标志性景观、夜景景观规划和整体风貌设计，全面融入文化元素，打造北岩诗词半岛、江南音乐殿堂、江东美术长廊、南浦创客社区、“816”影视天堂、蔺市摄影基地等艺术街区，构建空间全景化、体验全时化的滨江活力环。完善滨江休闲步道、北山观景索道等慢生活系统，延伸“两江游”观光游览线路，开行滨江环湖旅游观光巴士，打造休闲全民化的慢生活生态圈。加强现代科技场景应用，在滨江环湖重点区域开展光影创意设计，塑造“唐宋荣光”“涪城记忆”“三线丰魂”等情景剧，提升城市人文内涵和整体形象，打造具有国际水平，把城市与山水、历史与现代、文化与时尚融为一体的城市会客厅、滨江人文风景线和生态水岸，使之成为都市风情旅游的超级 IP 和集中展示涪陵“山水之城”的城市名片。

三、以工业涪陵经验引导城市化

以工业涪陵经验引导城市化要进一步优化城市功能布局，加快形成主体功能明显、优势互补、高质量发展的城乡功能布局，推动“一城三区两带多点”协调发展。

（一）赋能提升“一城”

范围涵盖敦仁街道、崇义街道、荔枝街道、江东街道、江北街道。坚持以文化人、以文润城，全力提升城市品质品位，推动老城保护和复兴，打造展示城市形象的崭新名片和靓丽窗口。围绕宜居、宜游和高品质生活，做好城景融合、文旅融合文章，推动城市有机更新、品质提升，发展现代商贸、文化旅游等现代服务业，深入挖掘和研究涪陵历史文化精髓，重视对老街区和老建筑的保护续存，打造传承历史文脉、彰显城市魅力、发展服务经济的主要承载区。继续推进旧城改造和环境综合整治，完善城郊接合部设施配套，适度发展荔枝、崇义等街道城郊经济。加快北山片区整体开发，突出“两江四岸”发展重心，打造展现古今交融、开启未来发展的“城市之眼”，体验山水因缘、观览两江汇流的“城市客厅”，建设成渝地区双城经济圈城景融合、文旅融合发展的示范区和高品质生活宜居地。

（二）做优做强“三区”

“三区”即涪陵新区、临港经济区和白涛工业区。探索将经济区与行政区适度分离，充分发挥各区域比较优势，围绕产城融合、城乡统筹、绿色发展打造综合实力强、产业结构优、质量效益高、体制机制活、生态环境美的功能区。

第一，做优做强涪陵新区。涪陵新区范围涵盖涪陵新城区、高新区、综保区、马鞍街道、李渡街道、义和镇，面积 276 平方千米。坚持高质量、瞄准高品质，高起点规划、高标准建设、高水平开放、高效率治理，优化生产生活生态空间布局，推进产城景融合发展，营造宜居、宜业、宜游环境，积极探索融合创新发展路径，构建现代产业新体系、激发改革发展新动力、建设高品质生活新家园、营造区域协同发展新格局，努力在产城融合、景城融合、城乡融合上发挥示范引领作用，建设智能化、人文化、绿色化、现代化城市和乡村振兴示范样板，打造经济快速增长、创新优势显著、基础设施先进、生态环境优良、体制机制创新的现代化新区。努力创建在西部具有重要影响力和辐射带动力的市级开发新区，将涪陵新区建设成为成渝地区双城经济圈的融合创新发展示范区、改革开放重要试验地、高质量发展重要动力源和重庆市“一区”带动“两群”的重要支撑。

第二，做优做强临港经济区。以临港经济区辐射带动龙桥街道、新妙镇、蔺市镇、石沱镇发展，该区面积 495 平方千米，其中临江临港重点发展区域面积 182 平方千米。发挥产业集聚、开放创新、转型升级的平台引领作用和优化城市布局、塑造城市特色、加强城市能级的战略支点作用，重点突出互联互通、产城融合、城乡融合、文旅融合、绿色发展，提升航运物流枢纽功能，大力发展现代物流、电子商务、先进制造、文化旅游等产业。加快完善城市功能，深化以城带乡，保护和改善生态环境，构筑“一核一廊三组团”新格局①，延续涪陵“青山环抱、绿水绕城、大气磅礴”的自然本底和原创气质，着力构建低碳生态绿色开发示范区、港产城景融合发展新典范②，建成长江中上游重要国际港口枢纽、生产服务型国家物流枢纽、西部陆海新通道重庆辅枢纽、成渝地区双城经济圈重要临港产业集聚区和山清水秀的滨江魅

---

① “一核”指以涪陵港龙头港区为核心；“一廊”指依托长江和连绵山体所形成的自然发展空间；“三组团”指龙桥组团、蔺市组团和新石组团。

② 涪陵区委宣传部．涪陵细描“一城三区两带”发展蓝图［N］．重庆日报，2021-01-21.

力生态城区，加快打造立足重庆、辐射西南、服务全国的国家级内河临港经济区。

第三，做优做强白涛工业区。其范围涵盖白涛园区（白涛工业园区A区）、清溪园区（白涛工业园区B区），涉及白涛街道、清溪镇、焦石镇。重点增强白涛工业区特色产业对涪陵区的支撑作用，按照独立成城理念拓展白涛工业区产城空间，完善与白涛工业区产业发展相配套的城市功能。做大做强新材料和新能源两大主导产业链，融通供应链、延伸产业链、做强创新链、提升价值链，将白涛工业区打造成涪陵高质量发展的重要增长极，建设为成渝地区双城经济圈重要的新材料产业集聚区、国家级页岩气示范引领区，打造为中国“气大庆”。

（三）统筹发展“两带”

“两带”即沿江新型城镇连绵带和坪上后山农旅融合发展示范带。坚持宜城则城、宜农则农、宜游则游原则，推进以人为核心的新型城镇化发展，实现城市让生活更美好、乡村让人们更向往。

第一，统筹发展沿江新型城镇连绵带。其范围涵盖长江、乌江沿线各相关镇街，是涪陵新型城镇化和农业现代化的主战场。重点聚焦城镇建设、产业培育、生态保护，完善基础设施和公共服务，培育壮大特色优势产业，以更大力度推进长江生态保护，推动城乡融合、产城融合、景城融合，形成特色鲜明、布局合理、集约高效的城镇发展新格局，将其建设为成渝地区双城经济圈现代农业展示带、主城都市区滨江特色城镇带。

第二，统筹发展坪上后山农旅融合发展示范带。其范围涵盖坪上、后山各有关乡镇，具备农旅融合发展和现代山地特色高效农业发展的基础和条件，适合打造成休闲度假旅游的重点区域，是提升涪陵知名度、美誉度的重要载体。重点聚焦乡村振兴，建设美丽田园，发展现代山地特色高效农业和旅游产业，认真做好发展规划，合理布局、有序开发，完善公共配套、优化人居环境，不断提升旅游整体形象，将其打造为重庆中心城区的“后花园”，建设为成渝地区双城经济圈乡村振兴新样板和旅游发展新地标。

（四）规划建设“多点”

发挥荔枝、李渡、百胜、龙潭、清溪等镇街区位优势，以及涪陵新区、临港经济区、白涛工业区的产业资源优势，规划建设多个产业链配套点和协同发展点，着力打造产业链企业链生态链聚点成链的中小企业集聚区和楼宇产业园，形成“多点”支撑的“工业涪陵”产业发展布局。

第一，着力打造荔枝中小企业集聚区。在荔枝街道协和村等城乡接合部，重点发展资源回收、机械修配、物流运输等城市配套产业。

第二，着力打造李渡中小企业集聚区。在李渡街道斜阳溪片区，重点发展机械加工、电子气体、电子化学品、焊接材料等高新区配套产业。

第三，着力打造百胜中小企业集聚区。在百胜镇八卦村、紫竹村，以及珍溪镇梨坪村、西桥村等涪丰北线沿线，重点发展榨菜精深加工等产业。

第四，着力打造龙潭中小企业集聚区。在龙潭镇五显村、金龙社区等区域，重点发展大米、黑山羊等农副产品加工产业。

第五，着力打造清溪中小企业集聚区。在清溪镇平原村等涪丰南线沿线，重点发展与清溪金属新材料产业园配套的有色金属材料加工产业。

第六，着力打造涪陵新区楼宇产业园。充分运用品鉴硅谷园、科创CBD、电子信息标准化厂房等资源，重点发展电子信息、软件开发、文化创意等产业。

第七，着力打造临港经济区楼宇产业园。在龙桥街道南岸浦片区，新妙、石沱南涪高速路沿线，重点发展装备制造、机械加工等产业。

第九章 工业涪陵的实效评估

"工业涪陵"的实效评估就是对2008年实施"工业涪陵"战略以来取得的实际成效进行评价。涪陵工业转变为"工业涪陵"的过程实质是工业化的基本实现过程，因此对"工业涪陵"的实效评估可以分为两个阶段：第一阶段确定涪陵工业到"工业涪陵"的转变时间点，即2008年以来何时基本实现"工业涪陵"战略目标或实现工业化；第二阶段对实现工业化之后的"工业涪陵"发展水平进行评价。

第一节 工业涪陵评价指标体系

"工业涪陵"战略的实质是涪陵工业化战略，是为立足工业化的工业社会而提出的战略。只有在把涪陵工业化推进到工业化的第三阶段，即工业化后期之后，才算实现从涪陵工业到"工业涪陵"的转变。因此，在这里先分析为什么要采用这些指标，然后导入数据进行分析，最后的结论归结到"工业涪陵"上来。

一、工业发展水平评价指标概述

工业发展水平评价的关键在于确定工业化所处的阶段。如何确定工业化阶段是研究工业化的热点问题，霍夫曼、库兹涅茨、钱纳里、郭克莎、陈佳贵、顾强等国内外学者专家提出了多种评价指标和工业化发展阶段的划分方法。

国外学者基于发达国家的工业化实践研究起步较早，其中代表性学者有霍夫曼、库兹涅茨、钱纳里，其他学者的研究基本上都是建立在他们研究的基础之上。德国经济学家霍夫曼通过对各国工业化过程中工业部门的相对地位变化的统计分析提出了用消费资料工业的净产值除以资本资料工业的净产值，将工业化过程划分为4个阶段[①]。美国经济学家库兹涅茨将三次产业分别称为农业部门、工业部门和服务部门，通过对产业结构变动与经济发展关系的考察提出在工业化的不同阶段三次产业占比各有不同[②]的著名观点，他还考察了劳动力在三次产业中所占的份额，提出工业化一般会经过5个阶段，即库兹涅茨五阶段说。美国经济学家钱纳里等比较研究了第二次世界大战后多国的工业化进程，分析了工业化与经济增长之间的一般关系，并按人均国内生产总值的不同将工业化划分为工业化前期、中期、后期三大阶段，以反映大多数工业化国家的基本经验或趋势[③]。

国内学者对工业化发展水平的研究大多是借鉴国外经典理论和方法，还没有形成统一的或得到广泛认可的工业化发展水平评价标准体系。国家计划委员会规划司课题组于1995年在《工业化评价指标及中国工业化的阶段》中指出：尽管世界各国在工业化过程中选择的道路、战略各不相同，但仍可以发现其发展过程中呈现的规律性，即农业劳动力的份额、制造业占国民生产总值的份额、机械和运输设备制造业占制造业的比重，以及贸易结构和城市化[④]。郭克莎（2000）以人均收入水平为主要依据将工业化划分为3个阶段，我国目前大概处于工业化中期阶段的上半期[⑤]。陈佳贵等（2006）考虑指标的代表性、可行性及可比性，从经济发展水平、产业结构、工业结构、空间结构、就业结构5个方面，具体以人均GDP、三次产业的产业结构、制造业增加值占总商品生产部门增加值的比重、人口城市化率、第一产业就业人数占比为指标提出了工业化不同阶段的标志值，以此判断我国工业化进程[⑥]。孙智君等（2014）从工业化程度、结构变动、信息化水平、科技含量、经济效益、资源环境、人力资源利用7个方面对长江经济带11个省（市）的工业化发展水平进行测度[⑦]。顾强等（2015）从产业结构、工业占比、能源消耗、

---

① 王师勤．霍夫曼工业化阶段论述评［J］．经济学动态，1988（10）：5.

② 库兹涅茨．各国的经济增长［M］．常勋，译．北京：商务印书馆，1999：121-233.

③ 钱纳里，鲁宾逊，赛尔奎因．工业化和经济增长的比较研究［M］．吴奇，王松宝，译．上海：上海三联书店，1989：97-99.

④ 国家计划委员会规划司课题组．工业化评价指标及中国工业化的阶段［J］．经济改革与发展，1995（8）：42-46.

⑤ 郭克莎．中国工业化的进程、问题和出路［J］．中国社会科学，2000（3）：60-71.

⑥ 陈佳贵，黄群慧，钟宏武．中国地区工业化进程的综合评价和特征分析［J］．经济研究，2006（6）：4-15.

⑦ 孙智君，戚大苗．长江经济带沿江省市新型工业化水平测度［J］．区域经济评论，2014（5）：88-95.

城镇化率、技术水平 5 个方面归纳概括基本实现工业化的主要标志①。综上所述，国内对工业化发展水平的研究主要从单一经典指标和构建综合性指标体系进行测算，并作了定量分析。

由上述分析可见，不同学者的理论依据、研究时期不同，对工业化水平评价的指标和方法也不同，因此对工业化发展水平的评价标准也有差异。纵观学术界对工业化水平的评价，可以大致将其分为传统工业化评价研究和新型工业化评价研究，前者从经济发展水平、产业结构、工业结构、就业结构、城乡结构 5 个方面来衡量工业发展水平，后者基于世界范围内信息化挑战、环境污染等新问题，将生态环境、信息化水平、交易成本、人力资本、技术创新、产权制度等纳入评价指标体系。

二、工业涪陵评价指标的构建原则

（一）可比性原则

既然工业化发展水平没有统一或得到广泛认可的评价标准，就需要将涪陵与重庆市、全国工业化发展进行比较。在构建指标时，必须准确分析指标的内涵，选用统计年鉴或相关文献的数据，其范围和口径必须统一。

（二）系统性原则

评价指标体系不是将指标简单堆积，而是要形成系统性的整体，评价指标体系内部指标应有一定的逻辑性，不仅要涵盖涪陵工业化的主要特征、反映涪陵工业发展的现状，而且要体现涪陵工业化内涵中各方面的内在联系，指标之间相互制约、相互促进的复杂关系使评价指标体系构成一个具有层次性的完整系统。

（三）可操作性原则

涪陵工业发展水平包括多个方面，内部关系非常复杂，因此在构建评价指标体系时将所有指标都提取出来分析有一定的难度，必须有便于收集、整理、加工、计算的指标数据，必须有与现行统计方法相互衔接的科学方法，必须有适宜常规性动态监测的工具、手段和方法，必须有简单明了、通俗易懂、科学规范的评价标准和体系，也就是要具有可操作性。

---

① 顾强，成卓，徐鑫．“基本实现工业化”的内涵、标志及展望［J］．工业经济论坛，2015（7）：1-12.

（四）动态性原则

目前，涪陵工业化发展还处于不断改进和优化中，因此，对指标体系的设计应坚持动态性原则，根据涪陵工业化发展的新情况、新特征及发展阶段的变化及时对指标体系进行必要的补充、修订和完善，使指标既能够达到反映现状的目的，又不断与时俱进，用长远的眼光来反映涪陵工业化建设的进程。

三、工业涪陵评价指标的构建

根据上述工业涪陵实效评估的内涵和构建原则，工业涪陵形成的标志指标采用顾强研究员的“基本实现工业化基本特征和标志性指标”①；工业涪陵发展水平评价指标体系则采用工业化阶段或进程、产业结构、科技含量、工业经济效益、资源环境、人力资源、信息化 7 个一级指标。一级指标包含人均国内生产总值等 22 个二级指标，如表 9-1 所示。

表 9-1　工业涪陵发展评价指标体系

目标层	一级指标	二级指标	指标计算	指标属性
工业涪陵发展评价指标体系	工业化阶段或进程	人均国内生产总值	地区生产总值/常住人口年平均人数	正指标
		城镇化水平	（常住人口-乡村人口）/常住人口	正指标
		第二产业与第三产业就业人数占比	第二产业与第三产业就业人数/三次产业就业总人数	正指标
		工业增加值比重	工业增加值/地区生产总值	正指标
	产业结构	食品消费支出占比	城乡居民食品支出/城乡居民人均消费支出	负指标
		第一产业增加值占比	第一产业增加值/地区生产总值	负指标
		第三产业增加值占比	第三产业增加值/地区生产总值	正指标
		城乡居民纯收入比	城镇居民家庭可支配收入/农村居民家庭可支配收入	负指标
		外贸进出口占比	外贸进出口总额/地区生产总值	正指标
	科技含量	科技活动经费占比	科技活动经费/地区生产总值	正指标
		高技术产业产值占比	高技术产业产值/规模以上工业产值	正指标
		单位专利授权数	当年授权专利/地区生产总值	正指标

① 顾强，成卓，徐鑫．“基本实现工业化”的内涵、标志及展望［J］．工业经济论坛，2015（7）：1-12.

（续表）

目标层	一级指标	二级指标	指标计算	指标属性
工业涪陵发展评价指标体系	工业经济效益	规模以上工业企业总资产贡献率	规模以上工业企业利税总额/总资产	正指标
		工业增加值率	当年工业增加值/工业总产值	正指标
	资源环境	单位工业增加值能耗	工业总能耗/工业增加值	负指标
		单位工业增加值废水排放量	工业废水排放总量/工业增加值	负指标
		城市建成区绿化覆盖率	城市建成区的绿化覆盖面积/建成区面积	正指标
	人力资源	规模以上工业全员劳动生产率	规模以上工业增加值/工业从业人员年平均人数	正指标
		城镇登记失业率	城镇登记失业人数/（城镇登记失业人数+城镇从业人员总数）	负指标
	信息化	数字经济增加值占比	数字经济增加值/地区生产总值	正指标
		国际互联网比重	国际互联网用户/常住总人口	正指标
		人均邮电业务量	邮电业务总量/常住总人口	正指标

说明：作者根据相关文献编制。

由表 9-1 可以看出，工业涪陵评价指标构建的主要指标及构成情况。

第一，工业化阶段或进程指标及构成。工业化阶段或进程指标用于总体描述涪陵工业化发展的状况，分析其阶段包括 4 个二级指标。其一是人均国内生产总值。它从产出角度反映一个国家或地区生产率水平的高低，是按常住人口计算的产出平均水平，是人们生存和发展的基础，也是工业涪陵的前提条件，该指标直接反映一个国家或地区的工业化水平或发展阶段，在国内外均有可比性。其二是城镇化水平。城镇化和工业化相辅相成，工业化水平的提高会引起地域空间上城镇数量和规模的扩大。其三是第二产业与第三产业就业人数占比。随着工业化水平的提高，第一产业就业人数占比下降，第二产业与第三产业的就业人数占比上升。这里并没有用第二产业就业人数占比，因为除少数劳动密集型产业外，在制造业领域，随着工业化水平的提高，百万元产值吸纳劳动力人数是递减的。其四是工业增加值比重。工业增加值比重直接反映了工业化发展水平。

第二，产业结构指标及构成。产业结构指标用于反映工业化进程中经济结构的优化情况，包括 5 个二级指标。其一是食品消费支出占比。该指标反映社会消费水平对工业经济的依赖程度，即采用能够综合反映在恩格尔定律下的城乡居民生活消费水平，可以综合反映工业化进程中社会产品的价值实现程度。其二是第一产业增加值占比。在工业化进程中，第一产业增加值占地区生产总值的比重逐步下降，经济结构由初级阶段向高级阶段转变。其三是第三产业增加值占比。该指标反映地区经济发展状况。其四是城乡居民纯收入比。产业结构决定就业结构，最终影响城乡居民的收入，产业结构的优化有利于缩小城乡差距。其五是外贸进出口占比。该指标反映一个国家的对外开放程度、外贸依存度和产业国际竞争力水平，用国际贸易进出口总额占地区生产总值的比重可以比较真实地描述“工业涪陵”工业化水平和产业的国际竞争能力。

第三，科技含量指标及构成。科技含量指标是主要反映社会经济发展中的科技创新能力和研究开发水平，包括 3 个二级指标。其一是科技活动经费占比。该指标反映科技活动经费的投入水平。由于该指标数据采集有一定困难，以 R&D 经费占国内生产总值的比重进行计算。其二是高技术产业产值占比，即高技术产业产值占工业增加值的比重，反映工业涪陵高新技术产业发展状况及采用高新技术改造提升传统产业的水平。其三是单位专利授权数，即每亿元国内生产总值所授予的专利件数，用以反映科研开发的转化成果。

第四，工业经济效益指标及构成。工业经济效益指标用于反映工业全要素生产率情况，包含 2 个二级指标。其一是规模以上工业企业总资产贡献率。用规模以上工业企业利税总额除以总资产来衡量该指标，反映工业企业的总资产创造的效益，进而反映企业经营业绩和管理水平。其二是工业增加值率。用当年工业增加值除以工业总产值来衡量该指标，反映工业涪陵企业降低中间消耗的经济效益、创造财富的能力，体现工业的经营能力与发展前景。

第五，资源环境指标及构成。资源环境指标用于考察资源节约和消耗，包括 3 个二级指标。其一是单位工业增加值能耗，即万元工业增加值的综合能耗，该指标反映经济活动中对能源的利用程度，以及经济结构和能源利用效率的变化。其二是单位工业增加值废水排放量，反映工业企业生产过程中废水排放情况。其三是城市建成区绿化覆盖率，用城市建成区的绿化覆盖面积除以建成区面积来衡量该指标，反映地区空气自我净化能力。

第六，人力资源指标及构成。人力资源指标包括 2 个二级指标。其一是规模以上工业全员劳动生产率，用规模以上工业增加值除以工业从业人员年平均人数来衡量，反映劳动者创造的工业价值。其二是城镇登记失业率，报告期末城镇登记失业人数占期末城镇从业人员总数与期末实有城镇登记失业人数之和的比重。

第七，信息化指标及构成。信息化指标包含 3 个二级指标。其一是数字经济增加值占比，即数字经济增加值占地区生产总值的比重，它反映了工业信息化水平。其二是国际互联网比重，反映信息化覆盖程度。其三是人均邮电业务量，反映信息通达性。

以上工业化评价指标体系体现了涪陵产业结构优化升级的总体发展方向，强调了技术进步和资源环境问题在工业化进程中的地位，以此开展评价能够引导培育壮大新兴产业、改造提升传统产业；这些指标还体现了新型工业化的科学内涵特征，涵盖了新型工业化科技含量高、经济效益好、资源消耗低、环境污染少、人力资源优势得到充分发挥等内容，体现了节约、集约发展要求；评价指标还能够适应资源综合利用和绿色制造要求，反映规模经济、节约发展、清洁生产状况。工业化评价指标体系还可对涪陵区经济结构调整的进展情况进行及时监测和综合评价，进而引导和促进政府推进经济结构调整，转变经济增长方式，实现工业高质量发展。

第二节　工业涪陵形成的标志

“工业涪陵”战略是涪陵区 2008 年提出来的，确定工业涪陵形成的时间，关键在于确定“工业涪陵”形成的标志，而关于工业涪陵形成标志的问题目前还没有统一的界定。涪陵是重庆市所辖的一个区，根据一个地区工业化发展规律和基本特征，对照顾强研究员的“基本实现工业化基本特征和标志性指标”[①] 理论，“工业涪陵”是涪陵区由农业区转变为工业区的涪陵工业化问题，是涪陵工业由量变到质变的转化过程，是工业涪陵质与量统一的标志。因此，研究“工业涪陵”的形成标志不仅要结合涪陵区委、区政府的提法，而且要依据学术界的通常提法，既要考虑“量”的扩张，又要考虑“质”的飞跃，还要明确涪陵工业由量变到质变的时间临界点。

从“量”上看，2008—2012 年，涪陵工业总产值由 378.72 亿元增加到

① 顾强，成卓，徐鑫．“基本实现工业化”的内涵、标志及展望［J］．工业经济论坛，2015（7）：1-12.

1013.6亿元，首次突破千亿元大关，其中规模以上工业企业实现总产值865.17亿元，总量居重庆市各区（县）第四位。2012年，涪陵非农产业产值占GDP的93.3%，工业增加值占GDP的49.4%，服务业增加值占GDP的35.8%，城镇化率58.41%，人均GDP 9155美元，研发强度1.2%，全员劳动生产率35.5万元/人，单位GDP能耗下降3.38%；医药食品、装备制造、材料、化工化纤、电子信息、能源六大支柱产业的规模以上工业企业达到112家，占涪陵区规模以上工业企业数的78%，完成工业总产值825.72亿元，占规模以上工业总产值的95%；"三园四地"① 实现工业总产值567.44亿元，占涪陵区规模以上工业总产值的65.3%，有产值百亿元级企业1家，50亿元级企业2家②。综上所述，工业集群和工业现代程度与经济发展的"领头雁"、对外开放的"助推器"、财政收入的"活水源"、改善民生的"主力军"要求间存在较大差距。判断涪陵区基本实现工业化的标志及其指标见表9-2。

表9-2　判断涪陵区基本实现工业化的标志及其指标

主要标志	判别标准	具体指标	2012年	2015年
三次产业结构	非农产业占比超过90%，服务业比重达50%以上	非农产业占GDP比重（%）	93.3	93.9
		服务业占GDP比重（%）	35.8	35.5
工业比重变动	工业经济增速放缓，工业占GDP比重达到峰值后缓慢下降	工业增加值占GDP比重（%）	49.4	47.5
能源资源消耗	能源需求增速趋缓	单位工业增加值能耗（吨标准煤/万元）	0.74	0.66
城镇化率	城镇化率达到60%以上，人均GDP超过10000美元	城镇化率（%）	58.41	62.68
		人均GDP（美元）	9155	11469
工业技术水平	工业技术水平总体占优，某些技术领域达到先进水平	规模以上工业企业研发强度	1.2	1.51
		每万人规模以上工业企业研发人员数（折合全时当量）	16.1	17.8

资料来源：涪陵区统计局。

从"质"上看，2015年涪陵农业区向涪陵工业区转变。当年，工业总产

① "三园"指涪陵的三大工业园区，包括涪陵工业园区、白涛化工园区、清溪再生有色金属特色产业园区，涪陵工业园区分A区和B区，其中A区在涪陵新城区，B区即龙桥工业园区，简称"三园四地"。

② 重庆市涪陵区2012年国民经济和社会发展统计公报［EB/OL］.（2013-03-21）［2021-09-20］. http：//www.tjcn.org/tjgb/22cq/26492.html.

值达到 1480. 49 亿元，规模以上工业总产值达到 1432. 23 亿元，工业增加值达到 382. 97 亿元，工业对 GDP 增长的贡献率达 35. 5%，“工业综合十强”企业和“创新型十强”企业完成工业总产值 687 亿元，占涪陵区规模以上工业比重的 49. 7%，实现利税 114. 9 亿元，规模以上工业经济效益综合指数 420. 3%，高出重庆市平均水平 135 个百分点。非农产业占 GDP 的 93. 9%，服务业增加值占 GDP 的 35. 5%，工业增加值占 GDP 的 47. 5%，城镇化率 63. 78%，人均 GDP 11469 美元，研发强度 1. 51%，化工化纤、食品医药、重要材料、装备制造、电子信息、清洁能源六大支柱产业实现工业总产值 1289. 64 亿元，占规模以上工业企业总产值的 90. 0%①。“三园四地”规模以上工业总产值跨越千亿元大关，达到 1088. 16 亿元，占规模以上工业企业总产值的 76. 0%。规模以上工业企业 268 家，其中有百亿元级 2 家，50 亿元级 5 家，30 亿元级 5 家，10 亿元级 15 家。规模以上工业企业呈现工业布局由分散型向园区基地型转变，产业发展由企业主导型向链式集群化转变，发展方式由外延扩大再生产为主向内涵扩大再生产为主转变等特征。

从“量”上看，2012 年涪陵工业完成了工业涪陵“量”的积累。2015 年涪陵工业实现了工业涪陵“质”的提高，因此，2015 年是工业涪陵的时间临界点。

从五大标志看，2015 年，涪陵基本实现工业化目标。其中，产业结构、工业增加值占 GDP 的比重、城镇化率等指标基本上符合工业化的基本特征，但在服务业比重、研发创新、品牌文化等方面与昆山等发达地区的工业化尚有较大差距。涪陵要成为工业强区，必须抓住国家“十四五”发展规划、成渝地区双城经济圈建设、“一区两群”协调发展等战略机遇，同步推进信息化、城镇化和农业现代化，着力缩小城乡差距，统筹城乡协调发展，不断提升信息化、城镇化和农业现代化的质量和效益，加快推进工业涪陵高质量发展。

根据以上综合分析可以得出以下判断：从“量”上看，2012 年涪陵工业完成了工业涪陵产值的积累；从“质”上看，2015 年涪陵基本实现工业化，实现了从涪陵工业向“工业涪陵”发展的转变。

---

① 重庆市涪陵区 2015 年国民经济和社会发展统计公报［EB/OL］.（2016-03-31）［2021-09-20］. https：//cq. zhaoshang. net/2016-03-31/402249. html.

第三节 工业涪陵发展水平评价

“工业涪陵”发展水平评价包括两个方面的内容。其一是涪陵在2015年基本实现工业化后对工业化进程的测评或测度，总体描述涪陵工业化发展的状况，分析其所处的发展阶段。其二是对2015年以来工业化发展水平的综合评价，不仅包括涪陵工业化水平的测评，而且包括在采用工业化的一般指标的基础上反映工业的社会驱动作用、农业产业化及城市化等指标。

一、工业涪陵进程分析

“工业涪陵”进程的测评或测度就是在涪陵于2015年基本实现工业化后总体描述其工业化发展的状况。按照经典工业化理论，一般可以将工业化的进程分为前工业化、工业化初期、工业化中期、工业化后期和后工业化5个大的时期[①]。工业化进程主要测度指标包括人均地区生产总值、城镇化水平、第二产业与第三产业就业人数占比、工业增加值比重4个指标[②]。4个指标分别代表经济发展水平、空间结构、就业结构、工业结构。

（一）工业化进程测度标准

1. 人均地区生产总值

美国经济学家钱纳里等人把经济增长理解为经济结构的全面转变，并借助多国模型提出了标准模型，即根据人均国内生产总值水平将不发达经济到成熟的工业经济的整个变化过程分为3个阶段6个时期。第一阶段是初级产品生产阶段；第二阶段是工业化阶段，其中第2个时期、第3个时期、第4个时期分别为工业化阶段的初期、中期和后期；第三阶段为发达经济阶段，其中第5个时期、第6个时期分别为发达经济的初级阶段和高级阶段。以人均GDP指标衡量工业化进程的标准见表9-3。

① 黄群慧．中国的工业化进程：阶段、特征与前景［J］．经济与管理，2013（27）：5-11.

② 从国内已有研究看，工业化进程测度主要包括4个指标。与本章第二节工业化进程中的4个二级指标一致。

表 9-3 以人均 GDP 指标衡量工业化进程的标准

时期	发展阶段		人均 GDP（1964 年美元/人）	人均 GDP（1970 年美元/人）	人均 GDP（2015 年美元/人）
1	初级产品生产阶段		100～200	140～280	676～1352
			200～400	280～560	1352～2705
2	工业化	初期	400～800	560～1120	2705～5410
3		中期	800～1500	1120～2100	5410～10143
4		后期	1500～2400	2100～3360	10143～16229
5	发达经济	初级	2400～3600	3360～5040	16229～24343
6		高级			

说明：1964 年换算因子为 6.2，由郭克莎（2000）计算；1970 年与 2015 年的换算指数约为 4.83，由王兆君、任兴旺（2018）计算。

资料来源：郭克莎.中国工业化的进程、问题和出路［J］. 中国社会科学，2000（3）：60-71；王兆君，任兴旺．青岛市工业化发展水平的测度及实证分析［J］. 青岛科技大学学报（社会科学版），2018（34）：15-18.

2. 城镇化水平

钱纳里和库兹涅茨的工业化发展水平评价体系认为：当城镇化水平在30%以下时为前工业化阶段；当城镇化水平在 30%～50%时为工业化初期；当城镇化水平在 50%～60%时为工业化中期；当城镇化水平在 60%～75%时为工业化后期；当城镇化水平达到 75%以上时为后工业化阶段。

3. 第二产业与第三产业就业人数占比

就业结构的变化与产业结构的变化基本一致，可以直接反映各产业的规模，从而反映工业化的进程。基于产业从业人员由劳动生产率低的部门向劳动生产率高的部门转移这一经济规律，随着经济的发展，从业人员会由第一产业向第二产业转移，再由第二产业向第三产业转移①。陈佳贵等认为：当第一产业就业占比在 60%以上时为前工业化阶段；当第一产业就业占比在 45%～60%时为工业化初期；当第一产业就业占比在 30%～45%时为工业化中期；当第一产业就业占比在 10%～30%时为工业化后期；当第一产业就业占比在 10%以下时为后工业化阶段。

① 王兆君，任兴旺．青岛市工业化发展水平的测度及实证分析［J］. 青岛科技大学学报（社会科学版），2018（34）：15-18.

4. 工业增加值比重

在工业化发展的进程中，工业增加值占比呈现一定的规律：在前工业化阶段，农业是经济的主导产业，工业增加值占比较低；在工业化初期，工业增加值仍大幅低于农业增加值在 GDP 中的占比；在工业化中期，工业增加值占比大幅上升，第三产业不断涌现；在工业化后期，第三产业增加值在 GDP 中的占比将会高于第二产业；进入发达经济初级期和发达经济高级期后，第三产业成为主导产业，工业增加值占比稳定维持在固定水平或降低。因此，工业增加值占比可能具有倒"U"形变化规律。借鉴陈佳贵等的研究，并考虑工业增加值倒"U"形变化规律，可以得出：当工业增加值占比在 20%以下时为前工业化阶段；当工业增加值占比在 20%~40%时为工业化初期；当工业增加值占比在 40%~50%时为工业化中期；当工业增加值占比在 50%~60%时为工业化后期；当工业增加值占比在 60%以上或先升后降最后处于稳定值时为后工业化阶段。

（二）对工业涪陵所处进程阶段的判断

在运用钱纳里人均经济总量标准时，须考虑汇率和美元购买力指数，即先将人均 GDP（元/人）按照当年平均汇率折算成美元，再以美元购买力指数统一折算成 2015 年的美元水平（见表 9-4），最后再对照表 9-3 判断人均 GDP 对应的工业化进程。

表 9-4　2015—2020 年涪陵区人均 GDP

指标	2015 年	2016 年	2017 年	2018 年	2019 年	2020 年
人均 GDP（元/人，当年）	71430	78306	85968	90891	100814	110115
当年汇率（人民币/美元）	6.23	6.64	6.75	6.71	6.98	6.90
人均 GDP（美元/人，当年）	11469	11789	12733	13549	14441	15959
美元购买力指数（2015 年）	1.00	1.01	1.03	1.05	1.07	1.09
人均 GDP（美元/人，2015 年）	11469	11672	12362	12904	13496	14641

说明：2015—2019 年人均 GDP 源于《涪陵统计年鉴（2020）》，2020 年人均 GDP 源于《涪陵统计年鉴（2021）》。

根据工业化进程测度标准得出，2015—2020 年涪陵工业化进程测度结果如表 9-5 所示。从人均 GDP 看，2015—2020 年涪陵工业化进程已经处于后工业化阶段；从城镇化水平看，涪陵工业化进程处于工业化后期；从第二产业与第三产业就业人数占比看，2019 年涪陵进入工业化后期；从工业增加值比重看，2018 年涪陵进入工业化后期。通过对这 4 个指标的综合分析，涪陵工业化进程处于工业化后期，并迈向后工业化阶段。

表 9-5　2015—2020 年涪陵工业化进程测度结果

评价指标	2015 年	2016 年	2017 年	2018 年	2019 年	2020 年
人均 GDP（美元）标准	后工业化阶段	后工业化阶段	后工业化阶段	后工业化阶段	后工业化阶段	后工业化阶段
城镇化水平标准	工业化后期	工业化后期	工业化后期	工业化后期	工业化后期	工业化后期
第二产业与第三产业就业人数占比标准	工业化中期	工业化中期	工业化中期	工业化中期	工业化后期	工业化后期
工业增加值比重标准	工业化中期	工业化中期	工业化中期	工业化后期	工业化后期	工业化后期

说明：根据统计数据整理。

（三）与重庆市工业化进程的比较

采用前述工业化进程测度指标对重庆市工业化进程阶段进行测算，结果如表 9-6 所示，涪陵工业化进程指标涉及的人均国内生产总值、城镇化水平、第二产业与第三产业就业人数占比、工业增加值比重均高于重庆市，符合涪陵“工业立区、工业强区”的定位。

表 9-6　2015—2020 年涪陵区与重庆市工业化进程指标比较

年份	人均国内生产总值（元/人）		第二产业与第三产业就业人数占比（%）		城镇化率（%）		工业增加值比重（%）	
	重庆市	涪陵区	重庆市	涪陵区	重庆市	涪陵区	重庆市	涪陵区
2015	52330	71430	69.20	75.58	60.90	63.78	35.40	52.11
2016	57902	78306	71.10	77.01	62.60	65.45	34.40	51.06
2017	63689	85968	72.30	77.22	64.10	67.18	33.80	51.20
2018	65933	90891	72.80	76.79	65.50	68.72	29.50	41.49
2019	75828	100814	73.50	77.01	66.80	69.77	28.20	41.86
2020	78173	110115	77.40	76.06	69.46	71.85	27.96	42.20

说明：根据《重庆统计年鉴》和《涪陵统计年鉴》整理，2015—2019 年为按第四次全国经济普查和第七次全国人口普查结果调整前数据。

重庆市存在与涪陵类似的工业实力较强的区县，有必要将涪陵与它们的工业化进程进行横向比较，这里选取2020年工业增加值占重庆市前五名的区（县）进行比较，这5个区（县）分别是涪陵区、渝北区、江津区、永川区、九龙坡区（简称五区），2020年它们的工业增加值分别为517.00亿元、538.42亿元、481.2亿元、419.2亿元、402.35亿元。

1. 从人均地区生产总值比较工业化进程

从近5年人均国内生产总值看，如图9-1所示，2015—2020年涪陵人均国内生产总值均位列五区中第三名，处于九龙坡、渝北之后，永川、江津之前。但根据《重庆统计年鉴（2021）》数据显示，2020年涪陵人均国内生产总值位列五区第一名，这说明涪陵工业化进程的位次优势明显。

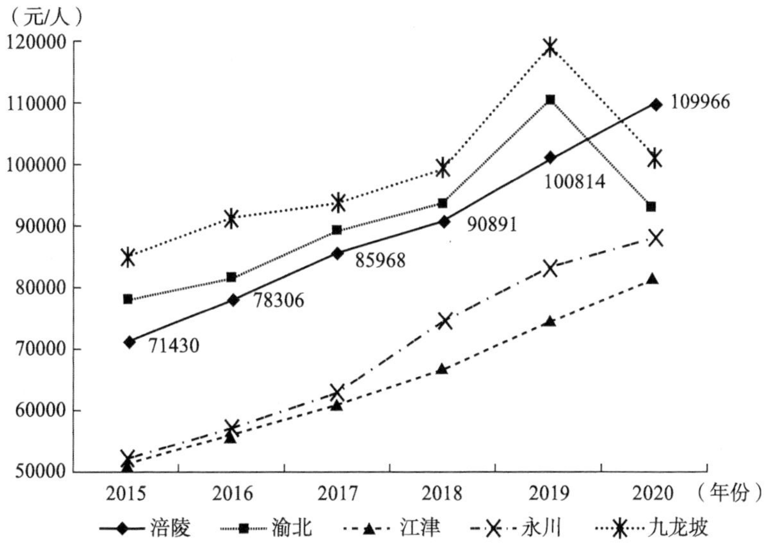

图9-1 2015—2020年五区人均国内生产总值情况

说明：2015—2020年数据源于五区国民经济和社会发展统计公报，2020年数据源于《重庆统计年鉴（2021）》。

2. 从城镇化水平比较工业化进程

从近5年城镇化水平看，涪陵城镇化水平位列渝北、九龙坡之后，与永川、江津水平相当。按照钱纳里和库兹涅茨的工业化发展水平评价体系，渝北、九龙坡在2015年已进入后工业化阶段。2020年涪陵城镇化水平达到71.85%，而九龙坡早在2015年城镇化水平就达到91.78%，可见涪陵与九龙坡的差距还相当大。如果将城镇化水平作为工业化进程的测度标准，那么涪陵 2020 年的工业化进程还未达到九龙坡 2015 年的工业化进程。2015—2019 年五区城镇化水平情况见图 9-2。

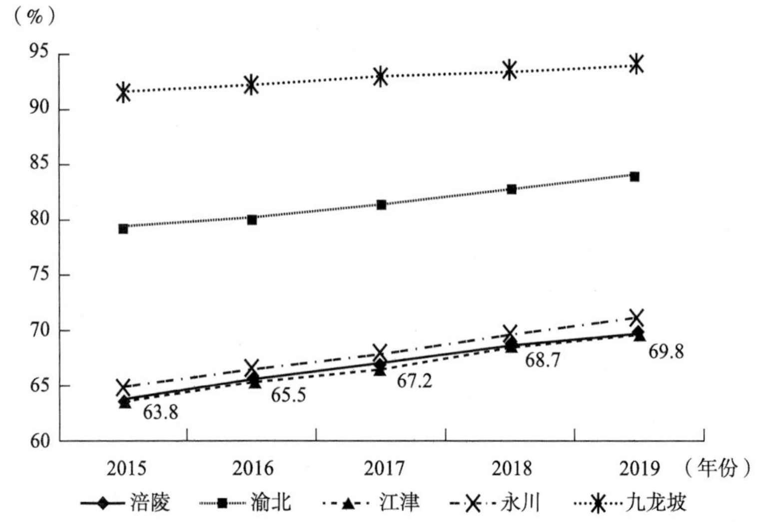

图 9-2　2015—2019 年五区城镇化水平情况

说明：五区 2015—2019 年国民经济和社会发展统计公报。

3. 从工业增加值占比比较工业化进程

从近 5 年工业增加值占比看，2015—2017 年涪陵工业增加值占 GDP 的比重位列第一，2018 年以来，其比重被江津超越，位列第二。如果单纯用工业增加值比重测度工业化进程可能面临工业化进程出现技术性“倒退”的问题，随着工业化进程的演进，三次产业会先后出现“123”“213”“231”“321”的产业结构次第更替，工业增加值占比并非一直递增，可能表现为倒“U”形变化规律。根据历年重庆统计年鉴整理，近 20 年来，五区工业增加值占比显示为倒“U”形变化规律。2020 年涪陵工业增加值占比 42. 20%，九龙坡 26. 24%，但不能由此认定涪陵工业化进程先于九龙坡。

根据三次产业结构次第更替规律，工业增加值占比长期呈倒“U”形变化规律，倒“U”形拐点的左侧表示工业化进程的正向因素，右侧虽然工业增加值占比降低，但并不表示工业化进程的负向因素，因为这个阶段工业增加值总量仍在增长，工业化进程的主力变成了第三产业，进入后工业化阶段，第三产业增加值占比，尤其是生产性服务业增加值占比变高。因此，引入第三产业增加值占比，即工业增加值占比进程指数 = 工业增加值占比 +

第三产业增加值占比就能克服工业增加值占比工业化进程出现的技术性“倒退”问题。

如图 9-3 所示，近年来，涪陵工业增加值占比进程指数总体较稳定，在五区的排名中，2015—2017 年位列第三，2018 年以后位列第四。2020 年，涪陵工业增加值占比进程指数为 79. 98，渝北和九龙坡分别为 92. 78 和 89. 60。

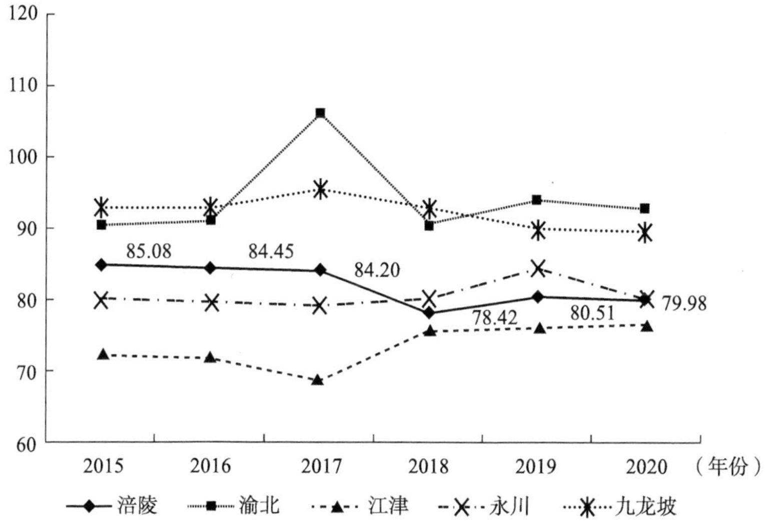

图 9-3　2015—2020 年五区工业化增加值占比进程指数

说明：五区 2015—2020 年国民经济和社会发展统计公报。

二、工业涪陵工业化发展水平的综合评价

（一）工业涪陵发展水平评价方法

在建立工业涪陵发展水平评价指标体系后，须对每项指标确定权重，采用主客观联合赋权的方式确定权重。运用层次分析法测定 7 个一级指标的权重，运用熵权法确定 22 个二级指标的权重。

1. 一级指标评价方法

采用层次分析法确定一级指标权重。层次分析法简称 AHP，是由美国运筹学家萨蒂（Santy）于 20 世纪 70 年代提出的。层次分析法是一种将定性与定量分析方法相结合的多目标决策分析方法。该方法的主要思想是将复杂问题分解为若干层次和若干因素，对两指标之间的重要程度比较判断，建立判

断矩阵，通过计算判断矩阵的最大特征值及对应特征向量，得出不同方案重要性程度的权重，以此为最佳方案的选择提供依据①。具体步骤如下：

步骤 1，构造判断矩阵。以指标两两比较结果构成判断矩阵，用数字 1~9 及其倒数作为标度来定义判断矩阵 $A=(a_{ij})_{m\times n}$，标度如表 9-7 所示。

表 9-7　判断矩阵标度及含义

标度	含义
1	两个因素相比，具有相同重要性
3	两个因素相比，一个比另一个因素稍微重要
5	两个因素相比，一个比另一个因素明显重要
7	两个因素相比，一个比另一个因素强烈重要
9	两个因素相比，一个比另一个因素极端重要
2，4，6，8	上述两相邻判断的中值
倒数	若 i 与 j 比较的判断 a_j，则 j 与 i 比较判断 $a_{ji}=1/a_{ij}$

说明：作者编制。

步骤 2，计算各因素权数。这里采用几何平均法计算权重向量，首先，对判断矩阵按行相乘得到一个新向量；其次，将新向量的每个分量开 n 次方；最后，进行标准化处理，得到权重。

步骤 3，一致性检验。首先，计算一致性指标 CI，$CI=(¦\ddot{E}_{max}-n)/(n-1)$，$¦\ddot{E}_{max}$为判断矩阵的最大特征值；其次，查找一致性指标 RI，RI 值，如表 9-8 所示；最后，计算一致性比例 CR，CR 等于 CI 除以 RI，当 $CI<0.1$ 时，判断矩阵的一致性是可接受的，否则应修正。RI 值参照表见表 9-8。

表 9-8　*RI* 值参照表

矩阵阶数 n	1	2	3	4	5	6	7	8	9
RI	0	0	0.52	0.89	1.12	1.24	1.36	1.41	1.46

说明：作者整理。

根据层次分析法，通过调查访问法、专家咨询法等对工业涪陵发展水平的一级指标进行两两比较。根据各指标的重要性构造判断矩阵，得到工业化进程、产业结构、科技含量、工业经济效益、资源环境、人力资源、信息化

① 郭金玉，张忠彬，孙庆云．层次分析法的研究与应用［J］．中国安全科学学报，2008（5）：148-153.

的指标权重分别为：0.3443、0.2328、0.0901、0.0521、0.1428、0.0856、0.0523。然后进行一致性分析，得出 $CR=0.0315<0.1$，可见一致性是可接受的。

2. 二级指标评价方法

按熵权法进行二级指标评价。熵权法是一种客观的赋权方法，它是利用各指标的熵值所提供的信息量的大小来决定指标权重的方法。熵最初来源于物理学中的热力学概念，主要反映系统的混乱程度，信息论中的熵值理论反映了信息的无序化程度，可用来评定信息量的大小，某项指标携带的信息越多，其对决策的作用越大。当某个指标的信息熵值较小，表明该指标提供的信息量较大，该指标的权重也较大。步骤如下：

步骤 1，数据标准化。由于各项指标的计量单位、数量级不统一，正向指标和负向指标数值代表的含义不同，因此在计算综合指标前应对这些指标进行标准化处理，即把指标的绝对值转化为相对值。

正指标标准化为

$$x_{ij}^{*}=\frac{X_{ij}-x_{\min}}{X_{\max}-x_{\min}}$$

负指标标准化为

$$x_{ij}^{*}=\frac{X_{\max}-x_{ij}}{X_{\max}-x_{\min}}。$$

其中，x_{ij}^{*} 代表标准化值，x_{ij} 代表评价对象 i 的第 j 项评价指标，$X_{\max}$ 和 $x_{\min}$ 分别代表该指标的最大值和最小值。

步骤2，求各指标的信息熵。计算第 j 项指标下第 i 个样本值占该指标的比重 $p_{ij}=\dfrac{X_{ij}}{\sum_{i=1}^{n}x_{ij}}$。

步骤3，求各指标的熵值 $e_j=-K\sum_{i=1}^{m}p_{ij}\ln(p_{ij})$，$K=1/\ln m$，如果 $p_{ij}=0$，则定义 $\lim_{p_{ij}\to 0}p_{ij}\ln p_{ij}=0$。

步骤 4，求各指标的权重。

通过信息熵计算各指标的权重为 $w_i=\dfrac{1-e_i}{k-\sum e_i}$。

根据上述熵权法，选取《涪陵统计年鉴（2021）》及相关统计文献中与2015—2020年相关的统计指标，然后计算出工业涪陵发展水平的二级指标权重。计算结果如下：涪陵工业化阶段=（人均国内生产总值，第二产业与第三产业就业人数占比，城镇化水平，工业增加值比重）=（0.2122，0.1545，0.2143，0.4189）；产业结构=（食品消费支出占比，第一产业增加值占比，第三产业增加值占比，城乡居民纯收入比，外贸进出口占比）=（0.2144，0.1872，0.1697，0.2203，0.2085）；科技含量=（科技活动经费占比，高技术产业产值占比，单位专利授权数）=（0.4447，0.3157，0.2397）；工业经济效益=（规模以上工业企业总资产贡献率，工业增加值率）=（0.5789，0.4211）；资源环境=（单位工业增加值能耗，单位工业增加值废水排放量，城市建成区绿化覆盖率）=（0.2898，0.2531，0.4570）；人力资源=（规模以上工业全员劳动生产率，城镇登记失业率）=（0.4302，0.5698）；信息化=（数字经济增加值占比，国际互联网比重，人均邮电业务量）=（0.6127，0.2391，0.1482）。

结合由上述层次分析法和熵权法确定的两级指标的权重，将工业涪陵发展水平指标评价体系权重整理为表9-9。

表9-9 工业涪陵发展水平评价指标体系权重

一级指标	权重	二级指标	信息熵	权重	指标属性
工业化阶段	0.3443	人均国内生产总值	0.8393	0.2122	正指标
		第二产业与第三产业就业人数占比	0.8829	0.1545	正指标
		城镇化水平	0.8377	0.2143	正指标
		工业增加值比重	0.6827	0.4189	正指标
产业结构	0.2328	食品消费支出占比	0.8584	0.2144	负指标
		第一产业增加值占比	0.8763	0.1872	负指标
		第三产业增加值占比	0.8879	0.1697	正指标
		城乡居民纯收入比	0.8545	0.2203	负指标
		外贸进出口占比	0.8623	0.2085	正指标
科技含量	0.0901	科技活动经费占比	0.7984	0.4447	正指标
		高技术产业产值占比	0.8569	0.3157	正指标
		单位专利授权数	0.8914	0.2397	正指标
工业经济效益	0.0521	规模以上工业企业总资产贡献率	0.8164	0.5789	正指标
		工业增加值率	0.8664	0.4211	正指标

（续表）

一级指标	权重	二级指标	信息熵	权重	指标属性
资源环境	0.1428	单位工业增加值能耗	0.8175	0.2898	负指标
		单位工业增加值废水排放量	0.8406	0.2531	负指标
		城市建成区绿化覆盖率	0.7122	0.4570	正指标
人力资源	0.0856	规模以上工业全员劳动生产率	0.7609	0.4302	正指标
		城镇登记失业率	0.6834	0.5698	负指标
信息化	0.0523	数字经济增加值占比	0.5706	0.6127	正指标
		国际互联网比重	0.8324	0.2391	正指标
		人均邮电业务量	0.8962	0.1482	正指标

说明：作者计算整理。

（二）工业涪陵发展水平评价综合指数

结合上述工业涪陵发展水平评价指标体系及权重，在数据标准化基础上，按下列公式进行综合指数评价 $A=\sum W_i B_I$，其中 $B_I=w_{ij}x_{ij}$。W_i 代表一级指标权重，w_{ij}代表二级指标权重。

根据表 9-9 各二级指标权重值计算出 2015—2020 年工业涪陵发展水平二级指标的 B 值，结果如表 9-10 所示。

表 9-10 2015—2020 年工业涪陵发展水平评价指标 B 值

一级指标	二级指标	2015 年	2016 年	2017 年	2018 年	2019 年	2020 年
工业化阶段	人均国内生产总值	0	0.047	0.093	0.130	0.176	0.212
	第二产业与第三产业就业人数占比	0	0.075	0.120	0.155	0.100	0.108
	城镇化水平	0	0.046	0.089	0.132	0.165	0.214
	工业增加值比重	0.4189	0.195	0.091	0.000	0.028	0.049
产业结构	食品消费支出占比	0	0.061	0.136	0.180	0.203	0.214
	第一产业增加值占比	0.1872	0.080	0.187	0.160	0.134	0
	第三产业增加值占比	0	0.102	0.124	0.170	0.170	0.130
	城乡居民纯收入比	0	0.069	0.096	0.110	0.138	0.220
	外贸进出口占比	0	0.093	0.084	0.098	0.152	0.209
科技含量	科技活动经费占比	0	0.045	0.180	0.338	0.445	0.445
	高技术产业产值占比	0	0.204	0.316	0.092	0.230	0.151
	单位专利授权数	0.2397	0.178	0	0.221	0.160	0.172

（续表）

一级指标	二级指标	2015 年	2016 年	2017 年	2018 年	2019 年	2020 年
工业经济效益	规模以上工业企业总资产贡献率	0.1275	0	0.148	0.390	0.471	0.579
	工业增加值率	0.1434	0	0.244	0.293	0.421	0.360
资源环境	单位工业增加值能耗	0.0869	0.130	0.058	0.000	0.290	0.159
	单位工业增加值废水排放量	0	0.106	0.066	0.183	0.253	0.246
	城市建成区绿化覆盖率	0	0.013	0.100	0.138	0.251	0.457
人力资源	规模以上工业全员劳动生产率	0	0.027	0.123	0.200	0.375	0.430
	城镇登记失业率	0.5698	0.446	0.152	0.024	0.076	0
信息化	数字经济增加值占比	0	0.020	0.048	0.123	0.102	0.613
	国际互联网比重	0	0.094	0.050	0.192	0.196	0.239
	人均邮电业务量	0	0.120	0.116	0.126	0.131	0.148

说明：作者计算整理。

根据表 9-9 一级指标权重值和表 9-10 二级指标的 B 值计算出 2015—2020 年工业涪陵发展水平评价综合指数，结果如表 9-11 所示。

表 9-11 2015—2020 年工业涪陵发展水平评价综合指数

年份	综合指数	工业化阶段	产业结构	科技含量	工业经济效益	资源环境	人力资源	信息化
2015	0.285	0.419	0.187	0.240	0.271	0.087	0.570	0
2016	0.347	0.364	0.405	0.427	0	0.249	0.474	0.234
2017	0.413	0.393	0.628	0.496	0.392	0.224	0.275	0.214
2018	0.493	0.416	0.718	0.651	0.683	0.322	0.223	0.441
2019	0.643	0.469	0.795	0.835	0.892	0.794	0.451	0.430
2020	0.711	0.583	0.773	0.768	0.939	0.862	0.430	1.000

说明：作者计算整理。

工业涪陵发展水平评价综合指数由 2015 年的 0.285 增长到 2020 年的 0.711，综合指数逐年上升。反映出工业涪陵发展水平逐年提高，同时综合指数增长速度放缓，工业涪陵发展水平进入新常态。

（三）工业涪陵发展水平综合评价结果

关于工业发展综合水平的评价，国内许多专家通过综合指数来判断地区工业化所处阶段。唐浩等（2014）将工业化水平分为准备、起步、初步实现、基本实现、完全实现 5 个阶段，其综合评价指数分别为<0、0~32%、33%~

65%、66%~99%、>100%[①]。杨鞲鞴等（2011）认为，综合评价指数在 60% 以下可判定为处于新型工业化的初期阶段，新型工业化达到初级水平；综合评价指数在 60%~100%可界定为处于新型工业化的中期阶段，新型工业化达到中级水平；综合评价指数在 100%以上应视为处于新型工业化的后期阶段，达到新型工业化高级水平[②]。吴宏伟等（2015）将工业化分为初期、中期、后期 3 个阶段，其综合指数分别为<0、60%~100%、>100%[③]。孙智君等（2014）认为，关于工业化水平的划分标准，国内学者已基本形成一致观点，即当综合测度指数 $K<0.6$ 时，可判定该地区仍处于新型工业化的初级阶段，新型工业建设刚刚起步；当综合测度指数 $0.6<K<1$ 时，可判定该地区处于新型工业化的中级阶段，新型工业化建设有一定成效；当综合测度指数 $K>1$ 时，可判定该地区进入新型工业化的高级阶段，新型工业化建设效果显著[④]。

借鉴上述专家工业化水平划分标准及采用类似评价方法的工业化水平评价研究成果，基于本课题综合评价指数，将工业涪陵发展水平分为 5 个阶段，具体如表 9-12 所示。2020 年工业涪陵发展水平评价综合指数 0.711，工业发展水平处于工业化后期，即将迈向后工业化阶段。

表 9-12　工业发展水平评价综合指数划分标准

水平	前工业化阶段	工业化初期	工业化中期	工业化后期	后工业化阶段
综合指数	（0~0.3）	（0.3~0.4）	（0.4~0.6）	（0.6~0.8）	（0.8~1）

说明：作者整理编制。

综合指数反映了工业涪陵发展整体水平，接下来从涪陵工业化进程、产业结构、科技含量、工业经济效益、资源环境、人力资源、信息化 7 个方面进行综合指数分析。

1. 工业化进程

涪陵区工业化进程是一个波动上升的发展过程。“工业涪陵”工业化进程

① 唐浩，贺刚．中国特色新型工业化综合评价指标体系的构建与实证分析［J］．软科学，2014（9）：139-144.

② 杨鞲鞴，李平．新型工业化评价指标体系及测度分析［J］．经济管理，2011（33）：1-8.

③ 吴宏伟，刘咏梅．传统农业大省新型工业化水平测度及评价［J］．统计与决策，2015（24）：68-71.

④ 孙智君，戚大苗．长江经济带沿江省市新型工业化水平测度［J］．区域经济评论，2014（5）：88-95.

综合指数由 2015 年的 0.419 下降到 2017 年的 0.393 后逐年上升，到 2020 年达到 0.583。由此可以看出，涪陵工业化进程中，2015—2017 年处于下降期，2017 年以后处于上升期。分指标看如表 9-13 所示，2015—2017 年工业化进程综合指数下降的主要原因是工业增加值比重逐年下降，2015—2020 年人均国内生产总值、城镇化水平、第二产业与第三产业就业人数占比 3 个指标整体呈上升趋势，分别由 2015 年的 73937 元/人、62.68%、73.90%上升到 2019 年的 104004 元/人、69.98%、75.90%。

因此，要继续推进涪陵工业化进程，就要做到进一步推进地方经济发展，努力提高人均国内生产总值；进一步推动城镇化和工业化的良性互动，努力将城镇化水平提升至 80%以上。

表 9-13　2015—2020 年工业涪陵的工业化进程指标

年份	人均国内生产总值（元/人）	第二产业与第三产业就业人数占比（%）	城镇化水平（%）	工业增加值比重（%）
2015	73937	73.90	62.68	47.50
2016	82021	75.40	65.45	44.30
2017	89853	76.30	67.08	42.80
2018	96026	77.00	68.70	41.50
2019	104004	75.90	69.98	41.90
2020	110115	76.06	71.85	42.20

说明：根据《涪陵统计年鉴（2021）》整理。

2. 产业结构

工业涪陵产业结构持续优化。2015—2020 年，工业涪陵产业结构综合指数始终呈上升趋势，指数由 2015 年 0.187 上升到 2020 年 0.773，产业结构不断优化，其原因是二级指标数据向好发展，如表 9-14 所示。食品消费支出占比由 2015 年 36.50%下降到 2020 年 34.50%，这在一定程度上说明了涪陵城乡居民消费需求从基本消费逐渐转向享受消费和发展消费，居民生活水平取得了质的飞跃；第一产业增加值占比基本保持稳定；第三产业增加值占比由 2015 年 35.50%上升到 2020 年 37.80%；城乡居民纯收入比由 2015 年 2.57 下降到 2020 年 2.41；外贸进出口占比由 2015 年 1.54%上升到 2019 年 9.48%。

因此，要保持工业涪陵产业结构持续优化应做到：其一是大力发展第三产业，特别是生产性服务业。生产性服务业的发展程度往往代表一个地区产业结构和经济发展水平，应努力将第三产业增加值占地区生产总值的比重提高到40%以上。其二是大力发展外向型经济，努力提高外贸进出口占比。其三是继续提高城乡居民收入，贯彻落实各项强农惠民助增收措施，优化农村居民消费环境，发掘消费新热点，构建合理的居民消费结构，努力使食品消费支出占比下降到30%以下，城乡居民可支配收入比下降到2∶1（以农村为1）。

表9-14 2015—2020年工业涪陵产业结构指标

年份	食品消费支出占比（%）	第一产业增加值占比（%）	第三产业增加值占比（%）	城乡居民纯收入比	外贸进出口占比（%）
2015	36.50	6.10	35.50	2.57	1.54
2016	35.93	6.50	37.30	2.52	5.10
2017	35.23	6.10	37.70	2.50	4.73
2018	34.82	6.20	38.50	2.49	5.27
2019	34.61	6.30	38.50	2.47	7.31
2020	34.50	6.80	37.80	2.41	9.48

说明：根据《涪陵统计年鉴（2021）》整理。

3. 科技含量

这一时期工业涪陵的科技含量在波动中提高。工业涪陵科技含量综合指数由2015年0.240持续上升到2019年0.835，2020年下降到0.768。从指标看，科技含量中两项主要指标，即科技活动经费占比和高技术产业产值占比均整体保持增长趋势，科技活动经费占比由2015年1.51%提高到2020年2.30%，高技术产业产值占比由2015年10.0%提高到2020年10.1%。单位专利授权数也由2015年1.27件/亿元提高到2020年1.16件/亿元。

因此，要进一步提高工业涪陵科技含量水平，应做到：其一是培育国民经济行业中R&D投入强度相对较高的制造业，增强企业自主创新能力，努力将科技活动经费占地区生产总值的比重提高至3%以上，将高技术产值占工业总产值的比重提高至30%以上；其二是增强企业科技产出能力，努力将单位专利授权数提高至2件/亿元以上。2015—2020年工业涪陵科技含量指标见表9-15。

表 9-15　2015—2020 年工业涪陵科技含量指标

年份	科技活动经费占比（%）	高技术产业产值占比（%）	单位专利授权数（件/亿元）
2015	1.51	10.9	1.27
2016	1.59	12.6	1.17
2017	1.83	9.2	0.88
2018	2.11	10.2	1.24
2019	2.30	11.3	1.14
2020	2.30	10.1	1.16

说明：根据《涪陵统计年鉴（2021）》整理。

4. 工业经济效益

工业涪陵的工业经济效益起伏较大。工业涪陵工业经济效益综合指数由 2015 年 0.271 上升到 2020 年 0.939。从指标看，2015—2020 年规模以上工业企业总资产贡献率和工业增加值率均整体保持增长趋势，分别由 2015 年 12.75%、25.87%上升到 2020 年 17.21%、28.94%。因此，要提高工业涪陵工业经济效益水平应做到：其一是提升企业经营业绩和管理水平，增强企业盈利能力，提高企业总资产贡献率；其二是着力降低产品中间消耗，提高制造行业工业增加值率。2015—2020 年工业涪陵工业经济效益指标见表 9-16。

表 9-16　2015—2020 年工业涪陵工业经济效益指标

年份	规模以上工业企业总资产贡献率（%）	工业增加值率（%）
2015	12.75	25.87
2016	11.49	23.84
2017	12.95	27.29
2018	15.34	27.99
2019	16.14	29.80
2020	17.21	28.94

说明：根据《涪陵统计年鉴（2021）》整理。

5. 资源环境

工业涪陵资源环境优化效果显著。工业涪陵资源环境综合指数由 2015 年 0.087 上升到 2020 年 0.862，上升速度较快，这说明涪陵工业资源消耗节约成效显著。从指标看，单位工业增加值能耗由 2015 年 1.01 吨标准煤/万元下降到 2020 年 0.96 吨标准煤/万元；单位工业增加值废水排放量由 2015 年 3.91 吨/万元下降到 2020 年 3.24 吨/万元；城市建成区绿化覆盖率由 2015 年 41.40%上升到 2020 年 45.04%。因此，要进一步提高工业涪陵资源环境水平应做到：其一是严格进行环境保护和节能管理，强化现有企业污染防治和治理，加大节能减排技术改造力度，把单位工业增加值能耗控制在 0.95 吨标准煤/万元以下，单位工业增加值废水排放量控制在 3 吨/万元以下；其二是加快建设生态宜居城市，不断完善生态绿化系统，努力将城市建成区绿化覆盖率提高至 45%以上。2015—2020 年工业涪陵资源环境指标见表 9-17。

表 9-17　2015—2020 年工业涪陵资源环境指标

年份	单位工业增加值能耗（吨标准煤/万元）	单位工业增加值废水排放量（吨/万元）	城市建成区绿化覆盖率（%）
2015	1.01	3.91	41.40
2016	0.98	3.62	41.50
2017	1.03	3.73	42.20
2018	1.07	3.41	42.50
2019	0.87	3.22	43.40
2020	0.96	3.24	45.04

说明：根据《涪陵统计年鉴（2021）》整理。

6. 人力资源

2015—2020 年，工业涪陵人力资源综合指数呈下降趋势，由 2015 年 0.570 下降到 2020 年 0.430。从指标看，虽然规模以上工业全员劳动生产率上升幅度明显，由 2015 年 44.53 万元/人提高到 2020 年 73.32 万元/人，但城镇登记失业率由 2015 年 2.01%提高到 2020 年 3.21%。因此，要提高工业涪陵人力资源水平，既要依靠科技创新、设备改造升级和管理提升，又要提高工业从业劳动者素质，降低失业率。2015—2020 年工业涪陵人力资源指标见表 9-18。

表 9-18　2015—2020 年工业涪陵人力资源指标

年份	规模以上工业全员劳动生产率（万元/人）	城镇登记失业率（%）
2015	44.53	2.01
2016	46.36	2.27
2017	52.74	2.89
2018	57.89	3.16
2019	69.61	3.05
2020	73.32	3.21

说明：规模以上工业全员劳动生产率源自《涪陵统计年鉴（2021）》，城镇登记失业率源自《涪陵统计年鉴（2019）》及统计调查研究。

7. 信息化

工业涪陵的信息化水平提升幅度较大。2015—2020 年，工业涪陵信息化综合指数始终呈上升趋势，由 2015 年 0 上升到 2020 年 1.000，上升幅度较大。各二级指标总体保持增长趋势，数字经济增加值占比由 2015 年 14.00%上升到 2020 年 20.00%；国际互联网比重由 2015 年 19.31 户/百人上升到 2020 年 35.30 户/百人；人均邮电业务量由 2015 年 650.76 元/人上升到 2020 年 815.00 元/人。因此，要进一步提高工业涪陵信息化水平，应做到：其一是推动数字产业化、集群化；其二是推动数字经济和实体经济深度融合；其三是加大制造业技术改造和设备更新，加快人工智能、工业互联网、物联网等新型基础设施建设。2015—2020 年工业涪陵信息化指标见表 9-19。

表 9-19　2015—2020 年工业涪陵信息化指标

年份	数字经济增加值占比（%）	国际互联网比重（户/百人）	人均邮电业务量（元/人）
2015	14.00	19.31	650.76
2016	14.20	25.58	783.47
2017	14.47	22.67	779.55
2018	15.20	32.17	790.95
2019	15.00	32.45	796.27
2020	20.00	35.30	815.00

说明：数字经济增加值占比 2015—2019 年数据来源于涪陵区统计局，2020 年数据源自 http://www.fl.gov.cn/zwxx，其他数据根据《涪陵统计年鉴（2021）》整理。

三、工业涪陵驱动因素分析

（一）因素贡献度分析

表 9-20 反映了 22 个工业化评价指标对工业涪陵发展水平的贡献和拉动作用。2015—2020 年，人均 GDP、城镇化水平对涪陵工业化发展的拉动作用高于其他指标。人均收入水平的增加会导致储蓄率与投资率的提高，这又有利于促进工业化进程。因此，工业化是经济增长的结果，而经济增长又是工业化发展的主要标志，两者相互促进、共同发展。城镇化和工业化相辅相成，工业化水平的提高会引起地域空间上城镇数量和规模的扩大，城镇化水平的提高引起的结构变革又会反作用于工业化。各指标中，单位工业增加值能耗、高技术产业产值占比、人均邮电业务量的贡献率和拉动作用较小，这说明涪陵节能减排有待改善，高技术产业发展相对滞后，从而在一定程度上影响了涪陵工业化的发展。

表 9-20　各指标对涪陵工业化综合指数增加的贡献率和拉动增长率

指标	2015—2020 年		2019—2020 年		2017—2018 年		2015—2016 年	
	贡献率（%）	拉动增长率（%）	贡献率（%）	拉动增长率（%）	贡献率（%）	拉动增长率（%）	贡献率（%）	拉动增长率（%）
人均国内生产总值	17.1	25.7	18.1	1.9	15.7	3.0	26.4	5.7
第二产业与第三产业就业人数占比	8.7	13.0	4.0	0.4	15.1	2.9	41.6	9.0
城镇化水平	17.3	25.9	24.7	2.6	18.4	3.5	25.8	5.6
工业增加值比重	-29.9	-44.7	10.6	1.1	-39.3	-7.6	-124.2	-27.0
食品消费支出占比	11.7	17.5	4.0	0.4	12.9	2.5	23.0	5.0
第一产业增加值占比	-10.2	-15.3	-45.5	-4.8	-7.8	-1.5	-40.2	-8.7
第三产业增加值占比	7.1	10.6	-13.5	-1.4	13.3	2.5	38.3	8.3
城乡居民纯收入比	12.0	18.0	28.1	3.0	4.0	0.8	25.9	5.6
外贸进出口占比	11.4	17.0	19.4	2.1	4.2	0.8	35.1	7.6
科技活动经费占比	9.4	14.1	0	0	17.9	3.4	6.6	1.4
高技术产业产值占比	3.2	4.8	-10.4	-1.1	-25.4	-4.9	29.7	6.5
单位专利授权数	-1.4	-2.1	1.6	0.2	25.1	4.8	-8.9	-1.9
规模以上工业企业总资产贡献率	5.5	8.3	8.3	0.9	15.9	3.0	-10.7	-2.3

（续表）

指标	2015—2020 年		2019—2020 年		2017—2018 年		2015—2016 年	
	贡献率（%）	拉动增长率（%）	贡献率（%）	拉动增长率（%）	贡献率（%）	拉动增长率（%）	贡献率（%）	拉动增长率（%）
工业增加值率	2.7	4.0	-4.6	-0.5	3.2	0.6	-12.1	-2.6
单位工业增加值能耗	2.4	3.6	-27.2	-2.9	-10.4	-2.0	10.0	2.2
单位工业增加值废水排放量	8.2	12.3	-1.5	-0.2	21.1	4.1	24.5	5.3
城市建成区绿化覆盖率	15.3	22.9	43.0	4.6	6.8	1.3	2.9	0.6
规模以上工业全员劳动生产率	8.6	12.9	6.9	0.7	8.3	1.6	3.8	0.8
城镇登记失业率	-11.4	-17.1	-9.5	-1.0	-13.8	-2.7	-17.1	-3.7
数字经济增加值占比	7.5	11.3	39.1	4.2	4.9	0.9	1.7	0.4
国际互联网比重	2.9	4.4	3.3	0.3	9.4	1.8	7.9	1.7
人均邮电业务量	1.8	2.7	1.3	0.1	0.7	0.1	10.1	2.2

说明：作者计算整理。

（二）驱动因素阶段性特征分析

表 9-20 表明，不同年度工业化的驱动因子变化显著。2015—2016 年，涪陵第二产业与第三产业就业人数占比、第三产业增加值占比、高技术产业产值占比等指标对涪陵工业化综合指数的贡献率与拉动增长率影响较大，第三产业在工业化进程中发挥重要作用，而工业增加值比重的贡献率与拉动为负，这说明此阶段涪陵产业结构处于调整期，产业结构正在优化。2017—2018 年，单位专利授权数、单位工业增加值废水排放量、科技活动经费占比对涪陵工业化综合指数的贡献率与拉动增长影响较大，而工业增加值比重的贡献率与拉动增长率为负，这说明此阶段涪陵以绿色、科技为引领，为涪陵工业化发展水平提质增效。2019—2020 年，涪陵城市建成区绿化覆盖率、数字经济增加值占比、城镇化水平对涪陵工业化综合指数的贡献率与拉动增长率影响较大，工业增加值比重的贡献率与拉动增长率趋于稳定，这说明此阶段涪陵产业结构的调整已初具成效，各驱动因子协同发展、共同推动涪陵工业化水平提高。

四、工业涪陵实效总体评价

2008 年提出“工业涪陵”战略；2012 年涪陵工业完成工业涪陵“量”的积累；2015 年涪陵实现了从涪陵工业向工业涪陵的转变；2019 年涪陵已处于

工业化后期阶段，即将迈向后工业化阶段。历经10多年的发展，工业涪陵成效显著，2020年工业涪陵已跨越3个“五年规划”时期，涪陵工业经济实力稳居重庆市第一方阵，跃升千亿元经济大区，人均地区生产总值突破10万元，综合实力迈上新台阶。

（一）综合实力显著提升

工业涪陵的综合实力持续提升。2012年涪陵实现地区生产总值589.15亿元，是2008年的2倍；人均GDP达到9155美元，是2008年的2倍；工业总产值突破千亿元大关，达到1013.6亿元，是2008年的2.9倍；社会消费品零售总额175.3亿元，是2008年的2.2倍；固定资产投资439.4亿元，是2008年的3.3倍；公共财政预算收入37.8亿元，是2008年的3倍；城镇常住人口63.15万人，比2008年增加8.5万人；城镇化率58.4%，较2008年提高5.1个百分点。2012年与2008年相比涪陵区工业综合实力提升显著。之后，涪陵区工业综合实力持续提升。2015年，涪陵地区生产总值达到806亿元，基本实现翻番目标；工业总产值、规模以上工业产值、园区工业产值先后迈上千亿元台阶，分别达到1480亿元、1432亿元、1100亿元；社会消费品零售总额翻番，达到276亿元；一般公共预算收入达到56.5亿元，增长1.5倍；累计完成固定资产投资2500亿元，该投资额是“十一五”时期的3.6倍；涪陵区属国有企业资产总额达到1600亿元，增长1.8倍，居重庆市区县第一位；市场主体从3.8万户增加到7.8万户，非公有制经济占地区生产总值比重达到61.5%；城乡常住居民人均可支配收入分别达到2.8万元、1.1万元，分别增长66.2%、97.5%；城区建成区面积达到62平方千米，常住人口城镇化率达到62.7%。2020年涪陵地区生产总值达到1225.1亿元。“十三五”期间工业生产总值年均增长8.3%，总量稳居重庆市前列；第二产业增加值总量跃居重庆市第一，第二产业与第三产业增加值合计占地区生产总值的比重达到93.2%，其中服务业占37.8%；人均地区生产总值11万元；常住人口城镇化率提高到71.8%；新发展动能更加强劲，智能工厂、数字化车间总数居区（县）前列，数字经济规模突破240亿元，增长20%①。

（二）工业支撑作用增强

工业对涪陵经济的支撑作用不断增强。工业涪陵的经济实力和竞争力决定了涪陵的地位和作用，没有产业特别是工业的持续健康发展，没有一大批

① 资料来源：历年涪陵区政府工作报告。

龙头骨干企业的涌现，涪陵在重庆市发展格局中就没有地位，多年来，涪陵区委、区政府高度重视工业发展，坚持工业强区不动摇，工业占地方经济总量超过 50%，从而支撑了涪陵经济在重庆市“第一方阵”中的位置。可以说，工业涪陵的今天得益于工业，涪陵的未来和希望仍在工业。

涪陵工业增加值由 2008 年 142. 31 亿元扩大到 2010 年 189. 53 亿元、2011 年 246. 97 亿元，超过 200 亿元，2013 年、2017 年和 2020 年分别突破 300 亿元、400 亿元、500 亿元大关，达到 325. 39 亿元、422. 27 亿元、517 亿元。2008—2020 年，涪陵工业对地区生产总值的贡献率一直超过 50%，占据涪陵区经济的“半壁江山”，工业的支撑作用明显。2018—2020 年，涪陵工业对地区生产总值的贡献率分别为 55. 5%、50. 0%、61. 8%，涪陵工业增加值仍稳居重庆市“第一方阵”，2018 年工业增加值位列重庆市第二，2019 年位列重庆市第一。

（三）产业布局逐步优化

工业化过程本身就是支柱产业不断变迁和产业结构不断优化升级的过程。

2008 年以来，涪陵工业支柱产业渐成体系，涪陵精心培育和打造了医药、食品、化工、装备、材料、电子电器、石油化纤纺织七大支柱产业，坚持把七大产业作为主攻方向，延伸其上下游产业链条，力争形成产业集群。2008 年涪陵七大支柱产业完成产值 237. 5 亿元，2009 年、2010 年分别跨越 300 亿元、400 亿元大关，实现产值 301 亿元、466. 56 亿元，七大支柱产业占规模以上工业产值的比重由 2008 年 78. 7%提高到 2010 年 87. 1%。

2011 年，涪陵在七大支柱产业的基础上形成了医药食品、装备制造、材料、化工化纤、电子信息、清洁能源六大产业集群。同时，农业向基地化、产业化转变，农业逐步形成“基地+龙头企业+农户”的发展模式；新发展国家级农业产业化龙头企业 3 家，龙头企业对农户的带动面达 80%以上，37%的农户参加了专业合作组织。2013 年涪陵六大支柱产业完成工业总产值 914. 84 亿元，占涪陵区规模以上工业总产值的 91. 3%，同比增长 15%；2014 年，六大支柱产业竞相发力，产值突破 1000 亿元大关。2015 年，六大支柱产业更为壮大。其中，能源产业发展迅猛，顺利建成国家级页岩气示范区，注册运营勘探开发、管道运输、销售 3 家独立法人公司，率先在全国实现页岩气规模化商用，获批设立全国首个页岩气院士专家工作站；汽车及配套产业迅速崛起，“涪陵造”汽车从无到有，实现量产，装备制造产业加速升级；建成投产 36 万吨己二酸、10 万吨聚氨酯树脂、3 万吨差别化氨纶等项目，从而有力推动了化工化纤产业结构调整；高密度电路板、智能终端等项目竣工投产，电子信息产业加速集聚；医药食品和重要材料产业不断壮大，产值分别达到355亿元、340亿元；农业基础地位持续巩固，一批农业园区加快建成，新增市级现代农业园区3个，榨菜科技园成功创建国家农业科技园区，新培育国家级龙头企业2家，主要农作物耕种收综合利用机械化率提高到43%。

2016年，涪陵化工化纤、装备制造、材料、医药、食品、能源六大传统产业转型升级步伐加快，页岩气、新一代信息技术、新能源汽车及智能汽车、生物医药及生命健康、MDI下游及化工新材料、节能环保六大战略性新兴制造业迅速崛起，涪陵形成“6+6”产业发展格局，六大战略性新兴制造业实现产值376亿元，占规模以上工业产值的比重为23%，但新兴产业总量偏小、实力偏弱，对经济增长的引领和支撑作用有待加强。2017年，涪陵以新发展理念为引领，更加注重创新驱动、更加注重转型升级、更加注重质量效益，大力推动产业数字化、数字产业化、数字经济和实体经济融合发展，六大战略性新兴产业产值增长26%，其产值占规模以上工业产值的比重提高到29.6%；页岩气产能突破100亿立方米，新一代信息技术产业不断壮大，MDI下游及化工新材料产业产品量价齐升，节能环保产业产值成倍增长；新创市级研发平台12个，新成立法人化研发机构3家，新培育国家高新技术企业38家，新增市级科技型企业172家、高新技术产品131个，高新技术产品产值、高新技术企业产值、专利产品产值分别增长28%、25%、21%；农业特色化、规模化步伐加快，涪陵黑猪、增福土鸡、渝东黑山羊等特色畜牧产业稳步发展，茶叶、中药材、笋用竹等后续骨干产业不断壮大；主要农作物耕、种、收综合利用机械化率达到45%。

2018年，涪陵区围绕推动工业高质量发展目标，以大数据智能化为引领，聚力清洁能源、装备制造、新材料、食品医药、信息技术五大主导产业，2019年五大主导产业保持快速发展，实现总产值1495.10亿元，比上年增长13.7%。2020年，涪陵区形成以材料、清洁能源、消费品、装备制造、生物医药、电子信息六大产业为主导的工业发展体系；高质量发展态势日益凸显，高技术产业产值、战略性新兴产业产值占工业总产值的比重分别提高到11.2%、26.6%，数字经济规模突破240亿元，科技进步贡献率达到56.5%，科技竞争力排名全市第七位、提升6位；农产品加工业产值稳居重庆市第一位；涪陵国家现代农业产业园引领榨菜产业集中、集约、集聚发展经验成为全国典范[①]。

① 资料来源：2008—2021年涪陵区政府工作报告。

第十章 工业涪陵的高质量发展

在我国经济社会发展进入高质量发展的中国特色社会主义新阶段，工业优势突出的涪陵区实现了涪陵工业向工业涪陵的转变，应与时俱进地推进工业涪陵的高质量发展。

第一节 工业涪陵高质量发展的基本内涵

高质量发展是一个内涵非常丰富的概念，被广泛地应用于经济、社会、文化等领域。经济高质量发展指以高效率、高效益生产方式为社会持续而公平地提供高质量产品和服务的经济发展，能够很好地满足人民日益增长的美好生活需要的发展。工业高质量发展是经济高质量发展的重要内容和重要引擎，既体现经济高质量发展的共性，又体现工业经济的特色。工业涪陵的高质量发展既要体现工业经济的高质量发展，又要体现工业引领农业、服务业及整个经济社会的高质量发展。工业涪陵高质量发展既要体现新发展理念对工业高质量发展的引领，又要体现工业为涪陵立区之本、兴区之基、强区之源的优势，更要体现涪陵区在重庆市实施“两高”“两地”目标的发展定位。

一、经济高质量发展的内涵与评价

世界银行出版的《增长的质量》较早对经济发展质量问题进行了比较系统的探讨，提出在经济发展过程中既要关注增长的速度，也要关注增长的质量，更要关注发展的质量[①]。诺贝尔经济学奖获得者、美国哥伦比亚大学教授约瑟夫·斯蒂格利茨也曾提出，经济发展从高速度阶段转向高质量阶段时发

① 托马斯，等．增长的质量［M］．《增长的质量》翻译组，译．北京：中国财政经济出版社，2001.

展的“指挥棒”要及时进行调整，经济发展的目的是不断提高人民福祉、社会的可持续发展水平。还有很多学者对经济高质量发展的内涵进行了探讨，他们认为经济发展质量并不单独指经济高质量的发展，而是一个内容非常丰富的概念，如郑长德（2010）提出经济发展质量包括人口发展、居住条件、环境质量、安全保证、教育、社会公平、卫生保健等多个方面的可持续性和稳定性①；聂洋（2021）则从党的领导、经济发展、社会民生、生态环保、营商环境、开放共赢、地方特色 7 个方面编制出一套反映经济发展质量的科学量化核算显示性指标②。

对经济高质量发展内涵的理解当前尚未形成统一的观点，但较多的学者用“创新、协调、绿色、开放、共享”五大发展理念以阐释经济高质量发展的内涵。如牛梨（2018）提出，高质量发展应充分体现“创新、协调、绿色、开放、共享”的理念，要能够满足人民日益增长的对美好生活的向往和需要③。林兆木（2018）提出，在经济高质量发展中，创新是第一动力，绿色是普遍形态，共享是根本目的，其内涵还应包括商品和服务质量普遍持续提高、投入产出效率和经济效益不断提升④。金碚（2018）提出，除了考虑创新、协调、绿色、开放、共享因素，经济高质量发展还应考虑效率、质量、结构、安全、可持续等因素⑤。

二、工业高质量发展的内涵与目标

工业是经济发展的重要引擎，工业高质量发展能带动经济增长方式和产业结构的升级优化。工业高质量发展是在新发展理念指导下经济高质量发展的重要方面，也是适应我国社会主要矛盾变化的必然要求、全面建设现代化经济体系的重要抓手。陈栋栋（2017）提出，推进高质量工业化，应从投资驱动向创新驱动转变，提升实体经济供给质量，实现新型工业化、信息化、城镇化、农业现代化等方面同步发展⑥。潘建成（2018）提出，创新是工业高质量发展的内生动力，具体表现在 4 个方面：其一是中高端产品出口不断

① 郑长德．共享式增长理论研究进展［J］．山东经济，2010（3）：17-25.
② 聂洋．如何构建高质量发展考核指标体系［N］．经济日报，2021-01-02.
③ 牛梨．中国经济开启高质量发展新时代［N］．中国经济时报，2018-01-05（5）.
④ 林兆木．关于我国经济高质量发展的几点认识［J］．冶金企业文化，2018（1）：26-28.
⑤ 金碚．关于“高质量发展”的经济学研究［J］．中国工业经济，2018（4）：5-18.
⑥ 陈栋栋．中国工业迈向高质量发展新时代［N］．中国工业报，2017-12-25（1）.

持续上升；其二是互联网、大数据、人工智能等新技术、新业态不断渗透到工业领域，推动我国制造业向智能化、数字化、信息化发展；其三是工业企业单位产出的资源消耗持续下降；其四是产品质量稳步提升①。罗文和徐光瑞（2013）通过将工业发展质量同绿色 GDP 进行融合比较研究后提出，工业发展质量是一个地区在一定时期内的工业发展状态，不仅要有合理化增长速度，而且要使增长效益得到切实提升②。

目前，少量学者针对特定的城市工业经济高质量发展进行了积极探索，但学界对工业高质量发展的内涵尚未形成统一的分析框架，更未形成统一的评价标准。从国家层面来看，国家发展改革委发布的《中华人民共和国国民经济和社会发展第十三个五年规划纲要》和《中国制造 2025》（国发〔2015〕28 号）中的经济高质量发展指标中涉及一部分工业方面的内容，对理解工业高质量发展内涵和标准具有一定的指导意义。在省级政府层面，2018 年江西省委、省政府出台的《关于深入实施工业强省战略推动工业高质量发展的若干意见》从总量规模、结构优化、质量效益、创新能力 4 个方面构建了工业高质量发展的目标体系。其中，总量规模包括规模以上工业增加值总量及年均增幅等指标；结构优化包括高新技术产业占比、战略性新兴产业占比、高能耗行业占比等指标；质量效益包括制造业质量竞争力指数、规模以上工业利润率、全员劳动生产率、规模以上单位工业增加值能耗和用水量等指标；创新能力包括规模以上工业企业 R&D 经费支出占比、重点领域生产装备数控化率等指标。此外，2018 年广西壮族自治区人民政府印发的《关于推动工业高质量发展的决定》也构建了工业高质量发展的实施目标。

近年来，重庆市委、市政府出台的一系列推进制造业高质量发展的文件中涉及工业高质量发展标准等方面内容，如《重庆市绿色制造体系建设实施方案》《重庆市深化“互联网+先进制造业”发展工业互联网实施方案》《重庆市发展智能制造实施方案（2019—2022 年）》《重庆市推动制造业高质量发展专项行动方案（2019—2022 年）》等，其内容涉及绿色制造、智能制造、工业互联网等，为促进重庆工业转型升级和工业高质量发展提供了基本遵循，也为推动工业涪陵高质量发展提供了重要参考。

---

① 潘建成．创新是工业高质量发展的内生动力［J］．中国中小企业，2018（3）：35.

② 罗文，徐光瑞．中国工业发展质量研究［J］．中国软科学，2013（1）：50-60.

对工业高质量发展来说，从不同的视角理解内涵有所不同，如从产业发展、创新驱动、产品质量、品牌影响力等视角理解有着不同的内涵。从产业发展看，高质量发展意味着工业影响力不断扩大，产业链条不断延伸，先进制造业、现代农业、现代服务业同频共振，从而形成健康全面的现代产业体系。此外，结构不断优化也是经济高质量发展的一个重要指标，高质量发展需要一个日益优化的组织结构，第一产业、第二产业和第三产业不断深化融合发展。工业高质量发展也应包括产业规模扩张、产业结构优化、创新驱动有力、质量效益提升等内容。从创新驱动看，科技创新能力和水平象征着工业发展的实力，是带动一个国家、一个地区经济社会发展的第一动力，同时是一个国家、一个地区核心竞争力的关键指标。从质量效益角度看，提升质量与效益是实现工业转型升级的关键指标，要以最小的投入创造出最大的价值，切实提升工业经济的效益。此外，工业高质量发展还应包括党的建设、社会民生、生态环保、地方特色等内涵。

三、工业涪陵高质量发展的内涵

涪陵工业经过多年的发展变迁，尤其是在“八五”时期和重庆成为直辖市以来，涪陵历届党委、政府先后实施“过亿超千”、“5135”、“三个一”工程，“326”发展战略，“千亿园区、百亿企业”培育等工程，涪陵工业实现了跨越式发展，工业经济规模不断扩大，效益不断提升，如2009年工业增加值占涪陵区GDP的48.8%，对GDP增长的贡献率67.8%[①]。2009年之后工业增加值占涪陵区GDP的比重保持在50%左右，工业对GDP增长贡献率2009年以来保持在55%~65%，其中2013年工业对GDP增长的贡献率达到65.1%[②]。2008年以来涪陵区工业发展质量进一步提升，综合实力进一步增强，成为重庆市工业经济的重要支撑，涪陵工业连续多年跻身“工业十强区县”，涪陵工业经济稳居重庆市“第一方阵”。从表10-1可以看出2020年涪陵区工业化的总体情况，即三次产业产值结构、一产就业占比、城镇化率均已经达到工业化后期水平，人均GDP已经进入后工业化时期，多项指标高于全国标准，工业城市的“气质”已经融入经济社会文化发展的方方面面，涪陵工业城市品牌形象已经形成。

①② 重庆市涪陵区统计局，国家统计局涪陵调查队，重庆市涪陵区统计协会．涪陵统计年鉴（2021）［A］．2021.

表 10-1 2020 年涪陵区工业化进程情况

基本指标	涪陵	全国
三次产业产值结构	6.8：55.4：37.8	7.1：39.0：53.9
一产就业占比（%）	22.99	27.2
人均 GDP（2019 年美元）	14898	10549
城镇化率（%）	71.85	60.60

说明：根据《涪陵统计年鉴（2021）》数据整理。

工业是国民经济的主导，工业发展质量和水平是一个国家、一个地区核心竞争力的关键指标。工业化是现代化的物质基础，而城市化是现代化的空间支撑，工业化和城市化两者相互联系、互为促进。作为重庆市的工业重镇，涪陵不仅要稳步提升工业发展的质量，而且要为整个重庆市的工业化提供先进的物质和技术支撑，这就要求在保持经济发展总体规模优势的基础上，让工业更好地为高质量发展赋能、为高品质生活添彩，以工业高质量发展带动农业、服务业及整个区域经济发展动力的变革和效率的提升，走出一条绿色、均衡、可持续、特色鲜明的工业高质量发展之路。

对于高质量发展考核指标体系的构建来说，应坚持顶层设计与基层探索的良性互动和有机结合。探讨工业涪陵高质量发展内涵时应充分吸收经济高质量发展内涵，借鉴工业高质量发展的指标体系，还要充分考虑涪陵的地方特色和比较优势，要立足区位、资源禀赋、产业基础等特点、优势，紧扣建设具有重要影响力的区域性科技创新和产业创新高地的目标，并结合长江上游重要生态屏障核心区的定位。

有鉴于此，我们借用国内采用较多的经济高质量发展指标设计体系，即从创新发展、协调发展、绿色发展、开放发展、共享发展 5 个方面构建工业涪陵高质量发展评价指标体系，在指标体系中加入体现涪陵地方特色和优势的指标，进而合成工业涪陵高质量发展的综合指数。工业涪陵高质量发展是一个经济社会转型发展的非常复杂的过程，仅用定量指标难以准确反映其真实发展水平和现实样态，还需要以定性的方式予以补充，进而较为全面地、客观地衡量工业涪陵高质量发展水平，揭示发展中存在的短板、弱项。创新发展是引领发展的第一动力，推动工业涪陵高质量发展要把创新摆在发展的核心位置。协调发展是实现高质量发展的内在要求，推动工业涪陵高质量发展也要注重解决好发展的不平衡问题，要正确处理发展中的重大关系问题。绿色发展是实现高质量发展的必要条件，推动工业涪陵高质量发展应着重解决人与自然和谐共处问题，正确处理好经济社会发展和生态环境保护协同发展问题。开放发展是实现高质量发展的重要途径，开放发展重点解决的是发展内外联动问题，是中华民族繁荣富强的必由之路，推动工业涪陵高质量发展，涪陵区要继续坚持贯彻实施以改革开放促发展的理念。共享发展是实现高质量发展的重要指标，推动工业涪陵高质量发展要注重解决好社会主义公平正义问题，如何实现工业发展成果全民共享、全面共享、共建共享的问题。

第二节　工业涪陵高质量发展评价指标体系

当前工业涪陵战略已经深入人心，工业涪陵建设已经步入快车道。涪陵工业经济对涪陵区 GDP 增长的贡献率不断攀升，涪陵在重庆市的地位不断提高。这里主要通过构建工业涪陵高质量发展评价指标体系对工业涪陵战略的进展和成效进行全面考察和评估。

一、评价指标的选取

虽然重庆对工业高质量发展越来越重视，但并未出台关于推动工业高质量发展的直接的相关文件，只是先后从制造业、消费品工业等方面出台了推动其高质量发展的文件，它们对涪陵工业高质量发展具有重要指导意义。如 2019 年 4 月 30 日，重庆市人民政府出台了《重庆市推动制造业高质量发展专项行动方案（2019—2022 年）》，其在方案中明确提出在进一步壮大工业经济总量的同时提升整体发展质量。2020 年 3 月 23 日，重庆市人民政府召开常务会议审议并通过《重庆市推动消费品工业高质量发展行动计划（2020—2022 年）》，其中提出进一步提升消费品工业对全市工业经济的支撑作用，提升壮大传统优势产业，打造龙头企业拳头产品，创建一批具有深厚文化底蕴和明显地域特色的品牌，不断提高知名度和美誉度。重庆市生态环境局印发的《关于进一步支持工业企业以高水平保护促进高质量发展的通知》也提出，要坚持绿色发展，推进产业结构优化调整，协同推进经济高质量发展和生态环境高水平保护。

最有代表性的是国家统计局工业司从创新、协调、绿色、开放、共享 5 个方面构建了工业经济高质量发展指标体系。其中，创新发展包括研发投入、专利授权量、高技术产业产值等指标；协调发展包括总资产贡献率、产品销售率、民营工业产值等指标；绿色发展包括单位工业增加值能耗、单位工业产出工业废水排放量、单位工业产出固体废物产生量等指标；开放发展包括工业出口贡献率、出口交货值等指标；共享发展包括工业全员劳动生产率、在岗职工平均工资、工业企业营业收入利润率等指标。这里综合考虑经济高质量发展和工业高质量发展的内涵和基本要求，并充分借鉴国家统计局工业司的工业经济高质量发展指标体系，从创新发展、协调发展、绿色发展、开放发展、共享发展 5 个方面构建评价指标体系，对涪陵工业高质量发展进行全面评价，并采用综合评价法以衡量涪陵工业经济高质量发展水平，考虑到资料数据的可获得性，对相关指标进行适当的调整、增减。结合指标的科学性、客观性、全面性和可操作性等原则，最终确定工业涪陵高质量发展的评价指标体系，如表 10-2 所示。

表 10-2　工业涪陵高质量发展评价指标体系

指标类型	代表性指标	指标单位	指标	指标性质
创新发展	规模以上工业企业 R&D 经费支出	亿元	*X*1	正向指标
	R&D 经费支出占 GDP 的比重	%	*X*2	正向指标
	当年授权专利数	件	*X*3	正向指标
	战略性新兴产业工业总产值	亿元	*X*4	正向指标
协调发展	总资产贡献率	%	*X*5	正向指标
	地区生产总值（工业）	亿元	*X*6	正向指标
	工业总产值	亿元	*X*7	正向指标
	人均地区生产总值	万元	*X*8	正向指标
	城乡居民收入比	%	*X*9	正向指标
绿色发展	工业二氧化硫排放量	吨	*X*10	负向指标
	工业废水排放量	亿吨/亿元	*X*11	负向指标
	工业固体废物排放量	万吨	*X*12	负向指标
	规模以上工业综合能源消费量	万吨标准煤	*X*13	负向指标
	环境污染治理投资额	万元	*X*14	正向指标
	人均公共绿地面积	万人/公顷	*X*15	正向指标

（续表）

指标类型	代表性指标	指标单位	指标	指标性质
开放发展	外贸进出口总额	亿元	X16	正向指标
	出口总额	亿元	X17	正向指标
	实际利用外资额	亿美元	X18	正向指标
	港口货物吞吐量	万吨	X19	正向指标
共享发展	在岗职工平均工资	元	X20	正向指标
	规模以上工业全员劳动生产率	元/（人·年）	X21	正向指标
	城镇居民人均可支配收入	元	X22	正向指标
	教育事业费支出	万元	X23	正向指标
	社会保障和就业支出	万元	X24	正向指标

说明：在借鉴国家统计局工业司的工业经济高质量发展指标体系基础上，结合涪陵区实际，充分考虑数据可得性等因素进行构建。

由表 10-2 可以看出，工业涪陵高质量发展评价体系由创新发展、协调发展、绿色发展、开放发展、共享发展 5 个一级指标和 24 个代表性指标构成。5 个一级指标下包含若干个代表性指标，具体构成如下：第一，创新发展指标，包括 4 个代表性指标：规模以上工业企业 R&D 经费支出、R&D 经费支出占 GDP 的比重、当年授权专利数、战略性新兴产业的工业总产值。第二，协调发展指标，包括 5 个代表性指标：总资产贡献率、地区生产总值（工业）、工业总产值、人均地区生产总值、城乡居民收入比。第三，绿色发展指标，包括 6 个代表性指标：工业二氧化硫排放量、工业废水排放量、工业固体废物排放量、规模以上工业综合能源消费量、环境污染治理投资额、人均公共绿地面积。第四，开放发展指标，包括 4 个代表性指标：外贸进出口总额、出口总额、实际利用外资额、港口货物吞吐量。第五，共享发展指标，包括 5 个代表性指标：在岗职工平均工资、规模以上工业全员劳动生产率、城镇居民人均可支配收入、教育事业费支出、社会保障和就业支出。

二、模型选择

熵值法是一种客观的综合定权法，主要根据各个指标传递给决策者的信息量的大小来赋权。熵是对不确定性的一种度量，一般而言，信息量越大，不确定性就越小，熵也就越小；信息量越小，不确定性越大，熵也就越大。熵值法通过计算相关指标的信息熵对相对变化程度大的指标赋予较大的权重。

其基本计算原理如下。

第一步，构建评价矩阵。假设评价对象工业涪陵高质量发展有 n 个评价指标，有 m 年的数据，那么可得到每年各个指标的评价统计值，其矩阵为：

$$R=\ (x_{ij})_{m\times n}\ (i=1,\ \cdots,\ m;\ j=1,\ \cdots,\ n)$$

第二步，无量纲化。由于各指标的量纲、数量级均有一定的差异，所以为消除因量纲不同对评价结果的影响，需要对各个指标进行无纲量化处理，也就是标准化处理：

$$x'_{ij}=\frac{x_j-x_{\min}}{x_{\max}-x_{\min}}\text{（处理正向指标）}$$

$$x'_{ij}=\frac{x_{\max}-x_j}{x_{\max}-x_{\min}}\text{（处理逆向指标）}$$

其中，x_j 为第 j 项指标值，$x_{\max}$ 为第 i 项指标的最大值，$x_{\min}$ 为第 i 项指标的最小值，x'_{ij} 是标准化值，对不同类型的指标分别采用不同的公式进行标准化处理。

第三步，赋权。对于第 j 项指标下第 i 个评价值所占该指标的比重，计算公式为：

$$y_{ij}=\frac{x'_{ij}}{\sum_{i=1}^{m}x'_{ij}}\ (i=1,\ \cdots,\ m;\ j=1,\ \cdots,\ n)$$

第四步，计算第 j 项指标的信息熵。计算公式为：

$$H_j=\mathrm{K}\sum_{i=1}^{m}y_{ij}\ln y_{ij}$$

其中，K 为常数 $\ln m$，为第 j 项指标的信息熵。

第五步，计算第 j 项指标的权重。计算公式如下

$$w_j=\frac{1-H_j}{\sum_{j=1}^{n}(1-H_j)}$$

三、采用熵值法计算指标的权重

这里选取涪陵区 2017 年前后 3 年的数据作为起止年份，以此考察高质量发展具体情况，其更具可行性和科学性。数据来源为《中国工业统计年鉴》《中国科技统计年鉴》《2020 年重庆市国民经济和社会发展统计公报》《涪陵统计年鉴（2021）》和有关区县的统计年鉴、统计公报等。根据 2015—2020

年工业涪陵经济高质量发展的各项指标数值，按照熵值法计算步骤对原始数据进行标准化处理，计算出各项指标的权重，如表 10-3 所示。

表 10-3　涪陵工业经济高质量发展评价指标的权重

指标类型	代表性指标	指标单位	指标	指标权重（%）	权重排序	大类指标权重合计（%）
创新发展	规模以上工业企业 R&D 经费支出	亿元	X1	4. 1503	18	16. 5722
	R&D 经费支出占 GDP 的比重	%	X2	4. 1738	15	
	当年授权专利数	件	X3	4. 1771	14	
	战略性新兴产业工业总产值	亿元	X4	4. 0710	22	
协调发展	总资产贡献率	%	X5	4. 4701	1	21. 2391
	地区生产总值（工业）	亿元	X6	4. 1897	10	
	工业总产值	亿元	X7	4. 1964	5	
	人均地区生产总值	万元	X8	4. 1836	11	
	城乡居民收入比	%	X9	4. 1993	2	
绿色发展	工业二氧化硫排放量	吨	X10	4. 0397	23	24. 8710
	工业废水排放量	吨/亿元	X11	4. 1972	4	
	工业固体废物排放量	万吨	X12	4. 0856	21	
	规模以上工业综合能源消费量	万吨标准煤	X13	4. 1923	9	
	环境污染治理投资额	万元	X14	4. 1579	17	
	人均公共绿地面积	万人/公顷	X15	4. 1982	3	
开放发展	外贸进出口总额	亿元	X16	4. 0939	20	16. 3976
	出口总额	亿元	X17	3. 9793	24	
	实际利用外资额	亿美元	X18	4. 1316	19	
	港口货物吞吐量	万吨	X19	4. 1928	7	
共享发展	在岗职工平均工资	元	X20	4. 1829	12	20. 9201
	规模以上工业全员劳动生产率	元/（人·年）	X21	4. 1678	16	
	城镇居民人均可支配收入	元	X22	4. 1827	13	
	教育事业费支出	万元	X23	4. 1927	8	
	社会保障和就业支出	万元	X24	4. 1940	6	

说明：根据《涪陵统计年鉴（2021）》数据整理。

根据熵值法的分析结果，涪陵工业经济高质量发展评价指标体系的权重分配较为平均。如表 10-3 所示，从 5 种类型指标来看，绿色发展指标所占权重较多，为 24. 8710%，这说明工业涪陵绿色发展的压力仍然较大。开放发展指标权重较少，为 16. 3976%，这说明工业涪陵开放发展还有很大空间。从 24 个代表性指标来看，权重均在 3. 9793%~4. 4701%。根据熵值法权重越大的指标影响越大的原理，2015—2020 年对涪陵工业经济高质量发展影响较大的指标首先是总资产贡献率、城乡居民收入比和人均公共绿地面积，其次是工业废水排放量和工业总产值。这在一定程度上反映出涪陵区节能减排任务依然艰巨，战略性新兴产业工业总产值和出口总额还需要进一步提升。

第三节　工业涪陵高质量发展评价

目前，国际国内经济形势虽然严峻复杂，但我国未来经济发展长期向好的基本面没有改变，经济发展面临国内国际双循环新发展格局。通过对工业涪陵高质量发展进行全方位的评价分析，并和重庆市内有代表性的工业强区进行横向比较，找出差距、短板，以进一步完善工业涪陵高质量发展战略，进一步推动工业经济提质增效、转型升级，提升工业发展潜力和韧劲。

一、工业涪陵高质量发展综合指数（HQDI）

据综合评价指标体系各指标处理后的数值及其权重，采用线性加权法计算工业涪陵发展质量的历年综合发展指数

$$U = \sum_{j=1}^{n} y_{ij} w_j \times 100$$

由此计算出历年分类发展指数及综合发展指数，如表 10-4 所示。

表 10-4　2015—2020 年工业涪陵高质量发展综合指数（HQDI）

单位：%

年份	创新发展指数	协调发展指数	绿色发展指数	开放发展指数	共享发展指数	综合得分
2015	46. 33	60. 83	50. 39	61. 52	57. 38	55. 22
2016	55. 80	61. 81	55. 61	54. 64	59. 82	57. 65
2017	58. 95	64. 30	58. 92	53. 07	62. 97	59. 96
2018	74. 81	68. 31	66. 80	62. 15	68. 90	68. 12
2019	79. 67	72. 76	63. 42	82. 46	77. 05	73. 07
2020	87. 70	75. 26	71. 40	89. 42	77. 13	79. 07

说明：根据《涪陵统计年鉴（2021）》数据整理。

从表 10-4 可以看出，在各项反映工业涪陵高质量发展的指标中，除绿色发展指数有所下降之外，其他各项指标虽有小幅波动，但总体趋势在上升。工业涪陵高质量发展综合指数由 2015 年 55.22%提高到 2020 年 79.07%，增长 23.85%。2018 年是一个分水岭，由此将工业涪陵高质量发展分为两个阶段：2015—2017 年为第一个阶段，综合指数分别为 55.22%、57.65%和 59.96%，均低于 60%；2018—2020 年为第二个阶段，综合指数呈显著上升趋势，这 3 年的综合指数分别为 68.12%、73.07%和 79.07%，增幅分别为 8.16%、4.95%和 6.00%，这说明工业涪陵高质量发展综合指数进入快速上升期。

通常而言，按百分制的等级划分，60 分以下为不及格、60~80 分为合格、80~90 分为良好、90~100 分为优秀。那么，根据工业涪陵高质量发展指数的测算结果进行预判性分析，可将工业涪陵高质量发展阶段划分为培育、起飞、成熟、引领 4 个阶段，具体如下。

培育阶段（2008—2017 年）：从 2008 年工业涪陵战略的提出到 2017 年，工业涪陵高质量发展指数在 60%以下，还不及格，反映工业涪陵高质量发展处于培育期。

起飞阶段（2018—2025 年）：这一时期，工业涪陵高质量发展指数为 60%~80%，处于合格区间，指数攀升较快，可以说这一时期是工业涪陵高质量发展的起飞期，但还有短板，离成熟阶段还有距离。

成熟阶段（2025—2035 年）：这一时期，工业涪陵高质量发展指数为 80%~90%，处于良好区间，随着新动能的不断壮大，规模效应日益凸显，生产效率大幅提升，新发展理念得到贯彻，工业高质量发展取得显著成效，可以说这一时期为工业涪陵高质量发展的成熟期。

引领阶段（2035 年以后）：这一时期，工业涪陵高质量发展指数为 90%~100%，位于优秀区间，工业涪陵高质量发展已经应用到经济社会文化的各个方面。

需要说明的是，工业涪陵高质量发展是相对的，随着时代的发展、社会的变迁，高质量发展也会面临新情况、新要求，届时工业涪陵高质量发展的内涵、要求、指标等都需要根据实际情况进行动态调整、优化升级。

二、工业涪陵高质量发展综合评价及特征分析

（一）创新发展是推动工业涪陵高质量发展的第一动力

从创新发展指标情况看，2015—2020 年各指标发展指数都呈现出稳定

上升的趋势，由 2015 年 46.33%提高到 2020 年 87.70%，上升 41.37 个百分点。如表 10-5 所示，2015—2020 年，涪陵规模以上工业企业 R&D 经费支出由 11.88 亿元增加到 24.27 亿元，增长 88.55%；当年授权专利数历年波动较大，总体由 1035 件增加到 1415 件，增长 104.3%；战略性新兴产业工业总产值从 112.66 亿元增加到 452.18 亿元，增幅较高，达到 301.37%。工业的科技水平取得明显进步，创新成为推动工业涪陵高质量发展的重要引擎。

表 10-5　2015—2020 年工业涪陵创新发展主要指标

年份	规模以上工业企业 R&D 经费支出（亿元）	R&D 经费支出占 GDP 的比重（%）	当年授权专利数（件）	战略性新兴产业工业总产值（亿元）
2015	11.88	1.51	1035	112.66
2016	12.96	1.59	1051	248.99
2017	15.60	1.83	874	270.18
2018	18.56	2.11	1316	341.54
2019	22.42	2.36	1138	385.54
2020	24.27	2.33	1415	452.18

资料来源：《涪陵统计年鉴（2021）》。

（二）协调发展是维护工业涪陵高质量发展稳定的基础

从协调发展指标来看，2015—2020 年各指标发展指数都呈稳定上升趋势，由 2015 年 60.83%提高到 2020 年 75.26%，增加 14.43 个百分点。从工业总资产贡献率、地区工业增加值、工业总产值、人均地区生产总值、城乡居民收入比的情况看，各指标发展指数都呈稳定上升趋势。如表 10-6 所示，2015—2019 年涪陵工业总资产贡献率由 14.1%增长到 17.9%，增加 3.8 个百分点；2015—2020 年涪陵地区工业增加值由 383.0 亿元增加到 517.0 亿元，现价增长 34.99%；人均地区生产总值由 7.39 万元增加到 11.01 万元，现价增长 48.99%；城乡居民收入比由 2.57：1 降低到 2.41：1，降幅 6.64%。涪陵工业经济实力稳步提升，从而为涪陵经济发展奠定了基础，并带动了人均地区生产总值的大幅攀升，进一步缩小了城乡之间收入差距。

表 10-6　2015—2020 年工业涪陵协调发展主要指标

年份	工业总资产贡献率（%）	地区工业增加值（亿元）	工业总产值（亿元）	人均地区生产总值（万元）	城乡居民收入比（以农村为 1）
2015	14. 1	383. 97	1480. 5	7. 39	2. 57∶1
2016	12. 5	397. 14	1666. 1	8. 20	2. 52∶1
2017	14. 1	422. 27	1547. 2	8. 99	2. 50∶1
2018	16. 5	439. 0	1568. 6	9. 60	2. 49∶1
2019	17. 9	482. 9	1657. 9	10. 40	2. 47∶1
2020	17. 9	517. 0	1786. 3	11. 01	2. 41∶1

资料来源：《涪陵统计年鉴（2021）》。

（三）绿色发展是推进工业涪陵高质量发展的有力支撑

从绿色发展指标来看，2015—2020 年各指标发展指数都呈稳定上升趋势，由 2015 年 50. 39%增长到 2020 年 71. 40%，提升 21. 01 个百分点。如表 10-7 所示，从工业二氧化硫排放量、工业废水排放量、工业固体废物排放量、规模以上工业综合能源消费量、环境污染治理投资额、人均公共绿地面积的情况看，2015—2020 年各指标发展指数都呈稳定上升趋势，涪陵工业二氧化硫排放量由 95193 吨降到 27658 吨，降幅 71%；工业废水排放量从 1656 吨/元小幅增到 1675 吨/元，中间年份存在波动；工业固体废物排放量由 0. 49 万吨降到 0. 16 万吨，降幅 67. 35%；规模以上工业综合能源消费量由 387. 91 万吨标准煤增到 497. 49 万吨标准煤，增幅 28. 25%；环境污染治理投资额由 60448 万元降到 52019 万元，增幅 16. 20%；人均公共绿地面积由每万人 26. 0 公顷增到每万人 28. 6 公顷，增幅 10%，这为工业涪陵绿色发展提供了重要支撑。2015—2020 年工业涪陵绿色发展主要指标见表 10-7。

表 10-7　2015—2020 年工业涪陵绿色发展主要指标

年份	工业二氧化硫排放量（吨）	工业废水排放量（吨/元）	工业固体废物排放量（万吨）	规模以上工业综合能源消费量（万吨标准煤）	环境污染治理投资额（万元）	人均公共绿地面积（万人/公顷）
2015	95193	1656	0. 49	387. 91	60448	26. 0
2016	87236	1439	0. 38	390. 25	63581	28. 1
2017	65247	1573	0. 41	434. 13	51927	27. 6

（续表）

年份	工业二氧化硫排放量（吨）	工业废水排放量（吨/元）	工业固体废物排放量（万吨）	规模以上工业综合能源消费量（万吨标准煤）	环境污染治理投资额（万元）	人均公共绿地面积（万人/公顷）
2018	43589	1496	0.32	470.22	43677	28.3
2019	38897	1587	0.21	427.15	85159	29.7
2020	27658	1675	0.16	497.49	52019	28.6

资料来源：《涪陵统计年鉴（2021）》。

（四）开放发展是促进工业涪陵高质量发展的重要因素

从开放发展指标看，2015—2020 年各指标发展指数都呈稳定上升趋势，由 2015 年 61.52%提高到 2020 年 89.42%，总体上升 28.90 个百分点，但 2015—2017 年开放指数呈下降趋势，直到 2017 年达到最低点 53.07%后才反弹，提高到 2020 年 89.42%。如表 10-8 所示，外贸进出口总额由 81.76 亿元增长到 116.11 亿元，增幅 42%；出口总额从 54.97 亿元增长到 81.86 亿元，增幅 48.92%；实际利用外资额由 0.62 亿美元增长到 1.41 亿美元，增幅 127.42%；港口货物吞吐量从 2507 万吨增长到 2562 万吨，增幅 2.19%。工业涪陵开放发展水平与涪陵经济社会地位还不相匹配，亟待进一步开放。

表 10-8　2015—2020 年工业涪陵开放发展主要指标

年份	外贸进出口总额（亿元）	出口总额（亿元）	实际利用外资额（亿美元）	港口货物吞吐量（万吨）
2015	81.76	54.97	0.62	2507
2016	45.74	22.71	1.51	2766
2017	46.93	22.32	1.24	3052
2018	55.75	29.61	1.58	3072
2019	84.18	66.41	1.61	3125
2020	116.11	81.86	1.41	2562

资料来源：《涪陵统计年鉴（2021）》。

（五）共享发展是保持工业涪陵高质量发展的不懈动力

从共享发展指标看，2015—2020 年各指标发展指数均呈稳定上升趋势，由 2015 年 57.38%提高到 2020 年 77.13%，上升 19.75 个百分点。如表 10-9

所示，涪陵在岗职工平均工资由 2015 年的 56644 元增加到 2020 年的 83005 元，增长 46.54%；规模以上工业全员劳动生产率由 445328 元/（人·年）提高到 733219 元/（人·年），增长 64.65%；城镇居民人均可支配收入从 28459 元增长到 42336 元，增长 48.76%；教育事业费支出从 168951 万元增长到 208616 万元，增幅 23.48%；社会保障和就业支出从 123068 万元降到 120185 万元，降幅 2.34%。

表 10-9　2015—2020 年工业涪陵共享发展主要指标

年份	在岗职工平均工资（元）	规模以上工业全员劳动生产率［元/(人·年)］	城镇居民人均可支配收入（元）	教育事业费支出（万元）	社会保障和就业支出（万元）
2015	56644	445328	28459	168951	123068
2016	60123	463572	30897	169976	126220
2017	63267	527371	33709	171015	125319
2018	72724	578952	36642	182773	134047
2019	76644	696085	39940	204279	151673
2020	83005	733219	42336	208616	120185

资料来源：《涪陵统计年鉴（2021）》。

三、涪陵与重庆工业强区发展情况对比

涪陵是重庆市的工业重镇，选取与涪陵类似的工业实力较强的沙坪坝区、渝北区、长寿区、永川区（本章将包括涪陵在内的几个区简称五区）的工业高质量发展情况进行比较，分析五区在创新、协调、绿色、开放和共享等方面发展的异同、差距等。

（一）涪陵创新驱动工业经济发展在五区中仍存在较大差距

从反映工业创新驱动发展的各项指标看，涪陵研发经费投入持续增多，工业涪陵创新驱动力有所增强，但从横向比较看，涪陵区在创新驱动方面仍有较大差距。2020 年，涪陵区规模以上工业企业 R&D 经费投入为 24.27 亿元，低于渝北区、沙坪坝区、永川区，略高于长寿区。2020 年，涪陵区有高新技术企业 108 家，与渝北区 690 家相比少 582 家，但高出长寿区 42 家；近年来，涪陵发明专利申请量和授权量呈现逐年上升趋势，2020 年申请专利 1760 件，获得授权专利 1415 件，成功率 80.4%。申请专利数远少于沙坪坝

区、渝北区，高于永川区、长寿区；获得授权专利少于沙坪坝区、渝北区、永川区，只高于长寿区。2020 年五区创新驱动主要指标见表 10-10。

表 10-10　2020 年五区创新驱动主要指标

指标	涪陵区	沙坪坝区	渝北区	长寿区	永川区
高新技术企业（家）	108	—	690	66	163
申请专利（件）	1760	7271	4009	986	585
获得授权专利（件）	1415	5194	5167	827	1790

说明："—"表示无此数据或未查到该数据。资料来源于五区 2020 年国民经济和社会发展统计公报。

（二）涪陵工业经济发展的协调性有待增强

涪陵工业经济发展的一个重要特征是工业企业集聚性强，大部分大型工业企业和竞争力较强的创新型工业企业集中在"三园四地"，这种集聚性在促进产业快速发展的同时带来了区域发展的不平衡问题。通过考察涪陵区工业企业增加值发现，"三园四地"中涪陵工业园区 A 区一家独大，可见"三园四地"发展极不平衡。2020 年，涪陵区工业增加值 517.00 亿元，在五区中最高，但同比增幅只有 6.0%，低于长寿区的 12.9%和永川区的 10.1%。从工业固定资产投资看，2020 年涪陵区同比增长 5.4%，低于沙坪坝区、长寿区和永川区。从人均地区生产总值看，2020 年涪陵区为 110115 元，低于渝北区的 119366 元，高于沙坪坝区的 87030 元、长寿区的 88564 元和永川区的 84984 元。2020 年五区工业协调发展主要指标见表 10-11。

表 10-11　2020 年五区工业协调发展主要指标

指标	涪陵区	沙坪坝区	渝北区	长寿区	永川区
工业增加值（亿元）	517.00	232.90	538.42	334.30	389.20
增长率（%）	6.0	3.0	-8.0	12.9	10.1
工业固定资产投资（亿元）	184.69	48.20	—	127.00	—
增长率（%）	5.4	60.2	-4.9	29.0	5.7
人均地区生产总值（元）	110115	87030	119366	88564	84984

说明："—"表示无此数据或未查到该数据。资料来源于五区 2020 年国民经济和社会发展统计公报。

（三）涪陵工业经济的节能减排成效显著

近年来，涪陵作为工业强区，在资源环境保护方面得到明显改善。从单位工业增加值能耗增速看，近年来，涪陵规模以上工业能源消费量波动明显，2020 年综合能源消费量达 497.49 万吨标准煤，比上年增加 70.34 万吨标准煤。单位工业增加值能耗呈下降态势，2020 年同比下降 11.9 个百分点。从空气质量优良天数看，2020 年涪陵区空气质量优良天数 345 天，比沙坪坝区、长寿区和永川区分别多 31 天、39 天和 11 天。从区域环境噪声昼间平均等效声级情况看，涪陵区、渝北区、长寿区、永川区分别为 52.1 分贝、52.8 分贝、52.0 分贝和 52.3 分贝，相差不大（见表 10-12）。这反映出近年来涪陵通过狠抓节能减排、绿色发展取得了显著成效。

表 10-12　2020 年五区绿色发展主要指标统计

指标	涪陵区	沙坪坝区	渝北区	长寿区	永川区
空气质量优良天数（天）	345	314	—	306	334
区域环境噪声昼间平均等效声级（分贝）	52.1	—	52.8	52.0	52.3

说明："—" 表示无此数据或未查到该数据。资料来源于五区 2020 年国民经济和社会发展统计公报。

（四）涪陵工业开放发展提升空间较大

近年来，国际经济形势的变化导致涪陵出口有所减少，涪陵区工业出口贡献率有所下降，但仍保持着较高的发展水平。从出口总额看，2020 年涪陵区外贸货物出口总额 81.86 亿元，同比增长 23.3%，出口增长率远高于沙坪坝区、渝北区、永川区，但出口总额远小于沙坪坝区的 2031.00 亿元和渝北区的 1130.74 亿元，高于永川区的 23.30 亿元；2020 年涪陵实际利用外资① 1.41 亿美元，同比下降 12.5%。虽然全年外贸货物出口总额增长率比其他 4 个区要高，但实际利用外资总额与渝北区、沙坪坝区的差距大，这反映出涪陵工业开放发展仍有较大提升空间。2020 年五区开发发展主要指标见表 10-13。

表 10-13　2020 年五区开发发展主要指标

指标	涪陵区	沙坪坝区	渝北区	长寿区	永川区
出口总额（亿元）	81.86	2031.00	1130.74	—	23.30
比上年增长（%）	23.3	12.2	7.7	—	23.8

① 包括外国投资和港澳台地区投资。

（续表）

指标	涪陵区	沙坪坝区	渝北区	长寿区	永川区
实际利用外资（亿美元）	1.41	11.00	24.50	—	2.40
比上年增长（%）	-12.5	10.5	9.9	—	-27.3

说明："—"表示无此数据或未查到该数据。资料来源于五区2020年国民经济和社会发展统计公报。

（五）涪陵工业经济在税收和就业方面贡献较大

在工业经济发展成果共享方面，五区有不同的特征。2020年，涪陵区居民人均可支配收入34843元，比渝北区、沙坪坝区、永川区低。从居民文化教育及社会保障看，2020年涪陵教育事业费支出20.86亿元，少于渝北区的24.09亿元、永川区的22.30亿元；2020年涪陵区社会保障和就业支出12.02亿元，低于渝北区，高于永川区，这在一定程度上反映涪陵社会保障开支较大，其原因在于过去涪陵区国企改革的历史负担较重、社保压力较大。2020年五区共享发展情况见表10-14。

表10-14 2020年五区共享发展情况

指标	涪陵区	沙坪坝区	渝北区	长寿区	永川区
居民人均可支配收入（元）	34843	43213	41319	—	36321
教育事业费支出（亿元）	20.86	—	24.09	—	22.30
社会保障和就业支出（亿元）	12.02	—	13.68	—	11.40

说明："—"表示无此数据或未查到该数据。资料来源于五区2020年国民经济和社会发展统计公报。

第四节 工业涪陵高质量发展的优势及面临的新问题

当前，工业涪陵高质量发展面临"量质齐升"的双重任务，把握重大历史机遇，立足具有的良好产业基础、开放发展平台、充足要素保障等优势条件及面临的诸多新情况、新问题，重塑新的比较优势，对加快推动工业涪陵高质量发展具有重要意义。

一、工业涪陵高质量发展所具有的独特优势

（一）区位条件独特

涪陵地处重庆的地理平衡中心，位于长江、乌江交汇处。从地理位置看，涪陵承东启西，是“一区”连接“两群”的重要节点；从通道条件看，涪陵已形成“两江三高三铁”对外交通格局，另有渝怀二线、南两高速等多条对外通道在建；从枢纽节点看，涪陵是长江经济带的重要节点、乌江流域通江达海的中转站。当前，涪陵正利用“一区两群”协调发展、成渝双城经济圈建设契机，有望争取到多条高速公路、铁路，全面对接联通国际贸易大通道，届时涪陵对外开放的区位优势将更加明显。

（二）产业基础扎实

工业是实现现代化的主导力量，制造业是工业的重要组成部分，更是立国之本、兴国之器、强国之基。当前，涪陵加快推动工业发展顺应新时代经济发展趋势，且一直坚持工业强区战略，工业实力较强，工业总产值占重庆市的 7.5%，工业利润占重庆市的 10.0%。涪陵拥有全球除北美之外最大的整装商业气田、单品年销售收入过 10 亿元的太极集团、全国最大的榨菜酱腌菜加工企业——榨菜集团、全球最大的己二酸生产基地及第二大的氨纶单体工厂——华峰集团。涪陵榨菜、藿香正气液等多个“涪陵造”产品远销多个国家和地区。已基本形成以涪陵高新区、白涛新材料科技城、临港经济区为载体，以新材料、清洁能源、消费品、装备制造、生物医药、电子信息六大主导产业为支撑的产业发展格局，有利于推进制造业的高质量发展。

（三）平台功能较优

位居重庆市四大枢纽港之一的涪陵龙头港已正式开港。涪陵拥有综保区、高新区、枢纽港和国家现代农业产业园等重要开放平台，口岸机构比较健全，拥有海关、检验检疫、外管等区域性涉外机构，有 13 家开展外汇结算业务的金融机构、3 家专业报关行，有 223 家具有进出口资质的企业，获评国家外贸转型升级基地、国家船舶出口基地。涪陵高新区获批长江经济带国家级转型升级示范开发区，年产值超过千亿元；白涛新材料科技城被确定为重庆市市级聚酰胺与聚氨酯建设基地。优良的平台功能有利于推动涪陵工业高质量发展。

（四）要素保障充足

涪陵电力、天然气均拥有互联互通的国家和地方管网，能源要素供给量足价优，工业用电综合价格系重庆市最低；涪陵页岩气勘探已探明储量是全球除北美之外最大的页岩气田，页岩气年开采量60亿立方米，居全国第一。在主城都市核心区之外的区县中，涪陵口岸功能最全、服务能力最强，具有较强的要素集聚力和辐射带动力。

（五）营商环境良好

近年来，涪陵区深入开展百名领导联系企业、百个科室对接企业、百项涉企问题化解的服务企业的“三百行动”，按照企业发展需求量身制定优惠政策，根据企业难点、痛点提供解决方案，使政务服务有力度、企业感知有温度。良好的营商环境有利于打造工业企业品牌。涪陵已培育百亿元级外来企业4家、主板上市公司6家、中小板上市公司4家，拥有高新技术企业82家、国家级企业技术中心1家、市级企业技术中心52家、驰名商标12个。

二、工业涪陵高质量发展面临的新问题

工业涪陵高质量发展虽取得一些成效，但当今世界正处于百年未有之大变局，工业涪陵高质量发展仍面临着一些新情况、新问题。

（一）科技创新引领作用有待加强

1. 企业自主创新能力较低

2020年涪陵区规模以上工业企业科学研究与试验发展经费支出24.27亿元，占同期GDP的比重为1.98%、低于国家2.19%的平均水平。从结构上看，尽管涪陵对全区科技的投入不断加大，但仍然存在一些因素制约着涪陵区技术创新能力的提高。例如，涪陵汽车产业乘用车产品以中低端为主，缺少附加值高、技术水平高的高端产品，技术创新能力仍有待进一步提升。科技投入不足、高技术制造业产值占比不高、高新技术产品开发不多直接制约着涪陵工业发展潜力。2013—2020年涪陵区高技术制造业产值情况见表10-15。

表 10-15　2013—2020 年涪陵区高技术制造业产值情况

年份	规模以上工业企业总产值（亿元）	高技术制造业产值（亿元）	增长率（%）	占规模工业比重（%）
2013	978.76	85.14	—	8.7
2014	1168.96	91.56	6.8	7.8
2015	1432.24	156.29	70.7	10.9
2016	1616.71	204.44	30.8	12.6
2017	1500.77	138.44	-32.3	9.2
2018	1508.41	154.23	11.4	10.2
2019	1586.70	178.93	16.0	11.3
2020	1686.26	170.64	-4.6	10.1

说明：根据《涪陵统计年鉴（2021）》相关数据计算编制。

2. 新兴产业内生动力不足

总体来看，尽管涪陵区战略性新兴产业占比有所提高，但在涪陵区现有的制造业产业结构中，传统产业比重过大、新兴产业占比偏小的格局并没有发生实质性的改变。如 2020 年涪陵规模以上工业战略性新兴产业产值 452.17 亿元，但其在规模以上工业总产值的占比仅为 26.81%，传统产业占比仍然高达 73.19%。因此，从内部结构看，涪陵制造业的高质量发展仍面临传统产业存量需要提质、新兴产业增量需要提升的双重任务与挑战。

3. 人力资本驱动乏力

涪陵区既非科教大区，又非科教强区。涪陵企业科技创新人才总量不足，缺乏行业内领军人才和创新团队。在大数据、人工智能、5G、新材料、新能源、生物医药等重要新兴产业领域的人才相当匮乏。受产业结构的影响，部分具备现代技术工艺的高级蓝领缺乏，企业专业技术人员、专业管理人员在员工队伍中的占比不高，因此，如何优化人才结构、引进并留住人才、为实现工业强区战略赋能是亟待解决的关键问题。

（二）工业产业空间布局有待优化

1. 产业协同对工业发展的支撑不足

生产性服务业涵盖研发设计、技术服务、物流与供应链服务、信息服务、金融服务、商务服务等。一般而言，一个国家生产性服务业的发达水平与制造业现代化程度成正比，很多国家生产性服务业已成为推动制造业转型升级的核心力量。例如，德国的生产性服务业占 GDP 的比重高达 45%~50%，是其率先迈向“工业 4.0 时代”的坚强支撑①。尽管涪陵区已成为重庆市的工业强区，但与之相配套的生产性服务业仍有极大提升空间。2020 年涪陵第三产业增加值占 GDP 的比重从 2017 年 37.70%增长到 37.78%。但批发和零售业、交通运输和仓储邮政业、金融业增加值占 GDP 的比重仅为 15.42%。金融、信息咨询、会展等生产性服务业发展滞后，对工业转型升级的支撑力不足。2017—2020 年涪陵第三产业增加值及其占 GDP 比重情况见表 10-16。

表 10-16　2017—2020 年涪陵第三产业增加值及其占 GDP 比重情况

指标	2017 年		2018 年		2019 年		2020 年	
	金额（亿元）	占 GDP 比重（%）	金额（亿元）	占 GDP 比重（%）	金额（亿元）	占 GDP 比重（%）	金额（亿元）	占 GDP 比重（%）
地区生产总值 GDP	985.95	100	1058.06	100	1151.79	100	1225.10	100
第三产业增加值	371.27	37.70	407.49	38.50	443.39	38.50	462.86	37.78
批发和零售业增加值	85.07	8.60	92.06	8.70	103.66	9.00	104.91	8.56
交通运输和仓储邮政业增加值	40.49	4.10	40.87	3.86	45.16	3.92	43.02	3.51
金融业增加值	33.15	3.40	33.81	3.20	37.02	3.21	41.03	3.35

说明：根据《涪陵统计年鉴（2021）》相关数据计算编制。

2. 园区发展不平衡

涪陵多级支撑、多点发力的格局尚未形成，产业园区经济规模大，但各园区发展有较大差异。2015—2020 年，“三园四地”规模以上工业企业数量从 97 家增加到 150 家，占全区规模以上工业企业比重从 36.2%增长到 54.2%；工业投资占比从 49.7%增长到 60.2%。2020 年，涪陵工业园区 A 区（李渡）、B 区（龙桥）、白涛化工园区、清溪特色产业园规模以上工业企业数量分别为 80 家、33 家、27 家和 10 家。除涪陵工业园区 A 区年增长幅度达到 12%外，其他 3 个园区增长幅度都非常小。从工业企业总产值看，2020 年“三园四地”规模以上工业企业总产值占比 93.2%，涪陵工业园区 A 区、龙桥工业园区、白涛化工园区、清溪特色产业园工业总产值分别为 1122.88 亿元、146.08 亿元、261.79 亿元、92.98 亿元。其中，涪陵工业园区 A 区总产

① 徐冠巨．补生产性服务业短板助力振兴实体经济［EB/OL］．http：//www.xinhuanet.com//politics/2017lh/2017-03/04/c_ 1120569190.htm.

值最高，占 69.15%；其他 3 个园区总产值都不高，占比只有 5%～8%；清溪特色产业园最低。这显示出各园区之间不平衡发展的问题突出。2015—2020 年“三园四地”主要统计指标见表 10-17。

表 10-17　2015—2020 年“三园四地”主要统计指标

园区	指标名称	2015 年	2016 年	2017 年	2018 年	2019 年	2020 年
“三园四地”主要数据合计	规模以上企业数（家）	97	115	122	130	140	150
	规模以上企业数占比（%）	36.2	42.4	46.0	49.8	54.1	54.2
	工业企业总产值（亿元）	—	—	—	1370.67	1452.02	1623.75
	工业企业总产值占比（%）	—	—	—	90.4	91.3	93.2
	工业投资（亿元）	160.06	198.03	256.00	102.80	119.50	127.75
	工业投资占比（%）	49.7	58.6	68.9	66.5	68.2	69.2
涪陵工业园区 A 区（李渡工业园区）	规模以上企业数（家）	49	63	66	69	77	80
	工业企业总产值（亿元）	—	—	—	886.36	1027.91	1122.88
	工业投资（亿元）	84.00	107.30	160.33	56.78	68.22	82.21
涪陵工业园区 B 区（龙桥工业园区）	规模以上企业数（家）	28	28	31	31	30	33
	工业企业总产值（亿元）	—	—	—	150.62	144.60	146.08
	工业投资（亿元）	19.24	24.25	24.75	17.13	24.06	13.21
白涛化工园区	规模以上企业数（家）	14	16	17	20	23	27
	工业企业总产值（亿元）	—	—	—	233.02	203.97	261.79
	工业投资（亿元）	28.83	36.12	45.51	24.75	25.73	29.75
清溪特色产业园	规模以上企业数（家）	6	8	8	10	10	10
	工业企业总产值（亿元）	—	—	—	100.67	75.54	92.98
	工业投资（亿元）	28.0	30.36	25.40	4.15	1.46	2.56

说明：“—”表示未查到该数据。根据《涪陵统计年鉴（2021）》相关数据计算编制。

（三）绿色低碳发展刚性约束较大

1. 传统工业依然占主导地位

长期以来，涪陵工业以资源、能源等要素投入驱动为主要方向，高耗能行业和传统工业占比居高不下，规模以上工业中传统产业产值占比达到 77%，规模以上工业中高耗能行业产值占比 35%左右，1/10 的规模以上企业年耗能在 1 万吨标准煤以上，资源、能源消耗过高，反映其工业增长方式相对粗放。2015—2020 年规模以上工业综合能源消耗量情况见表 10-18。

表 10-18　2015—2020 年规模以上工业综合能源消耗量情况

指标	2015 年	2016 年	2017 年	2018 年	2019 年	2020 年
工业二氧化硫排放量（吨）	95193	87236	65247	43589	38897	27658
工业废水排放量（亿吨/亿元）	1656	1439	1573	1496	1587	1675
工业固体废物排放量（万吨）	0. 49	0. 38	0. 41	0. 32	0. 21	0. 16
规模以上工业综合能源消费量（万吨标准煤）	387. 91	390. 25	434. 13	470. 22	427. 15	497. 49

资料来源：《涪陵统计年鉴（2021）》。

2. 规模以上工业能源消费量持续增长

2020 年，涪陵区规模以上工业能源消费量为 590. 22 万吨标准煤，比上年增长 14. 86%；其中制造业综合能源消费量为 390. 98 万吨标准煤，同比增长 17. 55%。2020 年，涪陵单位 GDP 能耗 0. 597 吨标准煤/万元，下降 6. 65%，单位工业增加值能耗下降 11. 9%。虽然单位工业增加值能耗快速下降，但由于经济增长较快，规模以上工业能源消费总量仍持续增长。

3. 生态环境保护的压力依然巨大

加强生态环境保护是推动高质量发展、创造高品质生活的重要支撑。涪陵区地处长江、乌江交汇处，三峡库区腹地，涪陵工业园区（含李渡、龙桥）、清溪特色产业园和白涛工业园区均临长江、乌江，新材料等制造业发展与废水、废气、废渣“三废”治理困难多、压力大。在环保设施投入不足、不能满足工业园区发展需求的现实状况下，要保证境内干流水质不低于上游来水水质，生态环保压力逐年增大。

（四）工业外向发展能力有待提升

1. 工业外资企业总产值所占份额仍然较小

涪陵积极参与“一带一路”国际协作，但并不处于对外开放的前沿，转化为工业外向型发展的扩张空间的作用还有待进一步发挥。涪陵在国外市场的拓展、市场资源的整合等方面还比较薄弱，在规模以上工业企业总产值中，内资企业占比较高，港澳台投资企业、外商投资企业所占份额非常小，这也表明，涪陵工业在开拓国外市场、加强工业企业对接等实际推动工业外向发展方面的作用还有待加强。2015—2020 年规模以上工业企业总产值构成情况见表 10-19。

表 10-19　2015—2020 年规模以上工业企业总产值构成情况

单位：亿元

指标	2015 年	2016 年	2018 年	2019 年	2020 年
规模以上工业企业总产值	1432. 24	1616. 71	1508. 41	1586. 70	1686. 26
内资企业产值	1386. 96	1551. 24	1445. 60	1522. 75	1613. 13
港澳台商投资企业产值	16. 62	38. 08	48. 87	46. 68	45. 91
外商投资企业产值	28. 66	27. 38	13. 93	17. 27	27. 22

资料来源：《涪陵统计年鉴（2021）》。

2. 外向型经济发展还需要进一步扩大

近年来，涪陵外贸进出口总额增速较快，从 2016 年 457429 万元增加到 2020 年 1161081 万元，2016 年环比增速-44. 5%，2020 年增长 38. 0%；出口总值 2016 年 227131 万元，环比增速-58. 9%，2020 年 818598 万元，环比增速 23. 0%（见表 10-20），这表明涪陵出口显著增长。但从工业企业生产总值看，涪陵工业出口所占比例仍然较小，出口型工业发展规模还有待进一步扩大，工业产品国际市场有待进一步开拓。

表 10-20　2016—2020 年外贸进出口总值及增速情况

指标	2016 年	2017 年	2018 年	2019 年	2020 年
外贸进出口总额（万元）	457429	469281	557545	841726	1161081
环比增速（%）	-44. 5	2. 6	18. 8	51. 0	38. 0
出口总值（万元）	227131	223200	296108	664058	818598
环比增速（%）	-58. 9	-1. 7	32. 7	124. 3	23. 0

资料来源：《涪陵统计年鉴（2021）》。

3. 招商引资体制机制需要进一步完善

对国家、重庆市、涪陵区三级招商政策，各大园区尚未形成税收分享机制，各园区缺乏有效的产业链分工，难以形成集群化、规模化发展的竞争力。招商引资精准化有待进一步提升，围绕产业链招商项目，需要加速现代产业的延伸、补缺、做大规模、做优配套，对于本地企业和地方产业网络的整合力度不够。

（五）共享工业发展成果亟待改善

1. 龙头企业的带动辐射作用不强

涪陵先后组建有太极集团、榨菜集团等一批知名企业，太极集团有限公司连续10多年入围“中国企业500强”。重庆三爱海陵实业有限责任公司的进排气门远销海外，产量居全国第一、全球第三。重庆市仓兴达科技有限公司小型无人机用电机全国市场占有率30%，排名全国第一。2020年，18家企业入选重庆市100家重点工业企业，其中A股上市公司5家。涪陵区规模大、效益好的龙头企业主要集中在传统产业上，带动力强、科技含量和附加值高的战略性新兴龙头企业少，至今还没有科创板上市企业。2020年涪陵区上市公司情况见表10-21。

表10-21　2020年涪陵区上市公司情况

证券简称	股票代码	公司中文名称	主营业务
国城矿业	000688	国城矿业股份有限公司	有色金属、机械设备、微晶玻璃板材
太极集团	600129	重庆太极实业（集团）股份有限公司	医药研发、工业生产、医药商业、大健康产业
欢瑞世纪	000892	欢瑞世纪联合股份有限公司	广播、电视、电影等
涪陵电力	600452	重庆涪陵电力实业股份有限公司	电力资源开发及信息咨询服务、商贸信息咨询服务
涪陵榨菜	002507	重庆市涪陵榨菜集团股份有限公司	酱腌菜、电源（整流）变压器等
香态食品	—	纳斯达克上市	预包装食品、生猪屠宰、畜禽收购等

说明：由涪陵区经信委提供。

2. 中小企业本地配套能力较弱

2015—2020年涪陵区规模以上工业的中型企业数量从38家下降到36家，减少2家；创造的工业总产值比例从25.17%上升到29.42%。同期涪陵区规模以上小型工业企业数量从213家增加到240家，增加27个；创造的工业总产值从416.10亿元上升到601.06亿元；大型企业数量从17家减少到10家，创造的工业总产值从637.24亿元下降到589.04亿元。究其原因，受中美贸易冲突等宏观经济及行业周期波动的影响，新冠肺炎疫情对经济发展的影响也不容忽视，但不少大型企业在本地找不到合适的配套厂商也是一个值得重视的现实问题，这反映出本地中小企业的配套能力亟待增强。2015—2020年涪陵区规模以上工业企业数量与工业总产值情况见表10-22。

表 10-22　2015—2020 年涪陵区规模以上工业企业数量与工业总产值情况

指标	企业类型	2015 年	2016 年	2017 年	2018 年	2019 年	2020 年
工业企业数量（家）	大型企业	17	20	14	13	9	10
	中型企业	38	36	38	32	34	36
	小型企业	213	209	207	214	229	240
工业总产值（亿元）	大型企业	637.24	596.22	—	638.99	415.01	589.04
	中型企业	378.90	350.14	—	331.53	567.29	496.15
	小型企业	416.10	670.34	—	537.89	569.56	601.06

说明：“—”2017 年工业总产值数据有所调整，不便分大中小企业。

资料来源：《涪陵统计年鉴（2021）》。

3. 应增强工业涪陵的城市气质和富民增收带动作用

城市发展品质反映了一座城市的精神和气质，是城市核心竞争力的重要体现。涪陵是重庆的工业重镇，为整个重庆制造业基地建设提供了有力支撑，但彰显工业涪陵形象的知名产品、优质产品较少，这使涪陵城市形象长期被“榨菜”遮蔽，缺少工业城市的个性气质与独特魅力，而且对工业涪陵的文化内涵挖掘较少，工业涪陵的文化气派还没有形成。

近年来，涪陵国内生产总值持续提升，人均可支配收入和人均消费支出逐年增加，但农村居民和城镇居民之间绝对额差距较大，2015 年，农村居民和城镇居民之间的人均可支配收入的差距为 17361 元，2020 年二者间差距扩大到 24786 元；人均消费支出 2015 年农村比城镇低 13086 元，2020 年农村则比城镇低 18131 元，这反映出城乡居民收入差距仍然大，工业涪陵带动农村居民的富民增收效应有待进一步增强。2015—2020 年人民生活水平情况见表 10-23。

表 10-23　2015—2020 年人民生活水平情况

指标		2015 年	2016 年	2017 年	2018 年	2019 年	2020 年
城镇居民	人均可支配收入（元）	28450	30897	33709	36642	39940	42336
	人均消费支出（元）	22463	24321	26604	28477	30421	32037
农村居民	人均可支配收入（元）	11089	12253	13466	14691	16175	17550
	人均消费支出（元）	9377	10424	11609	12287	13036	13906

资料来源：《涪陵统计年鉴（2021）》。

第五节 推进工业涪陵高质量发展的策略

推动工业涪陵高质量发展是持续做大做强工业经济、改善民生福祉、建设幸福涪陵的迫切需要，是努力打造重庆重要的现代制造业基地，在推进西部大开发形成新格局中展现新作为、实现新突破的需要，要突出供给侧结构性改革和大数据智能化创新驱动发展战略，不断厚植工业高质量发展优势，构建一批国家级创新平台、打造一批国内优势产业集群，坚持党的引领，让创新成为第一动力、协调成为内生特点、绿色成为普遍形态、开放成为必由之路、共享成为根本目的，将涪陵建设成具有重要影响力的区域性科技创新和产业创新高地、国内一流的“智造强区”“智慧新区”。

一、以高质量党建引领工业涪陵高质量发展

工业高质量发展是一个巨系统，不仅涉及工业经济领域，而且涉及党和国家事业发展的方方面面。党建引领已成为全面建设社会主义现代化国家的必然要求，工业高质量发展也离不开党的建设引领和推动，工业涪陵高质量发展更离不开党的引领。

（一）坚持党在工业涪陵建设中的领导位置不动摇

推动工业涪陵高质量发展首先要坚持党在工业涪陵建设中的领导位置不动摇。当今世界正经历百年未有之大变局，工业涪陵能否实现高质量发展完全取决于对这种格局演变的正确理解和理性应对，需要党的坚强领导。随着我国经济发展转向新发展阶段，要通过加强企业党组织建设来引领和推动工业涪陵高质量发展，全面贯彻新发展理念，以供给侧结构性改革为主线，加快现代化经济体系的建设，以实现涪陵工业经济发展的质量、效率、动力等方面的变革，确保各项工作得到高质、高效的落实落地。

（二）始终以实体经济作为发展经济的着力点

党的十九届五中全会明确提出“坚持把发展经济着力点放在实体经济上”①。这是新时期中国共产党投身经济社会发展全局、对新发展阶段和我国

---

① 本报评论员．把发展经济着力点放在实体经济上［N］．经济日报，2020-11-03（1）．

现代化建设全局的战略部署。当今世界正经历百年未有之大变局，突如其来的新冠肺炎疫情在全球蔓延，这些都加速了国际发展格局的演变。面向未来，要高质量抓好党的建设，充分发挥涪陵广大党员的先锋模范作用和人才的战略支撑作用，努力把握新一轮科技革命带来的产业变革，着力提升制造业发展质量，形成具有突出竞争力的工业体系，巩固壮大实体经济根基，以实现工业涪陵高质量发展为首要目标。

（三）以推动高质量发展作为工业涪陵发展的主题

高质量发展不仅是满足人民群众日益增长的美好生活需要的发展，而且是让创新成为第一动力、协调成为内生特点、绿色成为普遍形态、开放成为必由之路、共享成为根本目的的发展。要坚持党的领导，以加快培育工业发展新动能。一方面，可以推动传统制造业转型升级，促进新兴产业形成新优势，积极发展新材料、清洁能源、消费品、装备制造、生物医药、电子信息六大主导产业，延长制造业产业链，助力更多工业制造业实现从有到优的提质升级。另一方面，要大力发展新兴产业，重点应培育关键核心技术、前沿技术，加快人工智能、大数据等与新兴产业的融合发展，做大做强涪陵新兴产业集群，实施工业绿色发展战略，以显著提升工业涪陵发展质量和效益。

二、以科技创新支撑工业涪陵高质量发展

实施创新驱动发展战略是推动工业经济高质量发展的核心动力。要坚持把创新作为引领发展的第一动力，高水平走好“科创+产业”之路，加快建设具有重要影响力的区域性科技创新和产业创新高地，全面塑造创新驱动发展新优势。

（一）积极打造高端科技创新平台

首先，要加快建设国家级创新中心、重点实验室、联合攻关型科研机构，依托页岩气、榨菜、中药材等优势产业申请建设国家级创新机构，推动重庆页岩气产业技术创新研究院建设，以提升自主创新研发水平，突破关键技术瓶颈。其次，要鼓励有条件的大型企业独立或联合高校、科研院所、科研机构组建研发机构，依托页岩气公司、太极集团、华晨鑫源、榨菜集团等优势龙头企业与高校、科研院所、服务机构在涪陵设立和建设一批高端产业创新研究院，打造科技创新平台旗舰的科技研发平台，注重技术创新与市场需求的有效衔接。“十四五”时期，使培育的国家级创新平台达到5家、市级以上

研发机构达到30家。

（二）孵化培育科创产业和企业

其一是要发挥重点企业创新引领支撑作用，引导培育科技型企业，加强科技企业孵化器建设，实施高新企业和科技型企业等创新主体倍增计划。要加强企业与技术院校的交流协作，采取更贴合市场需求的产学研用协作模式，利用高校的研发资源和人才优势为企业解决核心技术难题，提高企业研发实力和竞争力。其二是要充分发挥自身优势，强化创新意识，紧跟新一轮科技革命和产业变革步伐，把科技的力量转化为经济和产业竞争优势，升级涪陵国家高新区建设，提质白涛新材料科技城建设，加快推进慧谷湖科创小镇建设，围绕榨菜、页岩气、中医药建设若干科技创新创业基地，形成科技创新和产业创新体系。“十四五”期间，涪陵力争培育高新技术企业300家、科技型企业2000家。

（三）激发城市创新活力

其一是要高水平建设涪陵国家高新区（高新技术产业开发区），加快推动慧谷湖科创小镇建设，用好涪陵科创CBD、长江软件园、长江生命科技城、人工智能和数字经济产业园等创新载体。其二是要紧跟前沿科技和产业趋势，构建新材料、装备制造两大千亿元级产业集群。要建设西部地区重要新材料基地、重庆智能装备生产基地、国内重要的新能源产业化基地、现代中医药产业发展高地。其三是要利用成功创建重庆首批专利信息服务试点区县、国家知识产权试点城市的契机，为工业涪陵高质量发展提供不竭动力。

（四）强化科创金融支撑

其一是要进一步拓宽融资渠道，建立多元化、多渠道的研发投入体系，支持企业利用银行贷款、创业风险投资、科技担保等金融工具和手段开展股权质押和知识产权质押贷款等。其二是要积极为不同成长阶段的创新型企业提供服务，围绕成果转化关键阶段，搭建科技成果转化信息服务、技术转移孵化及金融服务等科技成果转化平台，实现科技与金融、技术与资本的有效衔接。要引导、支持企业增加技术研发经费投入，加强研发力度。

三、以多元协同机制助力工业涪陵高质量发展

加快促进协调发展是保持工业经济高质量发展的内在要求。工业经济的

协调发展包括产业协调发展、园区协同发展、园区和城区互动发展及区域协调发展等。

（一）加快推进制造业和服务业协同发展

其一是要推进制造业主辅分离，推动生产性服务业向专业化和价值链高端延伸，重点发展金融服务、现代物流、信息服务业、电子商务、工业设计等，引导生产性服务业形成分工协作关系和特色产业集聚区。其二是要推动信息服务由单一集成实施向处于价值链高端的咨询设计、运行维护、数据挖掘分析等服务环节拓展，提高信息技术服务的支撑水平。其三是要提升在“一区两群”等物流领域的合作，推动物流企业转型升级和产业融合发展。要完善电子商务与制造产业链的协同发展，引导中小微企业依托第三方电子商务服务平台开展业务。

（二）构建园区优化与协同发展的新格局

其一是要完善园区公共服务，建设产业链、创新链、资金链、服务链等多链融合产业生态，着力引导分散企业入园，创建国家级、市级特色产业基地。其二是要升级建设涪陵国家高新区和白涛新材料科技城等平台，突出“高”和“新”，升级建设涪陵国家高新区，做强先进制造业，优化“互联网+现代服务业”体系，创建智造典范；突出智和绿，提质建设白涛新材料科技城，承接长三角优质化工项目，发展页岩气深加工、精细化化工产业集群；突出特和优，加快建设临港经济区，形成工业涪陵新的增长极，真正实现各大工业园区协同高质量发展。

（三）加快推进园区与城区互动融合发展

产业是城市发展的基础和支撑，城市是产业发展的空间载体。其一是要加快完善、提升产业集聚区及周边地区的居住、商业功能及教育、科技、文化、医疗、卫生、体育等公共服务，积极推动“产”“城”“人”“文”融合发展。其二是要使园区产业纵向形成产业链条，在园区周边合理安排生活设施布局，加强公用设施建设，在政府和相关社区吸引和培育超市、餐饮等中小型便民设施，为园区内工作人员营造良好的生活环境。其三是要打通涪陵综合保税区与龙头港之间的快速通道，尽快开工建设龙头港长江大桥，加快铁路、公路、港口、物流园区和产业园区的连接线建设，逐步实现铁路、高等级公路进港、进站、进园区，打通微循环。

（四）统筹推进“一区两群”区域协调发展

其一是要积极融入主城都市核心区和成渝双城经济圈建设，鼓励园区龙头企业“走出去”，与成渝地区高校、科研机构开展研发合作，推动科技成果落地见效。其二是要主动打破行政区域的限制，加快推进涪陵区与主城核心区之间的产业转移、技术合作、人员交流等。要带动长江三峡库区城镇群、渝东南武陵山区城镇群的工业经济发展。其三是要围绕重庆市智能产业、汽车摩托车、装备制造、材料、生物医药等支柱产业主动强化核心配套服务功能。涪陵具有充足的地理优势和政策优势，因此必须利用好区位优势，走在前列。

（五）积极推进“一带一路”国际协作

其一是要积极参与共建“一带一路”，充分利用涪陵综合保税区的平台、功能、产业等优势，加强与涪陵区缔结国际友好城市的对口交流协作，扩大国际工业合作，推动涪陵工业产品“走出去”，把境外厂商“请进来”。其二是要积极巩固以新加坡、日本、韩国为主的东南亚工业产品市场，深挖欧洲、美洲市场，全方位拓展“一带一路”沿线国家工业产品市场，全面提升涪陵工业国际化水平。其三是要积极参加中国国际进口博览会、中国（重庆）国际智能科技博览会、中国西部国际贸易投资洽谈会等国内外知名展会。要组织前往“一带一路”沿线国家和地区开展营销、论坛及推介活动，塑造工业涪陵品牌形象。

四、以绿色低碳发展服务工业涪陵高质量发展

在推进工业涪陵高质量发展过程中，必须坚定不移地走生态优先、绿色发展的道路，制定工业绿色发展规划，加快工业企业绿色化改造，加快绿色技术研发及应用，切实构筑长江上游生态屏障。

（一）制定工业绿色低碳发展规划

其一是要制定和实施涪陵碳中和短期和中长期行动计划。应尽快研究出台涪陵经济社会深度脱碳行动计划，将工业绿色低碳发展行动计划融入碳中和总体战略规划。其二是要大力提升工业绿色化发展水平，以绿色产品、绿色企业、绿色园区为重点，把优化产业结构与区域结构作为促进工业绿色发展的重要途径，加快发展能耗低、污染少的先进制造业和战略性新兴产业。

其三是要加大新技术在传统产业中的应用推广，加快对重点园区、重点企业的循环改造，加强对沿江重化工企业开展专项集中整治，继续推进产业转型发展。其四是要按照产业发展规律的内在要求制定实施《涪陵区产业、产品和技术投资导向目录》，提出鼓励、限制、禁止和综合平衡的各类产业、产品和技术投资导向要求，实行严格的产业准入政策。

（二）加快工业企业低碳化改造

其一是要培育壮大绿色低碳新产业。应打造以创新驱动和绿色零碳为导向的、国际领先的绿色低碳制造业集群。要提升国民经济中第三产业增加值比重，力争到2030年达到50%以上。要对投资研发和生产低碳生活产品的企业给予贷款支持和税收优惠鼓励。其二是要提升非化石能源占比。要改善能源结构，扩大电力直接交易规模，发挥电力、燃气“双网”和本地3亿立方米页岩气就地转化的资源，继续保持工业用电力、燃气的价格为重庆市最低的优势。其三是要规模提升电气化水平，尤其是提升传统制造业能效，努力将绿色电力比例在“十四五”末期提高到40%，力争到2050年非化石能源在整个能源体系中的占比达到60%以上。进一步落实重庆市财政淘汰落后产能的奖励资金扶持政策，加大对企业淘汰落后产能的财政奖励支持。其四是要使工业固体废物综合利用率明显提高，规模以上单位工业增加值能耗下降，单位工业增加二氧化碳排放量、用水量有所下降，节能环保产业大幅增长。

（三）强化绿色制造技术研发和应用

其一是要强化绿色低碳技术领域的科技创新。应设置绿色低碳技术研发专项基金，发布一批绿色低碳技术领域科技创新重大招标项目，鼓励在涪高校、科研机构、企业聚焦工业、交通、建筑等关键领域，围绕清洁能源替代、生态城市公园建设和三峡库区面源污染治理等关键问题，积极开展交叉和前沿科学研究，从科研和运用层面实现技术和成本的突破，加大绿色低碳技术的推广应用。其二是要推进页岩气转化利用。重点是发展以页岩气为主导的新能源产业，鼓励技术创新、吸纳关键技术、延伸产业链条，推进页岩气在车船应用、燃气发电、化工行业的转化利用。要积极发展页岩气装备制造业，打造页岩气装备产业集聚区，主要发展页岩气井口装置、仪器仪表、钻井辅助设备等配套装备，勘探、钻井、压裂、站场集输等设备制造。其三是要加快推进智能化改造，形成一批具有核心竞争力的绿色产品生产企业，成功创建一批绿色工业园区。要推动工业互联网应用，大力扶持中科大业建筑科技有限公司现代化人工智能实验室等从事本地大数据收集、研发和应用的企业。要依托互爱科技产业园创建数字品牌，培育一批动漫、游戏制作、数字文化装备等领域的核心企业。其四是要通过投入财政专项资金，通过贴息和担保的方式为社会资本投资提供激励机制，刺激带动更多社会资本参与，引导科研机构和企业合作，以共同推进绿色低碳技术的市场化推广运用。

（四）突出工业绿色发展导向

其一是要抓住长江经济带作为生态文明建设的先行示范带、东中西互动合作的协调发展带、具有全球影响力的内河经济带的有利条件，加强与长江沿线城市的协作、产业链条的整合、市场的互换，实现生态保护、环境共治目标，推进传统制造业绿色化改造，降低工业碳排放量，重点在化工、汽车制造、食品加工等领域节能减排，推广新型环保节能技术、工艺在工业生产领域的普及和利用。其二是要建立重庆低碳生活科技馆，用科普的形式寓教于乐，传播低碳生活的基本知识，广泛介绍国内外低碳生活的方法，演示低碳生活的具体做法，促进生产生活方式绿色化。其三是打造精品工业产品品牌。要为工业涪陵在更大范围、更广领域和更高层次参与竞争与合作注入强劲动力，持续做好构筑绿色屏障、发展绿色产业、建设绿色家园的“三篇大文章”。

五、以开放新格局为工业涪陵高质量发展赋能

构建开放型经济新格局是为工业经济持续注入活力的外在源泉。近年来，出口对工业涪陵高质量发展的拉动作用弱化，但要推动工业涪陵高质量发展就必须进一步扩大开放，积极推动工业涪陵参与国际竞争。

（一）强化开放平台建设

以重庆涪陵综合保税区、涪陵高新技术产业开发区、中新互联互通项目等核心平台引领开放。其一是要高质量发展综合保税区，坚持与西永综合保税区、两路寸滩综合保税区、江津综合保税区等重庆市的综合保税区错位发展，围绕保税加工、保税物流、保税服务三大业态，聚焦食品加工、医疗健康、智能制造三大领域，将涪陵综合保税区打造成为长江上游重要的开放口岸、食品医药进出口加工基地和西部地区独具特色的服务贸易示范基地。其二是要充分发挥国家级高新区作为涪陵创新驱动发展示范区、高质量发展先行区和体制机制改革试验区的引领带动作用，进一步促进要素整合与流动，加快构建现代产业体系，集聚发展先进装备制造、医药健康、数字经济三大

产业，实现人才、技术和资本的全面融合。其三是要加大对接和争取力度，积极参与中新互联互通项目。要与两江新区就产业协作、信息互通、资源共享等建立合作机制，主动承接两江新区的产业转移，围绕汽车、信息技术、装备制造开展上下游协作配套。

（二）积极拓展开放通道

其一是要牢牢把握成渝城市群区域性综合交通枢纽定位，立足“一区两群”、“Y”字形节点，承接渝东南渝东北，通达黔北湘西的区位优势，坚持长短结合、远近结合，努力变节点城市为枢纽城市。强化与“两群”的互联互通，推动涪陵至柳州等地铁路尽早通车，全力配合渝万高铁等重大项目建设，提高快速通达能力，更好融入国家高铁、高速公路网络，以增强对“两群”的辐射带动作用。其二是要强化与主城区都市核心区的互联互通，全力推动主城区都市核心区至涪陵轨道交通和“两江”新区至龙头港的快速通道。要抓紧落实龙头港建设经营管理体制，推动铁路进港区、进园区，打通联结主城出海出境物流通道的“最后一公里”，从时空上、心理上拉近与主城区都市核心区的距离。其三是要抓好“铁公水”多式联运。要加快完善以龙头港为核心的“两江五港”水运网，力争把龙头港物流园纳入重庆内陆国家物流枢纽的建设，将其作为中欧班列和西部陆海新通道的集结分拨点，全力将其打造为中欧班列和国际陆海贸易通道涪陵集散中心。

（三）大力发展外向经济

其一是要积极壮大外向型市场主体。涪陵外向型企业不多，外资企业数量偏少。要扶持培育外经贸企业，抓住国家大幅放宽外资准入、推动外商投资重大项目落地的契机，瞄准行业领军企业及细分领域隐形冠军企业，千方百计引进标志性大项目，大力发展中外合资和外商独资企业，不断提高经济外向度。其二是要探索与外资企业合作的新模式、新业态，推动涪陵区龙头企业与“世界500强”、“中国500强”及行业领军企业开展技术合作、市场合作，共同设立研发中心、实验室，开展品牌、标准合作，融入跨国公司全球供应链体系。要积极开拓外部市场。其三是要抢抓融入共建“一带一路”、重庆与东盟深化经贸合作的机遇，鼓励有条件的企业“走出去”，加大国际市场开拓力度，积极承接国际订单，参与境外展览、市场准入认证等国际市场开拓活动，推动汽车、有色金属、建筑等优势产业“借船出海”，探索经济融合、利益互嵌的产业合作新途径。其四是要有针对性地选取经济互惠、产业互补、文化互动的国内外知名城市建立友城关系，广泛开展民间友好交流，以进一步增强工业涪陵对外的影响力和美誉度。

（四）持续优化营商环境

要营造浓厚的工业高质量发展舆论环境，向国内甚至国际一流的营商环境看齐，进一步强化“企业无小事”理念，深化服务企业“三百”行动，不折不扣地落实减税降费、提高审批效率等政策。其一是深化放管服改革。要深化商事制度改革，创造出基于市场驱动的营商环境，改善产业政策，使政策激励方式更科学、激励目标更精准、激励方法更专业。其二是推行全程电子化商事登记模式。探索“网上申请、网上审核、网上发照、网上归档”一条龙服务，从“只跑一次”到“一次都不跑”，以行政服务“一站式”办理、企业登记“银证通”模式为主，促进“放管服引”真正落地，激发市场主体活力。其三是围绕工业高质量发展目标着力创新招商引资方式。大力引进高科技含量、高附加值、高成长性项目，加快建设人工智能与数字经济产业园、长江软件园、长江生命科技城，以实现招商引资的“量”“质”双升。其四是扎实推进服务企业“三百”行动。领导干部重点企业“一对一”服务制度。

六、以民生改善促进工业涪陵高质量发展的共享

工业涪陵高质量发展最终是为了人民，并将发展成果与人民共享。要构筑共享发展的新局面，需要将发展的成果惠及中小企业、民营企业和人民群众，促进可持续发展。

（一）把工业高质量发展与中小企业可持续发展有机结合

其一是深化中小骨干企业改革，以支撑工业高质量发展。要结合现代化工业体系建设目标，动态筛选一批符合国家产业政策导向、市场竞争力强、财务盈利水平高、发展潜力大的中小骨干企业，形成企业后备资源库。要扶壮培优一批专业水平突出、竞争力强的专精特新小微企业，以强化指导帮扶为抓手，充分激发中小微企业发展活力。其二是大力支持民营企业发展，激发微观经济活力。要拓宽民营经济涉足领域，破除歧视性限制和隐性障碍，保障不同所有制企业在资质许可、政府采购、科技项目、标准制定等方面待遇公平。要认真落实各级减轻企业负担的相关要求，切实降低民营企业税费负担及用电、用气、用地、物流等成本。其三是做好人才集聚的文章。要大力实施“百千万”创新人才和团队引育计划，做好人才集聚的文章、人才激

励的文章、人才服务的文章。要提高工业企业人员薪酬待遇、营造良好发展空间和氛围，促使各层次的人才聚集在涪陵，从而为工业涪陵经济发展提供人力保障。

（二）把工业高质量发展与城市人居环境提升有机结合

工业涪陵高质量发展肩负着城市品质提升的重任。其一是要按照产城融合、职住平衡、生态宜居、交通便利的要求进一步完善城市功能，倾力打造城市宜居宜业宜游“三宜一体”、生产生活生态“三生融合”的独特韵味，突出生态本底。要让新城、老城的工业文化、历史文化、地域文化得到充分的挖掘、保护与创新，丰富人文底蕴。其二是要加快推进中国榨菜特色小镇建设，展示工业旅游传承和中国榨菜文化。要让人民群众切实享受到城市发展的成果。要巩固涪陵创文、创卫来之不易的胜利果实，推动涪陵由创建文明城市向建设文明城市转变，让文明风尚浸润百姓生活，擦亮城市文化名片。其三是要在山水城市建设上体现更高水平、彰显更大气派，不断筑牢绿水青山生态本底，做亮幸福涪陵城市意境，加快创建国家森林城市、国家生态文明建设示范区。

（三）把工业高质量发展与促进民生福祉改善有机结合

其一是充分发挥现代产业吸纳就业的优势。要进一步提高现代服务行业在国民经济中的比重，增加就业岗位。要在推进工业高质量发展的同时，让工业经济发展成果惠及更多的企业和人民，让城乡居民有更多获得感、安全感、幸福感。其二是建立完善的收入分配机制，防范收入差距过大。坚持共享发展成果的机制是工业经济高质量发展的最终目的。经济发展最终是为了人民，工业涪陵高质量发展要依靠人民，并将发展成果与人民共享。要坚持工业企业从业人员收入增长与工业经济增长同步，劳动报酬提高与劳动生产率提高同步。其三是改善人民群众生活质量，提升发展软环境。要进一步拓宽公共服务覆盖面，着力增加教育、医疗、养老等优质公共服务供给，加快天立实验学校、城区十五小、市民中心、规划展览馆、涪陵中心医院新城区分院等重大民生基础设施的建设。要打造一批高端、生态、宜居的精品住宅区，充分满足工业企业员工及人民群众对求医、上学、居住、购物、休闲等美好生活的需求。

第十一章 工业涪陵的保障机制

在社会主义市场经济条件下，社会经济运行的动力来自市场和政府两个方面。市场通过“无形的手”自发地调整各类要素资源的配置，对各类产业产生推动或限制作用；政府则通过“有形的手”宏观调控产业的发展，促进落后产能转型升级。涪陵区地处重庆市中部，与无锡、苏州、宁波等工业城市相比，涪陵区的要素资源、经济基础差距很大，要发展集群式的现代工业，实现涪陵工业向工业涪陵的大转变、大跨越，既要充分发挥市场在资源配置中的决定性作用，也要凸显党委和政府的功能性作用，注重工业发展规划编制，强化工业发展保障，落实工业政策、组织、人才、科技、资金等保障措施，为工业涪陵战略的成功实施提供坚强保障。

第一节 工业涪陵的政策保障及总体评价

当前，我国已进入新发展阶段，工业经济已由高速增长转向高质量发展，正处在转变发展方式、优化经济结构、转换增长动力的攻关期。涪陵也不例外，工业涪陵正处于转型升级的关键时期，必须全面推进体制机制创新，充分发挥政策的导向和激励作用，这样才能助推工业涪陵高质量发展。鉴于此，有必要对现行工业涪陵政策进行梳理和评价，以推动政策的优化和深化。

一、坚持对外开放政策，招商引资成效显著

招商引资是一个地区经济社会发展的助推器，也是一个地区产业转型升级的重要抓手。涪陵区要紧紧抓住改革发展机遇，通过优化发展环境持续招商引资，推动涪陵工业高质量发展，实现涪陵工业向工业涪陵的大跨越，探索出紧扣产业集群抓招商、围绕龙头企业抓招商、依托国家级平台抓招商的成功之路。

（一）运用国家综合体制改革政策招商

1987 年，涪陵市紧紧抓住获国务院批准的对外开放城市机遇，及时成立了涪陵首个对外联合企业——三峡涪陵联合大理石厂。1991 年，涪陵首家中外合资企业涪陵康帝灯饰有限公司诞生。1992—1993 年，美国、澳大利亚、马来西亚等国家及中国香港特区、中国台湾地区先后与涪陵制药厂等组建了 8 家涪陵合资企业。1994 年、1998 年涪陵先后制定《关于进一步鼓励外商来涪陵投资的若干规定》（涪府〔1994〕153 号）、《重庆市涪陵区进一步扩大对外开放的若干优惠政策》（涪府发〔1998〕92 号）等，明确了土地使用、财税、金融、科技、人才等若干优惠政策，涪陵被国务院确定为沿江开放城市、被国家体改委确定为全国 15 个综合体制改革试点县（市）等，这进一步改善了涪陵对外开放软环境。

（二）运用国家三峡移民政策招商

1994 年，涪陵地区抓住“三峡移民”工矿企业迁建和浙江对口支援历史机遇，加大招商引资力度，多次接待、组团到浙江等沿海省市考察、招商。截至 1997 年底，浙江娃哈哈、金山集团、飞渡泉凌啤酒、东宝电器等 12 家企业落户涪陵。

1998 年，重庆成为直辖市后，涪陵区坚持“以开放促改革、以开放促移民、以开放促发展”①方针，遵循“优势互补、互惠互利、长期合作、共同发展”②原则，加大对内对外开放招商引资力度。招商引资产业类型从第一产业、第二产业中单一性生产性项目扩展到第三产业；招商引资范围从东南亚、欧美地区扩大到东盟、欧美、澳洲等，从浙江及涪陵周边区（县）扩大到北京、上海、南京及其他省市；开放层次从国有企业兼并、改造、控股、嫁接到非公有制经济收购、独资改造国有企业等。到 2002 年，涪陵区形成了全方位的对外开放格局。

（三）运用国家现代产业链政策招商

2007 年，涪陵区抓住东部沿海地区产业转移机遇，围绕涪陵支柱产业上下游产业链招商，先后开展了项目推进年、重点项目建设年、项目攻坚年、项目突破年、项目拓展年活动，依托李渡、龙桥、白涛三大工业园区开展项目化招商，同时完善驻外招商机构，配强招商工作人员，通过涪陵区行政服

①② 涪陵区地方志办公室提供资料。

务中心，进一步优化对外开放环境，招商引资不断取得新突破。2015年7月，涪陵区充分运用国家现代产业链政策，进一步完善招商引资工作机制，建立了招商引资工作统筹协调机制、重点招商项目专项攻关机制、招商项目统筹决策机制，规范招商引资工作运行机制，健全招商引资工作保障机制，有力提升了招商引资水平和成效。

（四）运用国家机构改革调整政策招商

2019年1月，国家新一轮机构改革后，涪陵区将区经济和信息化委员会的指导协调外商投资促进工作、重要项目招商引资职责及区政府办公室的推动与有关地区经济交流与合作职责、区发展和改革委员会的推进实施区域经济合作和利用内资工作与协调推进重大招商项目职责、区商务局的管理全区实施对外援助业务工作职责等整合，组建区招商投资促进局，将其作为区政府工作部门。内设办公室、制造业招商科、现代服务业招商科、招商综合科4个科室，以增强招商引资工作的精准性和专业性；按照国家产业结构调整指导目录政策，结合涪陵产业发展实际招商选资。涪陵的对外开放招商引资工作由此进入一个新的历史时期。

（五）政策评价

涪陵区在对外开放和招商引资方面营造的思想大解放、政策大气魄、服务大“保姆”的安商环境成为吸引、聚集企业和人才的重要推动力量。进入新时代，在经济“新常态”下，真正有效的工商产品和工商项目并不多，互助型招商引资减少，“大呼隆”式招商及低成本、粗放型招商等凸显。要利用产业集群化发展的趋势招商引资，积极探索产业链式招商、补短板式招商、因势利导式招商、收购兼并式招商、PPP合作招商等，建立平等的战略伙伴关系。“十四五”时期是工业涪陵转型升级的关键时期，也是华峰集团、太极集团、榨菜集团等涪陵重点工业企业高质量发展的提速提档期，要聚焦“做强一个支柱（工业）、抓好两大基本面（城市提升、乡村振兴）、建设三大国家级平台（涪陵综保区、国家级高新区、国家现代农业产业园）”[①] 这一主攻方向招商，围绕建设现代制造业基地招商，加快主导产业引强补链、新兴产业做大做强，切实推动现代制造业高质量发展；围绕建设区域性中心城市招商，重点抓好“两线三片一城”（新城区涞滩河沿线、太白大道沿线，高铁

① 涪陵区经济工作会议召开［EB/OL］.（2019-01-10）［2021-09-19］. http：//www. fulingwx. com/show-73-49520. html.

片区、中央商务片区、玉屏公园片区和江南城区）的形象提升、服务业的补短板、开放功能的完善，不断提升城市能级和产业能级；围绕乡村振兴招商，做强特色效益农业，推动农业“接二连三”（农业与二、三产业融合发展）。由此确保招商引资取得新成效、实现新突破。

二、坚持工业强区政策，重点企业发展战略效果明显

涪陵区在资源有限、资金匮乏的条件下，利用“三峡移民”搬迁的机遇和资金，集中财力发展重点企业，围绕能源、税收、人才、新产品开发等关键要素出台了28条优惠政策择优扶强，积极为重点企业发展创造条件，让重点企业当“明星”、当“主角”。

（一）实施“过亿超千”目标政策

1998年10月，涪陵区深化“重点企业无小事”① 服务内涵，启动了重点企业发展战略，选择涪陵卷烟厂、太极集团、涪陵建陶等11家国有企业进行重点扶持，制定“过亿超千”（产值过亿元、利税超千万元）发展目标，并在资金投入、项目安排、资源配置、财税政策、领导精力等方面予以重点倾斜。制定一系列为重点企业提供“保姆式”服务的制度，包括4个方面：其一是领导联系重点企业制度。由党政领导班子分别联系一家重点企业，帮助企业解决困难和问题。其二是重点企业例会制度。每季度召开一次重点企业例会，了解每家重点企业的经营情况。其三是“直通车”制度。重点企业厂长、经理可以随时直接面见或电话联系党政主要领导。其四是现场办公会议制度。由主要领导在现场办公协调、解决重点企业发展遇到的难题。

（二）实施“5135”工程政策

1996年初，涪陵市在实现“过亿超千”目标基础上响亮地提出大力实施“5135”工程：到2000年，发展一批销售收入超过5亿元、税利超过1亿元和销售收入超过3亿元、税利超过5000万元的重点企业。制定《涪陵市工业企业管理规范》（涪经贸发〔1996〕167号）和《奖励有突出贡献的企业厂长（经理）试行办法》（涪陵市人民政府令第2号）等，各重点企业与企业主管机关签订了《目标责任书》。1998年4月，重庆市重点企业工作会在涪陵召

① 王文迎．涪陵工业从“后排座”到“坐前排”［EB/OL］．(2018-11-28)［2021-09-19］．http：//www.bycmw.com/qzggkf/xiangxi-121-117681.html.

开，时任重庆市市长蒲海清总结了涪陵抓重点企业的“解放思想、实事求是，树立使命感和责任感，大胆起用人才，高效服务，因厂制宜”5条经验。1998年6月，重庆市直辖后，涪陵区仍坚持重点企业发展战略不动摇，并从国有企业扩大到私营企业。

（三）实施“三个一”工程政策

2000年，涪陵基本实现“5135”目标，涪陵区决定在“十五”期间继续坚持实施重点企业发展战略，选定12家重点工业企业实施“三个一”工程：到2005年，实现销售收入、利润分别突破100亿元，培植10个国家级名牌产品。一批重点企业经历由小到大、由弱到强的历史性跨越，成为涪陵工业持续快速发展的中坚力量。“十一五”期间，涪陵实施“项目主题年”活动，从2007年起先后实施“项目推进年”“重点项目建设年”“项目攻坚年”“项目突破年”“项目拓展年”等一系列以项目为中心的主题年活动。项目化推动了工业发展，相继引进、建设、竣工投产蓬威石化PTA、万达薄板等一大批重大工业项目，涪陵工业实现历史性突破。

（四）实施“326”工业发展政策

“十二五”期间，涪陵大力实施“326”工业发展战略①和“十百千万”工业强基工程，加强政策引导扶持，培育发展“工业30强”企业、“工业综合十强”企业和“工业创新型十强”企业，培育了2家百亿元级、5家50亿元级、5家30亿元级、15家10亿元级工业企业。“十三五”期间，涪陵区建设重庆重要现代制造业基地，全力推进“千亿园区、百亿企业”建设，使重点企业发展强劲。到2018年，全区百亿元级企业达到4家，入选市级“制造业100强”企业9家、市级“双百企业”27家。

（五）政策评价

涪陵工业发展的历程表明，重点企业发展战略是涪陵工业超常规发展的法宝，必须长期坚持。随着涪陵经济基础和发展环境的改变，以及企业群体的不断变化，有必要对已实施多年的重点企业发展战略进行适时深化和调整。深化重点发展战略内涵不仅要注重量的增长，而且要注重质的提高，对符合产业政策和环保政策的战略性新兴产业和重点企业要给予重点扶持和政策倾

---

① 以涪陵、白涛、清溪3个工业园区为核心，建设船舶建造和能源保障2个基地，做强医药食品、装备制造、重要材料、化工化纤、电子信息、清洁能源6个支柱产业。

斜；拓展重点发展战略空间，抓重点不分“公”“私”，不重“本土”、不轻“外来”，从而为企业营造公平竞争的发展环境；注重重点发展战略实效，科学设置考核目标和评价体系。

三、坚持依法治理政策，营商环境宽松有序

打造务实高效的政务环境是涪陵一以贯之的做法。牢固树立“企业无小事”理念，千方百计帮助企业解决困难，持之以恒支持企业发展，是涪陵多年来实现工业强区、加快经济社会发展的宝贵经验。从1999年起，涪陵区先后出台《关于深入开展综合整治发展环境工作的通知》（涪区委发〔2003〕22号）、《涪陵区树立企业无小事理念优化营商环境“三百”行动方案》（涪陵委办〔2018〕49号）、《关于开展工业企业提升“双百”行动的实施意见》（涪陵委发〔2019〕16号）等，为工业涪陵高质量发展营造了稳定、公平、透明、可预期的营商环境。

（一）制定退城入园政策，着力完善园区平台建设

自2010年以来，涪陵区把工业园区作为工业涪陵高质量发展的主战场，涪陵卷烟厂、太极集团、葵花药业、三爱海陵等大型工业企业纷纷“退城入园”，同时建立区领导兼任园区主要领导机制，全力推进涪陵高新区、龙桥工业园区、白涛工业园区、清溪再生有色金属特色产业园开发建设。充分发挥各区域比较优势，完善硬件基础，提升园区功能，按照高标准规划、高标准建设、高水平管理、高质量服务的要求和坚持适度超前的原则进一步完善道路、供电、供水、供气、供热、通信、污水处理等公用服务设施。加快园区的功能开发和载体建设，大力推进与发展战略性新兴产业相适应的各类特色功能载体建设，积极在园区创建研发中心、高科技产业区、贸易加工区，逐步完善办公区、商住区、后勤服务区和仓储堆场等配套设施和公共管理服务系统，形成产业错位发展、设施功能配套、资源集约利用、服务优质高效的园区发展新格局。

（二）制定减税免费政策，切实减轻民营企业负担

严格落实区领导联系重点企业包括重点民营企业的制度，按照减轻企业负担相关要求，切实降低民营企业税费负担及用电、用气、用地、物流等成本，继续按规定实施阶段性降低社会保险费率、阶段性适当降低企业住房公积金缴存比例等惠企政策。贯彻国家结构性减税政策，严格落实研发费用加

计扣除、固定资产加速折旧等优惠政策，提升企业获得感。在政企分开、设立担保公司、优化金融市场上下功夫，积极协调金融机构落实支持民营企业融资政策，着力破解民营企业融资难、融资贵问题。

（三）制定简政放权政策，全面深化“放管服”改革

全面实施市场准入负面清单制度，破除歧视性限制和隐性障碍，保障不同所有制企业在资质许可、政府采购、科技项目、标准制定等方面的待遇平等。建立部门联动机制，巩固服务企业“三百行动”成果，协调处理企业发展中遇到的突出矛盾和问题。推动行业协会、商会与行政部门脱钩，厘清职能边界，坚决清理强制企业付费参加考核、评比、表彰、赞助、捐赠等违规行为。积极引导区内民营企业参与混合所有制改革，支持优势民营企业开展跨地区、跨行业、跨所有制兼并联合。切实保护民营企业和企业家合法财产不受侵犯、合法经营不受干扰，增强民营企业发展信心和决心。

（四）制定创新驱动发展政策，创新开展现代政务服务

政务服务是政府治理能力现代化的重要方式。当前，工业涪陵发展面临信息产业等诸多机遇和挑战，创新开展现代政务服务刻不容缓，要深入推进政府服务的理念现代化、模式现代化、手段现代化和协调能力现代化，充分运用“互联网+政务服务”等信息化方式切实解决企业反映强烈的办事难、办事慢、办事繁的问题，按照政务服务“一网通办”的要求，加快建设网上政务服务平台体系，推动政务服务“一次登录、全网通办”①，提高政务服务的便捷性、及时性和科学性，促进工业涪陵高质量发展。

（五）政策评价

优质的平台和服务对企业有吸引力，而成本则是企业考虑的主要因素。现有政策在平台和服务方面已经进行了较多的设计，从园区功能、基础设施到公共管理，再到面向所招商企业的一系列服务，都在向“瘦身”、便利和完善的方向发展、改进，从而成为近年来涪陵吸引工业企业的重要因素。在当前经济发展进入高质量发展的新时代，市场经济功能更加完善，企业发展面临更多不确定性，成本仍是企业关心的主要方面。所以，要充分利用国家和重庆市的政策导向，做好区级政策的衔接、配套和宣传，切实减轻工业企业

---

① 市区联动·同频共振　优化营商环境区县在行动［EB/OL］.（2020-10-20）［2021-09-19］. http：//www.cq.gov.cn/ykbzt/yhyshj/zxdt/202010/t20201020_ 8829799.html.

负担，提升对工业企业招商引资的吸引力，增强工业企业扎根涪陵的信心。在进入工业4.0阶段，涪陵工业更要与时俱进、升级换代，在坚持优化营商环境的同时，积极发挥政府特有服务功能，切实注重优化资源配置，解决企业关键命脉问题，主动为企业提供适当的大数据、云计算、人工智能及区块链等数字化服务，着力打造优质高效的营商环境。

四、坚持转型升级政策，持续推进新型工业化

推进新型工业化是加快转变经济发展方式的重要手段之一。2013年2月，涪陵区印发《关于深入推进新型工业化的通知》（涪陵府发〔2013〕16号），唱响“工业立区，产业兴城”主旋律，坚持工业强区战略不动摇，坚持转型升级、量质并举，把发展工业摆在经济工作首要位置，以更大的决心、更实的举措、更快的步伐加快推进工业涪陵经济持续、快速、协调、健康发展。

（一）调整优化产业结构政策

“十二五”时期，特别是党的十八大以来，面对转变经济发展方式、调整优化产业结构的迫切需求，涪陵区进一步唱响“工业立区，产业兴城”主旋律，坚持工业强区战略不动摇，坚持量质并举、转型升级，加快新型工业化的发展步伐。2013年涪陵区印发的《关于深入推进新型工业化的通知》（涪陵府发〔2013〕16号）规定：重点发展“7+2+1”[①] 现代化百亿元级产业链（集群），围绕六大支柱产业，重点发展中小型特种船舶、高端钢材、有色金属深加工、石油化纤纺、天然气化工、PA和PU化工、物联网产业链七大百亿元级产业链，壮大医药、食品两大百亿元级产业集群，夯实百亿元级能源基础产业。这为全区新型工业化发展指明了方向。

（二）调整优化新型工业化政策

“十三五”时期，涪陵区坚持走新型工业化道路，以《中国制造2025》[②] 和“互联网+”行动计划为产业发展导向，主动融入“一带一路”和长江经济带建设，建设重庆重要现代制造业基地。优化“一区两园三基地”工业发展新布局。“一区”即国家级涪陵页岩气示范区；“两园”即涪陵工业园区（包括A区：李渡工业园区、B区：龙桥工业园区）和白涛工业园区

① 数据源自2008—2018年历年《涪陵年鉴》。

② 国务院关于印发《中国制造2025》的通知［EB/OL］.（2015-05-19）［2021-09-19］. http://www.gov.cn/zhengce/content/2015-05/19/content_9784.htm.

（包括A区：白涛化工园区、B区：清溪再生有色金属特色产业园区）；“三基地”即马武、珍溪、龙潭3个小企业创业基地。构建“6+6”产业新体系，包括页岩气、新一代信息技术、新能源及智能汽车、生物医药及生命健康、MDI下游及化工新材料、节能环保。

（三）调整优化创新驱动发展政策

2018年9月，涪陵区出台《涪陵区以大数据智能化为引领的创新驱动发展战略行动方案（2018—2020年）》（涪陵委发〔2018〕23号），大力实施“以大数据智能化为引领的创新驱动发展战略”，加快形成智能产业、智能制造、智能化应用“三位一体”发展格局，推动数字经济和实体经济融合发展，同时加快对传统产业的智能化改造，开展“机器换人”“自动化减人”行动，推动涪陵工业高质量发展。

（四）政策评价

结合经济形势和全球创新发展趋势，涪陵区解放思想、更新观念、与时俱进，及时优化调整转型升级政策，推动了新型工业化道路的成功实践。“十四五”时期，涪陵区要紧紧抓住“成渝地区双城经济圈”国家战略和重庆市“一区两群”① 协调发展的重大机遇，大力发展数字经济，发挥以数字化清除区域空间障碍、实现全流程信息积累、跨越行业界别、进行人工智能预测、打破单个价值体系优势，将数字化“全空域、全流程、全场景、全解析和全价值”② 与工业制造相结合，围绕“芯屏器核网”③ 全产业链布局，加强大数据、人工智能、5G等新一代信息技术研发在软硬件产品中的植入渗透，提升制造业的智能化水平，建立具有适应性、资源效率及基因工程学的智慧工厂，在商业流程及价值流程中整合客户及商业伙伴，全力建设“数字涪陵”“智慧涪陵”④。大力发展先进制造业，打造重庆市重要的重大成套设备和技术装备制造产业基地、汽车制造基地、国内先进水平的大型石化产业基地、世界级

① 由都市功能核心区、都市功能拓展区和城市发展新区构成大都市区；由渝东北生态涵养发展区11个区（县）的城镇构成以万州为中心城市的渝东北城镇群；由渝东南生态保护发展区6个区（县）的城镇构成以黔江为中心城市的渝东南城镇群。

② 黄奇帆．数字化为何具有颠覆性［EB/OL］．（2020-02-10）［2021-09-19］．https：//baijiahao.baidu.com/s id=1658113929690412478&wfr=spider&for=pc.

③ 2020年重庆“芯屏器核网”智能产业产值，同比增长12.8%［EB/OL］．（2021-01-25）［2021-09-19］．https：//tech.china.com/article/20210125/20210125702771.html.

④ 重庆市涪陵区国民经济和社会发展第十四个五年规划和二〇三五年远景目标纲要［Z］．重庆市涪陵区政府，2021.

内河船舶基地。发挥支柱产业基础优势，加快调整优化产品结构，提升自主创新能力，大力发展高新技术产业和战略性新兴产业，重点发展生物医药、电子信息、新能源、新材料、节能环保产业，着力向产业链高端环节延伸，形成具有竞争力的先进制造业集群。

五、坚持特殊支持政策，做大做强工业企业

工业涪陵日新月异、快速发展，得益于涪陵历届党委、政府始终坚持“工业兴区、工业立区”的发展理念，得益于涪陵历届党委、政府千方百计给予工业企业发展的土地、金融、财税及人才与创新等方面的政策支持。

（一）用足用活用够国家土地政策

土地政策是调节工业企业涉土矛盾的重要手段。2018 年涪陵区出台的《关于促进民营经济高质量发展的意见》（涪陵委发〔2018〕28 号）规定：实行“零土地”技改项目承诺备案制；依法划拨土地，供企业生活区等功能配套；在土地利用和供应方面，民营企业与国有企业同等待遇；统筹考虑解决民营企业项目用地相关问题；对重大项目的用地政策实行“一事一议”；鼓励引导民营企业进入小微企业产业园、小微企业创业基地，降低土地使用成本，分享企业集中集聚集群发展的改革成果。

（二）用足用活用够国家金融政策

金融政策有助于实现资本的积聚与集中，帮助企业实现现代化的大规模生产经营，形成区域品牌。2014 年涪陵区出台的《关于印发涪陵区中小微企业“助保贷”管理办法的通知》（涪陵府发〔2014〕61 号）明确规定：“助保金”池的资金由中小微企业缴纳的“助保金”和区人民政府风险补偿铺底资金组成；企业可申请退还缴纳的“助保金”；中小微企业可贷 500 万～2000 万元的“助保贷”资金；“助保贷”贷款利率不高于其他信贷业务品种的贷款利率。这些规定为中小微企业发展注入了活水、提供了保障。2018 年《关于促进民营经济高质量发展的意见》（涪陵委发〔2018〕28 号）进一步完善了“助保贷”政策，对符合条件的转贷企业允许“无还本续贷”和使用“应急转贷”；政府平台公司可为民营企业担保；鼓励金融机构配套试行订单融资、应收账款质押融资等；支持民营企业建立现代企业制度，实现上市融资。

（三）用足用活用够国家财税政策

财税政策是工业经济发展的导向性和主导性政策，也是各地政府支持地

方产业发展的主要手段。2008—2019 年，涪陵区先后出台《关于采取 13 条措施促进工业快速发展的决定》（涪府发〔2008〕155 号）、《关于实施“十百千万”工业强基工程的决定》（涪陵委发〔2012〕12 号）、《关于印发重庆市涪陵区中小微企业转贷应急周转资金管理暂行办法的通知》（涪财政发〔2016〕1356 号）、《关于印发涪陵区工业企业提升“双百”行动扶持办法的通知》（涪陵府办发〔2019〕57 号）等。区财政每年安排专项资金支持工业支柱产业、企业新产品开发贷款贴息和特殊时期的项目补贴；扶持“总部经济”的优惠政策；减免重点工业企业、重点工业项目应缴纳的各种行政事业性收费；鼓励传统产业转型升级、新产品开发、关键性工艺和核心技术研究、节能技改；设立涪陵区中小微企业转贷应急周转资金，支持注册地在涪陵区范围内的中小微企业流动资金贷款的转贷；设立提升“双百行动”专项资金，支持企业升级为规模以上企业和提升亿元级企业的规模质量效益。

（四）用足用活用够国家人才政策

创新是工业涪陵发展的动力，而人才是创新发展的源泉。涪陵区高度关心关爱人才，并于 2010 年、2017 年和 2018 年先后出台《涪陵区鼓励大中专毕业生和技能型人才落户涪陵实施细则》（涪府发〔2010〕115 号）、《关于印发〈涪陵区高层次人才引进办法〉的通知》（涪陵委办发〔2017〕23 号）、《关于促进民营经济高质量发展的意见》（涪陵委发〔2018〕28 号）等，为大中专毕业生、技能型人才、国家领军人才、国家高端人才、市（省）级领军人才、市（省）级高端人才等落户涪陵创业就业制定了一系列的优惠政策，在助学贷款、公租房保障、购买首套商品房、小额贷款政府贴息、重大科研项目、人才荣誉评选、职级晋升、职称评聘、子女入学、配偶就业等方面予以充分保障；为高层次人才提供高质量公寓，增强外来人才的归属感；建立“民企医院”“老板学院”，实施“教育培训工程”“精英人才培训工程”，为民营企业培育优秀人才添砖加瓦；鼓励支持企业建设各类研发平台和技术研发中心；对国家级基地、“双创”示范基地、创业创新示范基地给予奖补。

（五）用足用活用够国家科技政策

人才保障助推科技创新。涪陵区在支持工业企业发展的人才政策和技术创新政策方面“双管齐下”、同步并进，以“近悦远来”的理念积极引进人才、培养人才，在技术创新方面不惜重金，为企业科技创新注入了政策动能。2009 年、2014 年、2018 年和 2019 年涪陵区先后出台《关于深化校地合作加快经济社会发展的决定》（涪陵委发〔2009〕36 号）、《关于印发涪陵区科学技术奖励办法的通知》（涪陵府发〔2014〕77 号）、《关于组织申报 2018 年区级科技创新促工业转型升级资金项目的通知》（涪信发〔2018〕276 号）、《关于印发涪陵区工业企业提升“双百”行动扶持办法的通知》（涪陵府办发〔2019〕57 号）等，实施校地合作“5125”工程①，每年安排校地合作引导专项资金，支持校地科技合作的项目研发、平台建设、工作运行等。区内企业和科研单位引进博士、正高职称及以上的紧缺人才同时享受重庆市和涪陵区的人才引进优惠政策；设立科学技术进步奖、科技突出贡献奖、科技合作奖，调动科技人员的主动性和创造性；安排专项资金支持工业企业科技创新、大数据智能化创新、绿色制造创新和创新成果转化；帮助工业“双十强”企业高管人员的子女在涪入学就读。鼓励运用大数据进行生产经营管理、项目改造、数字化车间建设并给予补贴。

（六）政策评价

涪陵区为支持工业企业发展用足用活用够国家土地政策、金融政策、财税政策、人才政策和科技政策，在推动涪陵传统工业转型升级、新兴科技产业孵化、企业做大做优做强方面起到重要推动作用，为促进工业涪陵的健康有序发展发挥了特殊支持政策保驾护航、弥补“市场失灵”的重要作用。这些政策对涪陵主导工业产业和支柱性工业产业的培育壮大具有重要推动作用，但土地、财税等扶持工业发展的倾斜政策本身也具有两面性，存在“试错”和“纠错”过程。进入新时代，市场经济更加规范，政策红利日趋弱化，涪陵区要主动适应工业经济高质量发展形势，围绕发展材料、清洁能源、消费品、装备制造、生物医药、电子信息六大主导产业制定土地利用、金融服务、财税优惠、人才激励、科技创新等特殊支持政策，以促进工业涪陵高质量发展。

第二节　工业涪陵的组织保障

工业是涪陵经济发展的第一引擎，“工业一业定乾坤”是涪陵的发展理

① “5125”工程：与 50 家高校院所建立长期、稳定的合作关系；引进和培养高层创新人才 100 人；实施校地合作项目 200 项，建立和完善技术机构 20 个；开发重点新产品和高新技术产品 50 个，创造专利、转化科技成果 500 项。

念。坚持“抓工业发展”这个重点不动摇，建立区委、区政府主要领导牵头抓，分管领导具体抓，各部门和工业园区管委会、乡镇人民政府、街道办事处齐心抓的组织领导制度，健全区委联系、区政府领导、行业主管、企业经营的齐抓共管互动机制，严格落实分类分级生产、安全、质量、技术等考核评价制度。

一、坚持以加强组织领导为根本保障

自2008年“工业涪陵”蓝图绘制以来，历届党委、政府都把“工业涪陵”建设纳入议事日程，持续强化领导责任、督促指导、舆论宣传、统筹兼顾、精准施策，进入新发展阶段，既要总结实践成功经验，又要把握新的发展变化，扭住组织保障这一关键，强化部门联动，推动工业涪陵高质量发展。

（一）深化“保姆式”服务内涵

自1992年重点发展战略实施以来，由党委主要领导任组长，政府主要领导任副组长，党委、人大、政府、政协领导为成员的涪陵重点企业工作领导小组一直保持至今，每年召开一次重点企业专题会议、每季度召开一次重点企业厂长（经理）和有关部门主要负责人会议，区委统战部、区经信委对重点企业每年进行一次目标考核，区四大班子领导每季度召开一次现场办公会。各乡镇人民政府、街道办事处严格落实领导联系乡镇工业企业制度，形成了“权力就是责任　领导就是服务”[①] 的共识，真正做到了服到位、零距离，使投资、创业、发展环境不断优化，实现了人才“近者悦、远者来”、企业“老树发新枝、新树深扎根”目标，吸引了更多的投资者、创业者和企业落户涪陵、发展涪陵，凸显了工业涪陵“保姆式”服务特色和优势。

（二）坚持抓大带小原则

从1993年起，涪陵地区党委、政府在总结重点发展战略成功经验基础上响亮地提出了工业立区理念，并选择涪陵卷烟厂、太极集团、涪陵建陶等11家国有工业企业给予重点支持，同时出台工业企业管理规范、企业厂长（经理）奖励办法等管理制度，明确重点企业与企业主管部门目标责任。1998年，涪陵区又建立扶持浙江金义涪陵公司等10家重点私营企业发展的全程服务机制，开辟“绿色通道”，协调处理生产经营、征地拆迁、供水供电、安全稳定

① 王静磊．权力就是责任　领导就是服务［J］．人民论坛，2002（8）：15.

等工作，形成对重点国有企业与重点私营企业齐抓并进的新格局。2007 年及以后，李渡、白涛、龙桥、清溪工业园区成为工业涪陵的主战场，区四大班子有关领导兼任工业园区主要领导，坐镇协调解决园区企业生产运营及其重大项目建设中的具体问题，推动工业涪陵高质量发展。在抓重点、培育龙头企业的同时，积极拓宽小微企业发展空间，落实“放水养鱼”等优惠政策，建立以大带小机制，正确处理大与小、强与弱的关系，两手抓、两不误。

（三）落实“企业无小事”措施

2008 年，正式提出“工业涪陵”理念，这标志着涪陵工业向工业涪陵迈进，“企业无小事”的组织保障更加聚焦，领导力度更加具体，李渡、龙桥、白涛、清溪工业园区一把手均由区领导兼任，并与区人民政府签订《目标责任书》。在责任书中明确工作职责和目标任务，由区领导协调处理招商引资、征地拆迁、环境评估、重大项目建设等工作中的矛盾和困难。2018 年，涪陵区开展优化营商环境“三百”行动，由百名领导联系企业、百个科室对接企业、百项涉企问题化解工作深入人心，成效显著。2019 年、2020 年，涪陵区又分别出台“双百行动”扶持办法和重点企业驻厂员制度，巩固、增强、提升、畅通企业发展，进一步深化、细化、常态化开展服务企业“三百”行动，服务民营企业的机制更加健全，全区营商环境更加宽松，从而推进了民营企业和民营经济持续快速健康发展。

二、坚持以建立常态化良性互动机制为基础保障

“工业涪陵”建设是一项探索性系统工程，激发企业内生动力是根本，做好政府的“放管服”改革是保障，因此，必须健全目标同向、互促共进的常态化良性互动机制，处理好政府和市场关系这一关键。

（一）坚持简政放权的组织保障

随着改革开放的深入推进，原中央、重庆市所属工业企业管理权限于 2007 年 12 月全部下放给地方，按照工业企业性质和行业分类，分别由涪陵区发展改革委、经信委、中小企业局管理。国有企业厂级领导由主管部门提名，经委政治部任免。对重点私营工业企业的组织人事工作采取人事委托代理方式，通过让企业负责人担任人大代表、政协委员等形式进行管理，为企业选人用人提供人才保障。

（二）坚持委派国资国企代表的监督保障

为保证国有资产安全，国资管理部门向太极股份等国有控股企业委派国家股权代表。自2002年起，推行国有企业财务总监（代表）委派制度，首批推行的是川东电力、自来水公司、安成燃气公司等。实践证明，委派制度有利于加强和改进国有企业资产监管，防止国有资产流失。

（三）坚持年度目标考核的激励保障

发挥政府“考核”指挥棒作用，建立健全重点企业年度目标考核奖惩制度，严格执行重点企业考核制度，每年表彰一批纳税大户和优秀厂长经理，增强工业企业及优秀厂长经理做大做强做优工业涪陵的信心和决心。

（四）坚持领导联系企业的服务保障

始终坚持“重点企业无小事”理念，延续区级领导定点联系重点骨干企业、区级领导联系基层、区人民政府领导联系非公有制经济代表人士、区级党员干部联系非公有制企业、优化营商环境“三百”行动经验做法，持续执行重点企业季度例会制度，协调解决重点企业生产经营、重大项目建设、招商引资等工作中的突出矛盾和重大问题。

（五）坚持企业优先供给的要素保障

加强市区两级纵向协调和区级部门横向联动作用，不破法规、打破常规、简化程序、特事特办，优先保障土地供给，优先审查环评、安评，优先安排水电气和通信生产配套设施。坚持工业用地向园区倾斜、工业项目向园区集中的原则，优先保证园区工业项目建设。

三、坚持以齐抓共管形成合力为最严要求

深化“工业涪陵”内涵认识，增强工业涪陵发展的危机感和紧迫感，动员全区机关和企事业单位心往一处想、劲往一处使，使之既各司其职、各负其责，又密切配合、加强联动，形成上下协同、齐抓共管的“工业涪陵”建设强大合力。

（一）持续优化管理体制

牢固树立工业“一盘棋”理念，持续完善重点企业分类、分级管理制度，区发展改革委作为重点企业领导小组办公室负责各工业园区的综合协调工作，由各园区管委会、行业主管部门牵头负责重点企业相关协调工作，由环保、

安监等职能部门具体负责相关技术指导、培训等工作，确保区级相关部门通力协作，形成齐抓共管、各司其职、运转高效的良好格局。

（二）持续规范生产管理

20世纪80年代，涪陵工业企业试行厂长承包经营责任制，行业主管部门只管理经济指标及厂级行政领导任免，厂长决定企业内部事务及中层干部任免。政府履行服务、协调、宏观调控职能，企业主管部门负责年度考核和兑现。1993年以来，政府对企业管理更加宏观，推行企业产权制度改革，将国有大中型企业改组为独资公司、有限责任公司或股份制公司，将小型国有企业、集体企业出售给集体或个人。持续推行厂务公开制度，多角度全方位压实管理责任，落实生产任务，规范管理办法。

（三）严格对标质量管理

自1993年9月1日《中华人民共和国产品质量法》（1993年2月22日第七届全国人民代表大会常务委员会第三十次会议通过）实施以来，涪陵先后出台了质量振兴纲要、质量兴区意见等，强化质量监管，培育了一大批产品质量品牌，获中国名牌4个（“腾升”牌磷酸一铵、“乌江”牌榨菜、“辣妹子”牌榨菜、华草牌亚麻布）、国家免检产品5个、“部优”品牌10个、市级名牌产品28个，36家企业通过质量体系认证，其中3个产品通过国家强制性产品认证。桂楼食品公司获“中华老字号”称号①。这些成绩得益于涪陵对标对表、严格执行国家产品质量法律法规，得益于涪陵对产品质量的高标准、严要求，得益于涪陵因势利导举办质量管理培训，开展“质量、品种效益年”活动，落实质量管理措施，强化产品质量认证。

（四）严格落实安全管理

自1986年以来，涪陵区（市）、乡镇各级设立安全生产领导小组，企业主管部门设安全科，企业设安全生产委员会或安全生产办事机构，车间设安全小组，班组设安全员，从而形成了自上而下的安全生产管理体系；每年开展一次“百日安全赛”“全国安全活动周”，每季度召开一次工业企业安全生产工作会，每月召开一次企业安全生产例会，建立健全危险品、天然气、电力事故应急预案，扎实开展危险化学品、矿山等高危行业专项整治、事故预演，增强企业安全生产意识、安全发展观念，形成“横向到边、纵向到底”

① 中华老字号名录［EB/OL］. https：//zhlzh. mofcom. gov. cn/news/searchEntps.

的安全网络体系。

（五）与时俱进的组织保障

组织保障是工业涪陵高质量发展的根本。当前，我国已进入新发展阶段，大数据、互联网等信息产业竞争日趋激烈，新情况、新问题、新矛盾、新要求日益突出，但工业涪陵的地位不动摇，重点发展战略的声音不弱化。而且要持续强化组织领导，制定工业涪陵倍增计划，落实协调服务责任，提高领导和部门服务企业质量。要持续完善互动机制，用好考核指挥棒，制定科学的考核细则，重点考核工业发展、项目落地、企业贡献、发展质量、企业服务等。要持续优化管理体系，创新企业生产管理、质量管理、安全管理等体制机制，形成集约型一体化管理体系。要深入开展“互联网+政务服务”，建立“一件事一次办”服务机制，实现政务服务标准化、规范化、便利化。要健全互联网、大数据、人工智能等现代技术行政管理规则。要深化“证照分离”改革，探索“一业一证”，支持企业跨地区、跨行业经营。要持续加强宣传引导，做好工业政策宣传普及和先进典型宣传工作。要持续推进“信用涪陵”建设，健全信用承诺制度，完善守信联合激励和失信联合惩戒机制，积极创建全国社会信用体系建设示范城市。

第三节　工业涪陵的人才保障

涪陵区党委、政府历来高度重视人才工作，牢固树立人才是第一资源的理念，深入实施人才强区战略，推动人才与企业实现全面对接，为全区工业发展提供坚强的人才保障。

一、完善工业涪陵人才公共政策体系

推动“工业涪陵”高质量发展关键在人才。必须构建新型工业化人才政策体系、财税支持体系等公共政策体系，形成良好的人才成长和创业环境。

（一）继续实施人才强区战略

深化人才内涵，强化人才认识，用好用活用足大中专毕业生、技能型人才、高层次人才引进政策，持续完善人才政策体系，营造“近悦远来”的人才环境，实施“高精尖缺”重点人才引进工程，加强创新型、应用型、技能

型人才培养，为工业涪陵提供坚强的人才保障。

（二）继续加大财政资金投入

认真落实人才引进、培养、奖励等相关政策，为人才开发实行专项保障资金，制定产业人才引进办法，完善高层次人才及团队直接引进和柔性引进规定，提高人才奖励资助水平，增强人才政策的吸引力和竞争力。持续引进两院院士、长江学者等领军人才，给予这些高端人才一定的安家补助费和特殊岗位津贴；对本科生、研究生、博士生等大中专毕业生和其他技能型人才落户涪陵，在优先保障公租房、公寓房、购房补助等政策外，积极探索新的人才奖励模式。

（三）继续完善人才发展激励政策

坚持鼓励和支持科研人员开展科学技术研究，对获得国家、市级重大科研项目的，按上级项目经费给予配套；对获得国务院、国家部委或重庆市委或市政府表彰的人才给予重奖；对获得国家科学技术奖或重庆市科学技术奖一等奖的给予重奖；实施“乌江英才”激励计划，定期开展“涪陵区拔尖人才”、涪陵区科学技术奖、涪陵区哲学社会科学优秀成果奖、涪陵区有突出贡献的重点工业企业厂长（经理）等评选，激励优秀人才创新创业。

（四）继续健全市场化引才机制

提高用人主体的引才积极性，积极鼓励、引导、支持区内企业大力引进各类高层次人才到涪陵工作，允许其人才引进、培养、开发、奖励所产生的费用纳入企业成本。鼓励区内各类企事业单位和各类经济社会组织通过咨询、顾问、客座、智力服务、技术入股等柔性引才方式聘请院士、专家来涪陵区服务。发挥好人力资源中介机构的作用，视其引才绩效给予适当奖励。

（五）继续优化人才服务环境

完善人才服务证制度，为重点人才提供医疗保障、子女入学、配偶就业、落户、居留签证、职称评审、项目申报、景区（点）旅游等服务。落实对高层次人才的配偶协调安排就业，其子女自由选择区内公办义务教育阶段学校就读，其家庭主要成员享受同等医疗服务的优惠政策。举办青少年科技创新大赛，培育科创苗子，打造涪陵“人才蓄水池”。搭建人才“一站式”服务平台，进一步简化人才服务流程，让人才办事“最多跑一次”。

二、加大人才引进力度

（一）持续开展产业人才引进工作

进一步加强重点产业人才发展统筹规划和分类指导，开展人才需求预测，定期发布急需紧缺人才目录。围绕新能源及智能汽车、新一代信息技术、生物医药及生命健康、中医药、高端智能装备、节能环保等涪陵区优势特色产业、战略性新兴产业、重点领域、重大项目，加大紧缺急需产业人才引进力度。

（二）加大专业技术人才引进力度

积极接收高等院校硕士、博士，采取团队引进、核心人才带动引进、高新技术项目开发引进方式吸引中管企业、市管企业、东部经济发达地区的优秀专业技术人才来涪陵工作或对口支援。鼓励专业技术人才来涪陵区进行技术转让、投资、承包或入股。加大对一线科技创新人才的政策激励力度，落实科技人员成果转化的股权、期权激励和奖励等收益分配政策，推动创新型人才向企业集聚和依靠核心技术自主创业。

（三）实施企业高管人才引进工程

大力培育面向市内外的企业家市场，畅通引进企业家的渠道，制定并完善外籍高级人才入涪便利政策，加快引进在业内有较高知名度、了解掌握本产业行业市场规则渠道、有丰富人脉资源的企业高级经营管理人才和战略性人才。围绕工业涪陵发展战略目标，有计划、分层次地从市内外引进百亿元级产业、新兴产业发展急需紧缺的高端职业经理人。面向市内外招聘一批高级经营管理人才到涪陵重点骨干企业任职，并根据有关政策规定，落实各项政策待遇，为高管人才落地发挥作用创造条件。

（四）聚焦高端人才引进聚智建设

鼓励两院院士、长江学者等高端人才带项目、带技术、带资金来涪陵创业，或直接参与涪陵重大产业化项目和关键技术攻关。鼓励研发机构引进一批具有国际国内领先水平的产业专家和技术带头人。实施“海外人才引进聚智”工程，建立“涪陵海外人才创新创业平台”和“海外引进人才信息库”，完善海外人才开放发展和考评考核长效机制。建立“不求所有、但求所用”① 的柔性引才机制，打破人才引进壁垒，促进人才和项目区域流动，服务涪陵新型工业化发展。

三、提高人才培养质量

目前，涪陵拥有 7200 名企业经营管理人才、32004 名专业技术人才、16025 名高技能人才、600 多名各类重点人才，工业涪陵建设的人才有基础、有潜力、有作为。

（一）实施人才兴企战略，培育企业家队伍

重点加大对企业家及管理人员的培训力度，采取专题培训、创新论坛、互动交流、导师帮带等方式帮助他们树立创新意识、诚信意识、品牌经营意识、现代营销意识及现代企业管理理念，为企业自主创新提供智力支持和人才保障。

（二）聚焦重点发展产业，培养重点产业人才

加强重点产业专门人才、工程技术人才、产业工人的教育培训，提高劳动技能。建立工业涪陵人才信息库，为企业提供人才自荐、推荐、查询等方面的信息服务，推动各类人才的合理流动。健全人才服务团服务重点企业制度，发挥人才导师工作室、院士工作站和博士后科研工作站的功能和作用。构建“本部基础培养+园区科研实训”的人才培养模式，高校与企业共建大学生实训基地。培育高校毕业生就业见习基地，扶持创业孵化基地、大学生创业基地，促进重点人才高质量发展。

（三）发挥在涪高校作用，培养高技能型人才

强化校地合作，支持长江师范学院、重庆工贸职业技术学院等高校开设特色专业，优化院校学科专业结构，形成与区域经济社会发展和产业转型升级相匹配的专业体系。推动职业教育与产业深度融合，打造职业教育品牌，提升职业教育服务产业发展的能力，将职业院校打造成为企业高技能人才的综合培养基地。健全职业技能竞赛体系，引导社会各方面力量开展各种形式的岗位练兵和职业技能竞赛等活动。

---

① 涪陵区委办，区府办．关于印发《涪陵区人才发展第十三个五年规划》的通知［R］．涪陵区委，2016.

（四）整合专家优势资源，培养工业领军人才

围绕重点产业和科技优先发展领域的需要，加快培养能够突破关键技术、引领学科发展、带动产业转型的创新型领军人才，着力培养具有自主创新能力的高层次人才队伍，造就一批扎根基层的高素质专业技术人才队伍，为实施创新驱动发展战略提供人才保障。加大"国家级百千万人才工程""享受国务院政府特殊津贴人员""重庆市有突出贡献中青年专家""重庆市学术技术带头人及后备人选"的选拔和推荐力度，加大博士后科研工作站申报力度，培育壮大涪陵国家级、市级专家队伍。

（五）创新开展技能培训，提升全民创新创业素质

完善就业创业培训模式，举办创业名师大讲堂、创业训练营等公共创业培训活动，加强对行业人才的就业创业能力提升培训。构建全民终身学习体系，建设终身学习服务体系，在全区建立区、乡、社三级社区学校，为市民搭建学习平台。实施科学素质提升工程，探索发展科普产业，支持和鼓励社会团体、民营企业及个人投资开发科普新产品。

四、强化人才个性化服务保障

人才是企业的核心竞争力，关键人才是核心竞争力的核心。涪陵区地处我国西部地区，既没有大都市的区位优势，也没有沿海工业的发展环境，因此要在培育人才、留住人才上下功夫，强化人才个性化服务保障，做到以情留人、以情感人，全力打造人才集聚的"强磁场"。

（一）推行实用性人才落户制度

结合工业涪陵实际，推行更加宽松和优惠的人才政策，制定更加具有吸引力的户籍政策，为制造业高级技工等外地优秀人才落户涪陵创造条件，切实解决高端人才引不来、留不住等突出问题，满足园区企业技能型等实用人才需求。

（二）构建职业人才成长平台

充分挖掘重庆工贸职业技术学院、涪陵职教中心等职业教育优势，以各类职业技术院校为主要载体，对劳动力开展有针对性的培训，支持重庆第三卫校、重庆第二交通技校创建高级技工学校。

（三）创新人才引进方式方法

拓展政府间相关部门联络组织的渠道，"请进来"与"走出去"并举，通过政策引进、单位推荐、个人举荐畅通人才引进渠道，集聚一批优秀人才，为企业招引人才牵线搭桥。推广“创新人才+创新项目”引才方式，以创新项目培养集聚人才。

（四）建立人才继续教育制度

加大对本土企业家及经营管理人员的培训力度，帮助他们树立创新意识、诚信意识、品牌经营意识、现代营销意识及现代企业管理理念。

（五）加快领军型人才引进速度

鼓励两院院士、长江学者等海内外高端人才等带项目、带技术来涪陵创业，或直接参与涪陵重大产业化项目和关键技术攻关。

第四节 工业涪陵的科技保障

“十三五”以来，涪陵区大力实施以大数据智能化为引领的创新驱动发展战略，以产业创新能力提升为发力点，推动构建“一个支柱产业一个创新中心，一个重点企业一个研发平台”的技术创新体系，在技术研发、“双创”孵化、产学研合作、成果转化等领域精准施策，取得明显成效。截至 2019 年底，涪陵区全社会科学研究与试验发展经费支出占 GDP 的比重达到 2.1%；全区已建成国家、市级研发机构 72 个，其中国家级企业技术中心 1 个、国家级工程实验室 1 个、国家级博士后工作站 2 个；建成国家级孵化器 1 家、国家级众创空间 2 家；法人化研发机构 10 家，拥有高新技术企业近 100 家，市级科技型企业 700 多家。

一、提升企业科技创新能力

创新是引领发展的第一动力，是推动高质量发展、建设现代化经济体系的战略支撑。加强工业共性技术平台建设，发挥企业创新主体作用等措施至关重要。

（一）加强企业研发平台建设

坚持以重点骨干企业建立企业技术研发中心和产品研发中心方式积极研究本行业市场和技术发展的方向，加快引进和培养技术骨干，加大研发投入，开发具有自主知识产权的技术和产品。做大做强页岩气产业技术研究院、太极医药研究院、华峰新材料研究院、重庆大业智能科技研究院、榨菜工程技术研究中心、华兰生物血液制品工程中心、建峰集团技术中心、弛源化工乙炔深加工工程中心等。

（二）加大工业技术引进吸收力度

坚持技术引进与自主开发并重，鼓励和支持企业引进先进技术、先进产品及先进生产手段，加快装备突破、工艺革新、治理提升，走产业转型升级之路。加强对引进技术的消化吸收创新和集成创新，实现从引进技术、模仿加工向自主创新转变，培育一批具有自主知识产权和核心技术的产业和企业。推广涪陵华晨鑫源汽车公司引进意大利 SWM 斯威汽车品牌和产品设计，自主创新生产“SWM 斯威 X7”经验，增强工业涪陵科技创新自信。

（三）促进信息化与工业化深度融合

近年来，涪陵区大力发展数字经济，推动互联网、大数据、人工智能与实体经济深度融合，实现工业高质量发展。目前，全区 38%的企业实现生产过程自动化控制，成功创建市级智能化工厂 4 家、数字化车间 22 个，数量居重庆市榜首。这充分说明了利用信息技术推进“智能制造”的作用，涪陵将继续把工业设计数字化、制造装备智能化、生产过程自动化、销售体系网络化、企业管理信息化“五化”作为推进“两化”融合的重点，助推从产品设计、制造装备、生产制作到产品销售、经营管理等全过程的信息化实现，推动数字经济与实体经济深度融合，更好地为经济发展赋能。

二、促进产学研用一体化发展

产学研深度融合的关键是强化和突出企业的主体地位，让企业既扮演科研项目的“出题人”，又能成为合作项目的管理者，真正发挥科研主导作用。

（一）加强产学研合作

目前，涪陵区内重点企业与四川大学、重庆大学、中科院成都分院等全国 56 所高校、科研院所开展技术合作，初步构建起以企业为主体、市场为导向的技术创新体系。例如，太极医药研究院联合中医科学院、北京大学等人才团队组建了重庆中医药产业创新研发平台；涪陵高新区引进北京交通大学、华南理工大学、中国科学技术大学人才团队，成立了中涪科瑞工业技术研究院，与川东船舶、博瑞变压器、龙头港等重点企业开展技术合作。应继续鼓励重点企业依据发展需要联合高等院校、科研院所构建优势互补、利益共享、风险共担的产学研用战略联盟，从事产业关键技术研究开发，通过建立财政稳定扶持、竞争纵向课题和横向市场合作3种经费来源机制实现产学研合作的可持续发展。

（二）促进科技成果转化

坚持大力推进“双创”平台建设，持续集聚创新要素与主体。截至2019年底，培育涪陵金渠、互爱科技、清华启迪等科技企业孵化器3家，其中国家级孵化器1家；培育众创空间19家，其中国家级众创空间2家，市级众创空间14家；培育高新技术企业35家，开发高新技术产品64个，有效授权专利1025件，有效授权发明专利76件，计算机软件著作65件，其他专有技术成果568件。成功创建国家级涪陵区生产力促进中心，成功组建中科院技术转移中心涪陵分中心，成功搭建“互联网+科技成果转化与技术交易”的“涪陵科技大市场”，为先进技术在涪陵有效转化夯实了基础，创造了条件。

（三）构建联合攻关科研机构

2020年7月，华峰化工牵头，联合50多家龙头企业、高校院所组建了重庆市化工新材料技术创新战略联盟，有效助推了重庆市新材料产业发展壮大，进一步提升了企业的行业话语权。由此可见，依托领军企业、专精特新企业、高校、科研院所建立技术创新联盟已成为新的发展趋势。涪陵应把握机遇，围绕榨菜等优势产业加快构建龙头企业牵头、高校院所支撑、各创新主体相互协同的创新联合体，牵头组建更多创新联盟，在成渝地区双城经济圈中争当产业链“链主”、技术创新联盟“盟主”，增强配置创新资源、集聚创新要素的能力。

三、优化科技创新环境

深化科技体制改革，强化企业创新主体地位，破除制约企业创新的体制机制障碍，破除“玻璃门”“弹簧门”“旋转门”，打造市场化、法治化、国际化营商环境，培养造就一批战略科技人才、科技领军人才、青年科技人才。

（一）构建区域专利信息服务平台

2018年7月，涪陵成功创建国家区域专利信息服务（重庆）中心涪陵分中心，成为重庆首批专利信息服务试点区县。涪陵分中心围绕现代中医药产业、先进装备制造业、数字经济等支柱产业和战略性新兴产业开展产业专利导航、产业链技术发展路径分析，绘制专利地图，靶向招商引资和技术引进，为特色产业发展提供专利信息服务；立足企业需求开展专利信息检索、专利价值评估、专利信息推送、专利人才培训，促进专利运营和交易。目前，葵花药业、仓兴达等21家企业建立了专利数据库，更加夯实了企业创新发展基础。

（二）加大科技创新支持力度

涪陵区已设立科技创新专项资金，对首次认定为国家级高新技术企业的一次性奖励50万元，对每3年继续保持认定的奖励5万元。正在争取三峡库区产业发展基金、重庆市新型工业化发展资金、产业技术研究与开发专项资金、节能专项资金、信息产业化专项资金、科技投入专项资金等。2017—2018年新增国家高新技术企业54家，获新创高新技术企业补助760万元、高新技术企业研发经费补助803.75万元，涪陵企业科技创新热情高涨。应进一步加大对企业科技创新支持力度，激发企业创新动力，促进工业涪陵高质量发展。

（三）建立科技创新和产业创新体系

按照重庆市委、市政府赋予涪陵的“三个重要、一个支点”[①] 定位，升级建设涪陵高新区，着力建设白涛新材料科技城、慧谷湖科创小镇，加快建设具有国际影响力的未来榨菜产业科创基地、页岩气产业科创基地、智能建造产业科创基地、成渝地区有重要影响力的先进装备制造产业科创基地、生命科技产业科创基地、人工智能与数字经济产业科创基地，N个业内有特色的产学研用深度融合的新型研发机构，着力构建“一区一城一镇八基地N个产业科技创新研究院（中心）”的“1+2+8+N”科技创新和产业创新体系，形成区域性科技创新特色。

四、促进工业企业科技转型升级

科技创新是推动工业转型升级的内在核心动力，只有坚持自主创新才能把握发展的主导权、增强发展的新优势、提升发展的新动能。

---

① “三个重要”即涪陵是主城都市区发展的重要支撑，是“一区”连接“两群”的重要节点，在全市发展格局中具有重要地位；“一个支点”指涪陵是重要战略支点城市。

（一）落实工业科技创新措施

按照“企业主体、市场导向、政府推动”的模式，紧紧围绕新技术、新产品、新工艺的研发和引用，不断强化企业的持续创新力和核心竞争力。加快建设一批“产、学、研”紧密结合的战略性新兴产业协同创新中心，加强产业技术创新链的系统分析研究，科学制定新兴产业技术路线图和技术发展指南，帮助企业及时调整关键技术和主导设计的研发方向。

（二）提高工业科技服务质量

壮大科技服务机构规模，推动研发设计、技术转移、创业孵化和科技金融等科技服务业新模式、新业态发展，推动建设以科技服务、技术转让为重点的区域性科技服务要素交易市场。

（三）健全工业科技激励制度

完善工业创新激励制度，注重科技创新质量和成果转移转化效益，增强科技奖励的导向作用，建立基金投入、事后奖补、税费扶持和项目支持“四位一体”的财政科技投入体系。

（四）建立区域协同创新机制

发挥涪陵处于国家“一带一路”“长江经济带”建设连接点的优势，加强与浙江省及长江经济带沿线地区的战略协作；抢抓成渝地区双城经济圈和“一区两群”协调发展战略机遇，强化与成渝城市群及重庆市内各区县的技术合作，促进人才合作、资源共享、信息互联、利益互惠和市场互通。

第五节　工业涪陵的资金保障

资金是企业生存和发展的血脉，是工业发展的重要生产要素之一。要规范完善工业快速发展 13 条措施，进一步加大金融支持、财政扶持、基金帮扶、税收优惠、规费减免，为工业涪陵建设提供强有力的资金保障。

一、加大金融支持力度

涪陵是区域性金融服务中心，金融机构健全、金融市场活跃、金融产品丰富，服务实体经济成效明显。据第四次全国经济普查（2018 年底），全区有各类金融机构77家，其中银行机构22家、小贷公司4家、融资担保公司3家、私募股权投资公司2家、要素市场1家、融资租赁1家、保理公司2家。2020年，银行机构各项人民币存贷款余额分别为884.31亿元、719.65亿元。

（一）加强工业领域银政合作、银企合作

引导金融机构扩大贷款规模、增加工业投入，推动项目建设，夯实工业发展基础；创建“涪陵银企合作服务网”①，建立银企常态化对接合作平台，为企业融资提供高效、快捷的信息服务。

（二）鼓励非银行金融机构提供多渠道融资服务

鼓励支持小贷公司创新金融产品和服务，引导小贷公司按照“小额、分散”的原则切实支持中小微企业；支持融资担保公司以自有资金开展委托贷款，委托贷款余额最高不超过其净资产的35%（单笔不超过净资产的5%）；鼓励保险机构创新资金运用途径，通过投资企业股权、基金、债权、资产支持计划等多种形式，为中小微企业发展提供资金支持；充分利用互联网等新技术、新工具不断创新网络金融服务模式；有效发挥信托、金融（融资）租赁、国有典当等机构对中小微企业的融资服务作用。

（三）拓宽工业项目投融资渠道

以项目为载体，通过招商引资、企业上市、股份制改造、发行企业债券等途径融资，提高企业融资能力，引导社会资金投入工业项目，确保工业投资稳定增长；加强金融服务，积极尝试以存货质押贷款、仓单质押贷款、应收账款抵押贷款等方式拓宽企业融资渠道等。

（四）创新开展科技金融合作方式

开展科技金融合作模式创新试点，建立“央行支小再贷款+商业银行信贷+担保/保险+政府专项项目贴息”的科技金融特色融资模式，加大对科技型中小企业的信贷支持。

二、加大财政扶持力度

（一）设立重庆市涪陵区工业发展资金

每年由区级财政预算安排，主要用于支持涪陵区工业发展及转型升级等

---

① “涪陵银企合作服务网”上线［EB/OL］.（2018-11-22）. http：//www.fulingwx.com/show-73-48630.html.

方面。其一是设立新型工业化项目，以此支持重点支柱产业、循环经济、节能减排、“两化”融合和战略性新兴产业等领域投资项目和技术改造项目，优先支持列入年度工业投资重点项目计划的项目。其二是设立产业研发项目，以此支持重大、共性、关键性技术的研究开发和重点新产品的研制及产业化，优先支持列入国家和重庆技术创新指导目录的项目。对获得国家级和市级新产品认定企业给予相关奖励和补助。其三是设立平台建设项目，以此支持工业园区、小企业创业基地、都市工业楼宇、各类国家级市级示范产业基地环境整治和公共服务平台建设。其四是实施工业企业贷款贴息，以此对工业企业贷款给予利息补助。工业发展资金的支持方式主要采用无偿资助、贷款贴息或奖励方式。

（二）降低企业融资成本

对区内融资担保公司提供的中小微企业贷款担保和涉农企业贷款担保服务，收取的担保费率不超过2%的由财政给予0.5个百分点的费用补贴；政府财政出资设立2000万元转贷应急周转资金，为符合银行信贷条件、还贷出现暂时困难的中小微企业按期还贷、续贷提供短期周转资金服务。

（三）提供中小企业增信服务

“抓大”不“放小”是“涪陵工业”向“工业涪陵”成功转型的“钥匙”。设立小额贷款保证保险风险补偿基金，引入信用保证保险机制，为企业间接增信，引导银行加大对民营企业的信贷投放；设立“助保贷”风险补偿金，联合企业缴纳的“助保金”为企业直接增信，以缓解企业因抵押物不足产生的融资难题。

（四）设立专项扶持政策

支持企业改制上市，建立拟上市企业资源库，对在沪深交易所主板、深交所中小板、深交所创业板成功上市的企业给予重奖，对在全国中小企业股份转让系统成功挂牌的企业给予一定的奖励，对在重庆股份转让中心股份报价转让系统成功挂牌的企业给予奖励；鼓励企业做大做强，对升级为规模以上企业中的中小企业、入库税金正向增长的企业给予奖励；设立智能化专项资金，用于奖励或补助工业技术改造、机器换人等智能项目，支持以大数据智能化为引领的创新驱动发展。

三、加大税费优惠力度

鼓励更多工业企业补链成群，依法制定税费优惠政策，全力优化营商环境，为企业和项目建设清道护航、纾困解难。

（一）税收优惠

全面落实对新时代西部大开发的优惠政策、三峡库区优惠政策和重庆市人民政府鼓励外商投资的各项优惠政策，实行即征即返；于企业开始获利年度起，对第一年至第二年企业上缴的所得税区级分成部分的100%、第三年至第五年企业上缴的所得税区级分成部分的50%，同级财政返还企业，供企业用于扩大再生产；对第一年至第二年所征收的企业增值税区级分成部分的50%，同级财政返还企业；对企业实际发生的新产品、新技术、新工艺的技术开发费用，允许在缴纳企业所得税之前扣除；新办企业在征用土地、购买营业用房时，依法定税率缴纳契税后同级财政返还50%，用于扶持企业发展。

（二）规费减免

对重点工业企业、重点工业项目应缴纳的各种行政事业性收费予以优惠，除上缴上级政府和主管部门外，属区级使用部分原则上全额拨款事业单位只收取工本费，差额拨款事业单位按规定标准的50%收取，自收自支事业单位按最低标准收取；对工业企业新、改、扩建生产性建设用房和技术改造工程项目，经审查可减缴城市建设配套费；对新办企业依法征用土地且一次性缴纳土地出让金的，同级财政按40%比例返还其所缴（地方分成部分）的土地出让金。

四、深化资金保障改革

加大对工业涪陵的资金支持，保障工业涪陵战略持续推进，促进工业涪陵高质量发展，深化资金保障改革势在必行。

（一）完善涪陵金融布局

吸引金融法人机构、区级金融机构、监管部门及其区域性分支机构、金融分支机构、营运前台入驻；联系有控股意愿的银行尽快成立涪陵银行、涪陵保险公司等城市银行及城市保险服务机构；多方引进股份制商业银行和外资银行分支机构落户涪陵；积极稳妥地发展小额贷款公司，大力发展中小企业的担保公司、风险创业投资基金、资产管理公司、产业基金等。

（二）加大财政对工业经济的导向投入

逐年增加工业发展资金规模，原则上用于重大工业技术改造、创新项目、工业园区建设及战略性新兴产业等重大项目导向性投入及贴息；谋划争取设立创业参股投资基金、科技型中小企业创业投资引导基金和科技创新成果转化引导基金等创业创新扶持基金，维护和推动创新创造科技产业健康发展。

（三）吸引社会资本服务以工业为主体的实体经济

鼓励社会资本响应国家金融改革，组建新型金融服务企业，扩大工业直接融资规模，继续发挥涪陵招商引资优势，疏通把社会资本引入涪陵的渠道，扩大涪陵工业发展配置资金的规模。

（四）探索支持工业企业融资新途径

鼓励企业通过股权投资、融资证券、投行业务、信誉产品的开发和设计、委托贷款、产业投资基金等方式获取资金；培育优质企业尽快上市，在建设项目、投资机会、配套资金等方面向具备潜在上市能力的公司倾斜，鼓励区内企业借壳上市；探索发展债券市场，引导区内具备融资资格的企业尤其是大企业运用短期融资券、公司债券等方式进行直接融资。

第六节　工业涪陵的绿色保障

绿色是工业涪陵高质量发展的底色。“十四五”时期是碳达峰、碳中和的关键期、窗口期。坚持新发展理念，严格落实“坚持生态优先、绿色发展”的要求，积极做好碳达峰、碳中和工作，是实现涪陵经济高质量发展的必由之路，作为实体经济的主要载体，工业企业实现绿色发展意义重大。

一、着力构建绿色屏障

涪陵地处长江、乌江两江交汇处，建成山清水秀美丽之地务必要全面落实长江经济带绿色发展要求，筑牢长江上游重要生态屏障。

（一）完善工业布局规划

落实主体功能区规划，严格按照沿江流域、区域资源环境承载能力加强分类指导，确定工业发展方向和开发强度，构建特色突出、错位发展、互补互进的工业发展新格局。实施长江干流及乌江等主要支流产业发展市场准入负面清单，明确禁止和限制发展的行业、生产工艺、产品目录。严格控制沿江石油加工、化学原料和化学制品制造、医药制造、化学纤维制造、有色金属、印染、造纸等项目环境风险。禁止在长江干流及乌江等主要支流1千米范围内布局新建重化工项目。合理布局生产装置及危险化学品仓储等设施。

（二）改造提升工业园区

完善涪陵新区、临港经济区、白涛工业区水处理基础设施建设，强化环境监管体系和环境风险管控，加强安全生产基础能力和防灾减灾能力建设。加大化工等涉水类企业循环化改造力度，对不符合规范要求的企业依法退出，促进工业园区绿色循环低碳发展。全面推进新建工业企业向园区集中，强化园区规划管理，依法同步开展规划环评工作，适时开展跟踪评价。严控重化工企业环境风险，重点开展化工园区和涉及危险化学品重大风险功能区区域定量风险评估，科学确定区域风险等级和风险容量，对化工企业集聚区及周边土壤、地下水定期监测和评估。

（三）严格园区准入条件

严格工业园区项目环境准入，推动易污染企业集中入园管理，建设专业化、清洁化绿色园区。培育、创建和提升一批节能环保安全领域新型工业化产业示范基地，促进工业园区规范发展和提质增效。严格执行工业园区规划环境影响评价，优先发展低能耗、低水耗、低污染、高效益产业，以及国家和重庆市产业发展目录中的鼓励类产业，大力引进战略性新兴产业及高新技术产业，立足各大工业园区优势和特点，重点发展主导产业，加快形成产业集群。

（四）规范工业集聚发展

2018年，涪陵区委、区政府提出“两线三片一城”建设，围绕“人、产、城”深度融合，重点打造一批创新创业、现代商贸、金融商务、城市商业综合体等绿色产业项目，明确以产兴城、以城聚产、产城互动目标。目前，集聚了装备制造、医药食品、电子信息、材料等绿色产业，形成了以生物制药为特色，以智能汽车及零部件、电子信息、新材料等为主导的“1+3”发展模式，以华为云计算、互爱科技孵化园为代表的大数据、“互联网+”等绿色产业体系。2020年12月，涪陵区委五届十次全会提出了“一城三区两带”

新型空间体系，大力调整涪陵新区、临港经济区、白涛工业区产业结构和优化升级，加快构建以大数据智能化为引领的高质量发展标准体系，加快构建以先进制造业为主体、以现代服务业为支撑、以战略性新兴产业为方向的现代新型工业产业体系，进一步优化涪陵绿色产业布局。

二、全力发展绿色产业

秉承绿色发展理念，全面推行“生态+”“+生态”发展新模式，坚持产业融合发展，优化产业结构，推动传统产业绿色化转型升级，积极打造全生命周期的绿色产业链，努力构建绿色发展体系。

（一）优化产业结构

2016 年，涪陵区全面落实供给侧结构性改革，淘汰过剩产能和落后产能。重点发展页岩气勘探开采、天然气与石油化工、乘用车和船舶及通用机械、铝和钢铁构建等行业，提升建材、榨菜等加工业，引进新一代信息技术、新能源汽车及智能汽车、生物医药及生命健康、节能环保等战略性新兴产业。2016—2020 年，涪陵资源和能源消耗强度降幅明显。通过配合供给侧结构性改革补短板、去产能、提效率、强保障，提高全要素生产率，淘汰水泥、纺织印染、电解铝、小火电、小煤矿、小榨菜等一批落后产能，关闭一批污染环境、安全隐患突出的小企业等，节能减排成效显著，绿色转型发展取得积极进展。“十四五”及今后一段时期，涪陵应积极培育新型低碳产业，重点推进新能源汽车、脱硫脱硝、生态燃料、热电冷联等技术研发和产业化，大力发展新材料、清洁能源、消费品、装备制造、生物医药、电子信息六大主导产业，严控“两高一资”项目和过程产能项目，进一步优化产业结构。

（二）推动生产清洁化

生产清洁化要以源头降低污染物产生为切入点，强调全过程绿色循环。加大革新传统生产工艺装备力度，鼓励企业采用先进适用清洁生产工艺技术实施升级改造。加快应用清洁铸造、锻压、焊接、表面处理、切削等加工工艺，推动传统基础制造工艺绿色化、智能化发展，建设基础制造工艺绿色化示范工程。加大清洁生产管理力度，在重点危险废物产生行业和重点污染企业中推行强制性清洁生产审核，鼓励企业自愿实施清洁生产审核。在废物产生量较大的重点企业积极推进清洁生产技术，选择典型企业开展示范，并将成功经验逐步推广到其他企业。综合运用财税、市场和法律手段，鼓励和支持企业推行产品生态设计，推进企业清洁生产，培育和发展绿色工厂、绿色园区、绿色设计、绿色物流和绿色供应链。

（三）构建绿色制造链

推行循环生产方式，促进企业、园区、行业间联结共生、原料互供、资源共享，拓展不同产业固废协同、能源转换、废弃物再资源化等功能，创新工业行业间及与社会间的生态链接模式。结合区域资源环境特点，促进工业资源综合利用产业的区域间协调发展。加快整合工业园区资源与能源，努力实现集中供水、供电、供汽和供气，促进资源与能源高效集约利用。推动磷石膏、粉煤灰、煤矸石、除尘脱硫脱硝废渣等大宗工业固体废物综合利用，加快构建区域工业再生资源中心，实现专业性分拣回收利用工业废物。开展绿色工业园区创建示范，积极试点低碳工业园区建设，深化园区循环化改造，实现园区能源梯级利用、水资源循环利用、废物交换利用、土地节约集约利用，提升园区资源与能源利用效率。

（四）提高资源利用水平

大力发展循环经济，积极构建高效、清洁、低碳、循环的绿色制造体系。支持企业建设节能、降耗、减污、增效工程项目，优化生产流程。加快推广节水、节能先进技术，鼓励废水处理后回收利用，继续降低企业单位水耗和能耗。加快建设资源回收利用、集中供热系统等设施，探索开展水和雨水综合利用，实现产业园区内资源与能源梯级利用和循环利用。进一步推动企业实施煤改气、煤改电等清洁能源措施，大幅减少工业燃煤消耗，减少大气污染排放。推广能源管理新模式，在涪陵新区、临港经济区、白涛工业区等重点工业园区探索碳计量、碳监测等工作。完善可再生资源回收网络体系，推进废物处理产业化经营，提升固体废物、电子废弃物等的循环利用水平。完善可再生资源回收网络体系，推进废物处理的产业化经营，提升固体废物、电子废弃物等的循环利用水平。完善循环经济发展的促进体系，重点推进白涛国家循环经济示范园区、临港经济区生态工业示范园区等的试点建设，努力创建国家循环经济示范城市。

（五）构筑安全保障体系

强化能源储备体系建设，推进涪陵天然气储备基地建设、成品油储备基地建设，确保城乡能源战略供给。实施碳达峰、碳中和行动，推进能源革命综合改革，着力优化能源供给，有序推进热电联产机组建设，加快发展智能电网技术，形成安全可靠、结构优良、适度超前的现代化网络。继续推进焦石页岩气稳产增效工程和场输管网、LNG 基地建设，积极发展天然气分布式能源，推进天然气和新能源融合发展。加强对可再生能源的开发利用，有序推进分布式和集中式风能、太阳能光伏发电，建筑一体化屋顶（幕墙）等应用示范工程。积极开发生物质能，实施垃圾焚烧发电和农村大型集中式沼气工程。积极推进氢能综合利用和氢能产业链发展。构建智慧能源系统，建设智慧电网、智慧燃气和智慧水务。

（六）大力发展绿色金融

树立以绿色金融支持工业绿色发展理念，激发绿色工业内生动力。鼓励涉重金属、石油化工、危险化学品运输等高环境风险行业投保环境污染责任保险。配合金融机构创新信贷服务和环境金融产品，鼓励各类金融机构加大绿色信贷发放力度，鼓励银行和企业发行绿色债券，支持开展排污权、特许经营权、购买服务协议质（抵）押等担保贷款业务，鼓励循环经济、污水处理、清洁及可再生能源利用、环保设备等领域企业使用直接债务融资工具。建立企业绿色发展水平与企业信用等级评定、贷款联动机制。探索设立区级绿色发展基金，推进环保设备融资租赁业务发展。发展绿色信贷，分级建立企业环境行为信用评价体系，严格限制环境违法企业贷款。加快建立多元化生态保护补偿机制。

三、完善绿色保障制度

与时俱进，提高环境治理水平，打好水、大气和土壤污染防治攻坚战和持久战，严守环境安全、环保审批和环保法律底线。加强生态环境队伍建设，推动环境监测、监察、应急和信息能力标准化建设，狠抓污染物总量减排，强化“四清四治”① 任务落实。

（一）落实环保监督管理责任

坚持预防为主、源头治理方针，坚持生态优先、绿色发展原则，严格落实生态环境保护“党政同责”和“一岗双责”主体责任，进一步完善生态环保考核办法，制定水、能源、土地等资源节约集约利用制度，全面推进排污

① 全面启动“四清四治”专项行动［EB/OL］.（2014-04-03）［2021-09-19］. http://politics.people.com.cn/n/2014/0403/c70731-24814806.html.

权交易工作，提升环境保护监管能力。

（二）建立环境污染治理机制

积极探索环境污染第三方治理方式，将乡镇污水处理设施建设运营交由重庆环保投资有限公司统一管理。制定环境保护监督管理相关法规，强化环境监管网格化和属地化管理，形成横向到边、纵向到底的“政府—部门—园区和乡镇（街道）—村（社区）”四级环境监管网格化体系和“企业—园区—流域”三级环境风险防控体系。

（三）突出专业化、特色化治理

强化页岩气环保研发与技术服务建设，培养页岩气开发与利用专业性人才，加强页岩气勘探钻井平台和油基钻屑等突出环境问题治理，实现所有页岩气钻探平台环境监理全覆盖，编制页岩气开放利用环境技术指南，为重庆市和全国页岩气开发项目环境监理工作提供技术支撑。

（四）形成“刑责治污”工作格局

全面实施行政执法与刑事司法联动，依法设立环境资源审判庭、跨区域环境资源办案组、区环境安全保卫支队，实行环境资源案件专门化审判，形成“刑责治污”① 工作格局；建立健全行政执法与刑事司法衔接工作联席会议制度，规范完善环境违法犯罪案件移送受理、联合处置、信息共享、执法保障等程序、规定和制度，提高生态文明治理能力和生态执法监管水平。

（五）加强舆论宣传引导

加大碳达峰、碳中和等绿色知识的传播普及力度，充分发挥媒体、教育培训机构、行业协会、产业联盟、绿色公益组织的作用，开展多层次、多形式的绿色宣传教育活动，引导消费者树立绿色消费理念，为工业绿色发展营造良好舆论氛围。

四、推进重点污染物排放总量控制

（一）完善总量控制制度

全面贯彻落实国家污染物总量控制改革制度，积极做好碳达峰、碳中和

---

① 王雪彬．重庆：司法联动成效显著刑责治污格局形成合力［J］．中国环境监察，2019（1）：39-40.

工作，以提高环境质量为核心，以重大减排工程为主要抓手，科学合理确定总量控制目标要求，实施有针对性的差异化减排措施，促进经济社会发展全面绿色转型。总量减排任务服从环境质量监管，重点加大对环境质量未达到标准、减排数据与环境质量变化趋势明显不协调区域的减排力度，强化重点污染企业减排，鼓励污染企业开展自主减排。

（二）实施结构性减排

全面贯彻落实国家和重庆市供给侧结构性改革措施，继续在重点行业淘汰过剩产能和落后产能，以结构减排落实区域内污染物排放指标替换。防止小水泥、小煤窑、小采石场、小砖瓦窑等污染企业死灰复燃。

（三）推动治污减排

制定实施重点涉水行业专项治理方案，大幅降低污染物排放强度，确保高耗水行业达到先进定额标准。以燃煤锅炉改造为重点，对火电、建材、化工、石化、有色金属等重点行业实施综合治理，对二氧化硫、氮氧化物、烟粉尘及重金属等多污染物实施协同控制。

（四）控制重点行业挥发性有机物排放

全面加强石化、有机化工、表面涂装、包装印刷、油品储运等重点行业挥发性有机物控制，制定总量控制目标和实施方案。强化挥发性有机物与氮氧化物的协同减排，建立固定源、移动源、面源排放清单，对区域内重点特征挥发性有机物实施重点减排。开展化工、石化行业“泄漏检测与修复”专项行动，对无组织排放进行治理，加快完成加油站、储油库、油罐车的油气回收治理。对涂装行业实施低挥发性有机物含量涂料替代、涂装工艺与设备改进，建设挥发性有机物收集与治理设施。全面开展印刷行业低挥发性有机物含量原辅料替代，改进生产工艺，淘汰落后产能。

参考文献

［1］蔡敏勇，王杰，吕本富．领导干部新经济全书：第4卷［M］．北京：华龄出版社，2000.

［2］全国人大财政经济委员会办公室，国家发展和改革委员会发展规划司．建国以来国民经济和社会发展五年计划重要文件汇编［M］．北京：中国民主法制出版社，2007.

［3］陕西省西部开发领导小组办公室．西部大开发政策［M］．西安：陕西人民出版社，2002.

［4］陈文君．西部城市新型工业化道路探求［M］．成都：电子科技大学出版社，2008.

［5］江苏省教育厅．邓小平理论概论［M］．南京：河海大学出版社，2002.

［6］陈耀．西部开发大战略与新思路［M］．北京：中共中央党校出版社，2000.

［7］高洪深．区域经济学［M］．北京：中国人民大学出版社，2010.

［8］高岚，田明华，吴成．环境经济学［M］．北京：中国林业出版社，2007.

［9］何侍昌．涪陵榨菜文化研究［M］．北京：新华出版社，2017.

［10］何侍昌，李乾德，汤鹏主．榨菜产业经济学研究［M］．北京：中国经济出版社，2014.

［11］何侍昌，刘开华，吴黎围，谢正发．涪陵经济地理［M］．北京：中国经济出版社，2019.

［12］库兹涅茨．各国的经济增长［M］．常勋等，译．北京：商务印书馆，1999.

［13］李乾德，姚茂春．全面建设小康涪陵初探［M］．北京：中国文史出版社，2005.

［14］刘斌．产业集聚竞争优势的经济分析［M］．北京：中国发展出版

社，2004.

［15］刘珂．承接产业转移与推进产业集群升级——以中部地区为例［M］．北京：中国经济出版社，2017.

［16］鲁锡海，严卫东．跨世纪工程与三峡地区经济发展——理论探讨及决策建议［M］．成都：四川人民出版社，1993.

［17］马克思．资本论：第1卷［M］．北京：人民出版社，2004.

［18］罗斯托．经济成长的阶段——非共产党宣言［M］．郭熙保，王松茂，译．北京：中国社会科学出版社，2001.

［19］芮明杰．突破增长的极限：企业再创业的理论与策略［M］．北京：经济管理出版社，2004.

［20］单胜道．循环经济学［M］．北京：研究出版社，2005.

［21］苏东水．产业经济学［M］．北京：高等教育出版社，2001.

［22］唐海燕，毕玉江．国际贸易学［M］．上海：立信会计出版社，2011.

［23］唐丽君．区域经济发展研究［M］．成都：电子科技大学出版社，2016.

［24］陶景良．长江三峡工程100问［M］．北京：中国三峡出版社，2002.

［25］托马斯，等．增长的质量［M］．《增长的质量》翻译组，译．北京：中国财政经济出版社，2001.

［26］王新哲，孙星，罗民．工业文化［M］．北京：电子工业出版社，2016.

［27］王志标．涪陵产业结构优化研究［M］．北京：科学技术文献出版社，2018.

［28］向伯殳．涪陵经济概况［M］．重庆：重庆出版社，1989.

［29］熊彼特．经济发展理论［M］．何畏，易家详等，译．北京：商务印书馆，1990.

［30］颜芳芳．大城市工业园区发展问题研究［M］．天津：天津大学出版社，2017.

［31］詹先明．高职院校创业教育与指导［M］．合肥：合肥工业大学出版社，2009.

［32］张座铭．中部地区产业集聚形成机制及效应综合评价研究［M］．武

汉：中国地质大学出版社，2017.

［33］赵涛，徐凤君．循环经济概论［M］．天津：天津大学出版社，2008.

［34］周振华．产业结构优化论［M］．上海：上海人民出版社，1992.

［35］曾超．“涪陵”沿革研究［M］．北京：中国书籍出版社．2022

［36］重庆市涪陵区统计局，国家统计局涪陵调查队，重庆市涪陵区统计学会．统计年鉴：涪陵（2008）［A］．2008.

［37］重庆市涪陵区统计局，国家统计局涪陵调查队，重庆市涪陵区统计学会．统计年鉴：涪陵（2009）［A］．2009.

［38］重庆市涪陵区统计局，国家统计局涪陵调查队，重庆市涪陵区统计学会．涪陵统计年鉴（2010）［A］．2010.

［39］重庆市涪陵区统计局，国家统计局涪陵调查队，重庆市涪陵区统计学会．涪陵统计年鉴（2011）［A］．2011.

［40］重庆市涪陵区统计局，国家统计局涪陵调查队，重庆市涪陵区统计学会．涪陵统计年鉴（2012）［A］．2012.

［41］重庆市涪陵区统计局，国家统计局涪陵调查队，重庆市涪陵区统计学会．涪陵统计年鉴（2013）［A］．2013.

［42］重庆市涪陵区统计局，国家统计局涪陵调查队，重庆市涪陵区统计学会．涪陵统计年鉴（2014）［A］．2014.

［43］重庆市涪陵区统计局，国家统计局涪陵调查队，重庆市涪陵区统计学会涪陵统计年鉴（2015）［A］．2015.

［44］重庆市涪陵区统计局，国家统计局涪陵调查队，重庆市涪陵区统计学会．涪陵统计年鉴（2016）［A］．2016.

［45］重庆市涪陵区统计局，国家统计局涪陵调查队，重庆市涪陵区统计学会．涪陵统计年鉴（2017）［A］．2017.

［46］重庆市涪陵区统计局，国家统计局涪陵调查队，重庆市涪陵区统计学会．涪陵统计年鉴（2018）［A］．2018.

［47］重庆市涪陵区统计局，国家统计局涪陵调查队，重庆市涪陵区统计学会．涪陵统计年鉴（2019）［A］．2019.

［48］重庆市涪陵区统计局，国家统计局涪陵调查队，重庆市涪陵区统计学会．涪陵统计年鉴（2020）［A］．2020.

［49］重庆市涪陵区统计局，国家统计局涪陵调查队，重庆市涪陵区统计学会．涪陵统计年鉴（2021）［A］．2021.

[50] 四川省涪陵市志编纂委员会. 涪陵市志 [M]. 成都：四川人民出版社，1995.

[51] 中国人民政治协商会议重庆市涪陵区委员会. 脊梁：涪陵工业发展回顾 [A]. 2018.

[52] 涪陵年鉴编辑部. 涪陵年鉴（2016）[A]. 2016.

[53] 重庆市涪陵区地方志办公室. 涪陵年鉴（2017）[M]. 成都：电子科技大学出版社，2017.

[54] 陈斌. AB 集团员工培训体系重构对策与实施方案 [D]. 重庆：重庆大学，2006.

[55] 陶建平. 做好三篇文章　协调发展六大城市 [J]. 新重庆，2004（5）：28.

[56] 重庆市委市政府对 1 小时经济圈建设作出全面部署 [N]. 重庆日报，2007-04-29（1）.

[57] 陈佳贵，黄群慧，钟宏武. 中国地区工业化进程的综合评价和特征分析 [J]. 经济研究，2006（6）：4-15.

[58] 刘蓁. 对新时代涪陵工业高质量发展的思考 [J]. 三峡新论，2020（2）：2-6.

[59] 陈栋栋. 中国工业迈向高质量发展新时代 [N]. 中国工业报，2017-12-25（1）.

[60] 陈力. 对涪陵区三大工业园区建设情况的调查研究 [J]. 世纪桥，2012（17）：131-133.

[61] 陈丽艳. 营造企业文化　提升企业实力　促进企业发展 [J]. 城镇供水，2021（3）：28-32.

[62] 陈帅. 浅谈新闻宣传与企业精神文明建设的关系 [J]. 品牌（下半月），2013（3）：54.

[63] 程显扬，刘钒，李天娇. 产业转型升级示范区高质量发展的大数据分析 [J]. 宏观经济管理，2020（3）：47-53.

[64] 传红. 涪陵工业重点发展战略研究 [J]. 科学咨询（科技·管理），2014（9）：9-12.

[65] 达捷. "工业强省"战略中的农业产业化问题研究 [J]. 农村经济，2007（4）：39-40.

[66] 顾强，成卓，徐鑫. "基本实现工业化"的内涵、标志及展望 [J].

工业经济论坛，2015（7）：1-12.

［67］国家计委规划司课题组，杨伟民．工业化评价指标及中国工业化的阶段［J］．经济改革与发展，1995（8）：42-46.

［68］郭金玉，张忠彬，孙庆云．层次分析法的研究与应用［J］．中国安全科学学报，2008，18（5）：148-153.

［69］韩春虹，张德元．小农户与现代农业衔接的服务组织模式：机理及效应评价［J］．广东财经大学学报，2020（2）：82-92.

［70］何侍昌．三峡库区生态化工产业集群的培育及其发展［J］．重庆社会科学，2008（6）：80-84.

［71］洪业应．深入推进新型工业化，实现涪陵集约型跨越式发展［J］．湖北函授大学学报，2014，27（10）：55-56+59.

［72］洪业应．推进涪陵产城融合发展的思考［J］．北京农业职业学院学报，2015，29（2）：72-77.

［73］洪业应．涪陵区工业结构与经济增长关系的实证研究［J］．北京农业职业学院学报，2016，30（1）：56-60.

［74］洪业应．战略性新兴产业发展中的实践困境及路径选择——以涪陵区为例［J］．太原城市职业技术学院学报，2019（2）：28-30.

［75］洪业应．关于涪陵区城市可持续发展能力评价与提升路径分析［J］．台湾农业探索，2020（2）：16-21.

［76］黄群慧．中国的工业化进程：阶段、特征与前景［J］．经济与管理，2013（27）：5-11.

［77］惠鸣．建构新时代中国特色工业文化［N］．中国社会科学报，2019-12-24.

［78］金碚．关于高质量发展的经济学研究［J］．中国工业经济，2018（4）：5-18.

［79］金刚，林韬，陈彩媛，等．重庆大都市边缘区发展战略探讨——以重庆市涪陵区为例［J］．建设科技，2017（5）：52-56.

［80］金鑫，张正武．新时代下涪陵城市精神传承探究［J］．文化学刊，2018（1）：83-85.

［81］李贵鲜．关于提请审议设立重庆直辖市的议案的说明——1997 年 3 月 6 日在第八届全国人民代表大会第五次会议上［J］．人大工作通讯，1997（Z1）：47-48.

［82］李俊．三峡库区城市道路交通污染防控的规划干预策略研究［D］．重庆：重庆大学，2018.

［83］李乾德．打造涪陵工业升级版的思考［J］．重庆工贸职业技术学院学报，2013，9（3）：5-11.

［84］李晓峰．加快实体经济发展　助推城市活力建设［N］．鞍山日报，2020-01-09（4）.

［85］梁永峰，谭雯．铜川市老工业城市转型发展的实践与启示［J］．西部大开发，2019（11）：80-83.

［86］林兆木．关于我国经济高质量发展的几点认识［J］．冶金企业文化，2018（1）：26-28.

［87］刘长军．锻造企业核心价值观在企业文化建设中的作用［J］．现代企业教育，2010（7）：76-77.

［88］刘康中，袁世文．突出发展主题建设涪陵城市副中心［J］．重庆行政，2003（4）：85-87.

［89］刘荣章，许标文，刘健宏．工业理念下福建省现代农业发展的措施与成效［J］．福建农林大学学报：哲学社会科学版，2012，15（5）：14-17.

［90］栾群．用工业理念发展现代农业［N］．学习时报，2016-04-04（4）.

［91］罗文，徐光瑞．中国工业发展质量研究［J］．中国软科学，2013（1）：50-60.

［92］倪春华．涪陵建设重庆城市发展新区开放创新高地SWOT分析［J］．现代商贸工业，2017（34）：15-17.

［93］牛冲槐，郭春明．层次分析法在选择山西主导产业中的应用［J］．太原理工大学学报，2002，33（6）：605-609.

［94］牛梨．中国经济开启高质量发展新时代［N］．中国经济时报，2018-01-05（5）.

［95］彭道伦，倪春华．重庆市涪陵区以战略性新兴产业促进经济发展方式转变的对策探析［J］．世纪桥，2012（1）：63-64.

［96］彭道伦，倪春华．重庆市涪陵区工业经济转型升级的对策研究［J］．经济研究导刊，2013（33）：243-245.

［97］ROMER P M. Increasing Returns and Long-Run Growth［J］. The Journal of Political Economy，1986（5）：1002-1037.

［98］茹少峰，田真．基于DEA模型的陕西省工业主导产业选择研究

[J]. 西北大学学报（哲学社会科学版），2009（3）：84-88.

[99] 申红艳. 国外老工业城市产业转型的经验借鉴 [J]. 宏观经济管理，2020（1）：85-90.

[100] 沈晓钟. 转型升级求突破质量并举上台阶努力把涪陵建设成为全市重要的工业基地 [J]. 重庆行政：公共论坛，2012，14（4）：9.

[101] 孙欢乐. 徐州转型发展的成功实践与经验启示研究 [J]. 淮海文汇，2019（6）：9-14.

[102] 孙智君，戚大苗. 长江经济带沿江省市新型工业化水平测度 [J]. 区域经济评论，2014（5）：88-95.

[103] 谭少华，徐俪毓. 基于环境约束条件下的产业空间集聚引导城市边缘区发展策略探讨——以重庆涪陵蒿枝坝片区为例 [J]. 小城镇建设，2015（3）：82-87.

[104] 唐浩，贺刚. 中国特色新型工业化综合评价指标体系的构建与实证分析 [J]. 软科学，2014（9）：139-144.

[105] 王成艳，张格杨. 也谈工业化的本质 [J]. 调研世界，2005（8）：36-38.

[106] 王新哲，孙星. 工业文化概念、范畴和体系架构初探 [J]. 西北工业大学学报（社会科学版），2015（1）：30.

[107] 王师勤. 霍夫曼工业化阶段论述评 [J]. 经济学动态，1988（10）：5.

[108] 王兆君，任兴旺. 青岛市工业化发展水平的测度及实证分析 [J]. 青岛科技大学学报（社会科学版），2018（34）：15-18.

[109] 王志标. 工业文化资源类型及其形成因素分析：以涪陵为例 [J]. 三峡大学学报（人文社会科学版），2020（5）：9-14，18.

[110] 吴军. 文化场景营造与城市发展动力培育研究——基于北京三个案例的比较分析 [J]. 中国文化产业评论，2019，27（1）：305-323.

[111] 吴宏伟，刘咏梅. 传统农业大省新型工业化水平测度及评价 [J]. 统计与决策，2015（24）：68-71.

[112] 西部优秀食药企业勇立潮头 [J]. 中国西部，2011（11）：55-57.

[113] 徐军. 大力发展职业教育　推动涪陵城市发展新区建设 [J]. 重庆工贸职业技术学院学报，2016，12（3）：9-13.

[114] 徐天铁. 以新旧动能转换助推老工业城市转型发展研究——以淄

博市为例［J］. 新西部，2019（30）：56-57.

［115］杨爱军．新时代宝鸡追赶超越的几点思考［J］. 宝鸡社会科学，2020（3）：19-20.

［116］杨莲．基于因子分析的四川省工业主导产业选择及发展研究［J］. 软科学，2014（12）：140-144.

［117］杨韡韡，李平．新型工业化评价指标体系及测度分析［J］. 经济管理，2011（33）：1-8.

［118］殷醒民．高质量发展指标体系的五个维度［N］. 文汇报，2018-02-06.

［119］张李娟．城市精细化管理的路径探索——以重庆市涪陵区为例［J］. 太原城市职业技术学院学报，2015（11）：26-27.

［120］郑长德．共享式增长理论研究进展［J］. 山东经济，2010（3）：17-25.

［121］郑圣峰．城乡统筹视角下的山地城乡空间协同发展论［D］. 重庆：重庆大学，2017.

［122］朱颖，吕洁华．基于灰色综合聚类评估模型的黑龙江省主导产业的选择［J］. 林业经济，2012（4）：85-88.

后　记

《工业涪陵研究》是重庆市社科规划“两基”项目（项目批准号：2019LJ003）和重庆市涪陵区人民政府重大委托课题（委托编号：FLZDKT2019001）的最终成果，旨在揭示涪陵工业历史发展规律，建立“工业涪陵”指标体系，评价“工业涪陵”战略实效，提炼“工业涪陵”典型经验，绘制“工业涪陵”高质量发展蓝图。

自2019年3月接受涪陵区人民政府委托以来，课题组从“工业涪陵”内涵入手，通过理论与实践反复研讨，主观与客观进行分析，论证了“工业涪陵”发展战略，阐释了“工业涪陵”核心内涵，构建了“工业涪陵”评价指标体系，厘清了涪陵工业与“工业涪陵”的内在联系与本质区别，论述了“工业涪陵”战略提出的历史与现实基础、政策与理论依据，研究了“工业涪陵”的产业优化、企业发展、工业文化及农业产业化和城市化实践，形成了这部主题鲜明、内容丰富、结构合理、论证充分、举措前瞻的《工业涪陵研究》（专著）。

时任涪陵区委书记周少政、区长种及灵、区人大主任李景耀、区政协主席徐志红高度关注。时任涪陵区社科联党组书记、主席何侍昌统筹策划、组织协调，涪陵区社科资深专家、区委党校教授李乾德，重庆工贸职业技术学院党委书记、教授马传松，长江师范学院财经学院院长、教授熊正贤，长江师范学院管理学院副院长、教授张韵君，时任涪陵区经信委党委委员、副主任潘文，涪陵区统计局二级调研员、统计师卢萍等，分别从经济学、社会学、民族学、管理学、产业学、统计学等方面给予把关指导，涪陵区委办徐金凤同志、区政府办聂家华同志、区社科联办公室黄丽澎、王一帆等同志在文献资料收集整理、调研座谈、分析论证等方面做了大量艰辛细致的工作。各章作者分别是：第一章，王志标、郭立珍；第二章，孔然；第三章，郭立珍；第四章，曾超；第五章，刘君；第六章，吴黎围；第七章，郭立珍、曾超；第八章，洪业应；第九章，刘君；第十章，谢正发；

第十一章，何侍昌。王志标负责统稿统编，郭立珍、洪业应负责统审统改，何侍昌、曾超、卢萍、李乾德负责终审终改终校。李乾德作序。

《工业涪陵研究》从委托立项到开题、从策划到协调、从文献收集到调研论证、从文本撰写到结题评审，最后出版发行，得到了时任涪陵区委常委、常务副区长杜海波，区委常委、宣传部部长宫辉，时任区委常委、江北旅游区党工委书记、管委会主任徐瑛，时任涪陵区政府副区长席红等领导的关心支持，得到了涪陵区委办、政府办、发改委、财政局、经信委、科技局、生态环境局、文旅委、卫健委、国资委、统计局、地方志办、科协、社科联等单位的大力支持，得到了涪陵新城区、临港经济区、白涛工业园区、清溪特色产业园区以及各乡镇街道的鼎力相助，得到了能源集团、川东电力、华峰集团、建峰集团、涪陵卷烟厂等20多个重点工业企业的支持帮助，得到了涪陵区凯思广告制作室刘继秀总经理在书稿打印、资料装订等方面的支持。同时，在研究编撰《工业涪陵研究》过程中，参阅、吸收了大量公开和未公开的研究成果，有的已经注明，有的难以注明。在此，一并表示衷心的感谢！

《工业涪陵研究》作为一部涪陵工业经济研究的首创性著作，同时是一部反映区域发展战略研究的创新性著作，研究对象具有复杂性、客观性和独特性，同时有学科的多样性、资料的分散性、内容的多元性、要求的系统性等特点，加之编者水平有限，书中的错误和不足在所难免，恳请读者批评指正！

何侍昌

2021年12月9日